SUICÍDIO

E SUAS INTERFACES

O ARDILOSO
EMARANHADO DA
AUTODESTRUIÇÃO

VALDEMAR AUGUSTO ANGERAMI
(Organizador)

SUICÍDIO
E SUAS INTERFACES
O ARDILOSO EMARANHADO DA AUTODESTRUIÇÃO

Adriano Furtado Holanda
Alisson de Meneses Pontes
Anderson Santiago da Silva
André Faro
Bruno Gonçalves
Camila Martins Vieira
Carolina Mendes Campos
Clarisse Goldberg
Conceição Maria de Oliveira
Daniela Ribeiro Schneider
Denise Pereira Alves de Sena
Fabíola Langaro
Fausto Rocha Fernandes
Francisco B. Assumpção Jr.
Gabriela Rodrigues
Girliani Silva de Sousa
Henrique Landim Santos
Ionice Alves Lourenço
José Medeiros Filho
Luana C. Silva-Santos
Luiz José Veríssimo
Maria Aparecida Penso
Maria Cleonice Bento Almeida
Maria Suzane da Silva Barbosa
Maura Ribeiro Alves
Miguel Mahfoud
Moisés Abdon Coppe
Résia Silva de Morais
Silvana Carneiro Maciel
Sueli Guerreiro

Artesã

Suicídio e suas interfaces. O ardiloso emaranhado da autodestruição

1ª reimpressão: 2020.

COORDENAÇÃO EDITORIAL
Karol Oliveira

DIREÇÃO DE ARTE
Tiago Rabello

REVISÃO
Silvia P. Barbosa

CAPA
Karol Oliveira

IMAGEM DE CAPA
Evandro Angerami

PROJETO GRÁFICO E DIAGRAMAÇÃO
Conrado Esteves

S948

Suicídio e suas interfaces : o ardiloso emaranhado da autodestruição / organizador: Valdemar Augusto Angerami . – Belo Horizonte : Artesã Editora, 2019.

428 p. ; 24 cm.

ISBN: 978-85-7074-021-2

1. Psiquiatria. 2. Suicídio. 3. Psicoterapia. 4. Comportamento autodestrutivo. I. Angerami, Valdemar Augusto, 1950-.

CDU 616.89-008.44

Catalogação: Aline M. Sima CRB-6/2645

IMPRESSO NO BRASIL
Printed in Brazil

(31)2511-2040 (31)99403-2227
www.artesaeditora.com.br
Rua Rio Pomba 455, Carlos Prates - Cep: 30720-290 | Belo Horizonte - MG
/artesaeditora

Sumário

Apresentação

Valdemar Augusto Angerami

O perdão é o amor configurado como grandeza de alma...
(Sabedoria cigana)

Verão! Tempo quente. Tempo de vida e esplendor. Noites quentes de verão, tempo de amor e divagação sobre o próprio sentido da vida. No céu, a Constelação de Orion é o verão brilhando no firmamento. Verão, período e que, em nosso hemisfério, situa-se a noite de Natal, a noite que concentra os maiores índices de suicídio e de tentativas de suicídio do ano. Verão, a estação que transborda vida e sensualidade também traz em si a destruição maior dessa vida. Numa manhã azul de verão, em que os sonhos se espelham na mansidão das nuvens, a própria vida configura-se como algo indelével e onírico. Um novo livro, a apresentação de um novo livro sendo configurada, tornando-se realidade.

Um novo livro que se esboça como sendo a continuidade de nossos trabalhos anteriores envolvendo a temática do suicídio. Suicídio, fenômeno que não dá clemência às suas vítimas. Mistério a nos envolver e nos deixar cada vez absortos na realidade de que, por mais que escrevamos e estudemos o suicídio, mais e mais constatamos que cada vez mais sabemos cada vez menos sobre suicídio. E essa é a realidade inexorável, ninguém, absolutamente ninguém, sabe nada sobre suicídio. Continuamos a ouvir teorias que tudo explicam e acoplam, sem o dimensionamento mínimo de que teoria é apenas e tão somente o conjunto de hipóteses formuladas na tentativa de compreensão de um fenômeno ou ocorrência. Ao não se aceitar os enunciados de uma determinada teoria, ela nada explica. Simples assim... Meras teorias tergiversando sobre tudo sem o menor tangenciamento de suas limitações e até mesmo impropérios.

Este livro apresenta interfaces bastante complexas sobre o suicídio, principalmente as que envolvem a questão da condenação à pessoa do suicida em todas as instâncias sociais, até mesmo dentre as religiões, que, em princípio, se arvoram a perdoar e compreender a condição humana. O perdão não é humano; humano é o revide, o decantado "olho por olho, dente por dente". E se o perdão é algo preconizado pelas religiões para que os humanos atinjam patamares mais elevados, não é ao suicida que se irá conceder a dádiva de ser perdoado, afinal, ele é a afronta maior ao nosso medo da morte e de outros desafios a envolver a condição humana. Ele também é acintoso em sua atitude ao agredir as benesses que as religiões prometem aos fiéis que seguem seus preceitos.

Somos a própria contradição da condição humana refletindo sobre algo cujas suas delimitações não se consegue sequer tangenciar: o suicídio e seus tentáculos. Nada sabemos sobre o suicídio, mas sabemos muito sobre o desespero humano, e sobre isso temos contribuições muito importantes a fazer. Este livro apresenta ideias fervilhando em meio a tantas contradições e a tantos posicionamentos divergentes entre si. Houve uma preocupação de contemplar diversas posições que abordassem as interfaces do suicídio, ainda que totalmente incongruentes entre si. Um livro em que a vida brota da vida tamanha a efervescência das ideias apresentadas e contrapostas, no afã de mostrar as diferentes interfaces apresentadas pelo suicídio. Um livro que é nosso novo sonho na dimensão de nossa crença em uma sociedade mais digna, justa e fraterna.

Serra da Cantareira, numa manhã azul de Verão...

CAPÍTULO 1

O desespero da noite de Natal

Valdemar Augusto Angerami

Tudo que tem vida quer viver...
(São Francisco de Assis)

Introdução

Este trabalho relata e reflete uma atuação de muitos anos como suporte técnico de algumas entidades que atendem, pelo telefone ou plataformas digitais, pessoas desesperadas, e também outras que atuam junto a pessoas em situação de rua. E, naturalmente, foi decorrente da minha atividade junto a pacientes vítimas de tentativa de suicídio. Nosso raio de ação é a cidade de São Paulo, mas, seguramente, dada a sua magnitude, podemos projetar o que descreveremos aqui para qualquer outra localidade, sem risco de erro ou de projeção indevida. E, nos últimos anos, também passamos a prestar esse suporte na véspera e madrugada de Natal, a noite mais violenta do ano. Anos em que meu caminho é permeado pelas vítimas de tentativa de suicídio, seja em âmbito ambulatorial em unidades hospitalares, seja ainda em consultório. E, a partir disso, houve toda uma mobilização, em que o estigma de alguém envolvido com suicídio desde sempre me acompanha. Embora transite com a mesma dedicação em outras áreas dentro da própria psicologia, e mesmo fora dela, é no suicídio que parece que estou vincado de modo indissolúvel. É como se não fosse possível qualquer coisa dentro dessa temática em que meu nome não estivesse envolvido. Enfim...

Anos em que, por mais que tentasse, em alguns momentos, desvencilhar-me dos caminhos envolvendo tentativas de suicídio, sempre sou chamado de volta a essa seara. Em trabalho anterior (Angerami, 2012a), publiquei sobre o meu cansaço acerca dessa temática em alguns momentos e com tantas pessoas desesperadas que gravitam em meu entorno. Mas, como uma onda que se ergue no mar e rebenta sequencialmente, assim também ocorre com esse cansaço esporádico que me acomete em alguns momentos.

E como algo do qual faço parte indissoluvelmente, a vida segue seu curso, e o acolhimento às vítimas da tentativa de suicídio, ou, ainda, das pessoas que apresentam o suicídio como projeto de vida, segue de modo sereno e irrebatível...

Anos desde que iniciei minha trajetória profissional junto a um grupo que atendia as pessoas vítimas da tentativa de suicídio no Pronto-Socorro do Instituto Central do Hospital das Clínicas da FMUSP (Angerami, 2012b). Inúmeras vidas evolvidas nesses atendimentos, e muita coisa modificando-se tanto nessas pessoas quanto, principalmente, em mim.

E isso é o mais incrível nesse contato com o desesperançado: o tanto que isso tudo nos leva a uma mudança radical em nossas vidas e valores. E, também, o quanto essa desesperança nos fortalece para levarmos esperança a outras tantas pessoas encontradas ao logo do caminho. E, se tem algo que ainda me abala profundamente, é saber de alguém que tenha suicidado. Ao nos depararmos com números que mostram que o número de pessoas mortas por suicídio supera o daquelas ceifadas pelas guerras que ocorrem ao redor do planeta, nosso trabalho reveste-se de intenções bem mais simplistas. Ou seja, se com tudo que fizermos conseguirmos salvar apenas uma vida das garras da violência do suicídio, já teremos feito muito em nossa trajetória. Oliveira (2017) cita que, de acordo com a Organização Mundial da Saúde (OMS), o número de casos de suicídio supera o quantitativo de 800 mil mortes por ano, sendo essa a segunda causa de morte das pessoas entre 15 e 29 anos de idade. O crescimento estatístico dos casos de suicídio é uma realidade inegável a todos os profissionais de saúde e um fenômeno em expansão nos mais diferentes países, embora as estatísticas não representem a realidade fidedigna de todos os casos de suicídio que diariamente ocorrem em todo o mundo. Esse valor poderia ser mais elevado, se todos os casos fossem realmente notificados, pois em alguns países os registros de suicídio ocorrem erroneamente, sendo computados como morte por acidente ou outra causa. Enfim...

A violência da noite de Natal

Todos, de alguma maneira, sabem da violência que permeia a noite da véspera de Natal, e que se expande madrugada adentro. Também é sabido dos cuidados necessários para se trafegar de carro nessa noite, pelo número de pessoas embriagadas a dirigirem pelas ruas. O que pouca gente sabe, no entanto, é que a noite de Natal é a mais violenta do ano. Não, não há engano nessa afirmação. Nenhuma outra noite do ano apresenta índices tão severos de suicídio, homicídios, esfaqueamentos, e, principalmente, conflitos de natureza familiar. Aquela noite que, em princípio, era para ser uma noite de congraçamento cristão, acaba sendo apenas cenário para que muitos conflitos envoltos em requintes de violência aconteçam. Na realidade, a maioria das pessoas que se unem em torno da ceia de

Natal não guarda qualquer resquício com o verdadeiro sentido da data. O que temos é apenas uma imensa comilança que envolve as pessoas, sem qualquer sentido mínimo com a espiritualidade que deveria cercar a data.

O número de tentativas de suicídio na noite de Natal é dez vezes superior ao das outras noites; o número de suicídios consumados é quase vinte vezes maior que no restante do ano; o número de homicídios derivados de conflitos familiares, principalmente decorrentes de esfaqueamentos, não tem similaridade com nenhuma outra data. O número de pessoas que sofrem por coma alcoólico, ou desarranjos gastrointestinais provocados por comilança excessiva, não tem igualmente nenhuma paridade com outras datas. E o paradoxo maior, justamente, é saber que estamos falando de uma data destinada à comemoração do nascimento do próprio Cristo, o símbolo maior da cristandade da nossa sociedade. Na data em que se festeja o símbolo maior da espiritualidade cristã, temos o antagonismo de uma violência sem similaridade no restante do ano. E o mais insólito nisso tudo: essa violência tão espraiada e disseminada não é sequer tangenciada quando se fala nas ocorrências envolvendo o Natal. É como se, apesar da eloquência dos números envolvendo a violência do Natal, a própria sacralidade da data estivesse a impedir que comentários que pudessem conspurcá-la viessem à tona.

Se considerarmos ainda que a vida que pulsa nas noites quentes de verão transforma-se em fúria na noite sagrada de Natal, temos, então, algo tão insólito que qualquer conceituação será indevida. Situações tão equidistantes de qualquer racionalidade, que a própria conceituação de violência pede novos contornos. Afinal, tem-se reunido em uma mesma data o significado maior da espiritualidade cristã, ao mesmo tempo que os familiares reúnem-se para estarem juntos pela própria condição do princípio cristão de fraternidade. Mas isso não passa de uma névoa que se dissipa tão logo as pessoas se encontrem diante da mesa farta, envoltas em grande comilança e bebedeira.

Da alegria pueril para o choro incontido; da bebida trazida à mesa para envolver o congraçamento de almas ao desespero da ausência; da troca de presentes ao ranger de dentes pelas condições de adversidades socioeconômicas.

É Natal, e a violência tem sua data preferida de ocorrência. Das mais variadas e multifacetadas formas que se pode conceber. E, assim como temos a presença de nozes, avelãs, uvas passas, pernil, tender, champanhe, entre outras tantas iguarias que fazem parte dessa festividade, a violência também está incrustada nessa data de maneira indissolúvel. Dela faz parte, tornando-se parte essencial dessa data.

A subjetivação e incrustação do Natal em nossas vidas...

A questão que envolveu esse distanciamento da espiritualidade que cerca a data de Natal foi a apropriação que o comércio fez dessa festividade. É fato que o comércio se apropriou e até mesmo criou outras tantas datas de comemoração. Mas o Natal foi seguramente a data em que suas garras mais determinaram cores sombrias às comemorações. A necessidade de uma troca intensa de presentes, e mesmo de uma mesa farta e variada, é algo que, por meio de propaganda maciça, penetra na subjetivação das pessoas e as faz reféns indefesos desses tentáculos.

E com o agravante de que Natal se configura em festa de família. Então, tudo absolutamente tudo, está fechado. Não há nada aberto, nem mesmo prostíbulos. Então, quem está sem família tem o coração dilacerado pela falta e ausência desses entes. E, de outra parte, os que têm famílias também estarão desesperados se não conseguirem cumprir o ritual de mesas fartas para a comilança e a variedade imensa de presentes a serem trocados entre a família. O clima de fraternidade criado pela propaganda e marketing acaba se tornando contagiante com uma aura de felicidade na realidade inexistente.

E, por ser uma data em que a família se reúne, a ausência de membros falecidos igualmente é dilacerante. Assim, os ausentes tornam-se presentes pela ausência até mesmo com mais intensidade do que em situações reais de presença física. E aquela que seria uma data dedicada à comemoração do nascimento de Cristo, e de congraçamento familiar, acaba se tornando dia de sofrimento dilacerante a todos que de alguma maneira se envolvem em seus rituais.

Natal, festa de comilança e bebedeira. Dias em que as pessoas se reúnem em torno de mesas que precisam exibir uma variação de comidas e bebidas inigualáveis e impensáveis para outras datas. Recomenda-se, entre outras tantas indicações, a ingestão de azeite em jejum para que se possa beber quantidades excessivas sem que o organismo entre em colapso; dia em que as gorduras das carnes apresentam configuração própria, apenas nesse dia são exibidas. Agora, verdadeiramente, algo que resgate o sentido de espiritualidade do Natal está ausente da quase totalidade das famílias.

Em princípio comemora-se o nascimento de Cristo, ele mesmo nascido em uma simples manjedoura, da maneira mais opulenta possível. O que, de fato, é algo cada vez mais distante das pessoas. O Natal significa, na quase totalidade das vezes, nada mais do que uma festa completamente pagã. E seu principal personagem, na maioria das vezes, é o Papai Noel, símbolo maior do consumismo e da chantagem do bom comportamento para a condição meritória dos presentes solicitados.

E, quando consideramos nesse bojo de análise as festas de confraternização de final de ano que as empresas promovem entre seus funcionários, a questão fica tingida de cores ainda mais dramáticas. Aí, ao contrário do seio familiar, em que, apesar de possíveis divergências, existe uma mesma sanguinidade, são reunidas pessoas que apenas trabalham em um mesmo ambiente. Sem qualquer afinidade, identificação, e expostas muitas vezes à competitividade extremada entre si para galgarem possíveis promoções. Essas pessoas então são reunidas em uma mesa para confraternizarem ninguém sabe exatamente pelo quê, pois o que mais se evidencia nesse cenário é justamente o antagonismo em si.

No entanto, tal como ocorre com as famílias que se reúnem apesar de possíveis divergências entre seus membros por uma imposição social de união nessa data, igualmente as empresas se veem obrigadas a promover esse encontro de congraçamento ao final do ano de atividades. E os destrambelhos emocionais vêm à tona com a mesma intensidade que os encontros familiares. Tudo em nome da confraternização de Natal. E sabidamente é algo que todos conhecem, e que de maneira autômata participam e reproduzem.

De forma totalmente incontrolada, seguimos nessa toada reproduzindo algo que de maneira geral todos criticam e com o qual se indignam.

O mais interessante nisso tudo é que somos conduzidos por uma estratégia de marketing do mercado sem que possamos contrapor alternativas a isso. A ideia de confraternização da empresa atinge qual objetivo, que não apenas e tão somente escamotear situações de desigualdades e desarranjos vividos entre seus integrantes?! Na verdade, soa tão falso como querer argumentar que é algo esperado pelos funcionários. Todos comparecem a essas festas como uma obrigação, como se fosse mais uma das tantas rotinas da empresa da qual não se consegue desvencilhar.

O mesmo se pode dizer das reuniões familiares que ocorrem no Natal. Muitas pessoas, por inércia, acabam comparecendo a elas, embora não tenham a menor afinidade com os familiares. Então o que ocorre é algo sempre inusitado, pois, embora estejam reunidos pela aura familiar, nem sempre existe harmonia e afetividade para justificar tais encontros.

E a ideia da família reunida em torno de uma mesa de comemoração torna se uma necessidade real no imaginário das pessoas. Mesa farta e com a necessidade de presentes significativos para fazer frente à importância da data. E quem não tem família, por perda, distanciamento ou qualquer outra razão, terá um sofrimento alucinante, pois não há como se obter acolhimento para ausências tão dilacerantes. Na verdade, o que mais se deseja é estar junto aos familiares, o que significa dizer que, se convido alguém que está sem família para passar o Natal com a minha família, até pode haver uma diminuição em sua dor. Mas certamente o que se deseja é estar junto com a família. O convite para passar o Natal com outras famílias até pode atenuar um pouco desse sofrimento, mas a dor dilacerante da ausência ou distanciamento da própria família não tem como ser atenuada.

O sofrimento representado pela ausência e que se cristaliza e se materializa no Natal é algo que a racionalidade não tem como balizar, ou mesmo tentar apreender. O despertar de tantas emoções trazidas por essa data é algo que se pode creditar ao clima de fraternidade que paira no ar de modo único. E também ao fato de ser um momento em que tudo se volta para a realidade de confraternização entre as pessoas. Falsa ou real, não importa. Algo produzido pela propaganda e marketing, igualmente não importa.

Uma data da qual o comércio se apropriou e sobre a qual cria necessidades irreais e ilusórias, verdadeiramente, não importa. O sentimento de confraternização entre pessoas, e a junção dessa data com o entorno familiar, é algo cravado em nossos corações e que justifica tanto sofrimento nesse período. E até mesmo a tentativa de se imputar à propaganda e ao marketing essa aura de confraternização e fraternidade soa distante de tudo quando se vê a alegria de tantas pessoas que se veem reunidas justamente por ser Natal. É um fenômeno tão multifacetado que sua verdadeira abrangência não pode prescindir de nenhum dos ângulos de análise, e nem reduzi-lo apenas à ótica que eventualmente escolhemos como sendo a mais abrangente.

Natal, data em que até mesmo as trincheiras de guerra silenciam suas armas em nome de algo mais sublime. Chega até mesmo a ser hilária a pausa de matança ocorrida nessa data, mas não deixa de ser notório que a carnificina de grande parte das guerras dê uma trégua no Natal. E aqui estamos diante de sentimentos que, se foram incrustados pela propaganda e pelo marketing na subjetivação dessas pessoas no passado, agora são uma realidade em que a própria determinação dos fatos está a exigir uma nova amplitude de compreensão.

Natal, período em que prisões, hospitais, educandários, mosteiros, asilos e toda e qualquer instituição que se queira arrolar e que mantém pessoas trancafiadas e distantes da vida em família ressentem-se de algo que não pode ser definido e tampouco balizado pela razão. Pessoas distantes da vida em sociedade e que sentem essa ausência, e até mesmo a situação de confinamento de modo muito mais agudo nesse momento. Nenhuma outra data parece ter importância tão crucial na vida dessas pessoas quanto o Natal. Talvez nem mesmo o aniversário dessas pessoas, data que significa a própria especificidade individual, traga tanto sofrimento pela ausência do que o Natal. É algo muito intenso, e a compreensão desse fenômeno implica algo muito mais amplo a tudo que se queira arrolar.

Natal, momento em que tudo parece clamar por harmonia, por mais sentimentos e delicadezas humanas. Também parece ser a data em que o sofrimento encontra guarida para se mostrar com bastante contundência. Algo que parece não ter a mesma intensidade de outros períodos do ano. É fato que algumas datas também trazem a presença de pessoas ausentes de maneira dilacerante, como o dia dos pais, dia das mães, e mesmo o aniversário do ausente. Mas, ainda assim, parece que o Natal se mostra soberano a todas as outras datas e acaba incorporando todos os outros momentos em seu bojo.

Natal, delicadeza que as pessoas esperam para a própria vida. E muitas vezes ingenuamente se sentem providas desse sentimento no período natalino. Momento das cantatas e da música sacra natalina de Bach, seguramente momento dos mais sublimes da criação humana; do concerto grosso de Coreli para a noite de Natal. E das canções *Noite Feliz*, *White Christmas* e *Jingle Bells*, certamente uma das mais conhecidas facetas do Natal, e que possuem versões e adaptações para incontáveis línguas e estilos. Momento em que um grande número de corais, dos mais diferentes naipes e estilos, apresentam-se pela cidade trazendo um pouco de cor e amor para as pessoas.

Natal das pessoas se felicitando e desejando *feliz Natal* sem ao menos terem claro o que estão desejando, e nem mesmo o significado desse gesto que se repete, e do qual o verdadeiro significado está distante da compreensão humana. Em que a presença para o cumprimento de um *feliz Natal* é necessária e até mesmo vista como desprezo quando não corre.

Natal dos enfeites que embelezam a cidade e a casa das pessoas de modo a torná-las encantadoras. Das árvores de Natal espalhadas por todos os cantos, a mostrar os mais diferentes arrojos em sua efetivação. Na cidade de São Paulo, especificamente a Avenida Paulista apresenta inúmeras instituições que enfeitam suas sedes, o que se torna um espetáculo imperdível. E também da exposição internacional de presépios do mosteiro franciscano, que é algo igualmente maravilhoso a alimentar a alma. E como foi São Francisco de Assis quem primeiro justapôs imagens para rememorar o nascimento de Cristo, justamente sua ordem religiosa é a que mais protagoniza o espetáculo dos presépios em detalhamentos únicos.

E até mesmo a nos convencer do fascínio e confraternização do Natal. De tantos requintes a ornamentar as ruas que até mesmo a vida das pessoas parece acoplar-se a esses enfeites. Das árvores com seus troncos iluminados na noite dando um toque de classe às copas que permanecem apenas sombreadas pela luz. Da criança levada pela família ao shopping para conversar e fazer seu pedido ao Papai Noel.

Natal, data de magia, sedução, encantamento e sonhos que buscam a materialidade. Do encantamento de que tudo tenha essa confraternização, e da crença ilusória de que a vida humana pode se perpetuar nesse clima de luz e nessa aura de amor. E, de fato, se existe algo que poderia ser perpetuado a partir do Natal, é a esperança trazida nesse período de que a condição humana pode ser diferente a despeito de tantas injustiças e desigualdades sociais. Ilusão que nos invade a alma e nos enfeixa na harmonia de fraternização que nos acomete nesses dias. Vidas esperançadas pelas ruas e concertos natalinos. E a brindarem as festividades sem qualquer receio de algo que possa obnubilar essa alegria e confraternização.

Natal do sonho trazido à nossa imaginação com neve e roupas de lã. Isso em que pese sermos um país tropical e a data acontecer em pleno verão. Nada importa, pois os festejos de Natal implicam a presença de neve e de apetrechos de frio, e isso é seguido à risca na tradição dessas comemorações. Para se ter a verdadeira dimensão de algo tão inapropriado, basta observar as pessoas que trabalham nesse período vestidas de Papai Noel para interagirem com as crianças. Em pleno verão, elas estão com longas botas e roupa vermelha pesada, como a protegê-las do frio europeu ou estadunidense.

Entre os enfeites que constam nas árvores de Natal, é imprescindível a presença dos bonecos de neve, e também de algodão imitando a neve. Isso em pleno verão brasileiro. Mas não importa. E o que conta é a incrustação em nosso imaginário desse Natal idealizado, e que é levado de modo tão simplista à nossa subjetivação.

Natal, em que o sentimento caritativo aflora no coração das pessoas. Então, muitas pessoas, entre tantas ações caritativas do período, contribuem com as chamadas "sacolas de Natal", realizadas por diversas instituições de caridade. Assim, disponibiliza-se uma sacola em que uma série de objetos para uma determinada criança carente é colocada, para se presentear nesse período. Roupinhas, objetos de higiene, brinquedos e outras miudezas são inseridos dentro de uma sacola para se presentear uma determinada criança. É como se no Natal ninguém pudesse ficar sem presentes, coisa que no restante do ano não seria tão perceptível. Afinal, nesse período a caridade aflora, e tudo que se faz nesse sentido é importante. Diferentes necessidades que possam ocorrer em outros períodos não importam. O importante é que no Natal as pessoas possam dar vazão ao sentimento caritativo que vibra intensamente.

Natal, em que a vida que pulsa no vento e na chuva se transforma em fraternidade e solidariedade. Dos sonhos que se transformam em realidade. E da ilusão que insiste em nos tornar reféns de algo que sequer sabemos como dimensionar. Da fraternidade que se mantém abstração e não consegue acolher a tantos desesperados que se encontram ao longo do caminho. E da esperança de dias melhores que apenas espera a mudança de data para mostrar sua acidez e toda sua perversidade. De como somos atirados em meio a um turbilhão de sensações sem localizarmos o que de fato nos enfeixa e nos arrasta de forma totalmente indefesa.

Natal do menino Jesus nascido numa manjedoura, mas que na atualidade não guarda qualquer similaridade com isso. A singeleza dessa figura na manjedoura com os animais existe apenas nas configurações dos presépios. As mesas fartas e opulentas com seus presentes ostensivos distam de modo abismoso de toda e qualquer referência com a lembrança desse nascimento. Ao contrário, nesse momento é que a fartura e desperdício encontram parâmetros sem similaridade com qualquer outro momento do ano. E com o agravante de que, na maioria das vezes, não se tem mais qualquer vínculo com a cristandade. Temos, então, uma festa verdadeiramente pagã, em que tudo que se quer é se fartar de comidas e bebidas. Espiritualidade, oração ou qualquer coisa nesse diapasão são apenas reminiscências de outros momentos. De tempos em que as pessoas minimamente guardavam a junção do Natal como sendo uma das principais datas da cristandade.

Um pouco do meu Natal...

Quando vejo a própria mudança do significado do Natal em minha vida, consigo alcançar a dimensão do sofrimento de tantas pessoas nessa data. Na infância, o Natal era aquela alegria à espera do Papai Noel e das guloseimas da data. Família reunida em alegres festividades, e sem que em nossa ingenuidade infantil alcançássemos algo mais. Algo que também marcou minha infância no bairro em que a passei, o Ipiranga, na cidade de São Paulo, era esperar o mês de dezembro para andarmos na noite por uma de suas principais ruas, iluminadas e com o comércio aberto. Era algo sincronizado com o meu aniversário, que ocorre quase próximo ao final de novembro. Então, passadas algumas semanas, éramos levados a passear pelas ruas para apreciar os enfeites. Hoje, na realidade, com a total apropriação pelo comércio dos festejos natalinos, temos já em outubros principalmente os *shopping centers* anunciando os preparativos para essa comemoração.

E, na espera desse período, havia também a ansiedade para degustar panetone, algo de que sempre gostei e que naquela época só me era acessível no Natal. Hoje conheço vários locais em que o panetone é vendido durante todo o ano, algo que me alegra sobremaneira, e que não me faz mais refém da espera do Natal para poder apreciá-lo.

Já na vida adulta, e no início da minha vida profissional, trabalhei na Penitenciária Feminina da capital, inicialmente regendo o coral das internas, e depois nas searas da psicologia. E, naquele momento, alcancei a dor e o sofrimento das pessoas que estão distantes de seus entes queridos. Era impressionante observar o sofrimento dessas pessoas com a proximidade de dezembro. O coral que ensaiava músicas das mais variadas concepções, na proximidade de dezembro, e até mesmo pelo fato de a penitenciária na ocasião ser dirigida por religiosas, tinha como exigência a preparação de cânticos natalinos. E daí não havia jeito, o sofrimento já na preparação dos cânticos era notório. Praticamente preparávamos os cânticos natalinos, e até nos apresentávamos nessas comemorações, mas o sofrimento exibido pelas internas era evidente, e por demais contundente.

O Natal nesse contexto trazia uma configuração do distanciamento dos entes queridos de um lado, e, de outro, a imposição de comemoração que não cabia naquele ambiente de dor. Ambiente em que os corações dilacerados não pensavam na religiosidade da data, mas apenas em como seria o Natal de seus familiares sem sua presença.

Na sequência, deixei esse trabalho e segui minha vida profissional rumo a novos envolvimentos e parâmetros. Em seguida, vieram meus filhos e sobrinhos. E novamente o Natal voltou a ser algo muito mágico. Pois era muito bonito e fascinante ver a alegria das crianças à espera do Papai Noel com sua roupa reluzente de vermelho. E na minha família sempre havia alguém que se travestia de Papai Noel para presentear as crianças. Algo indescritivelmente fascinante.

Por mais que se diga que a ilusão de Papai Noel é algo que os adultos criam indevidamente na imaginação infantil, certamente poucas coisas na vida têm a magia e o encantamento da espera dos presentes trazidos por ele. Tantas ilusões nos são impostas na vida, dos mais diferentes matizes, que essa crença é algo que simplesmente traz um pouco de leveza a tantos corações nos mais diferentes contextos.

As crianças cresceram, tornaram-se adultos, e, com isso, acabou essa ilusão dos presentes e dessa presença nas noites de Natal. E o Natal voltou a ser aquela reunião familiar algumas vezes enfadonha e, outras, prazerosa.

E sequencialmente fui deixando a ceia natalina, para me incorporar ao trabalho dos que acolhiam o desesperado da noite de Natal – minha presença na mesa familiar ficou restrita ao almoço de Natal – e também à missa realizada pelos religiosos que cuidam de pessoas em situação de rua, geralmente na área da Cracolândia. E o Natal passou a ter configuração de data em que era necessário envidar esforços para o acolhimento de tantas pessoas desesperadas que se afligem ao extremo nesse dia. E, longe de qualquer parâmetro que não o acolhimento ao desesperado, o Natal era algo distante de qualquer aspecto de religiosidade, mas apenas e tão somente a noite mais violenta do ano. A noite em que se consagra a destilação do ódio contido em nossas entranhas, e que pelas mais diferentes razões escolhe esse dia para dar vazão ao seu intento de destruição.

Saio do texto e passeio pelo meu ontem. Dias de uma fé inquebrantável na condição humana. Da crença de que o amor poderia ter espaço ainda maior na sociedade. Da ilusão de que um dia teríamos uma sociedade mais justa, digna e fraterna. E, quando me deparo com a realidade, tenho sempre a triste constatação de que a condição humana, com suas exceções de sempre, está fadada ao desespero contínuo e sem intermitência pela situação de vida imposta pelo próprio homem. A exploração mercantilista que ceifa vidas continuamente; a desesperança nascida nos seios das desigualdades sociais e que além de vida ceifa também qualquer crença em algo mais digno. Volto ao que reflito no texto, e simplesmente constato que a vida não permite nada que não a desesperança e o desespero a tantas pessoas que possuem no suicídio as garras e tentáculos para a libertação desse sofrimento.

E uma das coisas que sempre se fez presente em meus Natais é a lembrança de que Raul Pompéia, um dos grandes escritores brasileiros, e que sofria de severa depressão, consagra este dia para colocar fim ao seu sofrimento com um tiro no coração. Tinha 32 anos de idade, e não suportou por mais tempo o sofrimento que ceifava sua alma.

Outra lembrança é o livro *Um conto de Natal*, de Charles Dickens (1962), obra que, segundo muitos estudiosos, determina a configuração de confraternização familiar dos atuais Natais. Nele, é mostrado um comerciante avarento e rabugento que se distancia de todo e qualquer contato humano que não aqueles formais e necessários para sua atividade profissional. E, na noite de Natal, ele é convidado por um de seus funcionários para que fosse a sua casa. Ele de início reluta com a ideia, até porque sua relação com as pessoas não era muito prazerosa. No entanto, acaba indo, e o contato com a fraternidade daquelas pessoas simples de alguma maneira o *humaniza*, a ponto de ele mudar sua atitude diante da vida depois desse encontro.

Era adolescente quando li essa obra pela primeira vez, e a última vez que me debrucei sobre ela depois de não sei quantas leituras foi recentemente. A impressão que se tem é que o autor conseguia adentrar nesse espírito de harmonia e fraternidade que envolve as pessoas nesse período e escrever uma obra que significa a própria elevação espiritual a partir da confraternização natalina.

Cerca de trinta pessoas se matam por dia no Brasil.[1] Deve-se sempre atentar ao fato de que esse número não pode ser considerado absoluto, pela própria omissão que envolve a temática, bem como o fato da maioria dos dados disponíveis ser apenas de hospitais públicos. O que significa que temos uma pessoa desesperada em nosso entorno, sem que muitas vezes atentemos a isso. E o Natal é a data em que a angústia e o desespero encontram a familiaridade necessária para a busca de estancamento desse sofrimento. Aquela sensação de que o Natal traz a depressão para dentro da casa de muitas pessoas é algo cada vez mais tangível e que encontra escora na própria desesperança da vida.

Dissemos, em trabalho anterior (Angerami, 2017a), que o suicídio não é ato de coragem, tampouco de covardia. E, sim, de desespero, pois a pessoa se vê desesperada diante de situações que a estejam oprimindo e se vê com a consciência totalmente obnubilada para procurar alternativas para o sofrimento que não a própria morte. E quando se vê diante da morte, muitas vezes, percebe que não queria morrer, e sim acabar com o sofrimento.

Particularmente, quando cito os Natais passados da minha vida, sempre me ocorrem os vividos com as pessoas da penitenciária. De um lado, as religiosas, diante de uma das principais datas do cristianismo, e, de outro, o sofrimento das internas. Umas na elevação da data pela vida dedicada à religiosidade, e outras sofrendo o distanciamento e isolamento impostos pela pena carcerária. Difícil harmonização entre coisas tão díspares. E restava eu, no meio disso tudo, tentando preparar um coral de vozes femininas a entoar cânticos de louvor. E as religiosas que dirigiam a penitenciária eram muito afáveis, e procuraram com esse intento levar algo de elevação espiritual a essas internas por meio da música. E, verdadeiramente, o que ocorria é que as internas estavam com a alma dilacerada ao extremo pelo distanciamento e isolamento, que eram dimensionados ainda mais pela época natalina para que pudessem minimamente atingir e sorver a ideia de espiritualidade das religiosas a ser alcançada pelos cânticos natalinos.

Passada a época natalina, outras canções eram preparadas, e tudo fluía naturalmente. E o que sempre me ocorria é que a tal religiosidade desejada tão avidamente no período natalino poderia ser buscada, e certamente seria alcançada, em outros períodos do ano sem aquela aura de sofrimento que envolve o Natal.

Vivi também outros natais acolhendo pessoas em situação de rua com religiosos que atuam nessa área. Pessoas desesperançadas e que estão atiradas às raias da brutal exclusão social que ceifa tantas vidas em nossa realidade.

[1] Dados obtidos do Sistema de Informações de Mortalidade (SIM) do Ministério da Saúde.

Em trabalho anterior (Angerami, 2017c), cito uma pessoa que me encontrou no centro da cidade e me reconheceu, dirigindo-me a palavra. Identifica-se como alguém que estava em situação de rua em momento de extremo desespero pelo período natalino, e que tinha sido acolhido por nós em uma dessas nossas incursões. Agradece com muito ardor por aquele momento e se dispõe a colaborar com a entidade que o havia acolhido. Tantas vidas em desatino e que encontram na morte o alívio para o sofrimento que toda e qualquer conceituação que se estabeleça sempre esbarra no fato de que estamos distantes do verdadeiro significado do suicídio na condição humana.

Sob viadutos, marquises, ruas e avenidas, encontram-se vidas jogadas no destroço da condição humana. Vidas que perderam praticamente tudo, até mesmo a dignidade. O que não significa, entretanto, que não sofram pela ausência de parentes e entes queridos. São tratados como dejetos pelas autoridades, e são praticamente invisíveis para a população em geral. Mas isso não lhes retira a humanidade, e até mesmo a dor de estarem sem pessoas queridas em seu entorno. E, na noite de Natal, noite em que os desesperançados unem-se aos desesperados, as pessoas em situação de rua também padecem das mesmas emoções e sentimentos. E com o agravante de que sequer podem pensar em mesas fartas para comilanças, ou troca de presentes.

E, no Natal, data que aglutina a desesperança humana, as pessoas em situação de rua também padecem dessas agruras. Igualmente se veem tomadas de desespero, angústia e dor. Mas a esse grupo de pessoas nada é devido ou merecido. Apenas alguns grupos de pessoas, geralmente capitaneados por religiosos, delas se aproximam tentando trazer algum conforto nesse período de tanto sofrimento.

O atendimento ao desesperado da noite de Natal. Quando o silêncio é ensurdecedor...

São 23 horas da véspera de Natal. Certamente o início do momento mais crucial dessa noite. Momento em que parece que o desespero se avoluma e cresce paulatinamente para ter dimensões incontroláveis. Havia chovido muito no início da noite, e houve inclusive receio de que tivéssemos problema de comunicação com possíveis afetações do sistema de comunicação. Moro na Serra da Cantareira, a maior reserva florestal urbana do planeta, e, quando nos vemos em meio a temporais, verdadeiramente sempre são assustadores.

A fúria da chuva nessa noite acompanhada de muitos raios tornou-se ao mesmo tempo um grande espetáculo da natureza e algo assustador. A chuva torrencial cessou, e ficou apenas uma pequena chuva a molhar a terra e as plantas. Dessa vez, não houve danos aos nossos instrumentos de comunicação, e estávamos de prontidão para mais uma noite dos horrores.

E, como foi dito anteriormente, no plantão dessa noite, nas diversas entidades sempre estão os melhores plantonistas, os mais bem treinados e qualificados para esse enfrentamento. Repito, os melhores, e se eles não conseguirem dar conta de um determinado caso, certamente não será o suporte técnico que terá essa condição. Enfim... Mas nessas circunstâncias estamos sempre irmanados, os plantonistas na linha de frente e o suporte técnico na retaguarda. E assim estávamos às 23 horas.

Nessa noite, iniciei meu plantão por volta das 21 horas, depois que o forte temporal cessou deixando o cheiro maravilhoso de terra molhada no ar. E, como sempre, com o vinho companheiro das noites e madrugadas. E também, como ocorre há décadas, degustando uma maravilhosa torta de nozes que a avó materna dos meus filhos me faz desde sempre. E ouvindo Debussy, vértice da minha Santíssima Trindade Musical – os outros são Mozart e Rachmaninoff.

Nessas ocasiões, sempre peço aos amigos e familiares que evitem telefonar-me, pois o estresse que o som do telefone provoca é sempre muito forte. Peço que escrevam, ou então que se utilizem do celular. E das 21 até as 23 horas tudo estava tranquilo, com apenas algumas consultas no *chat*, mas absolutamente tudo tranquilo. Por volta das 23 horas, o telefone toca. Atendo e, do outro lado da linha, Robson identifica-se, e iniciamos um diálogo de ajuda e partilha muito intenso.

Ele me diz: *Dr. Angerami, estou com uma pessoa que está desesperada. E diz que não quer morrer sozinha. Por isso telefonou.*

Digo para ele questionar se a pessoa já havia tomado algo, pois daí, minimamente, saberíamos se ela tentaria se matar com algum outro instrumento.

Robson volta e comunica que: *Ele ainda não tomou nada e que ainda estava em dúvida do meio a ser utilizado para sua morte.*

De forma incisiva, digo a ele para dizer para essa vítima do desespero que não se utilize de veneno para ratos, pois o estrago orgânico era terrível pelo sangramento gástrico muitas vezes irreversível, mas que demorar-se-ia dias para que a destruição total se consumasse.

Robson me diz: *Ele ainda não tomou nada... Ainda não se decidiu, apenas não quer morrer sozinho....*

Estávamos então diante de uma situação inusitada, alguém que procura pelo plantão de acolhimento ao desesperado para não enfrentar as agruras da autodestruição sozinho. Em trabalho anterior (Angerami, 2017b), falamos sobre o número de pessoas que procuram pelo suicídio em situações em que existe um grande número de pessoas presentes. Assim, teremos pessoas que buscam estações do metrô para se matarem, ou então, locais da via pública sempre muito movimentados. Ou seja, é como se, ao menos no momento final de suas vidas, esse outro tão ausente, e que é sentido como distante em seus momentos de dor, estará presente.

E, paradoxalmente, um ser solitário escolhe a noite de Natal para colocar fim ao desespero de sua vida, momento em que teoricamente as pessoas estão em torno de mesas de confraternização familiar, e busca alguém para não morrer sozinho. Alguém que minimamente o escutasse nesse momento em que a alma está lancetada e totalmente ensanguentada de dor. Simples assim, alguém que apenas o escutasse nesse momento desesperador. As garras do desespero e da solidão se emaranham e fazem com que o acolhimento seja buscado ainda que por meio do anonimato.

Vidas que se tocam no momento extremo do desespero humano. Um acolhendo e outro buscando bálsamo que cicatrize suas dores. O desesperado indo em busca de alguém que o escutasse para não morrer sozinho. E nesse constitutivo temos o verdadeiro imbricamento desses plantões que acolhem o desesperado não apenas na noite de Natal, mas também ao longo de todo o ano.

Ter a presença de alguém que possa partilhar de nossas dores, angústias e desespero sem conotação de julgo moral, ou de qualquer outra natureza. Sem religião a permear o contato; sem a necessidade de esconder filigranas da vida; sem titubeios sobre a verdadeira dimensão de seu sofrimento.

O suicídio como total manifestação do desespero, sem que outro contraponto possa interferir nesse intento. A morte buscada naquela que seria a noite de paz. A noite do renascimento espiritual proposto pelo cristianismo. A sensação de abandono quando todos aparentemente estão juntos e irmanados. O desespero da vida no momento em que ilusoriamente a confraternização toma conta do coração das pessoas. Nada de comemorações, apenas as garras do desespero e do abandono encontram guarida no coração do desesperado.

Paradoxalmente, ainda dentro desse complexo emaranhado que envolve o período natalino, temos que uma das categorias profissionais que mais atenta contra a vida nesse momento é a das empregadas domésticas. Justamente as pessoas que trabalham e moram junto com famílias, sem terem, no entanto, acesso nem ao convívio familiar nem tampouco às áreas sociais da residência onde trabalham, exceto para exercer suas atividades. São legadas ao ostracismo e se ressentem da ausência dos próprios familiares. E, embora seja cada vez menor o número dessas profissionais que durmam no local de trabalho, ainda assim o número remanescente apresenta um alto índice de tentativa de suicídio no período.

Digo a Robson que estamos diante de uma situação inusitada, alguém que ainda não se decidiu pelo instrumento de destruição, mas que, todavia, não queria morrer sem a presença do outro, ainda que por meio de um telefonema. Indago se ele já sabia os fatos que haviam gerado tal turbulência e desespero, e ele diz que volta em seguida com tais informações.

Na sequência, Robson informa: *Ele narrou que sua vida não tem mais razão de ser. Está desempregado e cheio de dívidas. Separou-se da esposa, e essa dificulta o acesso ao filho. Não tem mais ninguém e está completamente desiludido com tudo. A vida para ele já acabou faz tempo, falta agora apenas dar um fim formal.*

Temos, então, à nossa frente um caso clássico em que o Natal como festa familiar mostra-se totalmente configurado ao sofrimento trazido à baila nessa data. Sem trabalho, e sem a família, parece que nada mais tem sentido e justifica a continuidade da vida. Alguém cujo desespero de vida não apresenta atenuante e que foi encurralado no natal, justamente o período em que a vida pede confraternização e fraternidade. Encurralado e determinado a colocar fim a uma vida totalmente marcada pelo sofrimento e por diversas situações de frustração.

Robson continua: *Ele está chorando muito, praticamente é difícil conseguir entender tudo que fala. Chora e diz que não aguenta mais viver. Que tudo que ele mais amava na vida era o filho, e agora sequer tinha o direito de ver o menino. Nem a pensão alimentar estava conseguindo pagar, e por isso a ex-mulher o impedia de se aproximar do menino. Está desesperado, e não consegue ver mais nada que possa trazer alguma motivação para sua vida. Chora muito, e não consegue se controlar.*

Digo então que ele permita que seu choro tenha vazão, pois assim será uma grande catarse ao seu sofrimento. Oriento ainda que não faça perguntas, e que apenas deixe que ele fale livremente, mesmo que não haja nexo em suas colocações.

E aqui temos um aspecto muito importante nesse acolhimento ao desesperado, pois ao permitir que esse fale livremente, ainda que de forma totalmente desconexa, estamos dando a oportunidade para que após a catarse inicial as ideias comecem a se organizar para uma melhor reflexão. O desespero, de modo geral, parece que se acumula dentro da alma e consegue trazer alívio saindo por meio da palavra e do choro incontido. Algo que parece acumulado e que ao ser colocado para *fora* por essa emoção incontida é como se além do alívio experimentado também trouxesse a clareza das ideias.

Igualmente no processo de psicoterapia, muitas vezes vamos encontrar pacientes que durante as primeiras sessões falam e choram de modo totalmente incontido. E somente após um número maior de sessões conseguem se articular e concatenar as ideias para que a reflexão do processo psicoterápico possa surtir efeitos rumo às mudanças procuradas. Expusemos em texto anterior (Angerami, 2009) a importância de o psicoterapeuta se manter em silêncio durante os momentos em que o paciente precisa se expressar de maneira catártica. O silêncio, em algumas situações, é o grande coadjuvante no processo de catarse do paciente. Momentos em que a escuta se torna a grande ferramenta para que o paciente consiga, inclusive, se escutar e perceber a dimensão de seus questionamentos. Isso, embora pareça algo simples, principalmente ao ser colocado como reflexão, é algo muito difícil de atingir, pois parece que sempre precisamos interferir na fala do paciente. Sempre temos alguma colocação a ser feita diante do que nos é exposto. Essa habilidade de se manter em silêncio para que a catarse se complete é, sem dúvida, uma das grandes virtudes dos psicoterapeutas mais experientes. E também dos plantonistas mais tarimbados para o acolhimento do desesperado.

Robson volta angustiado: *Ele já se decidiu pelo instrumento de destruição. Disse que irá fazer uso de uma faca. Tem a intenção de sangrar a jugular. Ele parou de chorar e mostra determinação em sua intenção. Perguntou se pode ficar conversando comigo até o momento final de sua vida. Naturalmente disse que sim. Mas estou aflito, pois parece que sua decisão é irreversível.*

Diante da gravidade dessas colocações, ocorre-me uma terrível constatação, não estamos lidando com grávidas felizes que estão nos procurando para um parto harmonioso. Ao contrário, estamos lidando com pessoas desesperadas em sua maior dimensão. E tudo que se pode esperar nessas situações são casos que nos surpreendam em seus requintes de desesperança e da total falta de perspectiva com a continuação da vida.

Uma superação contínua está a nos exigir nesses acolhimentos. Embates incessantes entre a vida que pulsa nas noites de verão, e a destruição trazida pelo desespero e desesperança. Mas verdadeiramente, a cada novo caso de desespero, sempre tenho a sensação das inúmeras dificuldades a serem superadas. Dificuldades que se alternam de pessoa para pessoa. E que algo sempre está a nos mostrar que a esperança da vida é algo que deve animar inicialmente a nossa própria vida. À nossa frente, uma pessoa com a firme deliberação de se matar e compartilhar o momento maior de seu desespero. Algo muito difícil de ser absorvido, pois embora sempre saibamos da dificuldade desse tipo de trabalho, ainda assim, a dilaceração da nossa própria condição emocional igualmente é verdadeira. Lembro-me de um assistente que dizia que essa atividade era uma busca contínua de adrenalina. E que se algumas pessoas procuravam esportes radicais em busca de emoção, essa atividade nada ficava a dever diante dessas buscas. A única diferença é que não arriscávamos a própria vida, isso em que pese sermos continuamente dilacerados em nossa emoção mais genuína. Sem dizer dos possíveis casos de doenças que nos acometem, fruto da desestabilização emocional da qual somos vítimas. Enfim...

Dizemos incontáveis vezes que, diante dos números absolutos e absurdos do suicídio que foram exibidos acima, a nossa pretensão é sempre mínima e, se conseguirmos salvar uma vida, tudo se justificaria. E estávamos diante de uma vida que se mostrava atirada às raias da destruição e do sofrimento.

Volta a chover com intensidade. O estrondo dos trovões mistura-se ao barulho dos fogos de artifício que mostram que estamos próximos da meia-noite. Próximos da passagem de Natal. Os cachorros alteram-se e latem muito diante do barulho dos rojões. Imagino brevemente a cena de muitas famílias em torno da ceia natalina a se confraternizarem pelo Natal. Cumprimentos, abraços, beijos, e na quase maioria das vezes sem uma dimensão do que se deseja quando se diz *feliz Natal*. As badaladas do relógio confirmam, estamos diante da passagem para o dia de Natal. Estou ao lado do telefone, aguardando ansiosamente novo telefonema do Robson.

A música de Debussy continua a emoldurar o ambiente. Troco os CDs continuamente, e, nesse momento, estou ouvindo uma de minhas preferidas, a maravilhosa *La plus que lente*. E, ao mesmo tempo que a música penetra em minha alma, percebo que a minha angústia já me deixou com a boca completamente seca, apesar do vinho e da água que o acompanha. Esses sintomas físicos da angústia são verdadeiramente antíteses do que teorizamos quando falamos em sofrimento psíquico.

Tento manter a serenidade, mesmo sabendo que a batalha que estamos enfrentando tem inimigo muito portentoso. E que verdadeiramente não teremos êxito se perdermos a esperança que nos anima e nos mantém nessa atividade. Faz apenas cinco minutos da última ligação do Robson, mas minha ansiedade e angústia os transformam em espera de horas. Apenas cinco minutos, tempo em que provavelmente Robson esteja ouvindo nosso interlocutor de modo sereno e acolhedor. Ao menos é isso que desejo e espero.

A minha intenção, sempre que abro uma garrafa de vinho, é tomar duas taças. Nunca mais do que duas taças, para que o prazer de sua degustação não se transforme em problemas das mais diferentes naturezas. Mas nessa noite essa dosagem já foi superada, assim como também a quantidade da torta de nozes que o acompanha. Apanho o telefone e aperto o botão que acessa a linha de discagem a confirmar que o telefone não tem problema algum. Afinal, como disse anteriormente, as chuvas sempre trazem problemas aos nossos recursos eletrônicos aqui na serra. Mas tudo funciona normalmente, o telefone, a internet, o *WhatsApp*, tudo na mais perfeita normalidade. Se o telefone não toca e o *chat* não emite sinal é porque ainda as coisas a serem trazidas estão sendo processadas. Superação, obstinação rumo a novos determinantes de superação.

Olho a lareira apagada e, inerte, penso se não seria melhor acendê-la apesar de não estar fazendo frio. Afinal, o fogo sempre é um espetáculo fascinante. E o meu fascínio pelo fogo, além de denunciar minha etnia cigana, também traz um pouco de serenidade e sensação de aconchego. Não chego a nenhuma conclusão, pois tudo o que desejo é o telefonema do Robson. E o compasso do relógio anunciando que o tempo está passando com toda sua determinação apenas configura a necessidade de superação. E um desejo de que o nosso interlocutor esteja com sua catarse se aliviando de seu desespero. E, assim, mudando sua diretriz de destruição.

Essa angústia me leva a questionamentos da razão dessa escolha. O que me faz estar nesse suporte de atendimento, em vez de, como a maioria das pessoas do meu entorno, envolto em mesas de comemorações familiares?! Ou, ainda, com tantas temáticas existentes no raio de intervenção da psicologia, por quais razões fui me envolver com suicídio?! E que envolvimento é esse que não permite afastamento?! Também de como esse tema me fez notório, em que pese toda a dificuldade em que está envolto. Tantas questões que detalhes e filigranas borbulham no pensamento, como o champanhe característico desse período ao ser derramado na taça para degustação. Questionamentos fervilhando na alma e a boca com secura a demonstrar toda a tensão desse episódio.

Tantos questionamentos que, em meio à tensão do momento, a cabeça fervilha de tal modo que parece que irá explodir em alguns minutos. Não tenho e nunca tive o hábito de roer unhas. Felizmente! Pois certamente, se minimamente recorresse a isso para atenuar meus desatinos, estaria roendo os tocos dos dedos, pois as unhas já teriam sido destruídas há tempos... Enfim...

A chuva continua intensa e os estrondos dos trovões agora não são compartilhados com o barulho dos fogos de artifício. Os cães estão silenciosos, pois não ladram diante dos trovões. É como se fizessem parte da natureza da serra, da qual eles mesmos também são parte integrante.

Robson não é uma pessoa que conheço pessoalmente, apenas por esses contatos nesses nossos plantões. Várias vezes partilhamos dessas angústias e sempre nos saímos bem. Dessa vez a ansiedade e a angústia estão me consumindo. E me vejo pensando o que o mantém nessa atividade tão difícil e desgastante em plena véspera de Natal. Será que não tem família?! Ou que também foi dragado por isso tudo, e quando se deu conta havia deixado tudo para estar acolhendo os desesperançados?! Qual seria sua ocupação profissional?! E quais motivações o mantinham em um trabalho voluntário em plena noite natalina?! Com essas divagações, também havia me decidido a saber de sua vida pessoal. Talvez estabelecer um vínculo amistoso, pois já estávamos imbricados em partilhas tão intensas, as quais envolviam pessoas desesperadas e que estavam no limite entre a vida e a morte. Imaginava, por sua voz, tratar-se de alguém com cerca de quarenta anos de idade. Mas tudo era simplesmente criação do meu imaginário, pois na realidade, afora a partilha desse trabalho tão intenso, pouco sabíamos um do outro.

Na atualidade, diversas empresas possuem atendentes digitais. Você faz a ligação e o atendimento é feito totalmente por recursos digitais. Assim, desde operações bancárias, passando por serviços de informações, muitas das nossas solicitações telefônicas são totalmente atendidas e viabilizadas por atendentes virtuais. Mas no caso de acolhimento ao desesperado não é possível sequer pensar nessa possibilidade. Mais do que qualquer outra questão, a principal habilidade desses atendentes é sua condição de humanidade. Condição para conseguir entender a dor humana em um de seus mais agudos sofrimentos, o desespero diante da acidez em que a vida se mostra em algumas ocasiões. Pessoas que depois de um tempo de atividade conseguem identificar o grau de sofrimento e desespero de quem procura por esse atendimento para alívio de seu sofrimento pela simples vibração da voz ao telefone.

Pessoas que decidem ser plantonistas de entidades que acolhem o desesperado, um simples chamado de alma; para poder partilhar o amor de seus corações com aqueles que estão em pranto; para enxugar lágrimas de quem perdeu o sentido da vida. Pessoas que dedicam horas de suas vidas para estarem junto aos que estão sofrendo os desatinos da vida. Dedicação de vida e certamente superação imensurável a cada plantão e a cada telefonema.

Alguns são impulsionados por motivações religiosas, outros ainda por inspirações humanistas. De toda maneira, o que temos são pessoas que dedicam momentos preciosos de suas vidas aos que estão desesperançados pelo caminho. Passam por uma formação muito sensível e eficaz em que desde atitudes de acolhimento e escuta, atitudes diante do desespero, são balizadas de maneira bastante sensível.

Há muitos anos contribuo para a formação dessas pessoas plantonistas partilhando a minha experiência nessa senda de desespero representada pelo suicídio. E, também pelo fato de ter alguns dos meus livros adotados nesses processos de formação, sinto que minha contribuição, embora pequena, é de grande valia nessa seara. Minha admiração por essas pessoas é de grande magnitude, pois sei que, acima de tudo, estão levando esperança e amor a um sem número de pessoas que perderam totalmente a fé em si, e até mesmo na condição humana. Plantões em domingos, feriados, madrugadas, dias santos, sem qualquer titubeio. E tudo animado por um amor incandescente que ilumina o caminho de tantos desesperados e desesperançados.

A chuva continua incessante, em alguns momentos forte e consistente, e em outros mais tênue e branda. Mas se mantém contínua e sem intermitência. O que me ocorre nesse momento é a imagem das tantas pessoas que percorrem as ruas e avenidas nessas madrugadas, alcoolizadas após as ceias familiares. Se já é uma noite e madrugada em que sabidamente é muito perigoso trafegar justamente pelo grande número de pessoas alcoolizadas, as pistas molhadas e escorregadias irão trazer um perigo ainda maior a todos que estejam se deslocando de carro nesse momento. Mas é Natal, a noite mais violenta do ano, então esse risco já é eminente pela própria circunstância da data. A chuva apenas agrava a probabilidade de mais acidentes acontecerem. É Natal, noite de comilança, bebedeira e festança. E não será a chuva que irá interromper tantas comemorações.

Natal do desespero e da desesperança. Angustiado aguardo o telefone que não toca; o *chat* que não dá sinal. Imagino a angústia do Robson diante dessa pessoa desesperada que está a chorar e desfiar todo seu sofrimento sem qualquer determinante de alívio. Será que essa pessoa já consumiu seu intento final e o Robson está por demais arrasado que não consegue sequer me ligar?! Ou será ainda que obteve êxito, mas não teve condições de me comunicar por estar atendendo outra ligação?!

Tantos questionamentos e indagações que não cabem em meus pensamentos. Observo as unhas da minha mão direita, que são compridas em razão da prática do violão clássico. E penso que, se roesse unhas, teria material bastante farto pela frente. Mas, igualmente, se as roesse, elas não estariam compridas dessa maneira, e não estariam preparadas para essa prática. Então, isso já se resolve pela própria excludência das coisas. As unhas da mão esquerda são cortadas na carne, o que impede qualquer pensamento nesse sentido. Enfim, angústia a me corroer a alma e o pensamento vagando por situações que vagueiam por tantos detalhamentos que tudo se funde de modo inextricável. E diria mesmo inexplicável.

Vagueio o pensamento por natais passados em que estava com as pessoas em situação de rua, tentando levar algum conforto e alívio a almas tão desesperançadas.

Olhares de dor e sofrimento. Mãos calejadas pelo trabalho árduo e a total aniquilação de todo e qualquer resquício de dignidade humana.

Natal em que a excludência humana e a brutal exclusão social se fundiam e faziam dessas vítimas, que são tratadas como dejetos ao longo do ano, algo que simplesmente não se tem como definir.

Finalmente o telefone toca, e atendo desejando com todo o meu ardor que seja o Robson. Não era. Apenas uma pessoa querida para saber como estavam as coisas nesse plantão de Natal. Falamos rapidamente, pois inclusive não podia ter o telefone ocupado à espera do outro telefonema. Despedida singela e a promessa de que voltaríamos a nos falar durante o dia, para mais detalhamentos do que tinha acontecido até então.

Pelos vidros da janela vejo a chuva escorrendo sobre a mata e deixando a terra e as plantas com aquele frescor de vida e renovação. Os raios cessaram e apenas a chuva se mantém contínua.

Minha inquietação leva-me finalmente a acender a lareira. E, desde muito tempo, adquiri o hábito de misturar revistas coloridas às lenhas da lareira. Isso faz com que o fogo seja multicor. A madeira provoca fogo de cor amarela, e a revistas, de cor azul. Essa mistura torna-se indescritivelmente linda, e acrescenta uma beleza ainda maior ao próprio fascínio do fogo. O estalar da lenha na lareira se mistura ao som do prelúdio de Debussy e se harmoniza também com o barulho da chuva. Cenário perfeito para introspecção e reflexão da vida. Jamais para a angústia e ansiedade que me dominava de maneira total.

O sentimento tão exacerbado de angústia e ansiedade espantou para bem longe qualquer possibilidade de cansaço físico ou de sono. A boca seca pedia resolução das coisas para se aquietar, mas o que estava ao meu alcance era única e tão somente estar ao lado do telefone, à espera da chamada de Robson. Tantos questionamentos fervilhando o pensamento, que o espetáculo multicor da lareira não consegue me entreter.

Troco o CD, e agora ouço *En bateu*, ainda de Debussy. *En bateu* é divina, e traz um diálogo maravilhoso entre os instrumentos em sua estruturação temática. Diz a harpa: *Eu sou a florada de Inverno, as mais lindas flores dessa vida.* E a flauta responde prontamente: *Eu sou a florada da Primavera que também é maravilhosa.* Os violinos na sequência afirmam: *E nós somos a vida que pulsa em busca de mais vida.* Deus materializa-se e faz-se presente: *Essa música, assim como a de Mozart, também é a Minha música.*

Folheio a *Revista Concerto*[2] e observo a programação dos diversos corais ao longo do mês pela cidade de São Paulo. Programação variada e levando os mais

[2] *Revista Concerto* é uma publicação mensal da Clássicos Editorial e traz a programação de música clássica da cidade de São Paulo. Também apresenta diversas matérias, reportagens e entrevistas do universo da música clássica.

diferentes estilos para todos os apreciadores da música coral nos mais variados ambientes da cidade. E hoje é Natal, a consagração definitiva de todos os preparativos feitos para esse momento. Os cantores dos corais nesse momento devem também estar com suas famílias, ou quem sabe sofrendo as agruras do isolamento. Particularmente, gosto muito de música vocal, e em diversas ocasiões assisto às récitas beneditinas do fim de tarde, para ouvir o maravilhoso canto gregoriano entoado nessas ocasiões. Também aprecio a missa dominical igualmente emoldurada pelos cantos gregorianos.

Dezembro é a consagração maior dos diversos corais existentes na cidade. E praticamente toda a programação é direcionada para temas natalinos, tudo com a finalidade única de se unir ao clima de fraternidade que paira no ar.

A revista também não consegue me entreter. Leio, mas decididamente não estou conseguindo assimilar a leitura. É como se estivesse vendo um amontoado de letras, sem entender o verdadeiro significado. Como se fosse uma publicação russa, em que se olha e não se entende absolutamente nada. E, no momento exato em que coloco a revista sobre a mesa, o telefone toca.

Atendo rapidamente com toda a ansiedade e angústia que me consomem afloradas de modo único. Era Robson, com a voz ainda mais embargada. Após a troca de palavras iniciais, silencio, à espera do que ele iria me relatar. Ele também não consegue se articular adequadamente para expor seu relato. Segundos em que meu imaginário, após ouvir o embargo de sua voz, já determinou que ele estivesse ligando para narrar a morte do nosso interlocutor. Ou, então, que mesmo que ainda não tivesse morrido, já teria efetivado alguma ação decididamente letal. Seriam narrados detalhes de sua fala desesperada, e, por fim, o baque final de seu corpo ao chão sendo escutado pela ligação. Frise-se que todas as vezes em que Robson falava comigo ele utilizava uma linha e mantinha o nosso interlocutor à espera, em outra linha. O que significa dizer que falar comigo era apenas breve pausa de uma conversa que já durava horas e que se mantinha em seu frenesi de contundência sem esmorecimento. Sempre esse o procedimento desses plantonistas quando precisam recorrer ao suporte técnico. Mantêm o interlocutor em uma linha, e de outra linha trocam informações e ideias com o suporte técnico. E assim também estava acontecendo nessa noite. Das vezes em que o Robson me ligou, ele permanecia com a pessoa na outra linha. Era um desdobramento de uma mesma ligação.

Segundos à espera do que ele iria dizer. E que se transformaram em horas. A ansiedade e angústia trazem mais secura à boca. Permaneço em silêncio, tentando acomodar as ideias e esperando que ele fale o sequencial de seu atendimento. Em trabalho anterior (Angerami, 2018), citamos a diferença entre o tempo sentido e o tempo vivido. Assim, o tempo vivido seria aquele cronometrado pela marcação humana dividido em segundos, minutos, horas, dias, semanas, meses etc. E o tempo sentido seria aquele em que a emoção é tão grande que não guarda qualquer similaridade com o tempo vivido. São aqueles momentos à espera de alguém querido e que está muito tempo ausente; é a ansiedade do vestibulando à espera do exame qualificativo; é a criança à espera do Natal. Nessas situações, a emoção vivida não pode ser quantificada a partir da cronometragem estabelecida pelo relógio ou pelos dias. É uma emoção que transcende toda e qualquer tentativa de mensuração.

Dessa maneira, estava nesse hiato de segundo, entre o titubeio de Robson e o início de sua fala, não apenas em questões desse tempo, tão absurdamente curto se mensurado pelo relógio. E, sim, diante de sensações que pareciam horas infindáveis vividas à espera de alguma informação. Segurando o telefone nas mãos, um aparelho sem fio, veio-me uma lembrança de uma paciente que, no passado, quando brigava com o namorado ao telefone, praticava "arremesso de telefone". Atirava o telefone à parede para se aliviar do estresse provocado pelo namorado. Solução que, embora não resolvesse a distensão da briga, ao menos trazia algum alívio, mesmo que com perda material significativa. Estava tão ansioso e angustiado, que essa solução parecia perfeitamente natural para estancar tudo de uma vez. Enfim...

Olho para o fogo da lareira com o fone na mão. Observo o fogo multicor com toda sua beleza e sinto o enorme contraste entre o que sentia e observava. O fogo multicor que sempre me fascinou era algo inerte, sem vida. Consumia a lenha e as revistas, mas não trazia qualquer emoção. E o outro contraste que estabeleço é justamente no fato de utilizarmos sempre madeira lançada fora pelas próprias árvores. Não nos permitíamos cortar nada que ainda estivesse com vida nas árvores. Então, desde gravetos, galhos e tronco maiores, tudo que era lançado fora era aproveitado. E o que me ocorre é que nossos atendimentos nessas situações se pareciam com isso, pois estávamos acolhendo justamente o que estava sendo alijado da própria vida. Pessoas que tentávamos resgatar para a vida. Pessoas que haviam perdido o sentido da vida, e que num lampejo de esperança recorriam a nós em busca de um fio condutor que pudesse resgatar a centelha da vida.

Candeeiros na escuridão a fazer crer que a vida era algo soberano independentemente do sofrimento que pudesse estar ceifando-a. Enfrentamos um inimigo poderosíssimo, tão portentoso que mata o dobro das guerras que ocorrem ao redor do mundo. Que estabelece paradigmas a mostrar que a possibilidade de alguém morrer de suicídio é maior do que qualquer outra doença. E, ainda assim, estamos a acreditar que podemos enfrentar esse inimigo tão poderoso. Claramente, quando dizemos que nos daremos por satisfeitos se conseguirmos resgatar apenas uma vida, não se trata de demagogia ou de falsa modéstia, mas da real dimensão do poder do inimigo que está sendo enfrentado. Inimigo que ceifa milhares de vidas a cada instante e que não respeita condição social, faixa etária, gênero, raça ou o que se quiser arrolar nessa análise. Mas nos colocamos como *cavaleiros da esperança*, a levar mensagem de amor e paz diante de um inimigo que tem tentáculos de destruição, que não podemos sequer conceber para minimamente enfrentá-lo. Estamos nessa guerra sem termos clareza da face do inimigo, tampouco das armas necessárias para enfrentá-lo. Ficamos à deriva de algo que não conhecemos. E tampouco sabemos de que lado seremos atacados.

Aqui estamos diante do grande paradigma encontrado quando se debruça sobre a temática do suicídio, o de que ninguém sabe absolutamente nada sobre o suicídio. Teorizamos, criamos mecanismos de intervenção às pessoas desesperadas, aliás, com muita eficácia. Falamos em prevenção, e até mesmo em "pós-venção". Mas a verdadeira essência de como o suicídio emerge, e de como ele envolve suas vítimas estrangulando-as impiedosamente, ninguém sabe. E, sempre que falo que não sabemos absolutamente nada sobre suicídio, é como se estivesse a blasfemar, afinal sou um autor de referência na área e com vários títulos sobre o assunto. Mas insisto: nada sabemos de suicídio. Podemos saber, e muito, sobre a pessoa desesperada e como acolhê-la, mas de suicídio estamos sempre à deriva dos fatos. Sempre na condição de reféns de uma destrutividade que ceifa milhares de vidas por segundo, sem que se consiga estancar essa violência. Teorias, há inúmeras, abordando todas as formas de destrutividade, mas algo sobre sua verdadeira essência e natureza nada sabemos.

A angústia e a ansiedade que me dominam não encontram trégua diante dessas reflexões. É uma tentativa tíbia de tentar me afastar dessa situação de insegurança que isso tudo está gerando. E, principalmente, de constatar nossa impotência diante de adversário tão portentoso. Não adianta evocar, diante desse inimigo tão poderoso, nossas possíveis titularidades acadêmicas, e tampouco as diversas publicações que já efetivamos sobre a temática. Como também não adianta recorrer a possíveis recortes de citações bibliográficas sobre suicídio para enfeixar formas de atuação nesse momento. Estamos desamparados, sem qualquer rede de proteção a nos proteger. É como se toda nossa trajetória profissional e acadêmica nos abandonasse sem nada dizer. O desafio maior é o confronto entre tudo o que escrevemos e falamos sobre suicídio e esse imbricamento em que uma vida estava no limite do sofrimento, e numa linha muito tênue para qualquer tipo de intervenção. E na realidade também do enfrentamento que temos das tormentas em nossas vidas. Certamente, todas essas pessoas generosas que estão nesses plantões nessa noite, como também as pessoas do suporte técnico, incluindo a mim, têm problemas e desatinos pessoais. Então, faz-se necessário colocá-los de lado, para que a prioridade seja o acolhimento ao desesperançado, sem que nada possa obstruir nossa intervenção. Simples de expor, mas verdadeiramente muito difícil de ser vivido e obtido em esplendor. E como agravante temos o fato de que somos igualmente reféns do desespero humano em nosso entorno pessoal.

Estudiosos da alma humana afirmam que escolhemos nossos temas de intervenção e análise a partir de nossas questões pessoais. E isso significa que, se estamos nos caminhos do suicídio e suas variações, isso é algo muito forte em nossas vidas.

E talvez aqui também tenhamos aquela ideia mágica que permeia o profissional da saúde, a de que uma vez envolvido com uma determinada temática estará imune a ela. Assim, por essa visão, alguém que lide com câncer está protegido de suas garras. Da mesma maneira com suicídio, desespero, solidão etc. Ledo e doce engano, pois o empenho com que se pode debruçar sobre um determinado tema não lhe dá qualquer proteção. E, se considerarmos o número grandiloquente de pessoas que morrem por suicídio, temos quase que uma realidade de probabilidade em que a morte por essa causa é mais próxima da quase totalidade das pessoas do que a maioria das doenças que igualmente ceifam muitas vidas diariamente.

Na realidade, a sensação que tenho é que somos dragados impiedosamente nessa configuração de proteção ao desesperançado, como se tivéssemos alguma aura de proteção a mais do que outros profissionais da saúde. Igualmente estamos diante de nova configuração enganosa.

A minha ansiedade e angústia nesses segundos de espera diante da fala de Robson não são apenas torturantes, igualmente revelam o quanto isso nos afeta independentemente do número de casos com os quais já nos deparamos ao longo do caminho. E também dos anos em que nos dedicamos à tentativa inócua de compreensão do fenômeno do suicídio. A primeira questão que sempre me ocorre nesses momentos é a de que nada me vale tanta titularidade acadêmica, tampouco o número de publicações que possuo. Estamos diante de uma pessoa desesperada e desesperançada. Alguém cuja vida está por um fio, e se mostra desnudado em seu sofrimento diante de dois paladinos ingênuos que acreditam e fazem crer serem capazes desse enfrentamento. Outra coisa que me ocorre nesses momentos é que não tenho sequer o conforto da oração, alento que acalenta tanto o desesperado como também aqueles que se dispõem a ajudá-lo. Nessas ocasiões, sinto algo de desolação de não poder contar com esse recurso, algo que certamente ajuda muito os que possuem essa crença. Penso como seria maravilhoso poder orar e pedir a esse ser imaginário e abstrato denominado Deus que nos ajudasse nessa empreita. Como seria igualmente fantástico recorrer a esse ser supremo e ter sua ajuda nesse enfrentamento. Mas não tenho esse recurso e me sinto verdadeiramente desamparado. Sem Deus, sem a ajuda das publicações, conferências, seminários, nada a nos ajudar nesse momento. Nada que minimamente pudesse ser buscado para nos fortalecer em nossa fragilidade. E com o agravante disso tudo o modo ofegante com que Robson iniciou sua fala ao telefone.

Sensações estranhas e que nos imobilizam e nos lançam em um turbilhão de emoções simplesmente inomináveis. Inefáveis, pois as palavras, embora tenha um grande poder de descrição de fatos e fenômenos, mostram-se apequenadas diante de tanta dor e angústia. E, se é igualmente verdadeiro que as situações de grande estresse nos envelhecem sobremaneira, a sensação é de que estamos envelhecendo cerca de uns dez anos nessa noite. Noite de Natal, noite em que se comemora a harmonia e o congraçamento familiar. Já nem sei se, quando fazemos tal afirmação, a própria ironia contida na frase torna-se estéril diante dessa realidade de desespero, ou se são faces de uma mesma destruição. E nesse emaranhado me ocorre o inconformismo das tantas pessoas que estão trabalhando nessa noite. Seja em plantões hospitalares, coletas de lixo, no transporte público, dirigindo ônibus e aeronaves conduzindo pessoas rumo aos familiares para a festa de Natal. Um emaranhado de situações tão imbricadas em si que a complexidade de tudo é simplesmente inalcançável.

Ouvindo Debussy, surge um contraponto instigante em meu pensamento. Talvez os concertos escritos para a noite de Natal, como o magnífico concerto grosso de Coreli, não contemplassem que essa noite se transformaria na mais violenta de todas. Tampouco as cantatas de Bach, que igualmente configuravam momentos de sacralidade, foram pensadas como algo que fosse relacionado a qualquer tipo de violência. Na verdade, qualquer música desses grandes compositores mundiais jamais em qualquer circunstância contemplou algo que não fosse o amor em suas configurações. Tenho dificuldade de associar a música de Coreli e Bach, os principais compositores a fazerem peças especialmente destinadas ao Natal, a qualquer desses detalhamentos de desespero que constitui essa noite. Enfim... Alguns anos atrás, dava aulas em algumas cidades do interior do estado, e normalmente viajava de carro ouvindo minhas músicas no aparelho de som. E sempre tinha o concerto grosso de Coreli entre as que me faziam companhia nesse percurso. Tampouco a associava ao Natal, pois a minha apreciação derivava de seu constitutivo melódico enfeixado por combinações harmônicas muito interessantes e prazerosas.

Mas, nesse momento, as músicas natalinas se fazem presentes pelo teor de destrutividade existente nessa data e que contrasta de maneira abismosa com a grandiosidade dessas peças musicais.

E, ao contrário dos países europeus, e mesmo nos da América do Norte, no Brasil o Natal ocorre em pleno verão. Muito se diz da influência do tempo frio e chuvoso em nossas condições emocionais. Muito já se escreveu sobre como o tempo nublado, cinzento e chuvoso influencia nosso balizamento vital. No entanto, isso tudo desmorona quando constatamos o alto índice de destrutividade presente em nosso Natal, e isso em pleno verão. Dias quentes e com noites que pedem vida e amor, jamais destrutividade. Isso tudo é insano, pois se verdadeiramente é fato que o clima pode gerar alguma influência em nossas condições vitais, temos um conjunto de outras tantas variáveis que se sobrepõem de maneira significativa às possíveis variações climáticas. A vida pulsando verão, e outras tantas pessoas desesperadas procurando pela morte para acabar de vez com os desatinos da dor. Tudo é insólito, pois vemos as teorias desmoronarem uma a uma, sem qualquer condição de reação, ou mesmo de criação de novos enunciados teóricos.

E estamos nessa noite violenta de Natal desolada sem o conforto da oração; sem a força dos enunciados teóricos; sem o manto da titularidade acadêmica que nos alça à condição de referência a um sem número de seguidores que se fiam em nossas publicações; buscando luzes nas ideias ao som de Debussy. Como seria boa nesse momento aquela fé inquebrantável da infância, quando me agarrava ao colo da mãinha e tinha a sensação de que nada me atingiria. Ou então a segurança que sentia quando meu pai me pegava pela mão para atravessar a rua. Nada disso, porém, existe nesse momento. Tudo se perde em reminiscência em que o imaginário tenta dar contornos de realidade a algo abstrato que se mostra de uma absurdidade inominável. E se torna mais uma vez inevitável a comparação com os natais da infância em que toda a família se reunia feliz enquanto as crianças esperavam pelo Papai Noel. Nada disso agora tinha como se tornar real nesse nosso momento de angústia, em que a dor desse desesperançado também provoca dor em nossa alma.

Coração querendo saltar pela boca; a alma dilacerada pela angústia. A boca seca a mostrar os efeitos no organismo desses desatinos vivenciados nessa noite ao mesmo tempo longa e eterna. Vidas que se cruzam, de um lado, pela desesperança, e, de outro, pela esperança tentando superação. Tangenciamento na dor e na tentativa de se fazer a diferença em situações em que o desespero determina o rumo das atitudes e dos caminhos a serem trilhados. Enfeixamento único de emoções que se fundem, e que na verdade, em princípio, seriam excludentes. Sonhos que se esvaem na dor. Ilusões que se perdem na desesperança dos desatinos de uma existência alquebrada em dor.

Depois de segundos que se tornaram horas angustiantes, Robson fala: *Ele está chorando muito. Insiste que não quer morrer sozinho. Bateu com a faca no telefone inúmeras vezes para mostrar que o instrumento escolhido para sua destruição está em suas mãos e pronto para ser usado. Chora muito. Não consegue falar, apenas chora. O que fazer?* Digo, então, que ele precisa se superar mais um pouco e acolher essa manifestação de choro sem palavras, pois certamente é uma das formas de catarse encontrada para o alívio de seu desespero. Também pondero que o ato de bater a faca no telefone é apenas para mostrar a determinação de sua intencionalidade. E que, no entanto, ele estava partilhando seu desespero e não tomando nenhuma atitude isoladamente. O que significaria dizer que isso se estenderia e que ainda teríamos muito a caminhar com esse caso. Ele agradece pela partilha de ideias e configurações, e combinamos que ele me ligaria assim que conseguisse desvendar algumas outras questões envolvendo esse caso. Ou então em busca de possíveis partilhas para se determinar a conduta a ser seguida.

O relógio continua com suas badaladas, mostrando a caminhada implacável do tempo. São duas horas. Ou seja, já estávamos há três horas diante desse ser desesperançado e que tinha a alma carcomida e despedaçada pela dor.

Robson, depois de séculos de espera, se manifesta: *Ele continua chorando e diz que, ao se decidir pela arma branca, escolheu um instrumento contundente e certamente de muita eficácia.* Não sei mais o que dizer, tampouco como agir. Digo que a nossa situação é totalmente desesperadora na medida em que, além de estarmos acuados, não temos nem mesmo conhecimento mais detalhado dessa pessoa para intentarmos ações mais consistentes. O manejo que efetivamos nos casos envolvendo suicídio é algo que não temos como balizar nessa pessoa, tampouco se conseguiremos demovê-lo de algo tão determinado. Superação de tudo que podemos preconizar para esses tipos de casos. Falamos sobre isso, e aos poucos Robson parece ir adquirindo a serenidade necessária para a continuação desse atendimento. Ele balbucia palavras de desalento, e diz que jamais imaginou que algum dia se depararia com algo parecido. Coloca ainda que aquilo estava fazendo com que revisse essa escolha para sua vida. E que não era possível ter que lidar com coisas tão contundentes e ao mesmo tempo ter que suportar o sentimento de impotência que estava sentindo. Repito que lidar com a impotência era algo que essa atividade nos escancarava todo momento. Mas que um caso com esse constitutivo certamente era algo que ninguém em sã consciência poderia imaginar, e nem mesmo considerar como real diante de sua ocorrência. Três horas em uma ligação telefônica em que a angústia e o desespero eram não apenas a tônica principal, mas principalmente desafio a lançar por terra todo o nosso suposto para o enfrentamento desses casos.

Estávamos à mercê de algo que não era sequer definível. Como nominar algo que nos estrangulava o coração, ao mesmo tempo que pedia superação para podermos continuar no acolhimento?! E também como alcançar a compreensão de algo tão insofismável e concomitantemente tão tenebroso?!

A morte rondava nosso entorno. E o que tínhamos como instrumental de enfrentamento era a palavra do Robson tentando estancar a dor e o sofrimento dessa pessoa. Ele diz que conversar comigo estava sendo bom ao menos para compartilhar sua dor e angústia. Digo o mesmo a ele, e que decididamente um era conforto à angústia do outro. Estávamos envoltos no mesmo raio de ação da morte tentando impedir sua ação destrutiva e nada mais tínhamos que não essa partilha mútua. Ele se despede e diz que voltaria a me procurar em breve, e com o mais ardente desejo de que fosse para partilhar nosso êxito. Despedida com sensação de amargor, mas que sequencialmente poderia se transformar em algo pior, ou quem sabe em alento para essa noite. E até mesmo para a nossa caminhada pela seara das vítimas do suicídio.

E a minha espera por um novo telefonema reinicia-se. E o mesmo ritual de espera atônita por um telefonema confortador. A música vai sendo renovada. O fogo da lareira observado em detalhes; a revista *Concerto* lida e relida inúmeras e incontáveis vezes. Na maioria das vezes, com leituras em que os olhos estão correndo pelo texto, mas que absolutamente nada captam. O pensamento envolto no atendimento do Robson e de como poderia estar se desenrolando.

O vinho companheiro, mesmo sendo de qualidade, está descendo como se fosse azedo, algo ácido, tamanha a secura da boca diante de tanta angústia. A impressão que se tem é de alguma punição diante do desatino e até mesmo atrevimento de se enfrentar a morte de modo tão frágil.

E o relógio caminhando em seu ritmo natural, mas verdadeiramente é mentira que estávamos apenas algumas horas diante desse caso. Haviam se passado anos desde a primeira ligação do Robson. Muitos e muitos anos; vários Natais se configuraram nesses momentos de angústia e ansiedade. É como se, junto com essa pessoa desesperada, o nosso desespero também se configurasse em realidade e nos dragasse de modo impiedoso. Os segundos arrastam-se e transformam-se em meses, anos; uma eternidade sem fim a nos enfeixar nesse constitutivo de desespero e dor. O desesperançado, em seu ápice de desespero, recorre a esses atendimentos de acolhimento para estancarem seu sofrimento e dor. E a constatação maior é que estávamos nessa noite para acolhermos o desesperançado, e decididamente sem qualquer amparo que não fosse o compartilhamento de nossas angústias e ansiedades entre nós mesmos. Sim, é fato que foi escolha pessoal e intransferível estar nessa noite nessas condições de acolhimento. Isso é irrefutável. Todos escolheram isso, e, sejam quais forem as condições de adversidade, ninguém foi obrigado a estar nesse atendimento nessa noite. A questão é simples de ser balizada e tampouco aceita refutação.

Suicídio, tema totalmente distante de todas as discussões que envolvem sua ocorrência e gravidade. Nem mesmo nas lides acadêmicas que formam profissionais da saúde merece a devida atenção. E isso considerando que muitos desses profissionais, em suas práticas, irão se deparar com inúmeros casos ao longo de suas trajetórias. E até mesmo durante o mês de setembro, em que a Organização Mundial de Saúde preconiza o Setembro Amarelo para se falar da prevenção do suicídio, a temática não é devidamente abordada como é, por exemplo, o Outubro Rosa, em que se aborda a prevenção do câncer ginecológico. Então, temos em todos os segmentos da saúde pessoas usando a fitinha rosa em seus peitos, a preconizar a adesão a essa campanha. E também informações maciças em diversos segmentos midiáticos.

Suicídio, no entanto, é algo para ser jogado na latrina do esquecimento. Algo sobre o qual ninguém deseja se debruçar nem mesmo quando suas raias de destruição atingem parentes e amigos próximos. E uma das coisas que mais ouço nesses anos de atendimento e convívio com pessoas vítimas de tentativas de suicídio é *como posso atender essas coisas e ter o espírito tão jovial e ainda ter uma vida envolta em prazeres* (*sic*). E, mais do que um simples preconceito, frases como essa apenas escancaram a imagem que a maioria das pessoas faz de que somos cavaleiros do apocalipse por enfrentarmos esse drama sem qualquer titubeio. É como se estivéssemos predestinados ao enfrentamento de temas que circundam a morte e, portanto, pairássemos como uma aura imantada de desdém para o temor que a maioria das pessoas tem na simples abordagem de tais assuntos.

No entanto, a angústia e a ansiedade vividas nessa noite desmoronavam não apenas com esses preconceitos, como, e principalmente, até mesmo com nossas crenças e convicções de que podemos enfrentar de modo satisfatório inimigo tão portentoso. O relógio seguindo sua marcha sem qualquer trégua ao nosso sofrimento. Nada poderia se apiedar de nós nesse momento, ao menos era essa a sensação que me invadia a alma de modo dilacerante. Estávamos sós em nossa luta e tínhamos apenas a partilha de nossas dores.

Coloco um CD com o *Concerto para piano e orquestra nº 21*, de Mozart, aqui executado por Daniel Barenboim ao piano e a English Chamber Orchestra, de leveza e beleza simplesmente indescritíveis. Dizem os musicólogos, opinião partilhada também pelos teólogos, que essa peça é um dos ditados melódicos mais maravilhosos de Deus transmitidos a Mozart. E verdadeiramente não estamos apenas diante da perfeição de construção artística, mas também de algo que as palavras não alcançam sua magnitude. Um bálsamo para a alma encarquilhada em dor. Alma encharcada de angústia e ansiedade. E se é real que a música de Mozart prova a existência de Deus, Ele também poderia se manifestar a nós nessa noite e nos trazer a vitória final diante da desesperança e desespero dessa pessoa que estava ao telefone com Robson.

Suicídio que sequer preservou alguns dos grandes gênios da música erudita, como Beethoven e Tchaikovsky, cujas mortes são envoltas em mistérios e que incluem a possibilidade de suicídio. Beethoven, por ingestão excessiva de chumbo administrado por seu médico para tratamento e alívio de suas dores, principalmente do ouvido. Alguns estudiosos afirmam que as doses excessivas foram acidentais, fato que é totalmente rechaçado pelos que advogam a tese de ingestão premeditada com intenção de por fim a uma vida de sofrimento e dor. Tchaikovsky, de outra parte, ingeriu água com o vírus do cólera em uma Moscou admoestada por água infectada e com grande propagação pelos órgãos de saúde para que ninguém bebesse água sem o devido tratamento de purificação.

O relógio marca 3h40 quando Robson telefona novamente. E, mais uma vez, angustiado e aflito. Ele me diz de sua aflição, pois o nosso desesperançado estava realmente decidido a colocar fim à vida e argumentava de forma racional a todas as tentativas que fazia de contraponto de esperança e sentido de vida. Ouço o Robson, que parece repetir o desespero do nosso desesperançado e desata a falar sem pausa. Diz detalhes de sua conversa com o seu interlocutor e de como estava totalmente sem esperança e sem qualquer perspectiva de luz para a própria vida. Também diz que a sua racionalidade dos detalhes pelos quais havia decidido pelo fim da própria vida eram impressionantes. Narra também que estava travando um duelo de gigantes, um a defender o suicídio como a última tentativa de colocar fim a uma vida ceifada de sofrimento e dor, e o outro tentando de todas as formas levar esperança e cor ao cinza do desespero. Ele não permite sequer qualquer intervenção de minha parte, tal a intensidade com que despeja sua angústia por meio dessa fala entrecortada de dor e ansiedade.

Depois de um tempo, ele finalmente termina e diz que irá continuar seu atendimento e que, se precisasse novamente, chamaria. E aqui temos o preceito da escuta no processo de psicoterapia, e também de aconselhamento como sendo algo mais precioso até mesmo do que muitas intervenções feitas à revelia desses preceitos básicos (ANGERAMI, 2009). Na verdade, quando se fala na importância do silêncio, encontramos muita resistência em muitas lides que estudam a psicoterapia, pois sempre existe a falsa ideia de que o bom psicoterapeuta é aquele com grandes intervenções a pontuar a fala do paciente. Ledo engano, pois em muitos momentos o melhor que se pode ter no processo de psicoterapia é justamente a possibilidade de o paciente expor sua dor sem qualquer interrupção. E isso implica uma grande superação desse falso princípio de que seremos mais eficazes se fizermos colocações a cada fala do paciente.

Robson voltou ao seu interlocutor, e eu à angústia de uma nova ligação e de saber o desenrolar dos fatos. Volto ao CD de Mozart, bálsamo para o espírito inquieto e sofrido dessa madrugada. E novamente no compasso do relógio, em sua marcha silenciosa dos segundos, minutos e horas, em direção a uma nova eternidade de espera. A torta de nozes já terminou. E a nova garrafa de vinho já se aproxima do final. Vinho e água como contemporizadores de uma longa noite de angústia e sofrimento. Nada pode trazer qualquer alento. Nada tem o dom de aliviar essa angústia e atenuar o sofrimento lancinante que tenho na alma. E assim seguimos, ele com seu interlocutor e eu à espera de sua ligação. O relógio marca 5h12 quando ele liga novamente. E dessa vez sua voz é firme e determinada: *Conseguimos. Depois de muito chorar e falar compulsivamente, ele cedeu. Finalmente disse que não será dessa vez que irá se matar. Agradeceu pelo acolhimento e prometeu procurar por tratamento para ver se consegue se acalmar de tanto sofrimento.* Nossa conversa agora é de alívio. Rimos um riso nervoso de descontração. Riso que contém a tensão que ficou guarnecida e que agora se destrava e coloca toda sua dor para bem longe do coração. Ficamos minutos prazerosos ao telefone como a digerir a conquista da intervenção eficaz do Robson junto a essa pessoa. E a certificação de que tudo era real, e não apenas mero devaneio do nosso imaginário. Combinamos que iríamos nos conhecer pessoalmente, o que de fato aconteceu. E verdadeiramente aconteceu depois de algumas semanas. E, na hora da despedida, em tom quase hilário, desejamos feliz Natal um ao outro. Ele, sempre gentil, diz que esse é o verdadeiro sentido do Natal, a fraternidade com o combalido. Concordo. Mas verdadeiramente creio que os maiores combalidos dessa madrugada fomos nós... E assim termina essa história. Era uma vez uma noite de Natal...

Referências

ANGERAMI, V. A. A arte da psicoterapia. In: *As várias faces da Psicologia Fenomenológico Existencial.* São Paulo: Cengage Learning, 2009.

ANGERAMI, V. A. *À noite sonhamos*. In: *Psicoterapia e brasilidade*. São Paulo: Cortez, 2012a.

ANGERAMI, V. A. O suicídio na realidade hospitalar. In: *Temas de Psicologia Hospitalar.* São Paulo: Cengage Learning, 2012b.

ANGERAMI, V. A. *Suicídio.: uma alternativa à vida. Fragmentos de Psicoterapia Existencial.* Belo Horizonte: Artesã, 2017a.

ANGERAMI, V. A. *Solidão: a ausência do outro.* Belo Horizonte: Artesã, 2017b.

ANGERAMI, V. A. *Desespero e flagelo humano. Parêmias da Cracolândia.* Belo Horizonte: Artesã, 2017c.

ANGERAMI, V. A. *Psicoterapia e subjetivação.* Belo Horizonte: Artesã, 2018.

DICKENS, C. *Um conto de Natal.* São Paulo: Clube do Livro, 1962.

OLIVEIRA, K. P. Assistência psicológica aos casos de tentativa de suicídio no hospital geral. In: ANGERAMI, V. A. (Org.). *E a psicologia entrou no hospital.* Belo Horizonte: Artesã, 2017.

CAPÍTULO 2

Da paixão e da morte...

Francisco B. Assumpção Jr.

Da paixão

Em um livro dedicado ao suicídio, falar da relação entre paixão e morte pode parecer paradoxal. No entanto, ambos os conceitos encontram-se profundamente ligados a partir do momento em que concebemos o existir humano enquanto aquilo a que Heidegger se refere (apud REYNOLDS, 2006) como sendo o ser-para-a-morte, que se constitui no que concede unidade e completude ao Dasein que se encontra sempre "a caminho" desse ser-para-a-morte.

O Dasein, em suas diferentes modalidades, vai ser unificado em uma estrutura denominada "cuidado", e que se constitui na forma através da qual o Dasein se comporta em relação ao mundo, transformando-se em solicitude quando se importa com o outro. Dessa maneira, o apaixonar-se pode ser considerado uma forma de cuidado e a existência mais autêntica quanto mais fundamentada na possibilidade de ser com um sentido de liberdade e de decisão, com assunção da finitude do próprio existir, bem como do fenômeno paixão.

Entretanto, a flecha de Eros não se preocupa em acertar aquilo que é possível, ou seja, aquilo que pode ocorrer dentro dos valores afetivos e culturais de uma sociedade (ENGELHARD, 2014). Assim, a paixão evoca nos amantes sentimentos diversos conforme o dasein, o ser-aí envolvido e que, em nossa cultura pós-moderna, dilui-se na maior parte das vezes em um *das Man* ("o rebanho") impessoal, que a faz manifestar-se, não da maneira estrita e profunda, mas pela própria liberação de costumes e fluidez do contato sexual, mesmo que ainda estejamos ligados a mecanismos morais ou de censura, de forma tão superficial que a questão da transgressão ligada a ela é difícil e pouco comum. Assim, sua ligação com a morte torna-se pouco visível..

Dessa forma, torna-se quase impossível, em um mundo tão fluído e permissivo, pensarmos sobre como pode evoluir um relacionamento no qual existe a atração mas os amantes não podem permanecer juntos? São encontros destinados ao trágico ou eles podem permitir o crescimento dos envolvidos?

É importante lembrarmos que não há possibilidade de se nascer para o mundo real a não ser pecando (Carotenuto, 2004). Assim sendo, a paixão se opõe aos interesses da cultura enquanto que a cultura ameaça a paixão com as limitações que lhe impõe (Freud, 1930/2010). Ao ultrapassarmos as interdições a partir do próprio autoconhecimento é que se inicia a própria vida, e essa transgressão se dá em função de uma fidelidade mais intensa e profunda. Isso porque uma das características importantes do Dasein corresponde às disposições, que correspondem a mais do que um sentimento puramente subjetivo, uma vez que para Heidegger, paixões, desejos e sentimentos são condições necessárias para a compreensão e o conhecimento de "si-mesmo" (Reynolds, 2006).

Exatamente por isso é que uma dificuldade importante que se observa decorre da diferença de disposições dos apaixonados, pois, se um pode ter essa disposição mais velada e menos autêntica, o que impede assim um maior envolvimento na relação apaixonada, isso pode diferir no outro. Origina-se, então, um fenômeno descrito como "angústia", disposição de extrema importância que revela que os papéis sociais não são suficientes para que a vida pessoal seja significativa embora seja, potencialmente, capaz de mobilizar o desvelamento do sujeito.

O estado de apaixonamento traz, assim, um preço a ser pago, levando o Dasein a sair fora de seu "si-mesmo-impessoal", individualizando, mas, simultaneamente, revelando as potencialidades desse indivíduo o que, paralelamente ao estado de "sempre-meu", traz um sentido no qual esse eu é aniquilado durante o processo.

Dessa forma, o fenômeno da paixão pode evoluir de maneiras diferentes, pois quando as emoções chegam no auge, podem oscilar na direção oposta, levando à lassidão, à desconfiança e ao desapontamento com o *enchantment*, dando lugar ao *desenchantment*, e essa vivência depende, ao ser tornada consciente, na própria história pessoal, dos códigos, sinais e conteúdos latentes, devendo ajudar na compreensão significativa dos acontecimentos (Carotenuto, 2004). Para tal, faz-se necessário que o Dasein "se lance" nessa situação, entregando-se a ela mas com o posterior reconhecimento de que essa situação, esse "aí", é contingente e que tudo poderia ser diferente, com essa contingência não tendo razão nenhuma para ser, enfatizando a imutabilidade do passado (difícil para um determinado tipo de apaixonado) que não criamos, mas do qual devemos nos apropriar.

O desfecho (ou a morte) dessa contingência, da paixão, é, assim, um final marcante acompanhado de disposições, base do significado do Dasein, uma vez que, se fossemos somente possibilidades (sem disposições, contingências ou passado), nada nos motivaria nem desencadearia em nós o sentido de urgência tão presente na paixão. A partir daí, essas disposições devem ser desveladas determinando os limites, o direcionamento, os projetos e aquilo que realmente importa ao Dasein.

A diferença na intensidade do sentido nem sempre é motivada por interesses diversos, mas, muitas vezes, o é por experiências diferentes vividas anteriormente, uma vez que a capacidade de se apaixonar e de eleger o próprio objeto de paixão depende das experiências vividas anteriormente. Relacionamentos anteriores permeados por poder ou por desconfiança ocasionam cicatrizes difíceis de serem resolvidas, principalmente em se considerando o tipo de personalidade sobre o qual agem. Indivíduos menos seguros têm menor capacidade de se deixarem levar pelas fantasias, uma vez que elas aumentam a insegurança, ocasionada pela falta de regras e de desenhos sociais estabelecidos, que costumam definir rigidamente o que se considera certo ou errado.

Em muitos desses momentos, o indivíduo se esquece que o homem é a medida de todas as coisas, e a defensividade impõe o distanciamento e o tempo próprio e característico em cada um dos apaixonados definindo vivências diferentes no mesmo fenômeno. Consequentemente, o compartilhado passa a ser ocupado pelo cotidiano e pelo impessoal.

Em qualquer relacionamento, o Dasein é assim lançado na direção do futuro, que é o que torna possível a liberdade, e, dessa maneira, esse futuro está relacionado à compreensão das possibilidades, possibilidades essas que nunca são neutras, mas permitem a compreensão do próprio Ser. Essas possibilidades são, portanto, muito mais do que a realidade mundana é.

O comportamento que se espera socialmente não permite riscos e, por isso, mata-se o prazer e o desejo. Assim a paixão que só é possível por inteiro, desconsiderando a segurança, controle, posse, permanência ou duração e que consequentemente, é intensa e bela, morre.

Quando isso acontece, movido pelo próprio instinto de sobrevivência, salvar a si faz com que se esqueça o vivido e compartilhado por conta da família, da sociedade ou de qualquer outra coisa, confirmando-se o que Kierkegaard (apud Dumoulié, 2005) afirma:

> (...) deve-se manter atentamente esta determinação dialética: o desejo só existe em virtude da presença do objeto, e o objeto só existe em virtude da presença do desejo: o desejo e o objeto formam um par de gêmeos, e nenhum deles chega uma só fração de segundo antes do outro. Mas embora venham assim ao mundo absolutamente ao mesmo tempo (...), a significação da sua origem, porém, não é que se unam mas, ao contrário, que se separem.

Perde-se o indivíduo, então, no "si-mesmo-impessoal", decadente e impessoal, com a absorção em meio à multidão, com a utilização das coisas e das pessoas "à mão", perdendo-se o sentido individualizante da minha própria decisão, com a fuga e a consequente finitude e ausência de sentido do Dasein, fundando-se o existir na realidade mundana, com o eu visto como um objeto com funções, sem consciência de seu próprio significado.

O porquê da opção de se voltar ao nada inicial é simplesmente a fuga do sofrimento e da insegurança, com ambos crescendo e se manifestando de maneira separada e, assim, a separação é inevitável, pelos momentos evolutivos e pelas demandas sociais, às quais cada um responde de maneira diferente.

Costume (έθιμο), escrava de Afrodite, costuma sempre maltratar Psiquê, submetendo-a a seu poder, o que, quando acontece, faz com que o restante dos dias dessa sejam passados sob a escravidão de Costume e de outras duas servas, Ansiedade (ou Inquietação, αναταραχή) e Tristeza (λύπη) (Lopez-Pedroza, 2010). Essa é a transgressão sempre presente. A paixão é vivida com uma determinação próxima do heroico, infringindo os limites do humano para que, ao se individualizar e se constituir enquanto pessoa única, tendo que realizar um ato que lhe parece contrário à própria natureza uma vez que se opõe frontalmente ao que lhe foi ensinado (e nunca questionado).

Com isso, o movimento psíquico apaixonado é destruído, as forças que o controlam são impessoais, e não abrem possibilidades de novos caminhos. O mandante interno, brutal e dominador, mais que o próprio meio circunjacente, é vigia e controla. Dessa forma, uma dos apaixonados não ama, ama com as dificuldades e limitações de seu momento existencial, e a morte da paixão não é circunstancial e sim conceitual, com o outro voltando à vida pública, deixando para traz a possibilidade de uma experiência enquanto significado, embora determinada pela transgressão e o pecado.

Ninguém abandona uma paixão se não há uma razão específica; entretanto, o contrário da coragem de enfrentar a paixão não é a covardia, é mais o desânimo que impede a realização de novas possibilidades. Ao longo da vida não paramos de nos distanciar de nós mesmos e de nos ocultarmos atrás daquilo mesmo que nos nega e nos aniquila. Somente o que a sociedade valoriza e considera lucrativo é que dissimula a mentira da negação própria. É isso que ela faz fugindo do inesperado que a paixão oferece.

O conhecer-se é a base da própria transgressão e o maior castigo possível, uma vez que desmascara as ilusões mundanas, mentirosas e assentada em falsos valores, levando a uma ruptura com a lei e o mundo.

Da morte

O Dasein está sempre caminhando em direção ao futuro, sendo o que não é e se projetando adiante, caracterizando o aforismo de Epicuro que diz que "onde a morte é eu não sou" e, em decorrência, se considerarmos que o Dasein é um ser-para-a-morte, essa morte é uma possibilidade futura caracterizada enquanto a última possibilidade do ser, que deve ser desvelada e compreendida, sendo aqui que inicia a se relacionar com a paixão, posto que a paixão é absoluta, uma vez que pressupõe a entrega de si-mesmo, a renúncia ao si-mesmo, esquecendo-se num outro si-mesmo (HAN, 2017). Dessa maneira, na paixão morremos no outro. A partir da morte, dá-se um retorno ao si-mesmo, visto que Eros é a elevação da vida até a morte (HAN, 2017, p.) ou, como diz Bataille (1980, p. 10), "(...) o erotismo é a aprovação da vida até na própria morte".

A dor do perder é imediata, mas deixa a recordação do se ter vivido e do poder se abrir para o futuro, seja qual for ele, de forma criativa. Por outro lado, a dor do abdicar em prol de uma vida inautêntica é, muitas vezes, imperceptível, e vinculada a um limite escolhido que resulta a pobreza e a dificuldade de não conseguir enfrentar a si mesmo e se viver algo maior, bem como a raiva da própria insatisfação e da incapacidade. Soçobra na saciedade, no tédio e no aborrecimento, sendo "(...) a frustração o melhor alimento da culpabilidade e do ressentimento" (DUMOULIÉ, 2005). A desilusão se torna uma odiosa companheira para toda a vida, ainda que disfarçada sob a capa do dever e da necessidade (DUMOULIÉ, 2005).

Assim, o viver a vida diante da possibilidade da própria morte remete-nos para a possibilidade da própria perda, e o defrontar-se com ela remete-nos à possibilidade do vivenciarmos a angústia diante da própria existência e das escolhas que devemos fazer para que a nossa existência tenha significado para nós mesmos. Quando vivenciamos a proximidade da morte, saímos do anonimato da vida cotidiana e das massas e, assim, damos significado à nossa existência. É isso que a dor do apaixonamento aproxima e faz com que ao nos defrontarmos com o sofrimento da perda e do afastamento percebamos, a partir desse sofrimento, a nossa própria finitude.

Entretanto, a visão do próprio sofrimento é difícil e, por isso, é melhor que seja ignorada. Como o caminhar apaixonado também é difícil, prefere-se fugir da própria consciência de si, buscando-se a consciência dos outros, genérica e impessoal. Isso desencadeia sentimentos mais ligados à raiva e à destrutividade, que se expressam em objetos, indivíduos ou situações, na maioria das vezes, não ligados ao próprio evento.

Visualiza-se o paradoxo da escolha entre um mundo apaixonado no qual a dor, o medo e o sofrimento são constantes, mas que permitem o florescimento do ser e seu mundo. Um mundo impessoal, estático e pouco criativo, porém constante e duradouro, de forma a minimizar o próprio sofrimento da vida, embora permitindo a livre entrada do tédio. Ambos os tipos de amantes pagam um preço. Um deles paga o preço da constatação do limite e da proximidade da morte, ao passo que o outro, sem perceber, tem que se contentar com uma vida vazia, diante da qual vai ter que se obrigar a se satisfazer. Isso nada mais é do que uma morte em vida, um sacrifício da própria existência.

O homem percebe a vida como algo de imenso valor, porém frágil e vinculada a significados maiores que, quando perdidos, trazem o questionamento de para que vale a vida e o jeito como se vive. Essa vida defronta-se sistematicamente com a liberdade e a responsabilidade pela própria existência, uma vez que se é solicitado a responder àquilo que a vida nos demanda e que nos permite escolher o existir. Assim, a vida se constitui em um convite permanente para que realizemos o que tivemos a oportunidade e a possibilidade de escolher (Pompéia; Sapienza, 2013).

O preço a ser pago pela segurança é ficar preso em uma estrutura rígida e fixa, com respostas estereotipadas de maneiras ao existir ser pouco criativo e prazeroso. O preço da estabilidade é a manutenção da impossibilidade do sonho e do prazer, que é sempre acompanhado pelo próprio risco de se estar vivo. Isso, entretanto, consiste na própria morte em vida. Poderíamos dizer que se trata de um "suicídio existencial", no qual a vida, pela impessoalidade e inautenticidade, não se constitui em um existir autêntico, mas num existir artificial e público, no qual não se percebe a si, ao outro nem se dá a esse existir seu significado.

É este um dos padrões do apaixonamento narcísico e fusional, no qual o apaixonado relaciona-se consigo mesmo, exigindo do outro a doação total, por todos os períodos de tempo: passado, presente e futuro.

> O amor anestesiava em mim tudo o que não era Marthe. Não me passava pela cabeça que meu pai pudesse sofrer. Eu julgava tudo de modo tão falso e mesquinho que terminei por achar que a guerra estava declarada entre ele e eu (Radiguet, 2013).

Pensando nos mitos gregos, talvez seu melhor correspondente seja a história de Narciso (νάρκισσος), na qual se renuncia à aceitação da perda (que pode ser da segurança do relacionamento estável) e da conquista, da ausência e da presença, fechando-se lentamente à existência ao amor, à troca de afetos e à própria vida. A distância que se impõe ao outro parece eliminar a problemática, embora isso leve à renúncia da vida afetiva e ao sofrimento do corpo. Apesar de tudo isso, entretanto, é uma solução tranquilizadora, de manutenção do *status quo* e da estabilidade.

Como nos relata Ovídio (apud Brandão, 2015, p. 165):

> Dos sócios seus na caça extraviado
> Narciso brada: Olá! Ninguém me escuta?
> Escuta, lhe responde a Ninfa.
> Ele pasma: em redor estira seus olhos;
> E, não vendo ninguém: Vem cá, lhe grita;
> Convite igual ao seu parte dela.
> Volta-se, nada vê. Por que me foges?
> Clama: Por que me foges. Lhe respondem.

Da mútua voz, deluso, insiste ainda:
Juntemo-nos aqui. Frase mais doce.,
Nem lha espera, nem quer; delira e logo,
Juntemo-nos aqui, vozeia em ânsias
De o por obra; da espessura rompe,
Vem de braços abertos, anelando,
Tão suspirado objeto, alfim colhê-lo,
Ele foge; fugindo, ilude o abraço,
E Antes, diz, morrerei, que amor nos una.
Ela imóvel, co'a vista o vai seguindo,
E, ao que ouviu, só responde, Amor nos uma!

A paixão narcísica aproxima-se da morte ao renunciar à própria vida autêntica, diluindo-se no outro. Isso é visto de maneira concreta em diversos textos, como quando Fedra (Eurípedes, 1957, p. 320) diz:

Dá-me bons avisos,
A Vênus que me perde, darei gosto,
Hoje mesmo soltando-me da vida.
Vencida vou a ser de amor insano,
Mas minha sorte envolverá consigo
Outrem: porque não fique ufano e altivo
Com meu mal: mas parceiro na desgraça,
Aprenda a ser modesto nas alheias.

Isso porque a perda do objeto de investimento, nessa relação fusional, é a perda da própria individualidade e do significado da própria vida.

Ou, como declara a Julieta shakespeariana,

O que está aqui?
Uma xícara, nas mãos do meu verdadeiro amor?
Veneno, eu vejo, foi a causa de sua morte.
Oh, que rude! Bebeu tudo, sem me deixar nenhuma gota
Para me ajudar depois?
Beijarei seus lábios,
Por um feliz acaso ainda haverá ali algum veneno
Para me dar alento com um beijo mortal.
Os lábios dele estão quentes!
(...)
Sim, barulho? – então serei breve.
Oh, um punhal!

Meu corpo será sua bainha.
Para que ele enferruje dentro de mim e me deixe morrer.
(Shakespeare, 1975, p. 1042, tradução nossa)[1]

Em outra possibilidade de desfecho, a paixão aumenta e ambos se perguntam se o mais importante não seria viverem essa paixão juntos, uma vez que a sociedade coloca obstáculos aos comportamentos que se opõem a ela e os conceitos que os embasam são tratados sempre como ilusórios, sendo freados por barreiras que surgem, como a própria razão. Nessa possibilidade, as hipóteses se autovalidam, são repetidas até a exaustão e se tornam definições imutáveis e inquestionáveis (Marcuse, 2015).

O desejo de se estar junto aventa a possibilidade de uma nova vida comum e impessoal, ocasionando a mesma sedução e o mesmo risco da maioria das pessoas. Todo o fluxo de ideias, sentimentos e desejos que permeiam a relação, singularizando-a e retirando-a das sobrecodificações existentes é ameaçado, pois o poder das ideias sistematizadas exerce sempre o fascínio incrível da estabilidade e da segurança. Assim se controla o potencial independente, com a perspectiva da reprodução de um novo arranjo em um mesmo modelo institucional, com discretas variações. Buscam-se novamente a harmonia e a garantia, um futuro "amarrado", pois as mesmas exigências dos relacionamentos anteriores serão estabelecidas. O viver cede lugar ao planejar, o presente ao futuro. O desejo é domesticado e a paixão desaparece novamente, dentro de um novo relacionamento conjugal institucionalizado. Substitui-se o desejo pelo código e pela Lei. Desaparece a paixão narcísica, trocada por semelhanças e padronizações cristalizadas pelo tempo. Voltam culpas, deveres e bloqueios.

A energia dessexualizada alimenta o instinto de morte (Dumoulié, 2005), uma vez que a Cristandade traz em seu bojo a ideia de um eu ao qual se deve renunciar (Giddens, 1993) e, por causa disso, os homens estão sempre prontos a renunciar à liberdade por amor ao "pão terreno" que garante a segurança e a estabilidade. Tem-se que admitir que o jogo da paixão, assim como o da vida, é perigoso e margeia, sistematicamente a morte.

Caracteriza-se na paixão uma luta constante entre Eros (Ἔρως) e Tanatos (Θάνατος), entre vida e morte, com essa sendo a mais considerada como busca da situação estável da conjugalidade, com o hábito que estabiliza o existir, protegendo-o dos choques, das experiências e, principalmente, da verdade e do conhecimento que a abalam.

[1] No original: *What's here? / A cup, clos'd in my trues love's hand? / Poison, I see, hath been his timeless end: / Oh, churl! Drink all, and left no friendly drop / To help me after? / I will kiss thy lips, / Haply some poison yet doth hang on them / To make me die with a restorative. / Thy lips are warm! / (...) / Yeah, noise? – then I'll be brief. / Oh happy dagger! / This is thy sheath. / There rust, and let me die.*

Privilegia-se o futuro com garantias, segurança e relações de dependência a partir das quais um dos participantes anula o outro, ainda que de maneira inconsciente, e o investimento seja feito num outro concreto e funcional. Conforme afirma Heidegger (1997), no hábito e no público da cotidianidade o cuidado se dissipa, o indivíduo não se mostra e a ocupação e o lidar com as coisas assumem mais o aspecto da falta de cuidado. Desaparece a angústia no anonimato da massa, afastando o indivíduo da proximidade da finitude e da morte. É, assim, uma grande solução para a angústia, embora traga, em seu bojo, o tédio e a falta de perspectivas.

Como é dito em *Lady L* (Gary, 1960, p. 10), "Mas tinha uma acentuada noção do dever e, desde o casamento respeitava sempre as regras do jogo e um aniversário era um aniversário, ainda que fosse seu octogésimo".

As possibilidades de descoberta de si e do outro são praticamente inexistentes uma vez que tudo é regulamentado a partir das regras externas, revestidas de um arcabouço ético que as faz serem compreendidas e avalizadas por todos, uma vez que pertencem a um mundo público, impessoal e não próprio. A consciência moral agride ao Eu, demandando necessidade de punição, embora o mal não seja o que é prejudicial ou perigoso, mas ao contrário, algo que se deseja e com o qual se tem prazer. Tudo isso a partir de uma autoridade interiorizada e mais severa, quanto mais virtuoso for o indivíduo afetado. Exigem-se, assim, cada vez mais renúncias (Freud, 1930/2010).

Este apaixonamento institucionalizado pode ser considerada uma evolução do pensamento narcísico que busca a estabilidade e, em consequência, a imutabilidade e a morte. Disfarça-se a insegurança de se perceber incompleto e solitário a partir do estabelecimento da instituição conjugal (Liceanu, 2014). As tristezas são superadas sendo levadas ao meio da multidão que, com seu ruído, descaracteriza-as.

Finalmente, podemos pensar uma terceira possibilidade, na qual tudo continua como sempre deveria ser, com um processo evolutivo que permite a integração entre o bem e o mal, entre o corpo e o espírito. Aspectos sombrios são então ultrapassados, com cada um dos envolvidos conseguindo reconhecer os próprios limites e possibilidades que, ao mesmo tempo, instigam que se ultrapassem as normas sociais, fazem com que se aprenda a ver e respeitar o outro em seus limites, ainda que em detrimento de si-mesmo. Aqui, encontra-se presente a dialética da "paixão amorosa": ansiedade do encontro e decepção, esperança e tédio, deleite e medo, todos convivendo de maneira harmônica para que ancorem o mundo de cada um dos envolvidos (May, 2012). Ela se estrutura na perspectiva do sofrimento, da insegurança e da constatação da solidão, minorada pela perspectiva da presença do objeto de paixão que, entretanto, não é certo nem seguro.

Esta terceira via, prometeica, corresponde ao que denomino como "paixão amorosa", que assume a instabilidade e o risco inerentes a se estar vivo (Assumpção Júnior, 2017). É, assim, sinônimo da própria vida simbolizada por Eros, porém significada, a todo momento, pela finitude.

É uma experiência ansiosa, em ausência de relações de dependência, que privilegia o tempo presente na busca da própria alteridade, pelo conhecimento de si e do propiciar o próprio crescimento do outro. É, como deveria ser o existir, um relacionamento criativo no qual os dois são presentes, com a descoberta de si mesmo em conjunto com o outro enquanto um processo individual e de cunho quase místico, uma vez que é não compartilhável, não compreensível, não explicável e único. Esse processo permite que cada um fique bem, independentemente do outro, embora cada um esteja preparado para manifestar suas preocupações e necessidades em relação ao outro, estando vulnerável a esse outro (GIDDENS, 1993), construindo uma "vida nova" e própria, pessoal e intransferível.

Considerando-se os pais de Eros, opta-se pela "Pobreza" (φτώχεια) da não presença e da não posse em detrimento da "Fartura" (πλούτος), responsável pela segurança, saciedade e tédio.[2]

Para isso, convive-se com a dor, constatando-se que não se possui o objeto da paixão nem a vida da outra pessoa, o que alicerça e sustenta o sofrimento, mas permite a remodelação e a reconstrução do próprio eu. A criatividade, enquanto impulso espontâneo e natural, relaciona-se ao próprio estar vivo e ao se sentir real. Misturam-se nela a realidade interna com a externa, o subjetivo e o objetivo construindo-se, assim, o processo criativo (LEJARRAGA, 2003).

Individuam-se assim os dois seres, rompendo com o coletivo e reconhecendo sua importância. Expressa-se o Eu verdadeiro em relação ao outro, aceitando-se diferenças e limites. Elaboram-se os aspectos sombrios, menos carregados de emoção. Integram-se o masculino e o feminino, de forma a que se explicitem as diferenças e semelhanças de maneira livre, justa e imparcial. Ambos podem se manifestar livre e criativamente, de modo a que compreendam os significados e sentidos do que cada um é. Essa compreensão a partir do confronto dos opostos masculinos e femininos torna-se criativa, coerente e respeitosa, uma vez que cada um oferece ao outro a possibilidade da vivência da totalidade.

A amargura e o rancor que a finitude existencial provoca desaparecem e são transformados em gratidão e ternura pela presença do outro e pelo que esse fizer com sua presença. Salva-se, assim, aquela parte do existir preciosa, que a maioria das pessoas deixa escapar, por comodidade ou medo, e que passa a ser iluminada

[2] Eros é a potestade que preside a união amorosa e seu domínio se estende sobre deuses e homens. É um desejo de acasalamento que avassala todos os seres sem que se possa opor resistência. Aparentado ao Céu, à Terra e ao Tártaro, relaciona-se com o Khaos que é a força que preside a separação. Se Eros provê a reprodução amorosa, Khaos a provê através da cissiparidade se relacionando sua prole ao não-ser. Eros é estéril, Khaos prolífico. Eros é filho da Indigência (Pobreza) e do Expediente (Habilidade que leva à Fartura). Junto com o Khaos, constitui uma das duas forças naturais que desencadeiam todo o processo cósmico caracterizando Ódio e Amor (Neikos – ἔχθραε, Aphrodite – Αφροδίτη). (HESÍODO, 1981)

e colorida. A vida volta e com ela o espaço e o tempo retornam, reconstituindo estados intensos.

Da paixão e da morte

Reconhecer que devo morrer, e não apenas o outro, exige a compreensão de si mesmo diante da multidão. A impessoalidade evita essa compreensão autêntica e manipula a indefinição do momento de morte, sendo a percepção e a compreensão da finitude a partir da paixão amorosa uma portadora dessa possibilidade através da dor e da angústia. Nessa opção pelo mundo pessoal, a dor é aguda, o sofrimento enquanto angústia é intenso, e as perspectivas podem ser o crescimento individual ou as ligações "líquidas" e banalizadas, na tentativa de se minimizar a dor.

A banalização dos relacionamentos com a saciedade em relação ao outro leva, gradualmente, à solidão e ao tédio. Consequentemente, após se experimentar tudo e todos os relacionamentos, a morte pode ser recebida como a última sensação forte que resta (Guzeva, 2018), enquanto indicativo da própria vida. A morte, própria ou do outro, não é resultado da decepção da perda do objeto desejado, mas é consequente do tédio que também resulta da proximidade do Nada.

Na escolha pelo mundo público, a dor é crônica e o sofrimento se estabelece enquanto depressão e tédio. A vida se enclausura e se encista, impedindo novas mudanças. Ganha-se em estabilidade, porém se perde em flexibilidade. São presentes aqui, em função da própria ideia de traição, a culpa e os desejos de vingança. Assim, é se pensando nos conceitos de paixão narcísica e de paixão institucional que podemos pensar a questão do suicídio e da morte.

Na paixão narcísica, paralelamente à coisificação do outro se dá a narcisificação de si-mesmo (Han, 2017). Desaparece a experiência erótica, equaliza-se o outro, que não se consegue perceber, e não se estabelecem os limites. Como não se estabelece Eros, contrapõe-se a depressão com uma denegação e um esvaziamento de si-mesmo.

Observam-se sinais de abstinência do outro, bem como as tentativas frustradas de diminuir ou interromper a atenção despendida ao companheiro, gastando-se muito tempo em atitudes e pensamentos sobre esse, com o abandono de interesses e atividades antes valorizadas. Caracterizam-se vivências ansiosas ou depressivas, muitas vezes com sentimentos de rejeição, abandono e raiva (Ferreira et al, 2016). É o que fala Radiguet (2013, p. 123):

> Marthe! Meu ciúme a seguindo ao túmulo, eu desejava que nada houvesse após a morte. De modo semelhante, é insuportável que a criatura que amamos se encontre em companhia numerosa, numa festa onde não estamos. Meu coração estava numa idade onde não se pensa no porvir.

> Sim, era mesmo o nada que eu desejava para Marthe, não um mundo novo onde a reencontrasse um dia.

A ideia de crime passional torna-se aqui presente quando contextualizada na situação de um ser que "possui" o outro, tanto sob o ponto de vista sexual como econômico (Lins, 2015) e, principalmente, mental, correspondendo ao extremo da violência conjugal (Gomes et al, 2012). Essa situação se constitui no extremo da posse, da estabilidade e da institucionalização, mais representativa da paixão institucionalizada que da narcísica, na qual se dá a própria destruição pelo não se suportar a ausência do outro e a possível perda dele para outrem.

Apresenta-se assim a paixão, de forma clara, como a vida em oposição à morte, Eros em oposição a Tanatos, impulso direcionado para a construção versus impulso orientado para a destruição (inclusive própria). É esse Eros que pode evoluir para a sua superação pessoal, cristalizando-se em uma paixão amorosa, rica em significados e em "nascimentos", ou para a desorganização a partir da banalização da paixão institucionalizada, motivo muitas vezes da destruição do outro-posse e desindividualizado ou do enclausuramento decorrente da própria rigidez da paixão narcísica, na qual o Eu se constitui a partir do outro, cuja ausência tira o significado desse existir e o direciona para a autodestruição.

De qualquer maneira, é essa paixão que permitirá a construção de um mundo novo, mesmo que desorganizando ou se tentando ocultá-la de si mesmo, ou destruindo tudo pela carência de significados, excesso de sofrimento e perda de si-mesmo.

A vida surpreende criando possibilidades que podem preenchê-la de maneira criativa. O apaixonar-se permite que novos fluxos de ideias, sentimentos, trabalhos e, principalmente afetos se agenciem, fugindo de quadros estabelecidos, transgredindo o padrão, visando maiores possibilidades de individualização e de singularização. Entretanto, o apaixonar-se também aprisiona, limita, descaracteriza, e impede que a individualização se processe de maneira livre e criativa.

A paixão altera o próprio existir e suas relações com o ambiente, tirando-as das sobrecodificações existentes, abrindo novas vias. Ela possibilita a construção de contrarreações a partir dos mecanismos de poder das relações institucionalizadas que sempre elaboram mecanismos de controle para que cada um dos indivíduos possa ser controlado e domesticado.

A grande questão trazida é com que propósito se busca essa liberdade. Na paixão amorosa, seu fim é o encaminhamento de si e do outro para a própria realização e liberdade para o bem de cada um dos envolvidos. Nas paixões narcísicas, seu processo se encaminha, gradualmente, para a patologia e a morte.

Tanto a sensualidade como a morte afetam profundamente a organização social contemporânea, que as descaracteriza e torna-as assépticas e consumíveis, fazendo com que, para se vivê-las plenamente, se necessitem mecanismos de transgressão. Essa transgressão vai surgir, quer a partir da transgressão das normas e das regras com a violação dos contratos que a institucionalizam, quer a partir do atentado contra a existência de si-mesmo ou do outro, conforme já falamos. Mais do que uma traição, mais do que uma questão moral, é ela que nos defronta com a percepção do que é ser fiel a si mesmo, afastando a própria culpa, para que se perceba o ato e a participação do outro nele.

Assim, a paixão é diretamente ligada à transgressão, ao excesso e ao ato erótico, a partir do qual se processa a comunhão dos dois envolvidos por essa mesma transgressão, não sendo nunca, amplamente satisfatória, porque sempre é momentânea, posto que a única coisa concreta é o momento vivido. Se não for assim, ela perde sua característica de paixão. Há um investimento exclusivo no objeto de paixão, reconhecendo-o como sujeito autônomo capaz de possibilitar (e não ser) a completude e, portanto, sendo cada vez mais desidealizado.

Voltando a *Lady L* (GARY, 1960, p. 19),

> Enquanto estava ali, olhando-os, com as suas chávenas de chá, as suas pequenas conversas, os seus fatos discretos e os seus terríveis chapéus, o sorriso tornou-se-lhe um pouco malicioso e teve que fazer um esforço para não rir. Estava, simplesmente, desejosa de lhes contar – de lhes contar tudo. Seria tão divertido. Só para se ver a vergonha, o horror e a incredulidade de suas faces. Mas, evidentemente, não serviria de nada. Não ia agora destruir a sua confortável complacência. Para que? Não era coisa que a preocupasse assim tanto. Por que não deixá-los ser limitados, convencionais, e bem sucedidos no dinheiro e nos empregos? Era assim, exatamente que tinha planejado.

A comunhão pretendida só pode se realizar na morte (real ou imaginária dos parceiros, da vida anterior ou dos significados), com o encontro erótico a superando. Isso nem sempre é tolerável para o indivíduo que, assim, sai, muitas vezes da morte imaginária para a morte real, quer própria, quer do outro.

O preço da comunhão é a perda da segurança e da cristalização, o que faz com que sobre só a vida e a singularização, inadmissíveis para alguns, assustadora para outros. A partir da angústia as ocupações pessoais e cotidianas perdem a condição tranquilizadora, e cada um dos atores se vê diante de si mesmo com todas as possibilidades (inclusive da morte) desde que, ao escolher uma delas, assuma a própria responsabilidade da escolha feita. Isso porque o que se faz por amor sempre acontece além do bem e do mal (NIETZSCHE, 2012).

O movimento narcísico e patológico é bastante visível em Werther, de Goethe (2011, s/p), quando diz:

> - Por que, Werther? – replicou ela. – Você pode, você deve tornar a ver-nos; somente, precisa conter-se. Oh! por que nasceu você com esse ardor apaixonado que se prende obstinadamente a tudo quanto o

impressiona!... Peço-lhe – prosseguiu ela, tomando-lhe a mão –, seja senhor de si! O seu espírito, os seus conhecimentos, os seus talentos não lhe ofereciam inclinação por uma criatura que nada mais pode fazer senão ser agradável!

Publicado em 1774, esse monólogo mostra um jovem que, impedido de acessar o objeto de seu desejo, extremamente idealizado e dissociado da própria realidade, imerge em angústia tal que abarca toda a sua existência e, consequentemente, defrontando-se com o Nada, no qual seu existir se perde, decide acabar com a própria vida.

Temos aqui a dificuldade da paixão se manter.

A fala de Carlota mostra a necessidade de manter a paixão sob controle, sem ardor, domesticada ou ao menos, sob um impulso construtivo e criativo. O mais fácil é o controle, uma vez que o medo, a intimidação real ou imaginária, as ameaças e a própria fragilidade impedem um futuro que não seja "amarrado". Ainda que sem garantia total, é um futuro seguro. A relação que se estabelece é sempre com a própria consciência, que "cobra" o domínio sobre o corpo e sobre as emoções a partir do exame de si mesmo e dos autointerrogatórios carregados de autoacusações. O simples se apaixonar quase sempre cede lugar ao planejamento e o desejo não mais se realiza e, assim, transcende o próprio existir. Ele é substituído pelo código, pelo símbolo e assim, ele é morto. Perdido. Retornam as culpas que se dissolvem durante o processo da paixão e cada um dos personagens volta a ser cego, surdo e mudo para o prazer, a sensualidade e a vida. Em consequência trai-se, nessa morte da paixão, a perspectiva de vida, com todas as suas dores e felicidades. Dá-se a morte existencial.

É da interdição que surge a morte, enquanto fuga de um mundo ruim no qual a paixão se constitui em uma possibilidade de vida. A morte surge também da exclusão, da incapacidade que um dos amantes encontra ao tentar decifrar o mundo interior do outro e que, ao não ser compreendido, traz sofrimento e, muitas vezes, desenvolve a necessidade de ferir (real ou imaginariamente) a si ou ao outro.

A paixão transita entre os limites do desejo e da imaginação, do prazer e da dor, da alegria e da angústia, mas, principalmente, da vida e da morte, do construir e do destruir (vida, ideias, fantasias). Assim, não é por acaso que Eros, o deus grego da vida e do desejo, se liga a Tanatos, símbolo da morte e da destruição, ou que Kali apresente dois aspectos, o da destruição e o do nascimento, uma vez que ambas as características correspondem às duas faces de uma mesma moeda.

"A perda do objeto de amor (ou a simples ameaça dessa perda) é insuportável para o sujeito e onde o grau de dor e tristeza leva a limites do tolerável, o que conduz ao atentar contra a sua vida" (Brunhari; Moretto, 2015, p. 110) de forma que o desencadear da perda do objeto de amor é catastrófico encontrando no ato suicida seu corolário.

Essa é a fala de Werther ao se despedir:

> Quando ontem me arranquei de junto de você, inteiramente possuído de uma terrível revolta, o coração assaltado por tantas emoções, sentindo-me gelado de horror em face da existência sem alegria e sem esperança que levo a seu lado, nem sei como pude chegar ao meu quarto. Caí de joelhos, fora de mim, e vós me concedestes, ó Deus, a consolação suprema das lágrimas mais acerbas! Mil projetos, mil perspectivas agitaram-se tumultuosamente em minha alma; por fim, projetou-se nela, definitivo e supremo, este pensamento: "Quero morrer! ..." Dormi, e, esta manhã, erguendo-me tranquilo, encontrei-o em mim, sempre firme, forte, completo: "Quero morrer! ..."Não é o desespero; é a convicção de que resisti quanto me era possível resistir, e de que eu me sacrificarei por você. Sim, Carlota. por que calar? É preciso que um de nós três desapareça, e sou eu quem deve desaparecer. Ó minha bem-amada, neste coração dilacerado muitas vezes se insinuou pensamento frenético ... de matar seu marido! ... de matar você! ... de matar-me a mim mesmo!
>
> Cumprisse o meu destino! Quando você subir a colina, por uma bela tarde de verão, lembre-se de mim, que tantas vezes fui ao seu encontro, nesse lugar, surgindo do fundo do vale. Depois, volte os olhos do outro lado, em direção ao cemitério, e contemple o meu túmulo, sobre o qual o vento agitará os arbustos à luz do sol poente! ... No começo, eu estava tranquilo, e agora, agora eu choro como uma criança, vendo surgir em torno de mim essas vivas imagens ... (Goethe, 2011, s/p)

A raiva, a frustração, o fim dos sonhos e das fantasias, a ausência de perspectivas, tudo isso leva a paixão narcísica a um beco sem saída, pois se tiver o objeto, desaparece a paixão, se não o tiver, ficam os sentimentos de vazio. Resta assim a morte como a transgressão máxima, capaz de fazer com que algo recomece e abra alguma possibilidade. Na sua tentativa de manter a paixão, o apaixonado caminha entre a presença e a ausência, o medo e o prazer, a culpa e o júbilo.

Isso tudo porque o apaixonamento, sendo o amor da impossibilidade da completude leva, se não correspondido, à tristeza, ao desespero ou à morte e, se correspondido (e bem sucedido em sua evolução), leva à algo próximo, no máximo, à *philia* descrita anteriormente. Resulta de qualquer forma, portanto, em uma dor sem cura, tão intensa que leva o personagem D. José[3] a dizer: "*Si je t'aime, prends gard de moi*".[4]

[3] Da ópera *Carmen*, composta em 1875 pelo francês Georges Bizet.

[4] Em tradução livre: "Se eu te amar, cuidado comigo."

Uma grande paixão leva a se pensar se já não se sentiu tudo o que deveria ter se sentido durante esta curta passagem de vida pois ela, enquanto paixão amorosa, ligada diretamente a Eros, transcende a individualidade e o cotidiano, trazendo aspectos numinosos e espirituais que levam ao encontro da anima (animus), no mais das vezes despojada até da própria energia erótica. De maneira construtiva e produtiva, busca-se a completude do próprio Eu, anseio da própria alma mais que desejo físico ou erótico e, nessa relação, encontra-se a si-mesmo, percebendo-se a ilusão na ideia de completude através do outro. Essa união total com o outro é impossível posto que ela, por si só, levaria de maneira imediata à própria destruição das individualidades envolvidas, sobrando incompletude, a queda no tédio cotidiano pela regulamentação (com morte existencial) e o alívio momentâneo nos encontros possíveis, consequência daquela incompletude.

Apaixonados, na ilusão da completude que a permanência do outro provoca, costumam assumir a posição vaidosa e orgulhosa do poder e do prazer que se desfruta e incorrer no castigo dos homens, muito pouco tolerantes aos mecanismos de transgressão que os ameaçam, ainda que de maneira simbólica, no estado estabelecido das coisas. Dessa forma, o amor não pode ser renunciado, voltando o ódio para o si-mesmo, o que leva às ideias de autodestruição (Brunhari; Moreto, 2015, p. 115, tradução nossa):

> E agora o que farei
> De todo esse tempo que será minha vida
> De todas essas pessoas que me são indiferentes
> E agora que você se foi
> Todas estas noites, por que? por quem?
> E essa manhã que volta pro nada
> Esse coração que bate, para quem, para que
> Que bate tão forte, tão forte.
> E agora o que farei
> Para que nada escorregará minha vida
> Você me deixou a terra inteira
> Mas a Terra sem você é pequena
> Vocês, meus amigos, sejam gentis
> Vocês sabem bem que não se pode nada
> Até mesmo Paris me aborrece
> Todas as ruas me matam
> E agora o que farei
> Eu irei rir para não mais chorar
> Eu irei arder nas noites inteiras
> Mas na manhã eu irei odiar

Depois numa noite em meu espelho
Verei bem lá no fim do caminho
Nenhuma flor e nenhum choro
Até o momento do adeus
Não a verdade mais nenhuma a fazer
Não a verdade mais nenhuma.[5]

Por sua própria origem, Eros tem heranças de ambos os pais, Recurso e Pobreza e, por isso, ele envolve tudo que existe de belo e de bom, embora esteja sempre pobre e carente. Floresce e morre sistematicamente, renascendo em cada momento de perda. Constitui-se na própria promessa de transcendência que exclui a felicidade plena, uma vez que "ter" o outro não é seu objetivo, pois "ter" significa "não mais perder", "possuir", "controlar" ou, mesmo, "domesticar" .

Sua ligação com o divino e com o ctônico originam sua capacidade de criação, de gerar o belo, de fazer nascer algo a partir da própria experiência apaixonada que, assim, recria o mundo cotidiano, transformando-o, embelezando-o e, nesse processo, se eternizando a partir de sua própria descoberta. Não tem, portanto, finalidade prática, seja ela biológica ou social. Ela é puramente individual e subjetiva, pedaço do caminho que pode ser trilhado rumo ao próprio autoconhecimento.

Seu contraponto, Tanatos, a morte, encontra-se presente todo o tempo ligado a ele, posto que de maneira simbólica (na morte existencial derivada do tédio) ou de maneira real (o homicídio por ciúmes ou o suicídio por amor) caminham par e passo quando não se consegue alcançar Eros e viver a paixão amorosa. Descortinam-se, assim, as possibilidades das vidas, autêntica e inautêntica ligadas, diretamente à noção de morte, com uma sendo significada por esta e a outra aniquilada.

A paixão é, assim, uma atividade do pensamento humano que, em sua manifestação, talvez seja das poucas a conseguir, em seus momentos efêmeros, saciar às próprias necessidades decorrentes do existir. É ela, portanto, a vitória da vida sobre a transitoriedade e a morte.

Referências

ASSUMPÇÃO JUNIOR, F. B. *Da paixão*: sobre um fenômeno humano. São Paulo: Atheneu, 2017.

[5] No original: *Et maintenant que vais-je faire / Vers quel néant glissera ma vie / Tu m'as laissé la terre entière / Mais la terre sans toi c'est petit / Et puis um soir dans mon miroir / Je verrai bien la fin du chemin / Pas une fleur et pas de pleurs / Au moment de l'adieu / Je n'ai vraiment plus rien à faire / Je n'ai vraiment plusrien...*

BATAILLE, G. *O erotismo*: o proibido e a transgressão. Porto Alegre: L&PM, 1987.

BRANDÃO, J. S. *Mitologia grega*. Rio de Janeiro: Vozes, 2015.

BRUNHARI, M. V.; MORETTO, M. L. T. O suicídio amoroso: uma proposição metapsicológica. *Psicologia em revista*, v. 21, n. 1, p. 108-125, 2015.

CAROTENUTO, A. *Amar, trair*: quase uma apologia da traição. São Paulo: Paulus, 2004.

DUMOULIÉ, C. *O desejo*. Petrópolis, RJ: Vozes, 2005.

ENGELHARD, S. *A alquimia dos amores impossíveis*. Disponível em: <https://www.pucsp.br/jung/portugues/simposios_eventos/alquimia-dos-amores-impossiveis.pdf> Acesso em: 18 abril 2019.

EURÍPIDES. Hipólito. In: *Teatro Grego*. Rio de Janeiro: W.M.Jackson, 1957.

FERREIRA, T. S. et al. A Paixão do jovem Alberto: um caso clínico de amor patológico. *Revista Brasileira de Neurologia e Psiquiatria*. v. 20, n. 2, p. 175-184. 2016.

FREUD, S. *O mal-estar na cultura*. Porto Alegre: L&PM, 2010. (Obra original publicada em 1930)

GARY, R. *Lady L*. São Paulo: Boa Leitura, 1960.

GIDDENS, A. *A transformação da intimidade*. São Paulo: UNESP, 1993.

GOETHE, J. W. *Os sofrimentos do jovem Werther*. 2011. Disponível em: <http://www.usinadeletras.com.br/exibelotexto.php?cod=16446&cat=Contos&vinda=S> Acesso em: 18 abril 2019.

GOMES, N. P. et al. Vivência e repercussões da violência conjugal: o discurso feminino. *Rev Enferm UERJ*, v. 20, p. 585-590, 2012.

GUZEVA, A. Sexo e suicídio: a moda da vanguarda soviética dos anos 1920. *Russia Beyond*. 2018. Disponível em: <https://br.rbth.com/cultura/81439-sexo--e-suicidio-vanguarda-sovietica> Acesso em: 18 abril 2019.

HAN, B. C. *Agonia de Eros*. Rio de Janeiro: Vozes, 2017.

HEIDEGGER, M. *El Ser y el Tiempo*. Mexico: Fondo de Cultura Economico, 1997

HESÍODO. *Teogonia*: a origem dos deuses. (Tradução de Jaas Torrano). São Paulo: MassaoOhno, 1981.

LEJARRAGA, A. L. Freud e Winnicott: do apaixonamento à capacidade de amar. *Pulsional Rev. Psicanál*, v. 16, n. 165, p. 42-49, 2003.

LIICEANU, G. *Da sedução*. Campinas, SP: Vide Editorial, 2014

LINS, R. N. *O livro do amor*. Rio de Janeiro: Best Seller, 2015.

LOPEZ-PEDROZA, R. *Sobre Eros e Psiquê*. Petrópolis: Vozes, 2010.

MAY, S. *Amor*: uma história. Rio de Janeiro: Zahar, 2012.

MARCUSE, H. *Eros e civilização*. Rio de Janeiro, Zahar; 1975,

NIETZSCHE, F. *100 aforismos sobre e a morte*. São Paulo: Schwarcz, 2012.

POMPÉIA, J. A; SAPIENZA, B. T. *Na presença do sentido*. São Paulo: EDUC, 2013.

RADIGUET, R. *O diabo no corpo*. São Paulo: Penguin, 2013.

REYNOLDS, J. *Existencialismo*. Rio de Janeiro: Vozes; 2006.

SHAKESPEARE, W. Romeo and Juliet. In: *The Complete Works*. New York: Library of Congress, 1975.

CAPÍTULO 3

Atuação do enfermeiro no comportamento suicida

Girliani Silva de Sousa

Ser enfermeiro implica na arte de cuidar e dedicar-se ao outro. Historicamente, a atuação do enfermeiro centra-se em recuperar a saúde da pessoa que se encontra em sofrimento, seja físico ou psíquico. Entretanto, como o enfermeiro deve cuidar de uma pessoa que tentou dar fim à sua própria existência? Como se aglutina a subjetividade do ser enfermeiro frente às suas atribuições?

Sabemos que o suicídio é um evento complexo que movimenta sensações, percepções e opiniões que são singulares e únicas a cada enfermeiro que oferta o cuidado às pessoas com comportamento suicida. Com efeito, vivemos hoje no Brasil um processo de intensos debates sobre essa temática, que busca superar a visão segmentada e fragmentada de que o cuidar das pessoas com comportamento suicida cabe apenas aos enfermeiros especialistas em saúde mental/psiquiátrica.

Pessoas com comportamento suicida emitem mensagens verbais sobre o seu desejo de morrer. Algumas podem ir direto ao assunto, outras podem sinalizar como "eu queria dormir e não acordar nunca mais" ou "acredito que as pessoas serão mais felizes sem mim". Portanto, todo encontro entre o enfermeiro e um indivíduo configura-se em uma oportunidade para a identificação do risco de suicídio.

Nessa linha de pensamento, a dimensão subjetiva do cuidar das pessoas com comportamento suicida deve fazer parte de aspecto mais amplo, em que o enfermeiro possa ter uma interação com o usuário de modo a percebê-lo como um ser integral, dotado de sentimentos, percepções e valores, os quais não podem ser menosprezados. Não estamos exigindo com isso que todos os enfermeiros saibam manejar os casos de comportamento suicida, mas queremos dar novos sentidos para romper com a barreira do preconceito, do estigma e do tabu em torno dessa temática. Além disso, o distanciamento emocional do enfermeiro perante as pessoas com comportamento suicida, a prática centrada no modelo biomédico e o sentimento de não se sentir preparado são verdadeiras barreiras para o cuidado a esses indivíduos.

Nesse ensejo, os estudos nacionais e internacionais discorrem que os profissionais de serviço de urgência e emergência possuem atitudes negativas frente ao atendimento às pessoas que tentaram o autoextermínio (Vedana et al, 2017). Uma das reações mais comuns dos enfermeiros é o distanciamento do usuário, como uma atitude de proteção de si e, também, como temor de que o usuário se mate (Botega, 2015). Há também certa hostilidade com esses indivíduos, revelando assim o preconceito em assertiva como "essas pessoas são manipuladoras e querem apenas chamar atenção" (Carmona-Navarro; Pichardo-Martinez, 2012). Nesse caminho, percebemos a necessidade de qualificação e sensibilização entre esses profissionais, uma vez que tais atitudes podem influenciar negativamente a qualidade dos cuidados prestados.

Portanto, falar sobre o cuidado de enfermagem a pessoas com risco de suicídio se faz necessário quando os números de morte por essa causa se tornaram alarmantes dado o seu aumento exponencial (Brasil, 2017). Assim, a preocupação extrapola os campos específicos da psicologia e da psiquiatria e se percebe que silenciar sobre suicídio não impede o ato.

É preciso falar sobre suicídio em todos os espaços possíveis da sociedade. Faz-se necessário que o enfermeiro saiba como cuidar das pessoas com comportamento suicida. O risco do suicídio pode estar camuflado, o que exige do enfermeiro inteligência emocional para detectar precocemente o fenômeno e, por conseguinte, realizar o manejo clínico adequado desse indivíduo.

À guisa dessa discussão, este texto tem como objetivo trazer reflexões acerca das práticas de cuidado que devem ser ofertadas pelos enfermeiros as pessoas com comportamento suicida, ressaltando as evidências que caracterizam a essencialidade do processo de produção de sentidos para o resgate da humanização das práticas de saúde as pessoas em risco de suicídio.

O presente texto não busca dar respostas e afirmações, mas abrir espaço para as possibilidades de orientações e reflexões mais profundas sobre essa temática. Assim, o texto foi divido em quatro seções, que, longe de esgotarem o tema, trazem consigo argumentos para refletir e ponderar sobre essa articulação e pensar sobre quais são os desafios postos na produção do cuidado de enfermagem as pessoas com comportamento suicida, para que este se qualifique com vistas às ações preventivas.

Comportamento suicida: reflexões iniciais

Antes de seguir nas linhas adiantes, pergunto a você, leitor ou leitora: você já pensou em morrer? Se as pessoas próximas a você se fizerem essa pergunta, o que responderão? Quantos responderiam que sim, quantos responderiam que não, quantos não saberiam responder, quantos teriam dificuldade ou vergonha em responder? É impossível saber.

Já se fizéssemos o movimento contrário, perguntando se você, caro leitor ou leitora, pensam em viver, se sentem satisfação com a vida? Seria mais fácil responder? Mas, será que a resposta é verdadeira? São questionamentos que com ela tocamos em ponto muito atual, o tabu em torno do suicídio.

Os questionamentos que trouxemos anteriormente apontam para algumas reflexões fundamentais para o cuidar de si e do outro com comportamento suicida na contemporaneidade: o rompimento com o pressuposto de que o sofrimento psíquico precisa ser velado, deve ser guardado debaixo de sete chaves e escondido de tudo e de todos. Ao mesmo tempo, há um movimento cristalizado em nossa sociedade que banaliza e minimiza o sofrimento psíquico, seja pela falta de conhecimento ou pela da incerteza em lidar com esses indivíduos.

Além disso, a imprevisibilidade das respostas às duas perguntas indica que esse é um tema delicado, que mexe com feridas emocionais e revela a ruminação das forças para viver. Aponta também que o sofrimento faz parte da vida, mas que ele não deve ser o protagonista da história de vida do sujeito.

O suicídio não deve ser percebido como uma doença contagiosa, ou que a pessoa com comportamento suicida sofre de transtornos mentais graves, com aquele imaginário social de alguém com extrema agitação psicomotora, ou que é uma pessoa extremamente fraca por não saber lidar com suas dores e angústias cotidianas. Pior ainda é agir com distanciamento afetivo por julgá-la como uma pessoa que está ocupando o espaço e gerando gastos públicos desnecessários (Vedana et al, 2017).

O suicídio é um ato intencional e consciente de dar fim à existência, compreendido como uma dor psicológica imensurável (Shneidman, 2004). É um ato que envolve fatores sociais, psicológicos, econômicos e culturais, os quais não podem ser vistos isoladamente. Nem tampouco as situações estressantes que o indivíduo vivencia podem ser consideradas as explicações para o autoextermínio, mas devem ser vistas como gatilhos em um emaranhado mais complexo.

O cuidar de si e o cuidado do outro com comportamento suicida

O cuidado de si tem fundamentação histórica desde as raízes gregas das sociedades ocidentais contemporâneas e como categoria ontológico-existencial nos leva a subsídios preciosos e passa a integrar a construção dos projetos existenciais humanos (Foucault, 2002; Ayres, 2004).

Gadamer (1997) demonstra como uma reflexão existencial pode jogar luz sobre os significados do comportamento suicida, do conhecimento científico em saúde e das práticas humanas de cuidado. Não é difícil concordar, aqui, com a ideia de Ayres (2004), de que devemos abandonar o termo "intervenções em saúde", pois o cuidar de si e do outro exige uma aproximação em sentido horizontal em que a catarse produzida no encontro do enfermeiro e da pessoa com comportamento suicida culmine em uma interação especial que produza encontro terapêutico com qualidade.

Para isso, Ayres (2004) recomenda também o abandono do uso de "paciente", pois o ser humano está em constante interação consigo mesmo e com os outros. É agente ativo de seus sonhos, medos, anseios, angústias e projetos de vida. O encontro terapêutico deve valorizar o espaço de fala, uma vez que, enquanto a pessoa narra sobre sua vida, ela tem a oportunidade de refletir sobre as suas ações e as direções que sua vida está tomando.

Muitas vezes, a pessoa com comportamento suicida encontra-se em um apagamento social, em que o encontrar-se com o enfermeiro pode fazer reacender esperanças de reconstrução de si, e, no mesmo movimento, também elucida um pedido de ajuda que às vezes não está tão claro, mas é tão pungente para que as suas forças para viver não se esgotem.

Dito isso, o primeiro passo para o cuidar de si é despir-se de todas as técnicas e manejos apreendidos no modelo biomédico do processo formativo (Deslandes, 2006). Antes de qualquer coisa, não estamos demonizando o conhecimento psicopatológico e neurobiológico do suicídio, mas queremos ressaltar, aqui, que mais importante do que a avaliação das funções psíquicas, da investigação da gravidade do comportamento suicida, está o desafio de "afetar-se" com a história do outro.

O afetar-se com o outro vai ao encontro dos embates entre os valores morais e crenças religiosas de cada enfermeiro e os relatos das pessoas com comportamento suicida. Por vezes, esse encontro pode provocar atitudes condenatórias, mas que abrem espaço também para atitudes mais humanizadoras, em que ambos, enfermeiro e usuário, sintam-se satisfeitos com a relação terapêutica que estão construindo.

Como superar as atitudes contraditórias? Como evitar discursos morais ou mesmo emitir conselhos às pessoas em risco de suicídio? Primeiramente, é preciso compreender nossos impulsos: por que eu quero emitir uma mensagem condenando o outro pelo desejo pungente de dar fim à sua existência? Posteriormente, temos que superar esses impulsos, rompendo com a postura autoritária para uma serenidade que faça sentido no relacionamento que eu quero estabelecer com o usuário.

Há que se ter sensibilidade e solidariedade para escutar o outro, a escuta é uma prática de saúde potente quando se diminui as distâncias entre o enfermeiro-usuário e cria verdadeiramente relações interpessoais, em que há interação entre ambos e reflexão sobre o que é dito e, principalmente, sobre o que permanece velado (Vale; Pagliuca, 2011).

Escutar uma pessoa com comportamento suicida não é meramente ouvir com os ouvidos, mas com toda a alma, com olhares de cumplicidade e aceitação do que é dito sem julgamento ou críticas. É o respeitar os momentos de choro, em que as tensões e as angústias aglutinam-se de tal maneira que não são encontradas palavras suficientes para dimensionar a dor psicológica em que a pessoa se encontra. É a expressão de gestos corporais que sinalizam respeito pelo sofrimento alheio e movimentos dos lábios com o coração, que buscam identificar as informações inerentes ao campo afetivo, emocional, social, financeiro e cultural para favorecer o raciocínio clínico, reflexivo e criativo.

O interesse genuíno e o olhar atento às manifestações do outro demonstra o elo a ser construído entre enfermeiro e usuário pautados no zelo, na dedicação e na afeição pelo outro (Vale; Pagliuca, 2011). Todo cuidado que tem como objetivo proporcionar o bem-estar, o conforto e o querer bem ao outro pode promover ações de prevenção do suicídio.

Chamamos atenção para o fato de que, para alcançar a ação transformadora do cuidado, é preciso que os sujeitos, produtores de sua história de vida, com suas necessidades e valores, capazes de transformar sua própria história, estejam no centro do seu projeto terapêutico singular.

Assim, o cuidado de si é uma forma de revisitar a subjetividade envolvida na relação terapêutica entre enfermeiro-usuário em que se deve superar o cuidado prescritivo, verticalizado e normativo para um cuidado em que o indivíduo seja produtor de seu bem-estar, em função dos seus projetos de vida, em uma ideia do que é bom para si.

Enfermeiro: polissemia de atuação profissional no cuidado a pessoa com comportamento suicida

Chegamos aqui às ideias e suposições centrais que sustentam este ensaio: a reconstrução de conceitos e modos de cuidar de uma pessoa com comportamento suicida como tarefa fundamental para a libertação de juízos fechados e predeterminados da prática instrumentalista e tecnicista. Não se trata, portanto, de abandonar tais juízos instrumentais, mas de recolocá-los em uma prática com raciocínio clínico, reflexivo e crítico.

Vamos fazer um exercício prático: por que será que boa parte das pessoas que morrem por suicídio busca o serviço de saúde ou, mais precisamente, o clínico, no mês que antecede a sua morte? E por que, apesar disso, ela comete o ato fatal?

Nesse contexto, podemos inferir que o encontro entre profissionais de saúde e usuário não teve potencial de interação, como a crise suicida que não ganhou legitimidade no espaço de assistência. Em muitos casos, a busca desse indivíduo foi reconhecida e aceita por demandas clínicas, mas a esterilidade mecanicamente vivida e repetida no cotidiano dos serviços de saúde impediu que houvesse uma interação terapêutica efetiva. Como Deslandes (2006) aponta, o uso intensivo de tecnologias duras, substituindo as interações humanas no encontro com o sujeito, despersonificam a dimensão subjetiva do cuidado.

Juntamente ao despreparo dos enfermeiros, já evidenciado anteriormente, há também o desafio de manejar adequadamente os recursos que possui para efetivar as práticas de saúde as pessoas com comportamento suicida. É preciso romper com as amarras do cotidiano que aprisionam o enfermeiro atrás de uma mesa, em que ocorre a rotina de chamar o usuário na sala de espera, encaminhá-lo à sala, sentar atrás da mesa, tirar a caneta do bolso e perguntar "Como você tem passado desde a última consulta?", com o foco centrado no preenchimento do prontuário e na quantidade de pessoas que ainda tem para atender.

Reconhecemos aqui, também, a crise que enfrentamos nos serviços de saúde, assim como a urgência das pessoas em buscar soluções convenientes, com prescrição medicamentosa em um esforço demasiado para a prevenção, superação e/ou recuperação de processos de adoecimento que escondem o verdadeiro adoecimento da alma e das inquietudes da vida.

A singularização do encontro entre enfermeiro e usuário somente será possível mediante esforço particular de cada profissional diante dos casos de comportamento suicida. Um pré-requisito para que haja possibilidade de estabelecer interação terapêutica é assegurar a motivação dos enfermeiros, em que se sintam motivados para dedicar-se à produção de cuidado as pessoas em risco de suicídio. Há também que se resgatar a autonomia dos enfermeiros para que estes possam tomar suas próprias decisões durante o seu trabalho.

Sob essa perspectiva, é importante para a singularidade do cuidado no comportamento suicida abrir espaço para o dialogo, com uma produtividade de fala que faça sentido, como "Hoje eu quero que você fale sobre um pouco de si, da sua vida, das coisas de que gosta, ou do que não gosta... enfim, do que estiver com desejo de falar", uma estratégia que faz com que a pessoa reflita sobre a sua vida e seus projetos de felicidade.

Nesse sentido, o acolhimento, o vínculo, a escuta, o diálogo, a corresponsabilização e a autonomia dos usuários permitem a identificação e compreensão do contexto de sua vida. É necessário fazer um retrato da vida do usuário, com a compreensão dos momentos em que há o desejo de morrer, a intensidade desses pensamentos, os momentos em que eles surgem e as situações da vida que causam sofrimento nessa pessoa.

Em geral, as pessoas que morrem por suicídio têm sua trajetória de vida marcada por eventos traumáticos desde a infância, com situações de violência e perda de parentes próximos. A captação da singularidade do indivíduo é fundamental para que ele próprio possa identificar o que o faz sofrer e quais as estratégias podem ser desenvolvidas para lidar com esse sofrimento com a finalidade de alcançar a superação do comportamento suicida.

Interessa-nos destacar a "resistência" que faz surgir nesses indivíduos, em que o encontro com o enfermeiro o faz perceber que não está sozinho no mundo, mas em constante interação com o outro, como presença real de um poder transformador. É essa resistência que deve ser levada em consideração para superar a mesmice das orientações das práticas de saúde.

E, assim como os sujeitos com comportamento suicida não estão sozinhos no mundo, nós, enfermeiros, também não estamos. Nesse ensejo, a rede de suporte social funciona como uma potente estratégia na prevenção do suicídio. Vale ressaltar que nem sempre o indivíduo quer ou tem o desejo de compartilhar sua clínica com seus familiares, seja por medo, seja insegurança ou pelo reconhecimento das críticas que receberá. Portanto, cabe bastante cautela aos enfermeiros, pois, em alguns casos, os familiares podem contribuir com atitudes negativas para a clínica do sujeito.

O suporte social compreende uma dimensão fundamental nos processos cognitivos e emocionais ligados ao bem-estar e à qualidade de vida. Nessa lógica, questionamentos sobre em quem à pessoa sente confiança, segurança, amparo, amor e zelo, possibilita elementos para a construção do projeto terapêutico singular.

A construção do projeto terapêutico singular da pessoa com comportamento suicida deve envolver seus familiares, para que juntos, estabeleçam metas e estratégias para prevenir o suicídio. Cabe aqui, inserir a família como integrante ativo e corresponsabilizador do cuidado a seu familiar. Há práticas bem simples que podem ser adotadas pelos familiares. No campo estrutural, a retirada de objetos letais no lar e o estabelecimento de novas formas de convivência com momentos prazerosos para além do cotidiano. No campo afetivo, a oferta de apoio positivo, com vivências afetivas para que a pessoa se sinta amada e possa ter forças para criar estratégias de enfrentamento com foco na superação do comportamento suicida. No campo financeiro, o incentivo para que a pessoa construa seu projeto de felicidade de modo a alcançar a autonomia em todas as áreas da sua vida.

Seria também prudente destacar nessas considerações iniciais que o suporte familiar pode exercer um fator protetor para o suicídio, desde que haja verdadeiramente um envolvimento afetivo entre os membros. A aproximação da família pode representar para o usuário uma sensação de segurança, pode resgatar sua esperança em um futuro melhor, ao reconhecer os laços afetivos que existem com seus familiares.

Entretanto, reconhece-se que as situações conflituosas no seio familiar podem esmaecer os desejos de viver do indivíduo com comportamento suicida. O enfermeiro deve se aproximar em um primeiro momento dos familiares para compreender a dinâmica de funcionamento familiar em um movimento de acolhimento dos sentimentos despertados frente ao familiar com comportamento suicida. É preciso ter cautela para não cair na prescrição tecnicista do que deve ser feito e do que não deve ser feito.

O afeto não deve nunca se tornar algo normativo e prescritivo, faz-se necessário, que o enfermeiro descortine os sentimentos negativos despertados pelas situações estressantes e angustiantes, para que o familiar e a pessoa em risco de suicídio possam imprimir uma nova dinâmica nas relações, se aproximando, criando laços duradouros, o que pode renovar o sentido da existência.

Adicionalmente, é muito assertivo que o enfermeiro explore e esgote todas as possibilidades terapêuticas com o usuário. Muitas vezes, o indivíduo não tem conhecimento sobre a oferta de atividades disponibilizadas pela comunidade, que podem ser terapêuticas e o fazer sentir-se bem. O cardápio de atividades pode ser enorme dependendo do interesse do usuário em se dar a oportunidade de descobrir prazer na construção do seu projeto de vida.

Não pretendemos, com esses apontamentos, descrever que a assistência de enfermagem aos casos de comportamento suicida é simples e que não há obstáculos concretos na construção do plano terapêutico. Por isso, o enfermeiro não deve caminhar sozinho: o trabalho interdisciplinar proporciona a ampliação da discussão, ao inserir vários saberes com diversos profissionais na busca da construção do projeto terapêutico singular. Dessa forma, o princípio de integralidade do cuidado encontra-se presente quando a contribuição de diferentes profissões amplia e qualifica as ações de cuidado.

Nessa perspectiva, os diversos olhares, articulados de forma democrática e dialogada pode produzir sentidos reais que permitem a acessibilidade desse sujeito ao idealismo movimentador para a reconstrução da sua felicidade, esta que é uma experiência tão única, singular e pessoal.

A noção de felicidade que adotamos aqui neste ensaio remete ao desejo de que a pessoa com comportamento suicida, apesar de sua dor psicológica, tenha momentos e experiências vividas e com valor real positivo, para que ela possa enxergar que apesar da escuridão em sua vida, é possível traçar novas trilhas e caminhos.

Limites e desafios do cuidado as pessoas com comportamento suicida

O cuidado de enfermagem as pessoas em risco de suicídio é desafiador, urgente, crítico, complexo, e, por vezes, imprevisível, quando se esgotam as possibilidades terapêuticas ou nos casos em que ocorre a efetivação do ato.

Especificamente, o trabalho da enfermagem com pessoas em risco de suicídio desperta vários sentimentos e emoções cujo gerenciamento e controle é, por vezes, difícil. O conjunto da carga psíquica desses atendimentos é rodeado por sentimentos de raiva, de choque, insegurança, frustração, desamparo, decepção e insatisfação, que são expressos aos usuários por meio de críticas, distanciamento do cuidado, rejeição, julgamento, discriminação e atitudes negativas (Vedana et al, 2017).

Há também o desconforto relacionado ao cuidar de uma pessoa em risco de suicídio, seja pela percepção de despreparo profissional ou por considerar essa atividade exaustiva ou mesmo por não acreditar que essa demanda pertence a outros profissionais, como o psiquiatra.

Identificar as origens desses sentimentos que podem estar presentes na história de vida dos enfermeiros assim como no usuário supõe um passo importante para aprender a gerenciá-las para realizar a clínica com ética e compromisso.

A necessidade de cuidado imediato e qualificado ao reconhecimento de ideações e planos suicidas se configura como desafio no serviço de saúde, dada a falta de recursos materiais e de profissionais, a excessiva demanda de usuários e a falta de protocolos e treinamento aos enfermeiros faz com que não haja a priorização do atendimento a esses indivíduos. Além disso, a precariedade da rede de atenção à saúde e a falta de articulação entre os diversos serviços de saúde se constituem em fragilidades no cuidado a essas pessoas.

Se, por um lado, vemos enfermeiros que tentam ofertar um cuidado de acordo com suas possibilidades, por outro não vemos a gestão federal de saúde, representado aqui no cenário brasileiro pelo Ministério da Saúde (MS), incentivar com recursos financeiros os municípios e estados a capacitarem-se com ações estratégicas de prevenção do suicídio.

O que vemos são esforços e estabelecimento de parcerias de serviços de saúde com profissionais e instituições de ensino com criação de espaços para o acolhimento e o cuidado de pessoas em risco de suicídio.

A inserção de alunos de enfermagem nos serviços de saúde é um aspecto positivo para o estabelecimento do relacionamento terapêutico e da oferta de escuta ativa com a integralidade do cuidado. Entretanto, são ações pontuais que minimizam a situação, mas que estão longe de solucionarem os casos em risco de suicídio.

Portanto, cabe aqui o apelo aos municípios, estados e ao governo federal para ter esforços para a educação permanente dos enfermeiros em comportamento suicida, incentivo financeiro para a implementação de projetos de prevenção do suicídio e sensibilização para a temática para além de ações pontuais do setembro amarelo.

Outro aspecto importante a ser destacado nessas considerações preliminares é o receio em torno das atualizações da política em saúde mental que voltou a incluir os hospitais psiquiátricos como serviços de atenção psicossocial. Não queremos que as pessoas com comportamento suicida sejam institucionalizadas, excluídas da sociedade e extremamente medicalizadas. O pressuposto que se quer assumir é a humanização do cuidado a essas pessoas, que seus relatos não sejam silenciados e que seus projetos de felicidade não sejam amordaçados.

Por fim, que possamos escapar do fracasso do dialogo que não alcança poder transformador e que exploremos as mais ricas possibilidades de construção de identidades ao nos perguntar sobre o que sonham as pessoas com comportamento suicida para a vida (e nós mesmos) quando estamos lidando com cada um dos obstáculos e das vitórias que encontramos em nossa vida.

Referências

AYRES, J. R. C. M. O cuidado, os modos de ser (do) humano e as práticas de saúde. *Saude soc. [online]*, v. 13, n. 3, pp. 16-29, 2004.

BOTEGA, N. J. *Crise suicida*: avaliação e manejo. Porto Alegre: Artmed, 2015.

BRASIL. Ministério da Saúde. *Agenda Estratégica de Prevenção do Suicídio: sistema de informação de mortalidade.* [Internet]. 2017. Disponível em: http://portalarquivos.saude.gov.br/images/pdf/2017/setembro/21/Coletiva-suicidio-21-09.pdf. Acesso em: 18 abril 2019.

CARMONA-NAVARRO, M.C.; PICHARDO-MARTINEZ, M.C. Atitudes do profissional de enfermagem em relação ao comportamento suicida: influência da inteligência emocional. *Rev. Latino-Am. Enfermagem [online].* v. 20, n. 6, pp. 1161-1168, 2012.

DESLANDES, S. Humanização: revistando o conceito a partir das contribuições da sociologia médica. In *Humanização dos cuidados em saúde*: conceitos, dilemas e práticas. Rio de Janeiro: Fiocruz, 2006. p. 33-48.

FOUCAULT, M. *História da sexualidade.* Rio de Janeiro: Graal, 2002.

GADAMER, H. G. *Verdade e método*: traços fundamentais de uma hermenêutica filosófica. Petrópolis: Vozes, 1997.

SHNEIDMAN, E. S. *Autopsy of a suicidal mind.* Oxford: Oxford University Press, 2004.

VALE, E. G.; PAGLUICA, L. M. F. Construção de um conceito de cuidado em enfermagem: contribuição para o ensino de graduação. *Revista Brasileira de Enfermagem*, Brasília, DF, v. 64, n. 1, p. 106-113, jan./fev. 2011.

VEDANA, K. G. G. et al. Emergency nursing experiences in assisting people with suicidal behavior: a grounded theory study. *Arch Psychiatr Nurs*, v. 31, n. 4, pp. 345-351, 2017.

Bullying...

Maria Cleonice Bento Almeida

Vítimas desesperadas...
Famílias arrasadas...
Vidas despedaçadas...
Na alma uma ferida...
Que não cicatriza
Perda do sentido da vida...
Suicídio...
Mentes atormentadas...
Alternativas buscadas...
Perdas irreparáveis...
Do sofrimento enfrentado...
Ao desespero silenciado...
Um sintoma individual...
De uma crise social...

CAPÍTULO 4

A autodestruição da vida nas ruas e a exclusão social

Sueli Guerreiro

Cada dia a natureza produz o suficiente
para nossa carência.
Se cada um tomasse o que lhe fosse necessário,
não haveria pobreza no mundo
e ninguém morreria de fome.
(Mahatma Gandhi)

Introdução

A autodestruição da vida nas ruas se dá num movimento gradativo em que o limite é a perda da condição humana.

O enfrentamento se dá de forma gradativa até a total entrega, a perda da consciência de si, da consciência da dor dentre outras consciências. A memória, por exemplo, só é preservada, na maioria das vezes, até o limite da sobrevivência.

Recursos para a sobrevivência são procurados em vícios como álcool, tabaco dentre outros tipos de drogas. Assim, a subjetividade vai sendo comprometida pelas agruras da vida nas ruas e até chegar a um sofrimento mental insuportável na maioria dos casos. A percepção de cada um pode, no limite de sua degradação, diante do enfrentamento, levar o indivíduo em situação de rua a colocar-se em condições inumanas, perder a sua condição humana. No limite um desligamento com os outros que lhes foram significativos e, também em consequência disto, as memorias significativas relacionadas a estes vínculos, culminam em alguém com um sofrimento psíquico intenso. Utilizo um sofrimento psíquico ao invés de *doente mental*, segundo a nova psiquiatria sartriana. Angerami (2017a), na sua descrição de todo o movimento histórico desta nova psiquiatria sartriana, escreve sobre como essa mudança não foi somente conceitual, mas demarcou a passagem do que era visto como um fenômeno em sua condição individual para torna-se parte uma desestruturação mais ampla. Ao pensar o indivíduo a partir desta postura fenomológico-existencial, Angerami (2003) adverte sobre um outro cuidado que seria olhar esse indivíduo em que o modo de sua subjetividade está imbricado com a sua historicidade.

A partir dessas colocações apresento recortes de atendimentos de pacientes em situação de rua como fio condutor para reflexão a partir de um olhar fenomenológico-existencial.

Um dos pacientes, o Sr. Omar[1], andava carregando nas costas duas madeiras em forma de cruz e um saco onde guardava seu cobertor. Está há mais de vinte anos nas cercanias da Avenida Paulista. Certamente por ele passaram muitos profissionais. Viveu sob várias gestões políticas econômicas municipais, estaduais e federais. E a sua vida foi deteriorando-se gradativamente. Um homem que aparenta ter cinquenta anos, pele clara, anda descalço, seus pés têm sinais de estar descalço por um longo período. Seus cabelos viraram placas de sujeira. Uma imagem difícil de se olhar. A degradação estava evidente na sua aparência. O seus gestos e comportamentos demonstravam que ainda tinha desejo, tomava decisões quando não concordava com algo. Falava pouco, mas somente com pessoas que conhecia. Sua família morrera há cinco anos, num acidente de carro (segundo relatos de uma cuidadora). Além de andar descalço, usava com roupas que não trocava há meses. Mas não aceitava qualquer doação de roupas. Tem um de seus dedos enrolado em um arame, de forma que a circulação do sangue fica quase que totalmente interrompida. Ao ter sido levado por uma ambulância ao hospital, assim que soube que precisaria amputar esse dedo, fugiu. Sua condição o assemelhava a um animal, no sentido do distanciamento da condição humana.

Estar em situação de rua por consequência da exclusão social

A descrição da vida nas ruas tem como intenção expor uma questão: a não correlação entre as demandas destes indivíduos e os recursos que lhes são oferecidos; a denúncia da ineficácia das gestões públicas municipais, estaduais e federais, pois não os contemplam e os delegam a condições inumanas, tratando-os como subclasse e sua existência como sem valor nenhum provavelmente por não serem uteis. Visualizar a dimensão disso para alcançar uma reflexão seria primeiramente localizar estas pessoas na estrutura sócio-político-econômica. São tratados como causa e não como consequência de uma estrutura política econômica neoliberal excludente. As soluções foram, na maioria das vezes, baseadas em medidas higienistas na intenção de eliminá-los, expulsá-los, tentativa que foi sem êxito, pois a

[1] Nome fictício.

causa estaria nessa estrutura excludente. E o Estado não cuida. A miserabilidade da qual são vítimas é por consequência dessa estrutura. Com um maior detalhamento e reflexão sobre a vida nas ruas Angerami (2017b) pontua que o problema das pessoas em situação de rua na Cracolândia[2] não são as drogas e, sim, a exclusão social de que são vítimas.

Autodestruição e sofrimento psíquico

Nos encontros com um paciente, sempre quando o relembrava da conversa, anterior ele respondia de forma negativa: "Não era eu... não fui eu... não disse isso não!" A memória estava bem alterada e ele não conseguia se comunicar. Saía do consultório às 22 horas como na maioria dos dias, e em uma dessas ocasiões passei por ele e vi que ainda estava acordado, preparando-se para dormir. Sempre tomava um café, que sempre ganhava de alguém, e o copo de café era descartável, não tomaria na cafeteria, pois por sua aparência não seria aceito pelos usuários do local. Tomava café para compor um ritual, tomava café e em seguida, neste dia, pude presenciar que retirou o filtro do cigarro e o fumou. Pedi para sentar perto dele e ele concordou. Ele estava deitado no chão gelado sem proteção nenhuma. Fiquei em silêncio e passados 25 minutos ele começou a rir. Perguntei porque estava rindo e me disse de forma muito meiga, a meiguice pareceu dissonante diante da aparência brutalizada e grotesca, que não era por nada. Nos dias seguintes passei por ele e o cumprimentava com aperto de mão, com a intenção de criar um vínculo. Um desses dias passei no final da tarde o encontrei e quase não reconheci. Estava barbeado e com roupas limpas e ele mesmo tomou a iniciativa de me cumprimentar. Entrei na cafeteria e encontrei a senhora que cuidava dele há cerca de vinte anos. Disse-lhe que observava o Sr. Omar há dias e que o segurança da cafeteria a indicou para dar-me mais informações sobre ele. Ela mostrou-se bastante resistente, bastante cética, mas insisti um pouco e ela aceitou conversar. Hoje, escrevendo, sinto a resistência como um cansaço, um desânimo por razão das inúmeras vezes nas quais foi interpelada por agentes de saúde, e por não terem alcançado nenhum resultado reconhecido por ela.

Conversamos por alguns minutos e me contou o que sabia sobre ele. Disse-me que parte das informações conseguira com o dentista das filhas do Sr. Omar, que ficava no prédio ao lado, que contou-lhe que as filhas do Sr. Omar vinham sempre ao seu consultório e aproveitavam para ver o pai. E que as filhas disseram ao dentista que moravam numa boa casa, e que o pai era engenheiro. Enquanto me contava parou e disse: "Acho que ele é engenheiro mesmo, pois

[2] Localizada na região central da capital paulista, onde circulam pessoas em situação de rua.

sempre vejo ele observando as colunas do prédio." E continuou dizendo que ele foi para as ruas por que sua ex-esposa o traíra com outro homem. E que ele perdera o pai a ex-esposa e filhas em um acidente de carro. Ao nos aproximarmos dele, apresentou-me como sua amiga. (explicou-me que achou que seria melhor não me apresentar como psicóloga, porque ele poderia não querer falar comigo, por medo de eu levá-lo para um hospital). Elogiou a aparência dele, ele acabara de se barbear e trocara de roupa. Ao ser perguntado sobre o tempo estava nas ruas, disse que há três meses – o que não era real. Ele acrescentou em seguida que antes ficava embaixo de um viaduto. Ficamos conversando por mais alguns minutos. Quando a gerente da loja levantou, ele levantou também, explicou-me que ele reagia desta maneira porque não confiava em ninguém, somente nela. Disse também que ele era um homem bom e por isso sempre pensou em levá-lo para morar na casa dela, não decidiu somente por falta de espaço em sua casa. Interrompemos a conversa, pois precisou retornar ao trabalho

O Sr. Omar havia perdido alguns vínculos afetivos ao longo do tempo, perdeu parte importante de referências que lhe eram significativas. A sua memória estava comprometida, criou uma data que não era real, pois estava ali já há vinte anos. Por mais irreal que fosse a data, ele respondeu uma data e não alguma outra coisa sem mais sentido, por mais que sua memória parecesse enfraquecida. Sartre (1996) nos ensina, quando discorre sobre a alucinação, que os pacientes sabem que objetos dos quais se cercam são irreais; e que o mesmo vale para aqueles que fazem aparecer. Há uma passagem do saber intencional a uma consciência imaginante. E que "(...) o doente não é surpreendido por sua alucinação, ele não a contempla: irá realizá-la" (Sartre, 1996, p. 204). Quando o Sr. Omar caminha em círculos na calçada, observei, recentemente, que tem o hábito de falar sem parar. Só não dá para ouvir o que ele fala, porquê fala muito baixo. Mas sempre que aproximo ele para de falar e responde ao meu cumprimento.

A sua percepção foi forjada nas ruas nos últimos 20 anos, pelo menos. A função da terapia em tentar mostrar as possibilidades infinitas que tem de mudá-las, a partir da mudança de percepção. "O objetivo da psicoterapia é, entretanto, ampliar a visão perceptiva do paciente para que ele possa ter uma percepção do mundo mais abrangente e repleta de possibilidades." (Angerami, 2017a, p. 56).

As madeiras que carregava aos poucos tomava novos formatos e novos significados e funções

Ele carregou duas madeiras em forma de cruz, por meses. O que era uma imagem muito intrigante, mas cujo significado para ele não pude alcançar. Mas essas madeiras foram aos poucos mostrando outras funções e significados. Algum tempo depois, transformou-se em instrumento musical, e quando passei por lá ele estava dedilhando a madeira com se tocasse um violão. Virou um instrumento musical. E depois uma arma. Começou andar com dois pedaços de madeira empunhados nas mãos e o seu corpo ficava sempre posicionado como se fosse defender-se de algum ataque, mudou porque tinha sido atacado por outros moradores de rua na noite anterior. Podia observá-lo todos os dias, pois o lugar fazia parte do meu caminho para o consultório. Dias antes percebi que seus olhos estavam vermelhos. Mais tarde soube que foi espancado por alguns homens que estavam drogados e que ficou acordado a noite toda sentado na porta da cafeteria, que era aberta por 24 horas, sempre, para proteger-se.

O Sr. Omar também sempre teve o hábito de criar vários outros objetos com o que encontra de material pelas ruas. A sua cuidadora contou, com admiração, de quando ele pegou uns pedaços de arames e criou uma armação de óculos que usou durante meses. Ele sempre foi cuidado por vários comerciantes no seu entorno. Muitas foram as tentativas de levá-lo para internação em um hospital, mas ele sempre fugia e voltava para o mesmo lugar. Isso demonstra que ele ainda tem um certo domínio sobre seus desejos. A cuidadora relatou que o Sr. Omar falava pouco, tinha pouca noção da passagem do tempo e ficava boa parte do dia rodando em círculos e falando sozinho, num estado de sofrimento intenso. Comportando-se, assim, como tendo o mínimo de consciência da realidade para proteger-se dos eventuais ataques e conseguir alimento. A autodestruição de sua vida nas ruas tirou-lhe a dignidade e sua condição humana. O seu sofrimento mental lhe fez vivenciar situações imaginarias, com alteração significativa de sua consciência em relação ao mundo. Angerami (2003) nos diz que a patologia seria esta vivencia de situações imaginarias em detrimento do real assim a patologia mental seria uma alteração significativa de consciência em relação ao mundo.

Serialidade *doente mental*

Um outro paciente que fica nas ruas também está em sofrimento psíquico intenso. Já foi chamado de palestrante por uma outra pessoa em situação de rua também, Iara, uma travesti, negra, que sofreu toda forma de preconceito e abusos, e que se foi para outro estado, pois conseguiu voltar a relacionar-se bem com a mãe e mora agora com ela. O palestrante alucinava sempre. Um dia, estava riscando com giz a calçada em frente a uma banca de revistas; fazia cálculos no chão. Aproximei e disse que não havia entendido de onde tinha tirado determinados números; ele me olhou com atenção e respondeu prontamente apontando para a lateral da banca e mostrando os números na capa de uma revista. Agradeci a explicação, perguntei seu nome, e segui para o consultório. Nas semanas que se seguiram, sempre que me encontro com ele o cumprimento, chamando pelo seu nome e dando um aperto de mão. Observo que seu olhar está mais vivo e sempre demonstra lembrar-se de mim, e o seu sorriso tem mais vida.

Tenho encontrado nas ruas pessoas com sofrimento psíquico intenso, sem cuidados. Vivem à margem, na marginalidade. São maltratadas e sofrem com o preconceito, por serem considerados indevidamente como doentes mentais, o que os coloca em um serial que é excludente. Angerami (2017a) explica, a partir do conceito de Sartre de "serial": serialidade *doente mental* traz sobre si a condição marginal, a exclusão dessa pessoa das condições mínimas de dignidade e até mesmo do convívio social."

Casos de autodestruição gradativa e que culminaram em suicídio

Angerami (2018) adverte-nos de que o suicídio não é um ato de covardia ou de coragem, e sim de desespero. Um paciente que atendi há alguns anos era considerado o mascote de um grupo de seis amigos, que estavam todos em situação de rua. Ele aparentava pouco mais de vinte anos. Tinha uma namorada muito ciumenta que sempre batia nele. Ele sempre estava muito quieto. Vi-o poucas vezes durantes os últimos dois anos. Ele ficava numa praça próxima a um viaduto. Ele morou em uma ocupação e sempre que eu ia a esta ocupação lá estava ele, sempre alcoolizado. Durante o dia, era pedinte, pedia dinheiro e comida na praça. Muitas vezes, quando passei por ele, estava revirando o lixo à procura de comida. Ele sempre era muito educado e cuidadoso. Há algumas semanas recebi a notícia de que ele misturou remédio para epilepsia com álcool e pulou do viaduto, sorrindo.

Há alguns meses, ainda na última gestão municipal, em 2017/2018, houve um projeto declaradamente higienista na região da Cracolândia, na região do centro velho de São Paulo. As pessoas em situação de rua na região dispersaram-se pela cidade. Algumas vieram para região da Avenida Paulista, no centro da cidade de São Paulo. Sempre que atendia alguns pacientes que ficavam no vão embaixo do Museu de Arte de São Paulo (MASP) ouvia as histórias da ineficácia das intervenções municipais, estaduais e federais na região da Cracolândia. As pessoas em situação de rua estavam desorientadas e bem aflitas no dia da intervenção da PM(Polícia Militar). Em consequência disso fora para o vão do MASP e para toda a Avenida Paulista. Fiz alguns atendimentos e deixei o número do meu telefone com um morador para me dar notícias sobre um outro paciente. Poucos dias depois, ele me envia um áudio que gravou de um suicídio de uma outra pessoa em situação de ruaque se jogara para uma rua que ficava na parte de trás do vão do MASP a uma altura equivalente a um prédio de quatro andares. E escreveu-me também, em seguida, uma mensagem explicando o motivo do suicídio: – *Não aguentou a pressão de ter que sair da Cracolândia onde já vivia há anos.*

A vontade de sair das ruas

Uma grande parte dos paciente em situação de rua assistidos não vislumbram a saída das ruas. Na maioria dos casos, são acometidos por uma falta de motivação, de sentido para viver e de culpabilização por suas condições, perderam tudo o que podia lhes ser significativo, vivem apenas para sobreviver e não têm para onde ir ou voltar. Alguns mal conseguem alimentar-se. A percepção da vida fica assim alterada, e a sua situação de miserabilidade afasta-os de sua condição humana, delegados a condições mínimas de sobrevivência. Como se fossem apenas parte de um cenário, as ruas, uma imagem difícil de contemplar. São tratados como marginais e como vítimas de sua própria escolha. Muitos desistiram de lutar sem alcançarem a real dimensão, pertencerem a uma estrutura social econômica política que os exclui sempre. A vontade, na maioria das vezes, se reduz a continuarem vivos mais um dia. Não conseguem alcançar qualquer reflexão mais ampla sobre a condição a que são submetidos. O trabalho do psicólogo de rua ideal seria o que acontecesse de forma compartilhada, com outros vários profissionais da saúde. O que está bem distante da atual realidade.

PARÊMIA A QUESTÃO MANICOMIAL E A CRACOLÂNDIA

Valdemar Augusto Angerami

Vicejam no pensamento imagens de uma reunião alguns meses atrás em que um *notório saber* (essa é a maneira que usamos no universo acadêmico em geral para desqualificar o interlocutor, e ao mesmo tempo em que uso me penitencio por isso), em fórum inapropriado para a questão, dirige aos presentes comentários sobre a questão manicomial. Inicialmente se dedica a criticar a Reforma Psiquiátrica enfeixada por diversas entidades acadêmicas e sociais fazendo referência a *Eles,* como se *Eles fosse entidade cósmica,* e não um grupo composto por pessoas das mais diferentes matizes. E o pior sabendo que eu particularmente faço parte desse grupo simplesmente denominado de *Eles* teceu críticas ácidas usando, inclusive, citações de um livro meu que havia sido presenteado por mim mesmo. Enfim... Teceu loas alegando que com o fechamento de manicômios os doentes estavam simplesmente sendo jogado na rua sem qualquer tipo de cuidado. E a criação dos Centro de atendimento criados para suprir a demanda dos pacientes em situação de sofrimento psíquicos (CAPS) simplesmente não conseguiu atender a necessidade desses pacientes. Outros doutos imediatamente acolheram essa tese e passaram a igualmente criticar tudo que envolve a ação do Movimento de Luta Anti Manicomial e consequentemente a Reforma Psiquiátrica. Preferi sair do recinto, pois no dia estava muito abalado com a morte da esposa de um amigo muito querido, e sendo igualmente muito preciosa. Aprendi com um companheiro de lutas pelos Direitos Humanos, o Ailton Santo, algo muito valioso, Que Luta Não Briga, e isso por si faz com que evite confrontos desnecessários e simplesmente inglórios. Isso tudo me veem a mente em momento em que me deparo com uma pessoa que estava jogada na sarjeta da Cracolândia e que agora perambula pela Praça da Sé. A situação dessas pessoas em situação de rua denota um sofrimento psíquico muito grande, seja situação em si, seja pelo torpor em que se encontram na maioria das vezes. Torpor provocado por ingestão de grande quantidade de álcool, ou de outras drogas. Ou seja, sempre irão denotar sofrimento psíquico e sua internação em manicômios não irão trazer qualquer alívio ou benefício, a não ser que consideremos al´vio simplesmente retirá-los da rua em uma empreitada de higienização. Do contrário, a questão a ser tratada é a brutal excludência social. Absurdo e dantescamente simples. E de outra parte a Reforma Psiquiátrica continua em curso. Está sendo construída e tendo seus sustentáculos revistos a cada percalço do caminho. Isso equivale a dizer que dificuldades estão trazendo novos balizamentos a esse processo de humanização do sofrimento psíquico. Crítica sempre é algo a nos mostrar patamares de determinação. Única e simplesmente precisam ser embasadas em fatos e não em posicionamentos errôneos e totalmente carentes de fundamentação filosófica e teórica a. Paz e bem. (Angerami, 2017b).

Referências

ANGERAMI, V. A. *Psicoterapia e subjetivação*: uma análise de fenomenologia, emoção e percepção. São Paulo: Pioneira Thomson Learning, 2003.

ANGERAMI, V. A. *Psicoterapia fenomenológico-existencial*. Belo Horizonte: Artesã Editora, 2017a.

ANGERAMI, V. A. *Desespero e flagelo humano*: parêmias da Cracolândia. Belo Horizonte: Artesã Editora, 2017b.

ANGERAMI, V. A. *Sobre o suicídio*: a psicoterapia diante da autodestruição. Belo Horizonte: Artesã Editora, 2018.

SARTRE, J. P. *O imaginário*. São Paulo: Ártica, 1996.

CAPÍTULO 5

Condutas autolesivas e suicídio: o que há em comum, além da dor?

Luana C. Silva-Santos
André Faro

> *"Tentei de tudo, mas não consegui evitar o suicídio da minha filha (...). Se automutilava, cortava braços e pernas. Fazia cortes tão profundos que precisava levar pontos, na maioria das vezes. Fazia isso pra aliviar a dor que sentia (...)."* [1]

Condutas autolesivas são caracterizadas por sofrimento psíquico intenso que atinge tanto a vítima quanto familiares e amigos (*American Psychiatry Association* – APA, 2014). Entretanto, ainda assim, pouco se sabe sobre o que facilita o engajamento das pessoas nesse tipo de comportamento. As condutas autolesivas destacam-se por sua alta prevalência na adolescência, que é quando tende a emergir e ser mais frequente (Somer et al, 2015), com uma proporção de ocorrência observada de 4% a 60% nessa faixa etária (Santos, 2017). Além disso, esses são comportamentos frequentemente associados a outros comportamentos de risco, tais como as tentativas de suicídio ou o suicídio propriamente dito (APA, 2014).

Em seu livro *Eight stories up: an adolescent chooses hope over suicide*, Lezine e Brent (2008) relatam, a partir da experiência de Lezine como alguém que considerou suicídio, os sentimentos que permeiam a escolha de tirar a própria vida. Na apresentação do livro, ele sintetiza, em uma analogia simples, a dinâmica de um suicida: aos 13 anos seu dedo ficou preso no armário da escola e a dor era tanta que passou pela sua cabeça mil formas dolorosas de parar a dor, mesmo que o machucassem, sendo que estando tão focado na dor ele cogitou situações extremas, ao invés de pensar na combinação correta para destravar e apenas abrir o armário. Em suma, Lezine quis mostrar que, em situações desesperadoras, o

[1] Cf. relato retirado de reportagem realizada por Vespa (2018).

desejo de livrar-se do sofrimento é tão poderoso que cogitamos soluções extremas e permanentes para o alívio da dor. Dentro desse conjunto de alternativas, considerando-se a história de Lezine, as condutas autolesivas e o suicídio surgem como possibilidades de lidar com adversidades. Por sinal, Lezine relatou em um diário a primeira vez que pensou em suicídio:

> Andando na loucura
>
> 2 de Outubro de 1995, 4:00 A.M.
>
> Eu acho que mudei hoje ... Falei com a mamãe no telefone e essa pergunta, "Como você se sente?", surgiu novamente. Como eu me sinto? Ela realmente quer saber? Frustrado, mas objetivo, desesperado, mas motivado, sozinho com amigos, perdido, mas no meio de tudo isso, como se eu tivesse perdido toda a fé, mas mais forte do que eu jamais fui. "Como você se sente?", que tipo de pergunta é essa? Sinto-me como se um milhão e quinze pessoas diferentes vivessem na minha cabeça, como se eu mesmo fazendo tudo que sempre quis não é o que eu esperava, como se eu não tivesse certeza de que posso ter sucesso – ressentimento, inveja, desespero ferido, não ser amado, indiferente, sem sentido, solitário, distante, irritado, deixado de fora, esquecido, eu não sei, escolha um!!!! (...) A água escorria pelo canal e a água – oh, a água – parecia tão pacífica e o parapeito tão curto. "Eu me pergunto quanto tempo levaria para encontrar meu corpo, imagino quem se importaria, provavelmente seria notícia, provavelmente a notícia voltaria para casa ... Outra era da Liga do Suicídio". Lágrimas rolaram dos meus olhos e queimaram minhas bochechas. Por quê! Ninguém dá a mínima ou ama você, meu amigo (...). (Lezine; Brent, 2008, p. 1-2, tradução nossa).

São comuns os relatos desse tipo, principalmente em pessoas que de fato cometem o ato suicida e deixam por escrito suas justificativas, despedidas ou recados aos que ficaram. Esse momento de falsa lucidez é analogamente tratado por Lezine e Brent (2008) como a calmaria que precede um "furacão", no qual parece óbvio o que devem fazer e que tirar a própria vida é a opção mais eficaz.

Entre jovens de 15 e 29 anos, o suicídio já é considerado a segunda causa global de mortes (Organização Mundial da Saúde [OMS], 2018). Mundialmente, estima-se que 800.000 pessoas cometam suicídio por ano, ou seja, diariamente mais que 2.000 pessoas tiram a própria vida (OMS, 2018). O megaestudo *Global Burden of Disease* (GBD), que tem sido realizado mundialmente já há alguns anos, traz uma avaliação dos dados de níveis e tendências sobre incapacidades e mortes. No Brasil, os indicadores têm melhorado desde 1990 para questões relacionadas a deficiências maternas, neonatais e nutricionais. Entretanto, atualmente, o ônus tem se concentrado nas chamadas enfermidades não comunicadas, como violência interpessoal e lesões no trânsito (Marinho et al., 2018).

O GBD fornece informações em saúde dos 26 estados e do Distrito Federal, providenciando uma visão detalhada e diferenciada da saúde no Brasil por região demográfica. Em 2017, seus dados demonstraram a cada 100.000 mortes, as condutas autolesivas foram responsáveis por 6,68 óbitos, assim como por 305,68 *Disability-Adjusted Life Years* (DALYs, em tradução livre: "esperança de vida corrigida pela incapacidade", ou seja, a soma dos anos de vida perdidos devido à mortalidade prematura, doenças ou sofrimento em saúde), também a cada 100.000 habitantes (*Institute for Health Metrics and Evaluation* – IHME, 2018a). Por região demográfica, aproximadamente 16 estados ficam acima dos valores médios encontrados para o Brasil, tanto por mortes, como por DALYs causados por condutas autolesivas (Tabela 1).

Tabela 1 – DALYs e mortes causados por condutas autolesivas (por 100.000 habitantes), nos estados brasileiros, ranking nacional em 2017

Região	Estado	DALYs	Posição	Mortes	Posição
Norte	Acre	334,82	15	6,52	14
	Amapá	338,38	14	6,48	15
	Amazonas	347,78	12	6,43	16
	Pará	188,93	25	3,86	25
	Rondônia	334,31	16	6,89	13
	Roraima	409,67	4	8,02	6
	Tocantins	368,56	7	7,46	10
Nordeste	Alagoas	187,43	26	3,83	26
	Bahia	251,83	20	5,58	20
	Ceará	340,27	13	7,20	12
	Maranhão	176,77	27	3,81	27
	Paraíba	244,88	21	5,39	21
	Pernambuco	261,93	19	5,68	19
	Piauí	398,18	5	8,24	4
	Rio Grande do Norte	368,29	8	7,80	7
	Sergipe	355,19	10	7,34	11
Centro-Oeste	Distrito Federal	210,16	23	4,35	24
	Goiás	357,23	9	7,61	9
	Mato Grosso	292,68	17	6,09	18
	Mato Grosso do Sul	416,46	3	8,76	3
Sudeste	Espírito Santo	208,39	24	4,61	23
	Minas Gerais	371,99	6	8,20	5
	Rio de Janeiro	214,86	22	4,86	22
	São Paulo	286,84	18	6,21	17

Região	Estado	DALYs	Posição	Mortes	Posição
Sul	Paraná	348,41	11	7,71	8
	Rio Grande do Sul	518,38	1	12,56	1
	Santa Catarina	418,63	2	9,71	2

Fonte: IHME, 2018a

Mundialmente, as mortes por autolesão representaram 10,39 por 100.000 em 2017, ao passo que os DALYs foram 445,16 por 100.000. Em comparação com dados globais, nacionais e de Sergipe, percebe-se que Sergipe está à frente do Brasil tanto em mortes como em DALYs (Figuras 1 e 2). Além disso, enquanto a taxa por morte no mundo tem decrescido acentuadamente, em Sergipe houve uma leve queda de 2000 a 2009, mas, aproximadamente a partir de 2008, voltou a crescer progressivamente (Figura 2).

Figura 1 – DALYs, por 100.000, causados por condutas autolesivas entre 1990 e 2015

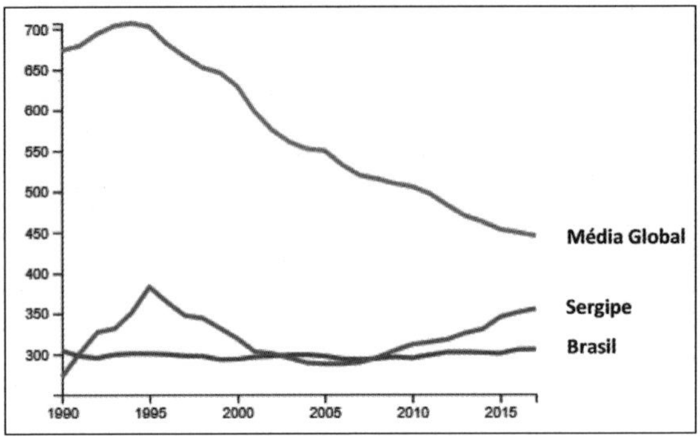

Fonte: IHME, 2018b

Figura 2 – Mortes, por 100.000, causadas por condutas autolesivas entre 1990 e 2015

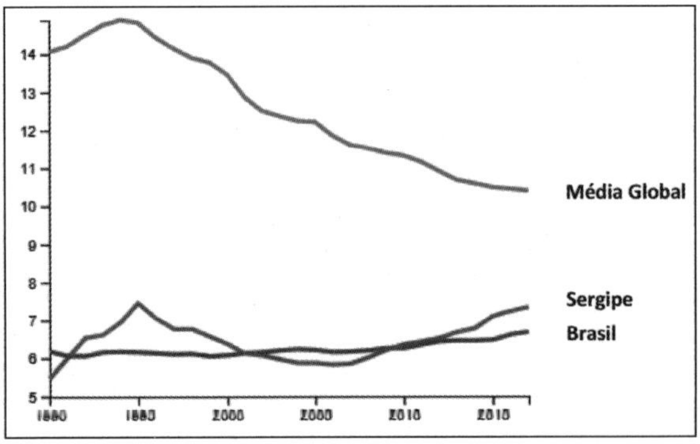

Fonte: IHME, 2018b

Ressalta-se ainda que a autolesão em Sergipe pulou da nona colocação no *ranking* brasileiro de DALYs de 1990 para a primeira colocação no ano de 2017 (IHME, 2018c), passando à frente de enfermidades maternas, neonatais, infecções entéricas e respiratórias e nutricionais, por exemplo.

Quadro 1 – DALYs (por 100.000 habitantes) causados por autolesão em Sergipe em 1990 e 2017

1990	2017
1. Maternas e neonatais	1. Autolesão e violência
2. Infecções entéricas	2. Doenças cardiovasculares
3. Infecções respiratórias e tuberculose	3. Neoplasias
4. Outras não comunicáveis	4. Desordens musculoesqueléticas
5. Doenças cardiovasculares	5. Desordens mentais
6. Deficiências nutricionais	6. Maternas e neonatais
7. Injúrias não intencionais	7. Outras não comunicáveis
8. Injúrias causadas por transportes	8. Desordens neurológicas
9. Autolesão e violências	9. Diabetes e doença renal crônica
10. Neoplasias	10. Injúrias causadas por transportes
11. Desordens mentais	11. Doenças digestivas
12. Desordens neurológicas	12. Injúrias não intencionais
13. Desordens musculoesqueléticas	13. Uso de substâncias
14. Diabetes e doença renal crônica	14. Infecções respiratórias e tuberculose
15. Outras infecções	15. Doenças dos órgãos dos sentidos
16. Doenças digestivas	16. Respiratórias crônicas
17. Respiratórias crônicas	17. Deficiências nutricionais
18. Doenças dos órgãos dos sentidos	18. Doenças de pele
19. Doenças de pele	19. HIV/AIDS e DSTs
20. Uso de substâncias	20. Infecções entéricas
21. HIV/AIDS e DSTs	21. Malária e doenças tropicais negligenciadas
22. Malária e doenças tropicais negligenciadas	22. Outras infecções

Fonte: IHME, 2018c

Face a tais estatísticas, que evidenciam o aumento da ocorrência e, consequentemente, a importância de se lidar com as condutas autolesivas, questiona-se: como compreender o comportamento autolesivo de alguém que pode, em casos extremos, culminar em um ato de extermínio da própria vida? Além disso, como explicar que um comportamento terminativo (suicídio) ou que traz dor e sofrimento (autolesão não suicida) ocorram tão frequentemente?

Diante dessas perguntas, o presente capítulo se organiza de modo a apresentar o panorama das condutas autolesivas, suas estatísticas e principais formas de manifestação. Também traz uma visão panorâmica sobre o suicídio e como tem sido estudado cientificamente, isso especificamente por meio da perspectiva teórica das crenças na área da Psicologia da Saúde. Em seguida, discute-se uma forma de extrapolação de tal modelo de investigação do suicídio para as condutas autolesivas. Finalmente, almeja-se trazer luz ao estudo no campo da autolesão, tendo-se como base aspectos teóricos e metodológicos das pesquisas acerca do fenômeno do suicídio.

Condutas autolesivas: do retrato teórico às evidências

As condutas autolesivas são caracterizadas como um ato direto e deliberado de autolesão, que causa sofrimento psíquico ou físico (Nock, 2010; Walsh, 2012). Inicialmente, o comportamento tende a surgir de forma acidental ou impulsiva, como uma forma de conter a intensidade de sentimentos como medo ou raiva e seu mecanismo de reforço consiste em um senso momentâneo e imediato de alívio. Tal desfecho faz com que a vítima recorra ao comportamento outras vezes em ocasiões futuras, visto sua associação a esse tipo de sensação positiva (Parks, 2011).

A prática da autolesão ocorre em qualquer faixa etária. Entretanto, a literatura aponta a adolescência como a fase do ciclo vital em que o comportamento tende a aparecer e ter mais alta prevalência – por volta de 13% a 45% –, comumente iniciando entre os 12 e 16 anos (Nixon; Heath, 2009; Nock, 2010; Rodham; Hawton, 2009; Walsh, 2012). Parks (2011) explica que as típicas mudanças desenvolvimentais ocorridas durante a adolescência, incluindo a cultura dos pares, são importantes fatores associados à alta prevalência nessa fase. Dessa forma, é na adolescência que a aceitação grupal ganha ênfase e, para tanto, o adolescente se engaja em comportamentos que acredita que o tornarão parte de determinado grupo.

Em crianças, a prevalência tende a ser baixa (aproximadamente 1,5%) e associada geralmente a condições clínicas, por exemplo, transtornos de ansiedade (Meltzer; Gatward; Goodman; Ford, 2001; Whitlock; Selekman, 2014). Na adultez e meia-idade, os relatos são escassos (Miller; Brock, 2010). Isso revela que são necessárias investigações nessas fases de vida, visto que pessoas de todos os níveis socioculturais podem engajar-se no comportamento, cujo diagnóstico está atrelado ao autorrelato, na maioria das vezes (Parks, 2011). A carência de informações a respeito das autolesões na adultez, meia-idade e velhice pode ser reflexo do constrangimento em relatar esse tipo de comportamento, que é frequentemente mais atrelado aos jovens, o que pode indicar que há uma subnotificação de casos nesses grupos de pessoas.

Como se pode ver, o comportamento autolesivo se diferencia durante o ciclo vital, de acordo com as fases do desenvolvimento e seus respectivos desafios adaptativos. A adolescência, por sua vez, surge como um período crucial para seu início, potencial cronificação e, enfim, potencialização de desfechos mais desorganizantes ou destrutivos.

Classificação das condutas autolesivas

Considerando-se os diversos tipos de autolesão, classificar tais comportamentos permite a alocação de recursos para prevenção e acompanhamento clínico, além de ações específicas e mais eficazes a cada subclasse do comportamento. Na medida em que conhecemos de modo detalhado a ocorrência e funcionamento dos fenômenos, torna-se possível, em algum nível, estuda-los, minucia-los e até mesmo, em certa medida, prevê-los ou preveni-los.

Nock (2010) classifica o comportamento autolesivo em dois grandes grupos, nos quais o comportamento é a intenção (comportamentos diretamente autolesivos) ou o produto (comportamentos indiretamente autolesivos) (Figura 3). Comportamentos diretamente autolesivos (tradução livre do termo *directly self-injurious behavior*) são aqueles nos quais há intenção de causar dano a si mesmo, em qualquer grau de severidade, como forma de regulação afetiva ou sinalização social, podendo serem suicidas ou não suicidas. Desses, os comportamentos autolesivos suicidas subdividem-se em ideação (pensar sobre se matar), plano (considerar um método específico para o suicídio) e tentativa (engajar-se em comportamentos potencialmente danosos com a intenção de morrer). Já os comportamentos autolesivos não suicidas classificam-se em ameaça ou gesto suicida (o indivíduo leva outros a acreditar que ele tem a intenção de morrer, porém sua intenção é sinalização social), pensamentos autolesivos (pensamento de engajar-se em comportamentos autolesivos, mas não o fazer) e conduta autolesiva propriamente dita, a qual ocorre nos níveis leve, moderado ou severo (Nock, 2010).

Figura 3 – Classificação de comportamentos diretamente lesivos

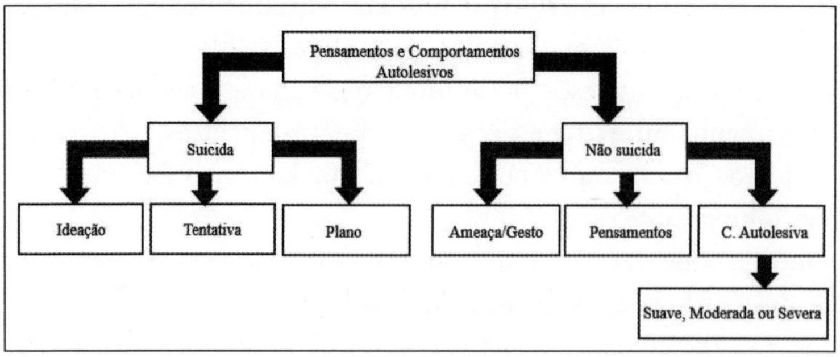

Fonte: Nock, 2010, p. 341

Em relação aos comportamentos indiretamente autolesivos, sabe-se que não existe intencionalidade de causar dano a si, mas eles são realizados porque resultam em prazer ou diversão durante o ato (comer assiduamente em *junk-food* ou beber exageradamente em festas, por exemplo), com o dano surgindo como um efeito colateral indireto e na maioria das vezes involuntário, costumeiramente a longo prazo (Completo, 2014).

Condutas autolesivas não suicidas

As condutas autolesivas não suicidas são aquelas em que há engajamento direto e deliberado em autolesão sem intenção de tirar a própria vida. Existem vários métodos de engajamento no comportamento autolesivo não suicida, que possuem em comum o fato de a maioria das vezes serem realizados em locais do corpo fáceis de esconder (Klonsky; Muehlenkamp, 2007). Esses métodos são classificados a partir dos modos e locais em que ocorre a autolesão, o que tende a variar, sendo os mais conhecidos o *cutting* e o *carving*. Outros métodos comuns incluem queimaduras, mordidas, beliscões, arrancar pedaços de pele e cabelo ou mesmo envolver-se em comportamentos de risco à vida (indiretos, como uso de álcool ou drogas; ou diretos, como ideações, planos e tentativas suicidas). A classificação do comportamento autolesivo nos tipos citados visa a melhor direcionar as possíveis abordagens profissionais, visto que cada tipo possui características singulares, embora todos se configurem como condutas autolesivas.

Cutting e carving

O *cutting* e o *carving* são os métodos mais comuns de autolesão, consistem em cortar-se e entalhar-se (em tradução livre), respectivamente (Figura 4). Em ambos, usa-se instrumentos pontiagudos como facas ou navalhas, principalmente em braços, pernas e abdômen (Klonsky; Muehlenkamp, 2007).

Figura 4 – *Cutting* com lâmina (à esquerda) e *carving* com tampa de caneta (à direita) na região dos pulsos

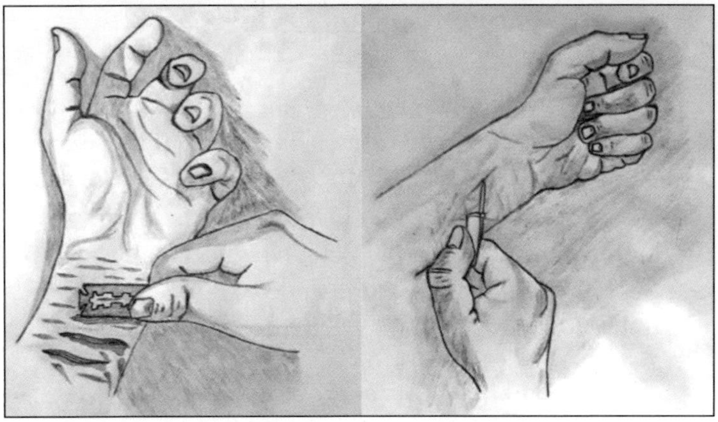

Fonte: Eduardo Gois, 2019[2]

Malafaya (2017) estudou as condutas autolesivas do tipo *cutting* a partir de entrevistas com adolescentes do sexo feminino de em média 14 anos de idade na cidade de Piura, no Peru, e observou que a maioria das razões para engajar-se no comportamento foram conflitos familiares (64%, n = 16), sendo que após a conduta autolesiva, 80% (n = 20) relataram sentirem-se felizes e apenas 8% (n = 2) sentiram medo ou tristeza. Do total, metade relatou não conseguir parar de fazer, 40% (n = 10) fazem as vezes e 12% (n = 3) haviam abandonado o comportamento. Os principais objetos utilizados pelas participantes do estudo foram lâminas de apontador de lápis (48%, n = 12), lâmina de navalha ou faca (16%, n = 4), pedaços de vidro (12%, n = 3), facas de cozinha (8%, n = 2) e lâminas de barbear ou pontas de brincos (4%, n = 1). A parte do corpo mais ferida foi a perna (33%), seguida pelo antebraço e braço (aproximadamente 28%; n = 7). Além disso, o tempo de espera entre sentir emoções negativas e engajar-se no comportamento foi de apenas alguns segundos para aproximadamente metade da amostra (52%, n = 13).

O *cutting* e o *carving* são possivelmente os mais divulgados em casos midiáticos, uma vez que são relativamente visíveis aos outros e que tendem a tentar serem disfarçados com camisas de manga longa, curativos, pulseiras, acessórios, etc. Por exemplo, um adolescente que passa a ir às aulas trajando blusas apenas de mangas compridas, mesmo sem o clima estar frio, que dá respostas evasivas quando questionado sobre o porquê de estar com tais roupas, pode estar escondendo autolesões em seus braços e/ou pulsos, o que demandaria atenção especial. Situações como essa são importantes sinais de alerta, visto que embora na maioria das vezes sejam

[2] Todas as ilustrações foram feitas pelo artista a pedido dos autores deste capítulo.

lesões superficiais, as consequências do *cutting* e do *carving* às vezes necessitam de cuidado médico imediato, pois podem infeccionar ou serem suturadas.

Queimaduras

Queimaduras autoinfligidas (Figura 5) em geral são associadas a tentativas de suicídio, enquanto outras condutas autolesivas como *cutting* e *carving* são relacionadas a sinalização social (Nock, 2010). Por serem associadas ao suicídio, as queimaduras autoinfligidas tendem a ser mais extensas e de pior prognóstico que as acidentais (Lloyd-Richardson; Perrine; Dierker; Kelley, 2007; Macedo; Rosa; Silva, 2011; Mireski et al., 2016), sendo as mulheres principal grupo de risco desse tipo de autolesão (Mireski et al., 2016; Vieira et al, 2015).

Figura 5 – Queimadura autoinflingida com isqueiro na região do antebraço.

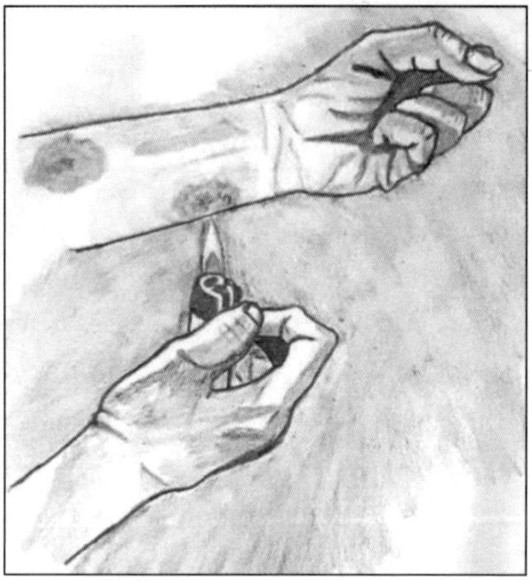

Fonte: Eduardo Gois, 2019

Esse tipo de comportamento é comumente visto em instituições de reclusão, como presídios e instituições psiquiátricas (Calhoun et al., 2017; Vieira et al, 2015), provavelmente devido a maior facilidade em conseguir instrumentos que permitam a queimadura do que obter instrumentos para cortar-se e/ou arranhar-se, o que torna as queimaduras autoinfligidas tão frequentes quanto o *cutting* e o *carving*, porém em um público diferente. Portanto, chamam atenção visto terem maior probabilidade de causarem lesões severas, em comparação ao *cutting* e o *carving*.

Mordidas, beliscão e arrancar pedaços de pele ou cabelo

Condutas autolesivas mais brandas, tais como se morder, beliscar, bater a própria cabeça na parede, arrancar pedaços de pele e cabelo (este último já classificado como um transtorno, a tricotilomania) são pouco estudadas pela literatura. Estudos relatam esses comportamentos como condutas autolesivas quando são diretos, deliberados, frequentes e sem associação com ritos culturais e religiosos, porém não especificam coletas de dados ou discussões sobre esses comportamentos (Nock, 2010) (Figura 6).

Figura 6 – Arrancar pedaços da pele na região das unhas (à esquerda), beliscar-se na face interna no braço (ao centro) e morder-se na região do antebraço (à direita)

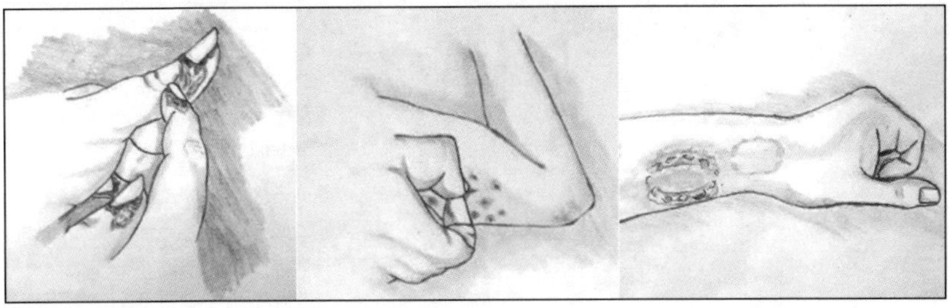

Fonte: Eduardo Gois, 2019

Por outro lado, segundo autores da área (Nock, 2010; Parks, 2011), a conduta autolesiva, mesmo quando branda, corre o risco de agravar-se, visto que quando seu objetivo primordial de trazer alívio e regulação emocional não é mais alcançado, o indivíduo tende a procurar outras formas do comportamento que cumpram esse papel, podendo passar de beliscar-se ao *cutting*, por exemplo. Daí a importância de identificação mesmo de comportamentos considerados menos severos, os quais podem funcionar como importantes sinais de risco para outros comportamentos considerados mais perigosos ou mesmo letais.

Comportamentos de risco

Comportamentos indiretamente autolesivos (Figura 7) são aqueles em que não existe intencionalidade de causar dano a si, mas eles são realizados porque resultam em prazer ou diversão durante o ato (comer assiduamente em *junk food* ou consumo excessivo de álcool em apostas durante alguma comemoração, por exemplo), com o dano surgindo como um efeito colateral indireto e na maioria das vezes involuntário, costumeiramente a longo prazo (Completo, 2014). Tais comportamentos podem ser considerados autolesão ou serem fortemente associados às condutas autolesivas.

Diversos estudos apontam o álcool e o uso de substâncias, por exemplo, como fatores de risco para o engajamento em condutas autolesivas mais severas (Haw; Houston; Townsend; Hawton, 2001; Li, 2007; Santos, 2017). Por outro lado, Nock (2010) considera tais comportamentos como condutas autolesivas propriamente ditas, classificando-os como 'comportamento indiretamente injuriosos', pois ele parte do pressuposto que assim como a autolesão, são diretos, deliberados e causam prejuízo físico e/ou psicológico. Portanto, difeririam da autolesão clássica (que se classifica no grupo de 'comportamentos diretamente injuriosos') apenas pelo fato de que seus danos não se constituem como a intenção do ato, mas requerem atenção pela consequência, a qual pode surgir somente ao longo do tempo (Completo, 2014).

Figura 7 – Consumo abusivo de álcool (à esquerda) e *junk-food* (à direita).

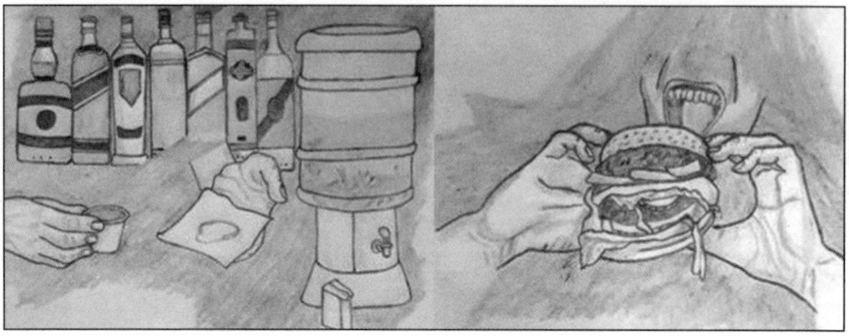

Fonte: Eduardo Gois, 2019

Em síntese...

A autolesão tem se mostrado um comportamento fortemente associado à mortalidade de adolescentes de ambos os sexos (Hawton; Saunders; O,Connor, 2012), principalmente se considerada sua faceta antecessora ao suicídio (Schlösser; Rosa; More, 2014). Sabe-se que situações relacionadas ao suicídio sem de fato chegar ao ato (como pensamentos suicidas, por exemplo) ocorrem cerca de 20 vezes mais que o próprio comportamento suicida (Ferreira Júnior, 2015).

Em Sergipe, dentre 513 adolescentes que participaram de um estudo sobre condutas autolesivas, 36% (n = 184) relataram praticar autolesão, sendo que possuir ideação suicida (24,3%; n = 125) demonstrou cerca de 7 vezes mais chances de ter praticado autolesão (Santos, 2017). Esse achado sugere que a ideação suicida e a autolesão são fenômenos que se aproximam, ainda que não se tenha clareza a respeito da direção de causalidade. Por tal motivo, parte-se do pressuposto que esses comportamentos estão relacionados em alguma medida e que intervenções numa direção podem influenciar a outra. Logo, analisar conjuntamente a autolesão e o suicídio parece fornecer caminhos pelos quais se torna mais viável entender a dinâmica de surgimento, desencadeamento, ocorrência e desfecho de tais comportamentos.

A presença e intensidade de condutas autolesivas parecem estar mais fortemente associadas ao suicídio que sintomas depressivos, de desesperança e sintomas de Transtorno de Personalidade Borderline, por exemplo (Andover; Gibb, 2010).

Outro ponto de vista é o de que a autolesão seria uma imitação de uma tentativa de suicídio, como forma de comunicação e sinalização social (Arcoverde & Soares, 2012), que pode fatalmente culminar no suicídio de fato. Portanto, entender comportamentos de risco é uma via de predição de suicídio e, nessa lógica, a conduta autolesiva pode funcionar como um importante preditor.

Suicídio: da questão à proximidade com a autolesão

Em atualização recente de dados sobre o suicídio, a Organização Mundial da Saúde (OMS) relatou que uma morte por suicídio ocorre a cada 40 segundos, sendo considerado a segunda principal causa de morte de jovens entre 15 e 29 anos (OMS, 2018), inclusive no Brasil. Trata-se de uma ação autoinfligida intencional que visa a letalidade (OMS, 2002; Rosenberg et al, 1988; Wagner, 2009). Alguns fatores de risco relacionados ao suicídio, como os eventos aversivos de vida e familiares (Moreira; Bastos, 2015), fatores psiquiátricos e psicológicos (Ministério da Saúde, 2007) e fatores interpessoais como pensamentos ruminativos e depressivos (Ministério da Saúde, 2017) são comuns também às condutas autolesivas, como já explicitado por Nock (2010).

Chama-se atenção para o fato de que pensamentos negativos antecessores às facetas suicidas são relacionados a causas internas (visão negativa de si mesmo e/ou culpabilização), causas globais (crença do mundo como um lugar negativo que, consequentemente faz com que seja plausível crer que na sua própria vida tudo irá mal) e causas estáveis (crença de que o futuro parece ruim, logo a tendência é que aconteçam eventos negativos continuamente) (Lezine; Bent, 2008). Na literatura há um significativo rol de trabalhos que apontam para eventuais fatores desencadeadores da tentativa de suicídio e do suicídio propriamente dito. Araújo, Vieira e Coutinho (2010), em estudo sobre as representações sociais do suicídio para adolescentes, encontraram que a desesperança e a solidão são fatores sinalizadores importantes ao comportamento, em consonância com autores mais recentes, a exemplo de Moreira e Bastos (2015). Outros fatores suicidógenos incluem conflitos familiares e carência de suporte familiar, bem como carência de suporte escolar, *bullying*, impulsividade e desespero, por exemplo (Hildebrant; Zart; Leite, 2011; Moreira; Bastos, 2015; Pisani et al, 2012; Santos, 2017).

Uma das vias de análise para o comportamento suicida pode ser o contato com contextos reais ou imaginários relacionados ao ato, permitindo a avaliação da probabilidade da tentativa a partir da avaliação da crença do indivíduo sobre sua plausibilidade (Gonçalves; Faro, 2019). Ao fazer com que as pessoas avaliem potenciais situações motivadoras para uma tentativa de suicídio, ou mesmo o testemunho direto ou indireto do suicídio de uma pessoa conhecida, parece ser incitado a que os próprios indivíduos reflitam sobre o que eventualmente poderia motivá-los a tentar tirar a própria vida. Tais reflexões podem afastá-los ou aproximá-los, ainda que imaginariamente e por um breve momento, da ideia de que "*nessas condições, até eu poderia fazer (ou faria) o mesmo*". A análise desse cenário imaginário traz à pauta a compreensão de crenças que podem estar associadas ao fato de estar mais ou menos vulnerável a uma eventual tentativa de suicídio. Imaginar ativa ou passivamente, nesses casos, serve como um processo de internalização reflexiva do cenário do suicídio (real ou não) e, consequentemente, pode contribuir com o potencial desenvolvimento de estratégias de enfrentamento de futuras adversidades.

A crença favorável sobre cometer suicídio num contexto imaginário, por exemplo, pode ajudar a estimar a probabilidade de adesão a tal tentativa (obviamente, ainda que de modo não exato), pois o indivíduo pode se encontrar num momento futuro em situação semelhante à que julgou compreensível (em maior ou menor medida) em um contexto imaginário. Como ilustração, imagine-se o testemunho de um alguém que em virtude de uma perda afetiva bastante significativa, tentou o suicídio por meio de envenenamento. Naquele momento de sua vida, essa testemunha estava em uma relação afetivo-conjugal estável e não se via em situação de exposição a tal adversidade. No entanto, com o passar de alguns meses ou até anos, sua relação amorosa se deteriora ao ponto do término do relacionamento, causando-lhe enorme sofrimento. Caso esta pessoa não disponha de alternativas mais saudáveis para lidar com essa poderosa perda, a lembrança de que no passado alguém conhecido (ou até próximo), em um momento de desespero ou desesperança tenha tentado tirar a própria vida, pode vir à tona e passar a ser cogitada (de modo proximal ou distal) como alternativa para lidar com o próprio sofrimento. Em suma, este exemplo ilustra que conhecer como as pessoas avaliam as tentativas ou o próprio desfecho do suicídio pode nos dar alguns indícios de como elas "potencialmente" se veriam em uma situação, de algum modo, parecida. Seus recursos adaptativos, sejam eles mais favoráveis ou não, podem ser preliminarmente avaliados e, quiçá, identificadas potenciais vulnerabilidades ou virtudes ao se lidar com adversidades severas e que, porventura, venham a ter como alternativa final o suicídio.

Por crenças, denominam-se os desejos que guiam e moldam a ação humana, caracterizando uma inclinação plausível de se estabelecer um hábito que determinará as ações, seus comportamentos (Haller; Sanci; Sawyer; Patton, 2008). As crenças são elementos que ajudam a conhecer previamente o comportamento dos indivíduos, uma vez que elas se constituem como relativos preditores do que os indivíduos fazem (ou podem vir a fazer) em determinadas situações associadas a tais crenças (Dela Coleta, 2010). Por exemplo, mães que nutrem crenças de que a vacinação regular e obrigatória de seus filhos pode trazer mais prejuízos que benefícios na prevenção de doenças são mais inclinadas a não aderirem às campanhas nacionais de vacinação; o que é um fenômeno já visto na atualidade e que tem crescido de modo preocupante (Kubin, 2019; Latella; Mcauley; Rabinowitz,

2018; Mckee; Bohannon, 2016; Williams, 2014), inclusive no Brasil (Aps et al., 2018; Barbieri; Couto; Aith, 2017; Zorzetto, 2018).

Em se tratando de avaliação de crenças em relação ao suicídio, Gonçalves e Faro (2019) desenvolveram uma interessante pesquisa a respeito de crenças relacionadas à plausibilidade de cometer suicídio. Os autores elaboraram uma situação quase-experimental que descrevia uma tentativa de suicídio de um adolescente em cinco diferentes contextos estressores potencialmente motivadores de uma tentativa de suicídio (*bullying*, desilusão amorosa, sentimento de inadequação ao meio, separação dos pais e indecisão profissional). Na prática, os pesquisadores buscaram entender se a plausibilidade do ato – ou seja, tentar tirar a própria vida em virtude de tais adversidades – variava de acordo com o contexto estressor. Nesse ínterim, eles também avaliaram que tipo de crença embasava mais ou menos fortemente a justificativa para o ato de autoextermínio. Cinco crenças foram avaliadas como supostas explicações para a tentativa do suicídio: carência de suporte social, carência de suporte escolar, carência de suporte profissional, carência de suporte familiar e impulsividade/desespero. Com isso, Gonçalves e Faro tentaram entender em que medida determinadas crenças podem aparecer mais ou menos relacionadas a uma suposição de explicação da tentativa de suicídio, assim como tentaram mapear, dentre os contextos estressores, quais deles pareciam "justificar" o ato.

No estudo de Gonçalves e Faro (2019), quase 500 adolescentes de escolas públicas e privadas de Sergipe, de ambos os sexos e idades entre 15 e 18 anos fizeram parte da pesquisa. Em seu instrumental, os autores construíram um questionário no qual constava uma narração de uma breve história em que um adolescente vivenciava uma adversidade com o qual não conseguia lidar e, por isso, tentou tirar a própria vida. Neste instrumento havia cinco diferentes cenários que funcionavam como estímulos experimentais a partir da contextualização da situação (*bullying*, desilusão amorosa, sentimento de inadequação ao meio, separação dos pais e indecisão profissional). Todos os questionários possuíam a mesma estrutura, diferenciando-se apenas no que tange ao contexto motivador para a ação de tirar a própria vida. Vale dizer que cada participante respondeu a apenas um contexto (por exemplo, separação dos pais, que era indicada no espaço em branco na sentença a seguir), sem ter conhecimento dos demais contextos. Vide a seguir o estímulo criado pelos autores:

"Desde o ano passado, uma pessoa (que está na adolescência) vem sofrendo com o ____________________. Sem saber mais como lidar com tal situação, depois de já ter tentado várias alternativas para resolver seu problema, essa pessoa tentou tirar a própria vida".

Em seguida, os adolescentes assinalavam, numa escala variava entre a discordância total e a concordância total, em que medida eles achavam que uma determinada crença (por exemplo, carência de suporte escolar) explicava o porquê daquele indivíduo ter tentado tirar a própria vida. Assim, com as respostas dos participantes, Gonçalves e Faro (2019) puderam estimar diferenças em termos de o que seria mais ou menos "responsável" pela tentativa do suicídio (crenças), bem como em quais situações isso se expressava com maior força (contextos estressores). Vale salientar que tudo isso foi avaliado na perspectiva dos adolescentes. Isto é, avaliou-se a opinião deles, que é uma forma de investigar crenças.

Dentre os principais resultados, os autores encontraram que a carência de suporte familiar e a impulsividade/desespero não exibiram diferença relevante em nenhum dos cinco contextos, ou seja, pontuaram de modo similar independentemente da situação avaliada. A carência de suporte familiar não apareceu como sendo algo diferenciado dentre os contextos e pontuou, em média, relativamente baixo em comparação a outras crenças. Porém, o que chamou atenção foi que a impulsividade/desespero foi o fator suicidógeno mais importante para a tentativa de suicídio, pontuando mais alto em todos os contextos.

A carência de suporte social foi uma importante crença nos contextos de sentimento de inadequação e *bullying*, mas não tanto na desilusão amorosa. A carência de suporte profissional foi importante no *bullying* e na separação dos pais, mas não muito no sentimento de inadequação (por ex., sentir-se feio, diferente demais, etc.). A carência de suporte escolar também se destacou no contexto de *bullying* e no de indecisão profissional, mas sem importância notória em relação à desilusão amorosa.

Com isso, vê-se que as crenças que buscam, em teoria, explicar o porquê de as pessoas tentarem tirar a própria vida variam de acordo com o contexto estressor, bem como a força de cada crença também difere em relação ao tema em questão. Permite-se, então, concluir que os adolescentes percebem explicações e situações para a tentativa de suicídio de modo bastante diverso e com nuanças que afetam a forma pela qual profissionais de saúde deveriam lidar com os adolescentes frente a questões relacionadas ao suicídio.

Em suma, o trabalho de Gonçalves e Faro (2019) mostra que alguns fatores e situações, mesmo que hipotéticos, podem fazer com que a crença na plausibilidade do ato suicida aumente ou diminua. Em situações nas quais ocorre *bullying* ou sentimento de inadequação, por exemplo, a carência de suporte social foi avaliada como justificativa de maior plausibilidade para a tentativa de suicídio. O mesmo ocorreu com a carência de suporte escolar, quando avaliada como mais plausível para o ato de tirar a própria vida em contextos de *bullying* e indecisão profissional. Assim, os autores conseguiram identificar em quais contextos de explicação do suicídio as crenças variam de positiva a negativamente, além de que avaliaram se a situação evocadora também é relevante para a valoração do ato suicida.

Um outro aspecto relevante a ser destacado no estudo de Gonçalves e Faro (2019) se relaciona com a avaliação de suposta plausibilidade do ato suicida. Aos participantes, questionou-se, indiretamente, se numa situação daquelas dentre as avaliadas, fazer o que a pessoas fez (isto é, tentar tirar a própria vida) era plausível e, ainda, se porventura ela mesma estivesse numa situação similar, se o participante consideraria aquilo como alternativa para si mesma. O contexto estressor que exibiu maior adesão à crença de plausibilidade foi o sentimento de inadequação. Curiosamente, talvez o mais interessante achado, a empatia dos respondentes para com tirar a própria vida em situação similar a do experimento foi mais alta em casos de separação dos pais.

Com tal proposta desenvolvida por Gonçalves e Faro (2019), entende-se que avaliar a plausibilidade e empatia podem vir a ser indícios de potenciais contextos de suscetibilidade à tentativa de suicídio por pessoas/adolescentes que naquele momento não se deparam com o evento estressor, mas que, ocasionalmente, podem confrontar-se com isso. Se a empatia e plausibilidade forem altas em determinados contextos, caberia, portanto, maior atenção no sentido de prevenção (por exemplo, ações mais amplas desmistificando formas de como lidar com a separação dos pais), além mesmo do cuidado imediato àqueles que estejam diante de tais adversidades (por exemplo, vivenciando a separação dos pais) e que, talvez, tenham algum nível de ideação suicida se mobilizando.

De forma semelhante, se considerarmos que no cerne dos comportamentos autolesivos e suicidas existe uma gama de contextos e experiências disparadoras que muitas vezes se aproximam, por exemplo, exposição ao *bullying,* conflitos parentais, exclusão social, etc., podemos, talvez, estender a lógica do estudo do suicídio por meio das crenças (assim como feito em: Gonçalves; Faro, 2019) também aos comportamentos autolesivos.

A título de ilustração, a ideia seria estudar a autolesão por meio de cenários nos quais os adolescentes (ou indivíduos de outra faixa etária) avaliariam a plausibilidade de um outro cometer o ato a partir de um cenário fictício. Tal cenário seria elaborado a partir do que a literatura aponta como fator de risco para o comportamento autolesivo (situações estressoras, *bullying*, conflitos familiares, condições psiquiátricas específicas, etc.). Ao fazer com que sejam avaliadas potenciais situações motivadoras para a conduta autolesiva, mesmo que em uma narrativa com um personagem desconhecido, pode-se incitar a reflexão sobre o que poderia motivar o comportamento autolesivo em si mesmo; ou seja, na vida do próprio participante da pesquisa. Dessa forma, a crença de maior favorabilidade a engajar-se em autolesão em uma situação fictícia também poderia permitir a avaliação de probabilidade de engajamento real do indivíduo na conduta autolesiva, caso seja exposto a mesma situação ou situação semelhante àquela colocada como fictícia, tal como fora pressuposto por Gonçalves e Faro (2019).

Um adolescente, ao ler uma sentença que diz que outro adolescente, ao sofrer *bullying* na escola, começou a praticar *cutting*, pode se colocar no lugar do outro (empatia), ainda que brevemente, mesmo sendo este outro um indivíduo desconhecido. A partir daí, o indivíduo pode ponderar se, num contexto similar ao do personagem fictício, esse comportamento autolesivo poderia vir a ser uma saída plausível também para si. Portanto, analisar tais avaliações de plausibilidade permitiriam, quiçá, traçar um perfil de vulnerabilidades a eventuais tentativas de autolesão, o que ajudaria a estimar a probabilidade de real engajamento no comportamento.

Gonçalves e Faro (2019) puderam estimar, com base na avaliação de um grupo (adolescentes), diferenças na plausibilidade de cometer suicídio. O mesmo modelo de estudo poderia ser utilizado avaliar a plausibilidade de praticar autolesão. Considerando-se os fatores em comum a ambos os comportamentos, que possuem elementos de risco parecidos – inclusive, são fatores de risco entre si: ideação suicida prediz comportamento autolesivo em até 7 vezes, conforme estudo de Santos (2017), assim como autolesão é fator de risco para tentativa de suicídio, conforme a APA (2014) –, é presumível que assim como no contexto suicida, avaliar a plausibilidade da autolesão pode contribuir com a explicitação de indícios suscetibilidade por pessoas que ainda não se depararam com um dado evento estressor, mas que podem confrontar-se com isso no futuro e, portanto, tornar-se o gatilho para autolesões. Finalmente, entender como as crenças na plausibilidade de cometer autolesão predizem vulnerabilidades ao comportamento de fato pode ajudar a alocar recursos preventivos ao engajamento em autolesão, além de proporcionar estratégias de suporte àqueles que estejam inseridos em potenciais contextos preditores do ato autolesivo.

Considerações finais

Conduta autolesiva e comportamento suicida são ambos comportamentos considerados problemas de saúde pública no Brasil. Todavia, ainda que abordados de modo distinto, articulam-se em diversos pontos ao longo de seu desenvolvimento e manifestação. A maior prevalência de ambos os comportamentos é observada na adolescência e alguns contextos são vistos como fatores de risco tanto para autolesão, como para o suicídio. Sofrer *bullying*, vivenciar conflitos familiares, impulsividade, transtornos mentais, entre outros, são cenários que requerem atenção tanto no caso das autolesões, como das tentativas de suicídio.

Dadas tais condições em comum, o presente capítulo se articulou de forma a mostrar que o modelo de estudo da autolesão pode ser semelhante ao do suicídio. A replicação do trabalho pioneiro de Gonçalves e Faro (2019) serviria a isso, no intuito de mais bem compreender crenças relacionadas à autolesão e sua respectiva favorabilidade de engajamento. Assim como os autores abordaram o suicídio em adolescentes, parece ser factível estimar a plausibilidade de cometer autolesão, o que viria a permitir ações preventivas mais específicas no que tange às vulnerabilidades ao ato e, talvez, teoricamente mais eficazes na sua prevenção.

Por fim, vale lembrar que a cada 40 segundos uma pessoa tira sua própria vida e em muito menos tempo outras tantas pensam em suicídio, em lesionar-se ou, de fato, cometem a autolesão. O próprio Ministério da Saúde e a OMS já destacaram que uma das maneiras mais eficazes para lidar com o suicídio é a identificação de sinais que o precedem. Em um caminho parecido, as estatísticas alarmantes relacionadas às condutas autolesivas também destacam a necessidade urgente de lidar com esse problema. Logo, a possibilidade de investigar os gatilhos desses dois comportamentos – a autolesão e o suicídio – antes que se tornem, de fato, questões urgentes, é extremamente relevante e necessária.

Referências

AMERICAN PSYCHIATRY ASSOCIATION. *Manual Diagnóstico e Estatístico de Transtornos Mentais.* 5. ed.. Porto Alegre: Artmed, 2014.

ANDOVER, M. S.; GIBB, B. E. Non-suicidal self-injury, attempted suicide, and suicidal intent among psychiatric inpatients. *Psychiatry Research,* v. 178, p. 101-105, 2010.

APS, L. R. M. M. et al. Eventos adversos de vacinas e as consequências da não vacinação: uma análise crítica. *Revista de Saúde Pública,* v. 52, p. 40-53, 2018.

ARAÚJO, L. C.; VIEIRA, K. F. L.; COUTINHO, M. P. L. Ideação suicida na adolescência: Um enfoque psicossociológico no contexto do ensino médio. *Psico-USF online,* v. 15, p. 47-57, 2010.

ARCOVERDE, R. L.; SOARES, L. S. L. C. Funções neuropsicológicas associadas a condutas autolesivas: revisão integrativa da literatura. *Psicologia, Reflexão e Crítica,* v. 25, n. 2, p. 293-300, 2012.

BARBIERI, C. L. A.; COUTO, M. T.; AITH, F. M. A. A (não) vacinação infantil entre a cultura e a lei: Os significados atribuídos por casais de camadas medias de São Paulo, Brasil. *Cadernos de Saúde Pública, v. 33*, n. 2, 2017.

CALHOUN, P. S. et al. Nonsuicidal self-injury and interpersonal violence in U.S. veterans seeking help for posttraumatic stress disorder. *Psychiatry Research,* v. 247, p. 250-256, 2017.

COMPLETO, J. M. P. S. *A influência das funções intrapessoais e interpessoais na auto-injúria* não suicida e na ideação suicida. Dissertação (Mestrado), Instituto Universitário, Lisboa, Portugal, 2014.

DELA COLETA, M. F. D. Crenças sobre comportamentos de saúde e adesão à prevenção e ao controle de doenças cardiovasculares. *Mudanças – Psicologia da Saúde,* v. 18, p. 69-78, 2010.

FERREIRA JUNIOR, A. O comportamento suicida no Brasil e no mundo. *Revista Brasileira de Psicologia,* v.2, n.1, p. 15-28, 2015.

GONÇALVES, A. L. C.; FARO, A. Crenças de adolescentes frente a diferentes contextos de tentativa de suicídio. *Interação em Psicologia,* v. 23, n. 1, s/p, 2019.

HALLER, D. M.; SANCI, L. A.; SAUYER, S. M.; PANTON, G. Do young people's illness beliefs affect healthcare? A systematic review. *Journal of Adolescent Health,* v. 48, 436-449, 2008.

HAW, C.; HOUSTON, K.; TOWNSEND, E.; HAWTON, K. Deliberate self-harm patients with alcohol disorders: Characteristics, treatment, and outcome. *Crisis,* v. 22, n. 3, p. 93-101, 2001.

HAWTON, K.; SAUNDERS, K. E.; O'CONNOR, R. C. Self-harm and suicide in adolescents. *The Lancet,* v. 379, p. 2373-2382, 2012.

HILDEBRANT, L. M.; ZART, F.; LEITE, M. T. (2011). A tentativa de suicídio na percepção de adolescents: Um estudo descritivo. *Revista Eletrônica de Enfermagem, 13*(2), 219-226.

INSTITUTE FOR HEALTH METRICS AND EVALUATION – IHME. *GBD results tool.* Seatle, WA: IHME, University of Washington, 2018a. Disponível em: <http://ghdx.healthdata.org/gbd-results-tool?params=gbd-api-2017-permalink/999fdb0883374c129237a3855fc6e786> Acesso em: 18 jan, 2019

INSTITUTE FOR HEALTH METRICS AND EVALUATION – IHME. *GBD results tool.* Seatle, WA: IHME, University of Washington, 2018b. Disponível em: <http://ghdx.healthdata.org/gbd-results-tool?params=gbd-api-2017-permalink/976f6903e04e6c12ee96d468fd61bef3> Acesso em: 18 jan, 2019.

INSTITUTE FOR HEALTH METRICS AND EVALUATION – IHME.. *GBD compare.* Seatle, WA: IHME, University of Washington, 2018c. Disponível em: <http://ihmeuw.org/4oo8> Acesso em: 18 jan, 2019.

KLONSKY, D. E.; MUEHLENKAMP, J. I. Self-injury: a research review for the practioner. *Journal of Clinical Psychology,* v. 63, n. 11, p. 1045-1056, 2007.

KUBIN, L. Is there a resurgence of vaccine preventable diseases in the U.S.? *Journal of Pediatric Nursing,* v. 44, p. 115-118, 2019.

LATELLA, L. E.; MCAULEY, R. J.; RABINOWITZ, M. Beliefs about vaccinations: Comparing a sample from a medical school to that from the general population. *International Journal of Environmental Research and Public Health*, v. 15, n. 4, p. 620-633, 2018.

LEZINE, D. A.; BRENT, D. *Eight stories up*: an adolescent chooses hope over suicide. New York: Oxford University Press, 2008.

LI, Y. M. Deliberate self-harm and relationship to alcohol use at an emergency department in eastern Taiwan. *The Kaohsiung Journal of Medical Sciences*, v. 23, n. 5, p. 247-253, 2007.

LLOYD-RICHARDSON, E. E.; PERRINE, N.; DIERKER, L.; KELLEY, M. L. Characteristics and functions of non-suicidal self-injury in a community sample of adolescentes. *Psychological Medicine,* v. 37, n. 8., p. 1183-1192, 2007.

MACEDO, J. L. S.; ROSA, S. C.; SILVA, M. G. Queimaduras autoinfligidas: tentativa de suicídio. *Revista do Colégio Brasileiro de Cirurgiões,* v. 38, n. 6, p. 387-391, 2011.

MARINHO, F. et al. Burden of disease in Brazil, 1990-2016: a systematic sub-national analysis for the Global Burden of Disease Study 2016. *The Lancet,* v. 392, n. 10149, p. 760-775, 2018.

MCKEE, C.; BOHANNON, K. Exploring the reasons behind parental refusal of vaccines. *Journal of Pediatric Pharmacology and Therapeutics,* v. 21, n. 2, p. 104-109, 2016.

MELTZER, H.; GATWARD, R.; GOODMAN, R.; FORD, T. *Children and adolescents who try to harm, hurt or kill themselves*: a report of further analysis from the national survey of the mental health of children and adolescents in Great Britain in 1999. London, UK: Office for National Statistics, 2001.

MILLER, D. N.; BROCK, S. E. Prevalence and associated conditions. In: BROCK, S. S.; JIMERSON, R. (Eds.). *Identifying, assessing and treating self-injury at school.* (pp. 23-34). New York: Springer, 2010.

MINISTÉRIO DA SAÚDE. *Prevenção do suicídio: Manual dirigido a profissionais das equipes de saúde mental.* Unicamp, Campinas: Autor, 2007.

MINISTÉRIO DA SAÚDE. *Perfil epidemiológico das tentativas e óbitos por suicídio no Brasil e a rede de atenção à saúde*, 2017. Disponível em: <http://portalarquivos2.saude.gov.br.images/pdf/2017/setembro/21/2017-025-Perfilepidemiologico-das--tentativas-e-obitos-por-suicidio-no-Brasil-e-a-rede-de-atencao-asaude.pdf> Acesso em: 18 jan. 2019.

MIRESKI, R. et al Queimaduras por tentativa de suicídio e homicídio e a sua associação com o prognóstico. *Revista Brasileira de Queimaduras*, v. 15, n. 22, 87-91, 2016.

MOREIRA, L. C. O.; BASTOS, P. R. H. O. Prevalência de fatores associados à ideação suicida na adolescência: Revisão de literatura. *Revista Quadrimestral da Associação Brasileira de Psicologia Escolar e Educacional,* v. 19, n. 3, p. 445-453, 2015.

NIXON, M. K.; HEATH, N. L. Introduction to non-suicidal self-injury in adolescents. In M. K. Nixon & N. L. Heath (Eds.), *Self-injury in youth*: the essential guide to assessment and intervention (pp. 1-6). New York: Routledge, 2009.

NOCK, M. K. Self-injury. *Annual Review of Clinical Psychology,* v. 6, p. 339-363, 2010.

ORGANIZAÇÃO MUNDIAL DA SAÚDE – OMS. *Relatório mundial sobre violência e saúde.* Genebra: OMS, 2002.

ORGANIZAÇÃO MUNDIAL DA SAÚDE – OMS. *Suicide rates (per 100 000 population)*. 2018. Disponível em: <www.who.int/gho/mental_health/suicide_rates/en/> Acesso em: 18 jan. 2019.

PARKS, P. J. *Self-injury disorder*. San Diego, California: Reference Point Press, 2011.

PISANI, A. R. et al. Associations between suicidal high school students' help--seeking and their attitudes and perceptions of social environment. *Journal Youth Adolescence, v.* 41, p. 1312-1324, 2012.

RODHAM, K.; HAWTON, K. Epidemiology and phenomenology of nonsuicidal self-injury. In: NOCK, M. K. (Ed.), *Understanding non-suicidal self-injury*: origins, assessment and treatment (pp. 37-62). Washington, DC: American Psychological Association, 2009.

ROSENBERG, M. L. et al Operational criteria for the determination of suicide. *Journal of Forensic Sciences*, v. 33, n. 6, p. 1445-1456, 1998.

SANTOS, C. C. *Fatores associados às tentativas de suicídio em pacientes portadores da síndrome de dependência do álcool atendidos em um centro de referência em dependência química*. Tese (Doutorado) – Universidade Federal de Pernambuco, Pernambuco, 2017.

SANTOS, L. C. S. *Condutas autolesivas e bullying em adolescentes de Sergipe*. Dissertação (Mestrado), Universidade Federal de Sergipe, Sergipe, 2017.

SCHLÖSSER, A.; ROSA, G. F. C.; MORE, C. L. O. O. Revisão: Comportamento suicida ao longo do ciclo vital. *Temas em Psicologia*, v. 22, n. 133, p. 134-145, 2014.

Somer, O. et al. Prevalence of non-suicidal self-injury and distinct groups of self-injurers in a community sample of adolescents. *Social Psychiatry and Psychiatric Epidemiology, v. 50,n* n. 7, p. 1163-1171, 2015.

VIEIRA, P. B. et al Queimaduras: Pacientes autoinfligidos. *Revista Brasileira de Cirurgia Plástica,* v. 30, n. 3, p. 368-373, 2015.

ZORZETTO, R. As razões da queda na vacinação. *Revista Pesquisa FAPESP*, ago. 2018. Disponível em: <https://revistapesquisa.fapesp.br/2018/08/17/as-razoes-da-queda-na-vacinacao/> Acesso em: 18 jan. 2019.

WAGNER, B. M. *Suicidal behavior in children adolescents*. London: Yale University Press, 2009.

WALSH, B. W. *Treating self-injury: A practical guide*. 2. ed. New York: The Guilford Press, 2012.

WHITLOCK, J.; SELEKMAN, M. D. Nonsuicidal self-injury across the life span. In M. K. Nock (Ed.), *The Oxford handbook of suicide and self-injury* (pp. 47-58). New York: Oxford University Press, 2014.

WILLIAMS, S. E. What are the factors that contribute to parental vaccine-hesitancy and what can we do about it? *Human Vaccines & Immunotherapeutics,* v. 10. n. 9, p. 2584- 2596, 2014.

CAPÍTULO 6

Automutilação: uma existência em sofrimento

Bruno Gonçalves

Introdução

> *Assim como talvez não haja, dizem os médicos, ninguém completamente são, também se poderia dizer, conhecendo bem o homem, que nem um só existe que esteja isento de desespero, que não tenha lá no fundo uma inquietação, uma perturbação, uma desarmonia, um receio de não se sabe o quê de desconhecido ou que ele nem ousa conhecer, receio duma eventualidade exterior ou receio de si próprio; tal como os médicos dizem duma doença, o homem traz em estado latente uma enfermidade, da qual, num relâmpago, raramente um medo inexplicável lhe revela a presença interna.*
>
> (Kierkegaard, 1979, p. 204)

O sofrimento não torna ninguém melhor, mas certamente mais profundo – assim disse o filósofo alemão Friedrich Nietzsche (2001), ademais, pode-se dizer que as feridas na nossa subjetividade colocam para fora toda nossa complexidade e revelam aquilo que realmente nós somos.

A maioria dos conceitos sobre automutilação converge em seus significados. Klonskye e Muehlenkamp (2007) assim como Favazza e Rosenthal (1993) definem automutilação como dano intencional direto ao tecido corporal sem intenção suicida. Outros termos como "autolesão" e "autoagressão" têm sido usados para referenciar este comportamento que incluem cortar a pele, arranhar, queimar, bater ou provocar feridas deliberadamente sem intenção de cometer suicídio. Apesar da conceituação, a falta de consenso sobre a motivação do ato torna difícil entender tal comportamento, talvez a única consonância seja de que se trata de um fenômeno complexo, com aumento de ocorrências e frequente em toda sociedade. Ainda que as pesquisas indicassem uma tendência de aumento na prática entre adolescentes, deve-se ressaltar que não se trata de uma problemática recente, a automutilação, o ato deliberado e consciente de destruição de tecido corporal foi registrado ao longo da história da humanidade, de acordo com Favazza e Rosenthal (1993). Por conseguinte, os profissionais de saúde mental, além de se preocuparem há muito com o tema, o associam a psicopatologia e ao suicídio.

A pretensão é refletir sobre a motivação que dá origem ao fenômeno da automutilação através de fundamentação teórica, casos clínicos e embasamento filosófico e então determinar algumas situações que levam uma pessoa a machucar-se intencionalmente, uma vez que a compreensão e estudo desses episódios, e seu inicio, podem contribuir para o tratamento desses indivíduos.

Até o momento, os estudos fornecem evidências de que a automutilação pode ser um meio de regular o afeto negativo, punir a si mesmo, influenciar os outros, resistir aos impulsos de tentativa de suicídio ou até mesmo a busca pela sensação dolorosa. Todavia, o que mais chama a atenção é o fato que de que nesse ato a pessoa se volta contra si, demonstrando a possibilidade humana da autoviolência.

Propõe-se, aqui, investigar de forma direta as vivências de adolescentes atendidos na clínica psicológica e compreendê-los sem se prender a explicações e generalizações. Para tal, abdicamos de pressupostos e teorias formais explicativas, mesmo que tenhamos que desapontar os leitores que estão à procura de elucidações claras e tranquilizadoras. Os parágrafos a seguir propõe uma interpretação do fenômeno na perspectiva dos que vivenciam a automutilação do ponto de vista fenomenológico, pois a fenomenologia é também uma filosofia que repõe as essências na existência, e não pensa que se possa compreender o homem e o mundo de outra maneira senão a partir de sua "facticidade" (Merleau-Ponty, 1999).

Proposições a respeito da automutilação

Chega um ponto que eu sinto
Que eu pressinto
Lá dentro, não do corpo, mas lá dentro-fora
No coração, no sol, no meu peito eu sinto
Na estrela, na testa, eu farejo em todo o universo
Que eu to vivo
Que eu to vivo
Que eu to vivo, vivo, vivo como uma rocha
E eu não pergunto
Porque já sei que a vida não é uma resposta
E se eu aconteço aqui se deve ao fato de eu simplesmente ser
Se deve ao fato de eu simplesmente ser.
(Seixas, 1979)

Como é possível alguém voltar-se contra si mesmo? Sim, alguém se machucar intencionalmente nos parece inconcebível, ilógico, irracional ou mesmo antinatural. A maioria das pessoas geralmente tenta evitar a dor e se afastam diante da possibilidade de se ferir, entretanto não se pode negar que algumas pessoas conscientemente escolhem infligir dor em seu próprio corpo e, assim, ameaçam sua própria integridade física; apesar de nossa estranheza, isso ocorre com muita frequência, talvez consequência da *sofisticação humana*.

Com o termo *sofisticação humana* pretendo distinguir o ser humano dentre os outros animais; somos mais sofisticados em nossas capacidades. O homem é consciente não apenas do mundo ao seu redor, mas também de si mesmo, de suas atividades, de seus corpos e de suas vidas mentais. Enfim, diferentemente dos animais, que na maioria das vezes podemos prever seu comportamento, por que age por instinto; o homem tem a capacidade de deliberar suas ações, agir racionalmente. O animal está totalmente sujeito a seus instintos, que o determina por inteiro, de modo a permitir uma explicação completa de seu comportamento dentro do princípio estrito da biologia. Se, entretanto, um adolescente confuso e oprimido desfere corte com uma lâmina afiada em seu próprio braço, o fato passa a pertencer a nível fenomenológico completamente distinto. É dessa *sofisticação humana* capaz de levar alguém a voltar-se contra si mesmo que tratamos aqui, é ela que faz com que o homem aja de modo racional ou mesmo irracional, como no caso da automutilação.

Epicuro (1997) argumenta que nem sempre escolhemos qualquer prazer: há ocasiões em que evitamos muitos prazeres, quando deles decorrem efeitos desagradáveis; ao passo que consideramos muitos sofrimentos preferíveis aos prazeres, se um prazer maior advier depois de suportarmos essas dores por muito tempo. Todo prazer constitui um bem por sua própria natureza; mas, nem todos são escolhidos; do mesmo modo, toda dor é um mal, mas nem todas devem ser sempre evitadas. Convém avaliar todos os prazeres e sofrimentos de acordo com o critério dos benefícios e dos danos. Há ocasiões em que utilizamos um bem como se fosse um mal e, ao contrário, um mal como se fosse um bem.

Até onde sabemos não há registros de animais que se machucam propositalmente; pelo contrário, a biologia nos ensina que até mesmo indivíduos muito simples possuem dispositivos para buscar prazer e evitar a dor. O homem é o único ser que pode infligir dor a si mesmo. Schopenhauer (2001) defende que o animal é sempre movido por alguma representação intuitiva, ao contrário do homem, que se esforça para deixar de lado sua intuição e deixar-se determinar unicamente pelas representações abstratas; utiliza-se, assim, da vantagem e privilégio da razão, torna-se independente do momento, e, em lugar de escolher o prazer fugaz ou de fugir à dor passageira, reflete sobre suas consequências. Na mesma direção, Epicuro (1997) argumenta que quando dizemos que o fim último é o prazer, não nos referimos aos prazeres do corpo, estes que consistem no gozo dos sentidos, mas ao prazer que é ausência de sofrimentos físicos e de perturbações da alma.

Kierkegaard (1979) afirma que justamente o que nos distingue dos outros seres são os sofrimentos e perturbações. Para o filósofo dinamarquês, o fato de nos desesperarmos coloca-nos acima do animal. Para ele, o desespero é algo que nos distingue muito mais das feras, do que o caminhar de pé, sinal da nossa verticalidade infinita ou da nossa espiritualidade sublime. A superioridade do homem sobre o animal está em ser suscetível de desesperar, ainda que o desespero seja a pior das misérias e nossa perdição.

O corpo, ou melhor, esse aspecto corporal da existência, nunca buscará o ferimento ou mesmo o sofrimento, este se apega à vida e buscará sempre maneiras de continuar a viver, neste aspecto o corpo humano é como o corpo do animal que recua diante da dor, como se ambos tivessem um *sistema operacional* embutido que acionaria um mecanismo de fuga diante do fogo, por exemplo. Camus (2012) afirma que o *julgamento do corpo vale tanto quanto do espírito e o corpo recua ante o aniquilamento*. Entretanto, ao descrevermos o funcionamento do corpo, estamos falando de instinto como um aspecto da vida, mas não podemos esquecer que o homem vai além dos próprios instintos, *o homem é existente*, o que equivale a dizer que o indivíduo não é algo, mas se faz.

Heidegger (1988) dirá que a existência é um atributo exclusivamente humano, só o homem existe e todo o resto é; a mesa é; o animal é, mas não existe. O animal é "pura" essência, porém sem uma existência, é completamente limitado em si, age e reage por instinto, ele é, porque não pode deixar de *ser*; um tigre não pode decidir ser vegetariano tampouco é capaz de arranhar-se a ponto de se ferir. Somente o homem é livre para construir o seu *ser*, seu modo de agir, sua maneira de se relacionar. Em favor disso, May (1979) argumenta que Nietzsche e Kierkegaard foram mais precisos quando descreveram o homem como o organismo que torna certas "coisas" como os valores, o prestígio, o poder e o amor, como mais importantes que o prazer e mesmo mais importante que a própria sobrevivência.

No homem, "a existência precede a essência" (Sartre, 2012, p. 3). A frase resume o pensamento existencialista e explica que antes de tudo, o homem cria sua essência ao longo da sua própria existência. Cada indivíduo é um projeto inacabado, em construção ou simplesmente um projeto. Porém, por vezes, o homem se vê limitado em suas ações; essas limitações são impostas pela vida, pelo mundo, pelos outros homens, ou mesmo pelo tempo, em resumo, o homem é limitado pela realidade. O sofrimento emerge da sensação de que, embora sejamos livres, não podemos controlar todas as variáveis da vida, já que o outro também é livre e o mundo é contingente. O sofrimento surge, muitas vezes, da percepção de "insucesso existencial", é a percepção quem faz sofrer, faz adoecer mentalmente. Diferentemente do alce que arrasta os chifres no chão para afia-los, da águia que bate o bico contra as rochas a fim de que nasça um novo, ou do urso que se recolhe na caverna para esperar a primavera, o homem se mutila ou se recolhe em sua solidão por que sofre. Desse modo, sugerimos que a automutilação não é característica da essência humana, mas uma possibilidade da condição humana. Arisca-se a dizer que entre a mão direita que empunha uma navalha que corta o braço esquerdo há uma consciência, ou melhor, há uma existência.

Tudo que é vivo morre, e, tudo que morre, sofre. Nisso o homem não difere do animal, porém cada um sofre de maneiras diferentes, enquanto o animal sofre de doenças e de dores físicas, ao homem somam-se as dores existenciais, as dores de quem sabe das suas próprias dores e de quem sabe que vai morrer. A diferença que acabamos de ressaltar entre o animal e homem quanto ao modo como agem, busca ilustrar que o homem "evoluiu" a ponto de perceber não só os sofrimentos físicos, mas também os sofrimentos mentais e agir contra si.

Ao dizer que alguém age contra o próprio corpo, não estamos propondo uma espécie de separação dicotômica que contraria a visão existencial fenomenologia de ser. Merleau-Ponty (1999) insiste que não é "um corpo" nem "o corpo"; é alguém, ou seja, dizer "eu tenho um corpo" equivaleria a reduzir parte dessa existência pessoal a uma coisa ou a um objeto que, entre as outras coisas e os outros objetos que, estando em redor do indivíduo, ele possa conhecer à distância. Ele ressalta que o nosso corpo é sempre um *corpo próprio*: uma unidade indissociável entre corpo e consciência, contudo, faz-se necessário utilizar os termos mente e corpo para demonstrar certas proposições. Com isso, queremos dizer que: a mente humana, sua racionalidade, sua consciência se preferir, chegou a tal ponto de sofisticação que é capaz de atentar contra ela mesma, ferindo o próprio corpo. No caso do homem, não é somente o corpo quem adoece, mas também sua subjetividade. As enfermidades da existência podem assumir inúmeras denominações, alguns chamam de melancolia, outros de depressão e outros ainda atribuem sintomas como fobias e limitações diversas, mas devemos nos atentar que se trata de uma existência em sofrimento.

O ser humano busca explicação para seu sofrimento e para o "sofrimento do mundo", o porquê de tanta dor é uma interrogação que atravessa a existência, porém a utilização da racionalidade em nada nos ajudaria a responder tais questões uma vez que estas não são lógicas. Recorrer a generalizações é ainda mais inútil; o sofrimento de um indivíduo em nada se assemelha ao do outro e até mesmo uma única resposta não pode acalentar a todos. A maneira mais efetiva de entender o sofrimento humano, não é através da razão, Merleau-Ponty (1999) critica a ideia de que a realidade só pode ser percebida através da razão, essa ideia que foi amplamente difundida e valorizada em toda a filosofia, culminou no desenvolvimento da ciência tal como a conhecemos e trouxe uma concepção um tanto "capenga", principalmente quando colocada perante a complexidade da existência humana. As explicações sempre foram resultado de conceituações que são construidas através de um método, regras básicas dos procedimentos que produzem o conhecimento, porém essa forma de pensar privilegia a intelectualidade e a interioridade, mas nega e deprecia muitos aspectos da vida, como os sentimentos, os desejos, e principalmente o corpo.

A percepção para Merleau-Ponty (1999) é o método de acessar a realidade (a essência das coisas) de forma direta e que nos traz um conhecimento tão ou mais autêntico que o conhecimento adquirido através do pensamento reflexivo. A percepção é a introdução do corpo no mundo, através dela o indivíduo relaciona-se com o mesmo e cria um sentido para ele. Por meio da percepção, o homem assimila o mundo, uma vez que, estando nele, sem ideia pré-concebida, o que o toca mais é a percepção que tem do mundo e não o pensamento elaborado dele.

Se tratando de automutilação, tem-se que compreender o seu significado e aceita-lo integralmente como possibilidade humana. É necessário destacar que o ato de se cortar ou qualquer outro gesto de automutilação será sempre pleno de interioridade; será uma maneira de responder a uma situação, e embora seja uma resposta destrutiva, de uma pessoa acuada, frente a uma situação insuportável, é a melhor resposta que o indivíduo pode dar naquele momento.

Da necessidade de estudar os fenômenos humanos, surge à abordagem fenomenológica, através da qual, pesquisadores buscam compreender a natureza básica e o significado de certas experiências humanas por meio de entrevistas, reflexões ou verbalização. Acredita-se que quando os indivíduos verbalizam seus sentimentos e experiências, é mais fácil entender, através de um exame sem preconceitos, as razões que os levam a fazer as coisas que fazem. Assim, a automutilação não deve determinar a identidade da pessoa e remover o desejo de entender o que está por trás de tal comportamento na maneira como ela mesma percebe.

Na concepção de Millon (1979) os fenomenólogos dizem que o registro verbal do indivíduo corresponde à melhor fonte de informação de si mesmo. Então, não seria mais simples e eficaz perguntar-se diretamente à pessoa o que lhe perturba e que circunstâncias marcaram o aparecimento do seu sofrimento?

Por que alguém se machuca intencionalmente?

As grandes dores fazem com que as menores mal sejam sentidas
e, na falta das grandes, até o menor desgosto nos atormenta.
(Schopenhauer, 2001 p. 355)

A automutilação pode ser descrita como uma possibilidade da condição humana, um ato autoinfligido penoso, intrigante e quase inacessível. Para compreensão de sua complexidade não basta limitar-nos a conceituar o comportamento; é de fundamental importância entender por quais motivos tantas pessoas, mormente os jovens, inflingem danos a si próprios. Para isso, é imprescindível descrever a automutilação como ela se apresenta no mundo real e propor uma redução fenomenológica na qual as teorias e pretensões são postas de lado para olhar à experiência crua. Suyemoto (1998) ressalta que uma das tarefas mais importantes na tentativa de entender o comportamento psicopatológico é esclarecer por que esse comportamento específico: acontece neste momento específico, serve a essa função específica, para esse paciente específico.

As proposições e teorias devem ser entendidas somente como perspectivas de um fenômeno, que podem fornecer uma visão da dinâmica do comportamento de automutilação. É importante salientar que o histórico do indivíduo para o comportamento autodestrutivo é individual e complexo, portanto as teorias devem agir como inspiração e orientação, em vez de uma causa universal de explicação. O homem é um ser que se constitui a si mesmo e que jamais poderia ser explicado como sendo um conjunto de mecanismos reguladores em constante atrito e pressão, nem a partir de experimentos realizados com pombos (Angerami, 2003).

É nosso trabalho tentar entender, em vez de julgar por que essa solução para muitos indivíduos parece tão eficaz que se torna um padrão de comportamento que é tão difícil de cessar. Por se tratar de uma conduta humana bastante complexa, as teorias dominantes apontam para a dificuldade em encontrar evidências no sentido moderno, devido às limitações metodológicas. Como vimos, o comportamento de automutilação é quase que irracional, tornando difícil ser explicado por meio de teorias positivistas. Resta-nos analisar qualitativamente, desse modo, não partimos do problema em si, mas de interrogações sobre o fenômeno. A pergunta que se faz nesse caso é: Por que alguém se machuca intencionalmente?

A melhor maneira de entender por que uma pessoa iria querer prejudicar a si mesma é ouvir as vozes daqueles que sofrem do transtorno.

Essas dúvidas foram levantadas na experiência clínica de acompanhamento psicológico de pessoas com comportamento de autoagressão. Certa vez, em atendimento a uma paciente – uma garota de 14 anos –, apontando para suas cicatrizes de cortes em seu braço, perguntei: "Não dói?". A resposta foi: "Já me acostumei". "Então dói!", retorqui. "E por que continua a se cortar?". Após isso um longo silêncio. O questionamento remete à seguinte lógica: se o corte causa dor, e o típico comportamento humano visa afastar-se da dor, então seria lógico parar de se cortar. No entanto, estamos falando de uma existência na qual a lógica prescinde a experiência do sujeito, ou melhor, o fenômeno mostra-se como essência vinculada à existência e a experiência de um ser humano está sempre em transformação, emerge no agora em um mundo em construção.

Rollo May (1979) já alertava que se ao sentar com um paciente, o psicoterapeuta estiver principalmente pensando nos "porquês" e "como" o problema surgiu, então o terapeuta terá entendido tudo, exceto o mais importante de todas as coisas, a pessoa existente. De fato, se me fosse acessível os porquês de um indivíduo estar se cortando, aí compreenderia tudo, mas ignoraria a única fonte real de dados, esta que se encontra na relação direta entre mim e o indivíduo no aqui e agora do consultório. Tão só o discurso daquele sujeito sobre sua experiência vivencial poderia proporcionar uma aproximação com a essência ou estrutura do fenômeno, de modo que não interessava a automutilação ou o porquê daquela pessoa estar se cortando, mas o quê e como aquele individuo realmente está vivenciando aquilo naquele momento. A fenomenologia é o esforço para tomar o fenômeno tal como nos é dado (May, 1979).

Se atentarmos ao discurso das pessoas que se mutilam, observaremos temáticas comuns, porém cada fala aponta os motivos de cada um, as situações, pessoas envolvidas e experiências únicas. As experiências narradas comumente estão relacionadas a momentos da vida e fatos que conduziram aquele indivíduo ao sofrimento. Há sempre um motivo ou motivos que são apontados como geradores da crise e que sinalizam para a automutilação como uma saída para o sofrimento. Esses motivos que levam alguém a se machucar intencionalmente formam-se ao longo da sua história e se revelam nos sentidos e modos de ser que constituem a sua existência. Não há respostas simples, esse fenômeno não escolhe idade, classe social ou gênero. Então, entendemos que o comportamento autodestrutivo deve agir como a melhor estratégia do indivíduo em determinada situação.

Em uma das perspectivas propostas, a automutilação é um mecanismo de enfrentamento para reduzir o sofrimento através da regulação emocional. Assim, a automutilação seria uma maneira de regular o estresse emocional ou emoções negativas (Klonsky, 2009). Semelhantes a outros comportamentos impulsivos e disfuncionais observados em adolescentes, como o consumo exagerado de álcool ou drogas para não sentir emoções, a sexualidade prematura para não se sentir solitário, comer demais, esportes radicais, compras compulsivas ou ameaças suicidas. Acreditamos que automutilação é mais uma maneira encontrada pelo homem para aplacar e reduzir o sofrimento psíquico. Schopenhauer (2001, p. 355) afirma que os sofrimentos morais, como os mais fortes, nos tornam insensíveis aos sofrimentos físicos:

> (...) sob o império de sofrimentos intelectuais extremos, procuramos os sofrimentos físicos com o único fito de distrair a nossa atenção daqueles para estes: razão pela qual vemos o homem dominado por violenta dor moral, arrancar os cabelos, bater o peito, arranhar o rosto, rolar por terra, meios violentos para distrair-se dalgum pensamento tornado insuportável. É igualmente porque os sofrimentos morais, como os mais fortes, nos tornam insensíveis aos sofrimentos físicos.

Para Schopenhauer (2001), diante de sofrimentos existenciais, que incluem os sofrimentos morais e intelectuais quando muito extremos, originam a procura por sofrimentos físicos para distrair-se dos pensamentos tidos como insuportáveis. No entanto, o autoflagelo, muitas vezes, não é suficiente para aplacar a dor existencial, assim, observamos que a pessoa em desespero tende a ser mais incisiva em sua automutilação e usando meios cada vez mais violentos. Isso explica também o fato de muitos indivíduos não relatarem dor física enquanto desferem cortes profundos na pele. Para Schopenhauer (2001), nossas maiores dores não se encontram no presente sob as formas de representações intuitivas e de sensações imediatas, mas sim na razão, sob as forma de noções abstratas, de pensamentos que nos torturam.

De acordo com Klonsky e Muehlenkamp (2007), as pessoas que se automutilam tendem a experimentar experiências negativas com maior frequência e intensidade em suas vidas diárias do que indivíduos que não se mutilam. A observação clínica corrobora com tal ideia, a maioria dos adolescentes que se cortam sofre com fortes emoções. Eles acreditam que a dor é a única maneira de atenuar os sentimentos que são intensos demais para suportar. Nos relatos clínicos, os indivíduos costumam descrever sobre a dor emocional de se sentir rejeitado, na escola, no grupo de amigos e até na própria família. Goethe (2000), ao discorrer sobre a "natureza humana", diz que alguém pode suportar até certo ponto o sofrimento, a mágoa, a dor; mas passado deste ponto, ela sucumbe.

O objetivo principal de quem disfere golpes ou cortes no próprio corpo é reduzir a intensidade das emoções negativas sentidas em um determinado momento. De fato, muitas pessoas têm dificuldades em lidar com emoções muito intensas, sem que isso necessariamente se constitua um disturbio ou transtorno psiquiátrico, mas algumas pessoas utilizam da automutilação como um mecanismo de enfrentamento. Às vezes, a função é tornar a dor psíquica mais tolerável, substituindo-a por dor física. Suyemoto (1998) descreveu um modelo similar conhecido como modelo de regulação de afetos e usou isso para ajudar a explicar a automutilação.

A regulação do afeto parece ser a função mais prevalente da automutilação, no entanto, parece que a automutilação pode ser usada tanto como alívio quanto como distração de emoções dolorosas. É um método de redução da tensão interna insuportável ou mesmo desvio do foco: sofrimento, nesses casos mutilar-se pode proporcionar uma experiência de controle sobre as emoções que ameaçam subjugar o indivíduo. Na clinica, os depoimentos de pacientes confirmam tal ideia; um paciente descreveu que seu comportamento de cortar a pele é semelhante a obter alívio ao gritar. O ato de se cortar, se queimar, se picar ou se bater é na maioria das vezes, uma estratégia para aliviar emoções negativas intensas e esmagadoras. Observa-se que emoções tais como raiva, ansiedade e frustração tendem a estar presentes antes da automutilação, que frequentemente é seguida por sentimentos de alívio ou calma. Alguns pacientes falam em "liberar a tensão emocional", "aplacar os sentimentos ruins", "diminuir a pressão" ou "lidar com o estresse". Embora existam algumas explicações de como se ferir ajuda a aliviar as emoções negativas, os mecanismos não são totalmente compreendidos (Klonsky; Muehlenkamp, 2007). Deveras, o comportamento de autoagressão mostra-se uma maneira de restaurar o equilíbrio emocional, embora tenhamos que admitir não se tratar de uma estratégia salutar, mas sim patológica de regulação.

Porém, ao ponderar a automutilação como sendo um mecanismo de enfrentamento para reduzir o sofrimento psíquico, é necessário antes esclarecer sobre esse mecanismo, de modo a não intelectualizar uma conduta humana, reduzindo o fenômeno e assim correr o risco de "desumaniza-lo". Supõe-se que quando o indivíduo passa por uma situação extremamente dolorosa, seja essa dor física ou psíquica, ele é inundado por uma turbulência emocional, que são confusas e violentamente contraditórias. Durante ou após esses eventos, esse indivíduo desenvolve mecanismos de enfrentamento como condutas exteriotipadas. Um desses mecanismos de enfrentamento mais importante consite na capacidade de dissociar-se da situação, outro mecanismo de enfrentamento às circunstâncias atrozes pressupoe-se a automutilação.

Segundo Walsh e Rosen (1988) a automutilação também pode exercer a função de autopunição, seria uma reação à percepção de ter feito algo errado, de encarar uma visão autodepreciativa ou mesmo ódio de si. Em favor disso, Suyemoto (1998) argumenta que a automutilação pode ser uma maneira de se punir, tanto por causa da dependência dos outros quanto por causa da raiva experimentada como resultado de um sentimento de abandono. A raiva é direcionada para si e não para o outro. Nietzsche (1999) ensina que a dor quando é repartida, ela diminui. No entanto há um problema quando a dor não pode ser "devolvida" àquele que nos feriu, quando não é possível nem mesmo se vingar. Nietzsche talvez seja o primeiro filósofo a dar uma função psicológica à vingança, dizia que não sendo possivel dirigir sua agressão contra o mundo externo, que originalmente desencadeou o sofrimento, o indivíduo age reativamente, dirige suas agressões e sentimentos de culpa para dentro de si, luta consigo mesmo e contra seu corpo, desse modo, supõe-se que caso uma vingança fosse possível talvez não ocorresse uma automutilação. "O espírito de vingança: meus amigos, tal foi até hoje a melhor reflexão dos homens; e onde-quer-que houvesse dor, deve sempre ter havido castigo. 'Castigo': assim se chama a si mesma a vingança" (Nietzsche, 1999, p. 125).

No texto chamado de *A moral como contranatureza*, Nietzsche (2009) discorre sobre o combate moral contra as paixões, diz que fomos estimulados pela moral a combater nossas paixões, de modo que aprendemos à disciplinar nossa sensibilidade, nosso orgulho, nosso desejo de domínio e de vingança. No entanto, os indivíduos costumam utilizar práticas nocivas para refrear os sentimentos que não são aceitos socialmente, combate-se os sofrimentos advindos das paixões através da extirpação em todos os sentidos: na prática, seu "tratamento" é o *da castração.* Isso mesmo, para Nietzsche, os remédios escolhidos para combater os desejos, por aqueles que estão demasiadamente degenerados é a castração e a extirpação, por sorte na maioria das vezes, o individuo nao se chega ao ponto de seguir o preceito moral: "*Se teu olho te escandaliza, arranca-o fora*". Em face das ideias de Nietzsche, depreende-se que a automutilação foi um artifício aprendido para combater as paixões, que apesar de mostrar-se um recurso pouco adaptativo é costumeiramente usado pelos indivíduos quando estes estão "enfraquecidos".

Há uma ampla concordância na literatura científica que a capacidade de reflexão deficiente tem uma forte conexão com o comportamento autodestrutivo. No entanto, observa-se que o jovem que sofre, muitas vezes, não carece de incapacidade de reflexão, mas sim de dificuldade em encontrar respostas concretas sobre aquilo que pensa sobre o mundo, essa dificuldade também segue a compreensão de que pessoas diferentes percebem a realidade de maneiras diferentes, porque sentem e pensam de maneiras diferentes. Apesar disso, para alguns, as coisas parecem não fazer sentido, há uma capacidade prejudicada de refletir e significar o mundo, esse inconformismo frequentemente tem uma conexão com o comportamento autodestrutivo. Para Nietzsche fomos acostumados a pensar e a refletir de maneira racional, desse modo, ao percebermos o nosso sofrimento, tentamos encontrar sua origem, mas se não encontramos no mundo exterior, atribuímos o sofrimento a algo interior. "O sofredor encontra por toda parte causas para refrescar a sua vingança – se ele é cristão, dito uma vez mais, então ele as encontra em si (...)" (Nietzsche, 2009, p. 58).

Habitualmente o ser humano possui a capacidade de abstrair diante de um problema, refletir e avaliar as opções, com isso tem a oportunidade de enxergar a situação por diferentes perspectivas e, portanto, responder adequadamente à situação. Essa capacidade de todas as pessoas é desafiada em diferentes contextos; quando o indivíduo é incapaz disso, repetidas vezes regride a comportamentos pré-reflexivos, como a ação violenta e a violência contra si mesmo. A automutilação pode ser entendida como uma forma concreta de administrar estados criados pelo homem quando o indivíduo não consegue encontrar sentido em seus próprios sentimentos e intenções. Victor Frankl (1979) descreve algo parecido como neurose noogênica que deriva da frustração existencial, do desespero diante da aparente falta de significado da vida, porém não se trata da incapacidade de reflexão, mas da dificuldade de encontrar sentido nas situações, na vida e no mundo.

O mundo ocidental evoluiu nos últimos anos para uma maior liberdade e individualização das pessoas, onde: tradição, família, religião e classe social não são mais determinantes cruciais e tampouco reguladores do comportamento. As pessoas experimentam maior influência em suas próprias escolhas, ao mesmo tempo em que são impelidas a assumir maiores responsabilidades, criar sua própria identidade e organizar suas próprias vidas. A autodeterminação traz consigo diversos ônus, pois individualização resulta na dissolução de muitas das normas e valores integrados que tradicionalmente ajudaram a manter juntos a vida e a identidade do indivíduo, coloca novas exigências de flexibilidade e refletividade, o que aumenta a necessidade da experiência e de estabilidade. Hoje, a formação de identidade é um projeto para toda a vida que pode causar confusão e incerteza. É cultural que o sucesso está principalmente relacionado às competências pessoais e isso pode gerar sentimentos de vergonha e inferioridade para os menos adaptados. Aqueles que não conseguem criar significado para suas vidas correm o risco de desenvolver sintomas decorrentes do sofrimento psíquico, como o da automutilação.

A automutilação muitas vezes decorre do fracasso da individuação, essa pessoa, nas circunstâncias ordinárias da vida poderá sentir-se mais irreal do que real; precariamente diferenciado do restante do mundo, de modo que sua identidade e autonomia estejam sempre postas em duvida. Esses casos Ronald Laing (1979) chama de Insegurança Ontológica, quando o indivíduo é incapaz de aceitar convictamente a identidade real, viva, autônoma de si mesmo e dos outros, este terá então que se absolver na busca de meios para tentar ser real, ou manter a si mesmo e aos outros com vida, preservar com esforço a sua identidade, conforme dirá com frequência, para impedir a perda do próprio ser (Laing, 1979). Desse modo, uma pessoa pode se autoagredir para se reconectar com seu corpo ou apenas sentir alguma coisa. Presenciei adolescentes que por sofrerem situações extremamente angustiantes, relataram uma espécie de dormência emocional, para eles, o corte na pele era uma maneira de verificar se ainda poderiam "sentir" dor; eles descreviam a automutilação como uma maneira de acordar de uma espécie de "dormência". Certa vez, uma paciente disse que somente conseguia se sentir viva nos momentos em que se automutilava, ao ver o sangue jorrar de seu braço.

A maioria das pessoas não entende como se machucar e ver o sangue minar, pode fazer a pessoa se sentir melhor, mas algumas teorias como as de Lundh et al (2012) e Suyemoto (1998) conceituam comportamentos autodestrutivos como uma necessidade de sentir uma dor física real em oposição a uma dor emocional avassaladora. Outros estudos apontam que os automutiladores são mais propensos a precisar de provas físicas de que suas emoções são reais ou mesmo capazes de serem toleradas.

Bem como a dificuldade de autorreflexão, a capacidade de comunicação também parece comprometida nos indivíduos automutiladores, a automutilação pode ser entendida como uma forma de comunicar um estado emocional a um plano físico, onde fará sentido. No acompanhamento psicológico de pacientes com comportamento de automutilação observamos que muitos deles apresentam dificuldade em expressar e verbalizar seu estado emocional. Para Sleuwaegen et al (2017), pessoas com comportamento de automutilação podem ter dificuldade em distinguir diferentes emoções como: raiva, ódio, ansiedade, tristeza, estresse, solidão e culpa, e ao senti-las como algo difuso experimentam um aumento da tensão interna a um nível insuportável, sendo assim, essas pessoas são impelidas a permitir a drenagem dessa tensão.

Há casos de jovens que ao experimentarem dor física e ou psíquica extremas, não conseguem comunicar ou refletir sobre seus sentimentos. Eles não desenvolveram estratégias que possam recorrer em uma crise, assim as dificuldades de expressão são superadas pelas marcas infrigidas na própria pele, sendo assim na automutilação, o corpo é usado como um meio de expressão, uma forma de comunicar os sentimentos, o corpo assume uma função de substituição à expressão verbal. Isso acontece com aqueles que não se atrevem a dirigir sua agressão contra os objetos externos, que originalmente desencadeiam a frustração e o sofrimento. Em vez disso, eles dirigem suas agressões e sentimentos de culpa para dentro e lutam consigo mesmos.

Na clínica, o psicologo frequentemente defronta-se com pacientes cuja queixa é um sentimento inominavel, indefinido, uma sensação de que suas vidas são completamente fúteis, algo assim como uma experiência caótica. Em minha experiência no auxilio e acompanhamento de pacientes que se automutilam não é diferente, muitos tem dificuldades em descrever as situações que os levaram a se cortar, não sabem dizer sequer que sentimentos experienciavam no momento, também podemos acrescentar que os jovens não parecem conseguir conversar com alguém sobre seu desespero para assim evitar a automutilação. "Se eu pudesse, eu viria falar sobre minha condição, mas não vejo outra maneira senão a de me cortar", me relatou um adolescente de 16 anos.

Parece-nos que as pessoas não estão mais acostumadas a lidar positivamente com a dor, assim como recomenda Nietzsche (1999): aquilo que não nos mata nos fortalece. A dor não faz mais parte de nossa vida cotidiana da mesma maneira que antes, talvez isto se deva aos avanços da medicina e da farmacologia que tornou possível remediar a dor, ou mesmo faze-la imperceptível. No entanto, devemos considerar que muitas pessoas que praticam a automutilação têm como principal objetivo sentir dor.

Partindo da hipótese de que a automutilação é um mecanismo de enfrentamento que encobre outros problemas subjacentes, como dificuldade de lidar com as emoções ou dificuldade expressão, pode-se supor que o indivíduo que praticou a automutilação e obteve alívio ao sofrimento torne a pratica-la novamente, dessa forma, pode-se dizer que se trata de um comportamento viciante. Klonsky (2007) sugere que o aumento das emoções negativas antes da automutilação é análogo aos sintomas de abstinência aversivos experimentados pelos usuários de drogas. Juntando-se a isso, somam-se os relatos de pessoas que dizem ser muito difícil resistir ao ato de se mutilar e outros que costumam dizer que são viciados em cortar o próprio corpo.

Devemos lembrar que a automutilação é um comportamento e não uma substância, então não se pode dizer que se trata de dependência física, assim como ocorre com o vicio em cocaína ou nicotina. A dependência física ocorre quando o corpo se torna tolerante a uma substância e reage negativamente quando essa substância é retirada, mas quando falamos em vicio em automutilação estamos descrevendo algo semelhante ao vício em compras, exercício físico ou em apostas, estamos falando de dependência psicológica.

Diferentemente da dependência física, que muitas vezes é descrita como incontrolável; onde o indivíduo perde o controle sobre seu corpo, a dependência psicológica, é controlável e pode ser gerenciada. Entretanto tanto a dependência física quando a psicológica tem um aspecto em comum, para Klonsky (2007), a automutilação é primariamente mantida por reforçamento negativo, especificamente pela redução de estados emocionais negativos aversivos. O reforço negativo também desempenha um papel significativo na dependência de drogas; por exemplo, substâncias podem ser usadas para aliviar estados de humor negativos ou para prevenir experiências físicas ou psicológicas negativas, como a abstinência.

A automutilação pode se tornar um hábito extremamente difícil de quebrar, por vezes, podem até ser desencadeada em um dia relativamente normal. Os indivíduos podem se automutilarem com maior frequência e mais severamente. A experiência clínica nos revela que os cortes na pele, a maneira mais comum de automutilação, são habitualmente progressivos em sua profundidade e tamanho. Embora a autoagressão seja difícil de conter ou parar, a maioria das pessoas que a praticam pode parar em algum momento. No entanto, não há "cura milagrosa" porque na maioria das vezes, o comportamento é sintomático de outro problema subjacente entre uma variedade de possibilidades.

Algumas pessoas até conseguem parar de se machucar sozinhas sem nunca procurar ajuda formal. Se persarmos que a automutilação é usada mais como um mecanismo de enfrentamento, sua prática terá maiores changes de cessar quando a pessoa encontrar outras maneiras de enfrentar os problemas. O mesmo efeito também pode ser obtido quando o indivíduo encontra formas mais adaptativas de desviar o foco do sofrimento emocional.

A automutilação pode também ser descrita como um sintoma da insatisfação do indivíduo com seu projeto existencial. O ato de ferir o próprio corpo consiste em um gesto de existência e todos os ataques contra si mesmo, todas as atitudes violentas e destrutivas, respondem a uma decepção que é compatível com uma vontade muito forte de existir de outra maneira. A agressão quando direcionada para si próprio sugere que nessas circunstâncias o indivíduo percebeu seu projeto fracassado de existência, falando em termos sartrianos: *Aquilo que eu fiz de mim está afetando a minha saúde*. Dessa forma, a automutilação é uma possibilidade da existência que traz consigo a falta de sentido e o fracasso no empreendimento de outras possibilidades, alguns podem dizer se tratar de uma doença, uma doença do existir, em uma frase: "a dor do existir".

A automutilação e a tentativa de suicídio

Embora o título deste livro se refira ao suicidio e aborde diferentes temas relacionados ao fato, ressalta-se que a automutilação e a tentativa de suicídio são tipos distintos de comportamento. As disparidades em suas características, motivações e objetivos subjacentes sugerem que diferentes abordagens são necessárias para uma intervenção. Algumas características pessoais distinguem aqueles que tentam cometer suicídio e aqueles que praticam automutilação, mesmo que rotineiramente os dois comportamentos sejam vistos, por leigos, como identicos. É comum que entre os não familiarizados com a automutilação conclua que se trata de uma tentativa de suicídio. Porém a falta de intenção suicida é uma das características definidoras da automutilação descritas pela Associação de Psiquiatria Americana (APA). Indivíduos que se automutilam geralmente buscam se sentir melhor, não acabar com a vida, enquanto que na tentativa de suicídio, como sabemos, as ações são realizadas com alguma intenção de acabar com a vida (Paul, 2013).

A definição e classificação do comportamento autodestrutivo é, muitas vezes, confusa, sendo de extrema importância identificar as diferenças entre um ato de automutilação e um ato suicida. É necessário salientar ainda, que, apesar de citarmos com frequência os cortes na pele, há muitos outros métodos de autoflagelação: queimaduras, chicoteio, enforcamento e, que devido à seriedade dos danos, podem dar a impressão de que o indivíduo tenha a intenção de morte. Todavia, para lidar e gerenciar efetivamente esses dois tipos de comportamento é necessário uma compreensão apropriada dos fenômenos e não perder de vista que a concepção erronea de que automutilçao e suicidio são semelhantes é justamente por denotarem ações altamente estigmatizadas pela sociedade.

Ainda que a automutilação e tentativa de suicídio não sejam fenômenos semelhantes, há uma correlação entre ambas. As pessoas que praticam automutilação têm um risco maior de suicídio do que aqueles que não o fazem, dito isso, é importante observar que indivíduos com histórico de automutilação correm maior risco de pensamentos, gestos e tentativas de suicídio e, por isso, precisam ser avaliados quanto ao risco. É importante lembrar que, assim como exposto, tanto a automutilação como a tentativa de suicídio são comportamentos que indicam sofrimento subjacente e que podem decorrer da tentativa frustrada de mitigar tal sofrimento.

A percepção psicoterapêutica moderna compreende que a automutilação não é mais vista como uma tentativa frustrada de suicídio, mas sim como forma de extirpação do sofrimento ou mesmo uma forma de "escapismo" a fim de evitar o suicídio. A autoagressão serve como uma estratégia de regulação emocional que se torna falha quando o indivíduo não consegue mais reduzir a tensão interior, aumentando assim o risco de suicídio. Como um desenvolvimento adicional desta perspectiva, Suyemoto (1998) argumenta que a automutilação dá ao indivíduo a ilusão de ser capaz de controlar a morte.

Um paciente dizia que a automutilação o fazia evitar uma tentativa de suicídio, e chegou a dizer que, por vezes, ela o salvou. No entanto, em uma das ocasiões, mesmo os cortes dos braços e das pernas não foram suficientes para aplacar o turbilhão de sentimentos que o atormentava, e nesse dia ele tentou suicídio por ingestão de medicamentos. Sendo assim, é perfeitamente possível dizer que alguém que pratica a automutilação também possa ser suicida. E, não são poucos os relatos de que a automutilação funciona como um meio de resistir a impulsos suicidas, e que confirmam as teorias de Klonsky e Muehlenkamp (2007) de que a automutilação pode estar relacionada à regulação do afeto, aliviando a intensidade das emoções negativas que levam alguém a tentar o suicídio.

A experiência clínica revela que grandes partes das tentativas de suicídio acontecem após a automutilação ser descoberta por outras pessoas, no caso dos adolescentes, especialmente quando os pais descobrem as lesões. Uma de minhas pacientes diante das reprimendas dos pais, após ser "descoberta" realizando novos cortes, faz uma espécie de pacto com a mãe; um pacto de não se mutilar, porém depois de dois dias, a adolescente tentou suicídio. Quando a questiono sobre o pacto, ela revela que este consistia em não mais desferir cortes nos braços ou nas pernas; em resumo, tinha prometido a mãe que não se mutilaria, porém o pacto não incluía o suicídio.

Na grande maioria das vezes as pessoas que tentam suicidio querem arrancar o sofrimento e joga-lo pra fora de si, à morte é preferivel ao sofrimento.

Em contrário a essas observações Schopenhauer (2001) vai dizer que: o que tememos na morte não é a dor, pois preferimos suportar os mais cruéis sofrimentos para subtrair-nos um instante que seja a uma morte que, seria pronta e fácil, o que tememos na morte é efetivamente a destruição do indivíduo.

E, se para Schopenhauer, o indivíduo se resume em "vontade de viver", esse tenderá sempre a se rebelar com todo seu ser contra a morte em qualquer situação. Isso nos coloca num impasse: se alguns preferem morrer a sofrer, e outros continuar vivendo mesmo que isso signifique sofrer, então, como podemos compreender os fenômenos da automutilação e do suicídio? É Nietzsche quem explica, aos seus olhos, a morte e a dor são duas coisas distintas, mas que se assemelham por exigirem uma significação. Em *Crepúsculo dos ídolos* (2009), o filósofo justifica que é uma tendência humana perceber o sofrimento e tentar atribuir-lhe alguma causa, buscando dar significado a dor. O mesmo ocorre no caso da vida e da morte, Nietzsche (2009, p. 2) pondera que "(...) quando se possui o 'porquê?' da vida, então se suporta quase todo 'como?'", ou seja, o indivíduo que encontra significado para sua vida é capaz de enfrentar qualquer sofrimento. Assim, tanto o sofrimento quanto à vida necessitam ser significadas de forma que o indivíduo não precise recorrer nem a automutilação nem ao suicídio.

Nesse sentido, Frankl (1979) recomenda que como uma espécie de primeiro apoio às pessoas que buscam significado para seu sofrimento e para o sofrimento do mundo, consiste em dizer-lhes que a aparente falta de sentido da vida não é um motivo de vergonha, mas pelo contrário motivo de orgulho. É uma descoberta humana, porque é um privilégio do homem não admitir a priori que a vida tenha um significado, mas antes de tudo, ousar questionar esse significado. É também privilégio do homem o fato de não se limitar apenas a buscar o significado, mas ir além, questionar e desafiar o sentido da vida.

A implicação clínica consiste em ajudar a pessoa a atribuir algum significado à sua aflição pessoal, dizer ao paciente que busca ajuda que ele não é uma pessoa doente, mas uma pessoa como eu, ou como qualquer outro. Em resumo, uma das melhores maneiras de lidar com a automutilação é não negar o ato, mas acolher o sofrimento.

Referências

ANGERAMI, V. A. Psicoterapia e subjetivação: uma análise de Fenomenologia, emoção e percepção. São Paulo: Pioneira Thonsom, 2003.

CAMUS, A. *O mito de Sísifo*: ensaio sobre o absurdo. Rio de Janeiro: BestBolso, 2012.

EPICURO. *Carta a Meneceu*. São Paulo: UNESP, 1997.

FAVAZZA, A. R.; ROSENTHAL, R. J. Diagnostic issues in self-mutilation. *Journal Article: Hospital and Community Psychiatry*. v. 44, n. 2, 1993.

FRANKL, V. E. A Falta de Sentido da Vida: Um Desafio Para o Psicólogo. In: MILLON, T. *Teorias da psicopatologia e personalidade*. Rio de Janeiro: Interamericana, 1979.

GOETHE, J. W.. *Os sofrimentos do jovem Werther*. São Paulo : Martin Claret, 2000.

HEIDEGGER, M. *Ser e tempo*. Petrópolis: Vozes, 1988.

KIERKEGAARD, S. *O desespero humano (Doença até a Morte)*. Coleção Os Pensadores. Rio de Janeiro: 1979.

KLONSKY, E. D.; MUEHLENKAMP J. J. Self-Injury: a research review for the practitioner. *Journal of Clinical Psychology*, v. 63, p. 1045-1056, 2007.

KLONSKY, E. D. The Functions of Self-Injury in Young Adults Who Cut Themselves: Clarifying the Evidence for Affect-Regulation. *Psychiatry Research*, v. 166, p. 2-3, 2009.

LAING, R. Insegurança ontológica. In: MILLON, T. *Teorias da psicopatologia e personalidade*. Rio de Janeiro: Interamericana, 1979.

LUNDH, Lars-Gunnar; BJÄREHED, Jonas; WÅNGBY-LUNDH, Margit. Poor Sleep as a Risk Factor for Nonsuicidal Self-Injury in Adolescent Girls. *Journal of Psychopathology and Behavioral*, v. 35, n. 10, 2012.

MAY, R. Psicologia existencial. In: MILLON, T. *Teorias da Psicopatologia e Personalidade*. Rio de Janeiro: Interamericana, 1979.

MERLEAU-PONTY, M. *A fenomenologia da percepção*. São Paulo: Martins Fontes, 1999.

MILLON, T. *Teorias da psicopatologia e personalidade*. Rio de Janeiro: Interamericana, 1979.

NIETZSCHE, F. W. *Assim falava Zaratustra*. São Paulo : Martin Claret, 1999.

NIETZSCHE, F. W. *A Gaia Ciência*. São Paulo : Companhia das Letras, 2001.

NIETZSCHE, F. W. *Crepúsculo dos ídolos*. Porto Alegre: L&PM, 2009.

SEIXAS, R. *Todo mundo explica*. Rio de Janeiro: Gravadora WEA, 1978.

SARTRE, J. P. *O existencialismo é um humanismo*. São Paulo: Vozes, 2012.

SCHOPENHAUER, A. *O mundo como vontade e representação*. Rio de Janeiro: Contra Ponto Editora, 2001.

SLEUWAEGEN, E. et al. The relationship between non-suicidal self-injury and alexithymia in borderline personality disorder: "Actions instead of words". *Compr Psychiatry*, v. 77, p. 80-88, 2017.

SUYEMOTO, K. L. The function of self-mutilation. *Clinical Psychology*, v. 18, n. 5, p. 531-54, 1998.

PAUL, H. Treating Self-Injury: A Practical Guide, by B. W. Walsh. Child & Family Behavior Therapy, v. 35, p. 271-278, 2013.

WALSH, B. W.; ROSEN P. M. *Self-Mutilation*: theory, research, and treatment. New York: The Guilford Press, 1988.

CAPÍTULO 7

Bullying e suicídio: da violência à autodestruição

Maria Cleonice Bento Almeida

Introdução

O presente capítulo consiste em apresentar uma discussão acerca das implicações inquietantes sob a perspectiva de uma diversidade de estudos envolvendo a temática em questão. Trata-se de contribuições em torno de dois fenômenos, *bullying* e suicídio, ambos de caráter universal, considerados mundialmente como uma questão de saúde pública. É preciso falar de violência para compreender o que é *bullying*. Não se trata de um tema recente, o que há de novo são algumas terminologias criadas para classificar seus inúmeros tipos. A violência, como pontua Angerami (2017), não é algo que se manifesta de forma isolada, ou seja, esta se constitui a partir de um conjunto de variáveis.

Nesse sentido, tal fenômeno pode ser entendido como resultado dos processos históricos, políticos, econômicos e sociais que se perpetuam ao longo da história da humanidade. A violência é socialmente constituída e introjetada, trata-se de uma criação meramente humana que revela o modo singular de cada sujeito se posicionar diante de uma dada realidade. Os meios pelos quais cada um responde àquilo que o outro propõe referem-se ao seu processo de subjetivação, isto é, responder a violência com outra manifestação de violência é uma forma de reproduzir no real uma criação do imaginário pelo viés dos significantes.

O *bullying* é nada mais que uma manifestação de violência que apresenta características peculiares. Tal fenômeno vem sendo estudado por diversos profissionais nas mais variadas áreas do conhecimento. Teoricamente, o termo *bullying* tem origem inglesa, *bully*, traduzido como “valentão”, “tirano”, “brigão” (Silva, 2015). Conforme dados da Associação Brasileira Multiprofissional de Proteção à Infância e à Adolescência (ABRAPIA, 2003), os primeiros trabalhos envolvendo a temática foram realizados pelo professor Dan Olweus, na Universidade de Bergen, Noruega.

O interesse do pioneiro pela problemática se deu a partir das investigações dos casos de suicídio ocorridos entre adolescentes na década de 80 do século passado. Suas pesquisas revelam que parte desse público havia sido exposta a alguma forma de violência no contexto escolar. A articulação de seu trabalho junto às Universidades levou à criação de campanhas anti-*bullying* e estudos similares em vários países. Como exemplo, o Japão, que conforme assinala Isolan (2014), após uma gama de suicídios relacionados ao *bullying*, levou ao ressurgimento e à continuação das pesquisas até os dias atuais.

Na prática, Beane (2010) utiliza o termo *bullying* para descrever uma variedade de comportamentos agressivos que ocorrem de maneira intencional, persistente e dolorosa, que podem afetar negativamente o corpo, a saúde emocional, os relacionamentos, a reputação e o status social do sujeito. Sob este ponto de vista, pode-se dizer que o *bullying* configura-se como um conjunto de atitudes agressivas, intencionais, que ocorrem de modo repetitivo e sem uma motivação evidente, praticado por uma pessoa ou grupo contra o outro, causando um sofrimento de dor e angústia.

É certo que "(...) o *bullying* enfraquece a mente, coração, corpo e espírito" (Beane, 2010, p. 202). E, como tal, é responsável pelo adoecimento físico e mental dos envolvidos e, visto como uma atitude autodestrutiva que pode colocar o sujeito em risco iminente de perder a vida. Sua associação com o suicídio é condicionada à forma como cada pessoa lida com as consequências que este provoca na vida do ser.

O *bullying*, cuja violência se expressa por meio de atos violentos, pode se manifestar de modos distintos, podendo ser direta ou indiretamente. Corroborando com essa afirmativa, Isolan (2014) argumenta que as manifestações do *bullying* podem ser classificadas como diretas quando há agressões físicas, apelidos, roubos, ameaças, ofensas verbais ou expressões, enquanto o *bullying* indireto apresenta-se como difamação, atitudes de indiferenças, exclusão e isolamento e, ainda, na contemporaneidade, como *cyberbullying*, cometido via internet através de recursos tecnológicos.

Os estudiosos Beane e Silva (2010-2015) assinalam que as agressões surgem de formas variadas, a saber: física, incluindo (bater e ferir), verbal (xingar, insultar, ameaças de intimidação, comentários insultuosos e humilhantes), psicológica ou moral como (humilhar, isolar), social e relacional (destruir e manipular relacionamentos, excluir o sujeito de um grupo social, constrangimento e humilhação), sexual (assediar, abusar), e o *cyberbullying* (calúnias e maledicências).

Consequentemente, todas as formas de *bullying* são consideradas graves, por causar consequências imediatas e tardias, podendo permanecer de curto ao longo prazo na vida do sujeito. As experiências traumáticas vivenciadas pelas vítimas são difíceis de serem superadas: quando a violência é intensa e recorrente a vítima pode desenvolver comportamento de regressão ficando vulnerável a vários tipos de problemas que vão desde pessoais até os de ordens sociais e profissionais. As intimidações físicas e verbais podem muitas vezes deixar sequelas irreversíveis.

Suicídio e suas configurações

O suicídio configura-se como um ato de autodestruição e envolve um conjunto de fatores. Este fenômeno é identificado pela Organização Mundial de Saúde (OMS, 2012, p. 25) como "(...) uma condição prioritária globalmente". Trata-se de um fenômeno universal complexo que vem se destacando em nível mundial pelo crescente número de fatos que ocorrem todos os dias. Em outras palavras, "(...) a cada ano, praticamente um milhão de pessoas morrem por suicídio em todo mundo. O suicídio continua sendo um problema significativo social e de saúde pública" (OMS, 2012, p. 7). O suicídio existe desde os primórdios da história da humanidade e tem provocado uma extensa discussão entre diferentes profissionais das variadas áreas do conhecimento.

Diversos estudiosos debruçam sobre a temática na busca de implementação de medidas preventivas e ações efetivas para o fenômeno em questão. Em seus estudos, Angerami (2017) enfatiza que o suicídio acontece em todo o mundo e atinge a todos sem qualquer distinção. Ainda segundo o referido autor, teoricamente o suicídio vem desafiando todos que buscam de alguma forma o seu desvelamento, uma vez que nada se sabe o que está por trás dos atos de autodestruição, o que há de fato são fatores que funcionam como indicadores de risco que, quando associados, deixam o sujeito suscetível ao suicídio. Compreendido como um ato que possui características próprias, o suicídio apresenta configurações difíceis de decifrar. Em outras palavras,

> A inexistência de explicação universal para o ato suicida torna necessário, para compreendê-lo, levar em conta a associação de três fatores: os precipitantes (normalmente atuais e externos ao sujeito), os internos (relacionados à sua história de vida e aos transtornos mentais preexistentes) e o contexto sociocultural do ato. (CFP, 2013, p. 31)

Seguindo essa linha de raciocínio, pode-se dizer que o exercício de desvencilhar o comportamento suicida é desafiador, visto que não há uma verdade única e absoluta que justifica os motivos que levam o sujeito a cometer suicídio, ou seja, é errôneo afirmar que existe uma causa específica que justifica a autodestruição. Conforme as palavras de (Durkheim, 1969 apud Angerami, 2017, p. 31) "(...) o suicídio é a trágica denúncia individual de uma crise coletiva". Sob esse ponto de vista, pode-se dizer que o suicídio é um desfecho trágico resultante de um processo de sofrimento que envolve fatores individuais, sociais, culturais. A própria configuração do fenômeno denuncia essa realidade.

O homem é um ser sócio-histórico, que se constitui a partir das relações que estabelece com o meio. Ao levar em consideração sua dimensão existencial, denota-se que a própria concepção de suicídio deve estar atrelada às condições multifatoriais que compõem a realidade na qual o sujeito se encontra inserido.

Seguindo o viés multifatorial, a Organização Mundial de Saúde (OMS, 2012) descreve que os impactos causados pelo suicídio se devem aos fatores de risco individuais, socioculturais e situacionais, como se pode verificar no quadro a seguir.

Individuais	Sócioculturais	Situacionais
• Tentativa anterior de Suicídio • Distúrbio mental • Abuso de álcool e drogas • Desesperança • Senso de isolamento • Falta de apoio social • Tendências agressivas • Impulsividade • Histórico de trauma ou abuso • Agonia emocional aguda • Doenças físicas ou crônicas importantes, incluindo dor crônica • Histórico familiar de suicídio • Fatores neurobiológicos.	• Estigma associado ao comportamento de auto busca • Barreiras ao acesso de tratamento de saúde, especialmente saúde mental e tratamento de abuso de substâncias • Certas crenças culturais e religiosas, (por exemplo, a crença de que o suicídio é uma solução nobre de um dilema pessoal) • Exposição a comportamentos suicidas, incluindo através da mídia, e influência de outros que morreram por suicídio.	• Perdas de emprego e financeiras • Perdas relacionais ou sociais • Fácil acesso a meios letais • Grupos locais de suicídio que têm uma influência contagiosa • Eventos estressantes na vida.

Fonte: Organização Mundial de Saúde (OMS, 2012)

Ressaltando que embora os fatores descritos acima sejam utilizados como indicadores de prevalência de suicídio, torna-se importante considerar as especificidades de cada caso, ao contrário correria o risco de cair no determinismo que, consequentemente, levaria à generalização dos fatos. Diante das questões que se apresentam, nota-se que os fatores de risco funcionam como disparadores que, em linhas gerais denunciam um profundo sentimento de dor e desespero.

Nesse sentido, "(...) é importante compreender o sofrimento para entender como se chega ao ato do suicídio" (CFP, 2013, p. 26). Diante de tal constatação, é correto falar que apesar de uma aparente semelhança cada sujeito é único, o jeito como cada um é afetado pelas mazelas da vida varia de acordo com as suas particularidades e singularidades. A forma como cada pessoa lida com as suas angústias é subjetiva, isto é, cada um utiliza seus próprios recursos na tentativa de resolver seus conflitos intrapsíquicos. Sua maneira de conviver com o sofrimento é inerente ao modo como cada um constrói seu processo de subjetivação.

A causa aparente que a pessoa julga ser a causadora do seu comportamento suicida funciona como uma capa protetora, a qual o sujeito utiliza como recurso superficial na tentativa de se proteger do sofrimento que coloca em risco a sua existência. Não é raro ouvir alguém dizer que fulano suicidou-se devido ao desemprego, relacionamentos familiares conflituosos, problemas conjugais, etc. Angerami (2017, p. 37), corrobora dizendo que "(...) não existe *causa* para a tentativa de suicídio, ou mesmo o suicídio consumado. O que provoca os atos envolvendo suicídio é a total falta de sentido para vida".

Em um dado momento da vida, é possível que o sujeito venha a experimentar um vazio existencial que para muitos se torna uma situação de sofrimento insuportável. Nessa perspectiva, o suicídio é entendido como "(...) uma manifestação humana, uma forma de lidar com o sofrimento, uma saída para livrar-se da dor de existir. Por essa razão, considero o suicídio uma carta na manga, isto é, aquilo de que o sujeito pode dispor quando a vida lhe parecer insuportável" (CFP, 2013, p. 31). Sendo assim, a pessoa busca diversas formas para lidar com aquilo que não está dando conta de suportar e nesse momento muitos podem apresentar comportamento suicida e virem até a cometer suicídio.

Bullying e associação com o comportamento suicida

Ao adentrar na problemática, fazendo uma associação entre *bullying* e suicídio, torna-se imprescindível pontuar que ambos não se tratam de um tema da atualidade, o que há de novo é a propagação da notícia dos casos ocorridos, isso se dá devido ao acesso fácil e rápido dos recursos tecnológicos e midiáticos. De dimensão social, ambos se manifestam como um ato de violência, um contra si próprio, e o outro contra o próximo. No ponto em que se convergem, destaca-se que "(...) a violência e o suicídio são fatores interligados de uma mesma manifestação, o desespero humano" (Angerami, 2017, p. 48).

De particular relevância é a relação entre as consequências decorrentes do *bullying* e a manifestação do comportamento suicida. Associar o *bullying* ao suicídio é compreensível na medida em que se entende que a exposição à tal violência afeta negativamente a vida do sujeito. Diante da dificuldade de enfretamento e superação das situações traumáticas o sujeito passa a vivenciar um estágio de sofrimento profundo, ficando suscetível ao comportamento suicida e vindo até a cometer suicídio.

O *bullying* assume seu lugar em qualquer contexto, como o familiar, o escolar e nas organizações de trabalho. Muitas vezes esse fenômeno começa a se manifestar em casa, cuja violência se caracteriza como agressões físicas, verbais, psicológica, atitudes de rejeição e rotulação. A família constitui parte fundamental no processo de socialização do sujeito, visto que ela é considerada o grupo primário onde o sujeito desenvolve e estabelece as primeiras relações sociais. Um ambiente que deveria ser uma fonte de cuidados passa a ser conflituoso e violento.

Nesse cenário, não é incomum a existência de atos de violência dos pais direcionados aos filhos, pois há uma idealização destes na projeção dos seus sucessores, conservando uma falsa crença que todos devem crescer e desenvolver na mesma proporção, especialmente em níveis intelectuais, habilidades pessoais e afetivas.

Quando o sujeito não responde ao esperado pelo o outro, na maioria das vezes passa a ser tratado com desigualdade dentro do próprio lar, sendo constantemente constrangido, humilhado e rotulado. Consideravelmente, esses pais desejam que seus filhos sejam aquilo que eles não conseguiram realizar, principalmente no que se trata de realizações pessoais e profissionais.

Quando a vítima do *bullying* é escolhida dentro de casa, esta passa a ser constantemente desqualificada através de frases ofensivas como "você não serve para nada", "inteligente é seu irmão que sabe fazer de tudo", "você envergonha nossa família", etc. Situações envolvendo postura de rejeição e/ou ser tratado com indiferença em relação aos outros membros contribuem para que o sujeito tenha dificuldades nos relacionamentos interpessoais, levando ao desenvolvimento de comportamento agressivo e intolerante, reproduzindo em outros contextos as experiências traumáticas vivenciadas no seio familiar.

Nesse microssistema de valores chamado família, o sujeito carrega consigo uma necessidade de pertencimento e de ser aceito em tal grupo. Quando há um rompimento de vínculos, há, também, a perda da referência na qual o sujeito ideologicamente se sustenta, e em meio a esse conflito há probabilidade de o sujeito buscar alguma estratégia como alternativa para suprir essa necessidade de completude que, a essa altura, já o colocou diante de um quadro de total desamparo, desesperança e desespero. Nesse caso, o suicídio ocupa um lugar de solução do problema familiar que insiste em causar tamanho sofrimento.

Tratando-se de *bullying*, nas organizações de trabalho não é diferente, cuja violência extrema se configura como situações constrangedoras e humilhantes, nas quais a pessoa se torna vítima de um jogo de poder. O *bullying* nas organizações de trabalho pode ocorrer de forma individualizada ou coletiva, sendo praticado ou recebido pelo sujeito ou pelo grupo que compõe os segmentos desse espaço.

Assediar, abusar, humilhar, desqualificar, culpar e inferiorizar de maneira recorrente e prolongada são algumas características atribuídas ao *bullying* no ambiente de trabalho. Nesse âmbito, é comum ouvir relatos dos sujeitos dizendo que irão sair do emprego devido à constante exposição em situações humilhantes e desrespeitosas, vindas de colegas que praticam o abuso das relações de poder para desqualificar os demais. Dessa forma, há um jogo de poder envolvido no autoritarismo dos agressores.

A cultura e o clima organizacional direcionam os modos pelos quais as pessoas se relacionam nos espaços organizacionais. Quando as relações de poder se tornam tóxicas, as consequências causam graves danos à saúde física e mental do trabalhador, deixando-os em condições insustentáveis de continuar o trabalho e/ou dividir o mesmo espaço que os agressores. As organizações de trabalho são sistemas complexos e envolvem um conjunto de elementos que correspondem aos seus modos de funcionamento. Nesse espaço, circulam pessoas com valores pessoais e culturais distintos, o que podem causar um conflito disfuncional, isto é, um confronto das divergências e particularidades inerentes ao modo de se posicionar de cada um.

Como é sabido, o trabalho é considerado como um fator de socialização, isto é, existe um sentido psicossocial atribuído a este. Por meio do trabalho, o homem se autoproduz, desenvolve suas habilidades e potencialidades. Sob este ponto de vista, pode-se dizer que o trabalho possibilita que o homem se relacione com seu meio e consigo mesmo, o que exige que as organizações enquanto mediadoras dessas relações proponha a oferta de um ambiente saudável que garanta o bem-estar de seus colaboradores.

A exposição do trabalhador a situações estressantes, constrangedoras e humilhantes, de forma recorrente e prolongada, leva ao rompimento de vínculos sociais, isolamento, desgastes emocionais e físicos. Para muitos, o trabalho é visto como uma questão de dignidade, quando a violência ameaça a identidade profissional, o sujeito entra em um processo de luto da perda dos ideais de valores morais, se sentindo inútil. E, como tal, reconhece que a culpa é inteiramente sua pelo seu fracasso profissional. Logo, começa a faltar no trabalho, seguido de um longo período de afastamento por atestado médico.

A violência e/ou *bullying* no ambiente de trabalho afeta negativamente os diferentes aspectos da vida do sujeito, podendo desencadear uma série de problemas de saúde, entre os quais se encontram os distúrbios emocionais e transtornos mentais, potencialmente reconhecidos como fatores de risco para o comportamento suicida, bem como para o suicídio consumado.

Na escola, o *bullying* é responsável por condutas agressivas, ora praticadas pelos alunos, ora pelos professores e demais atores que compõem tal cenário. Assim, como enfatiza o Conselho Nacional de Justiça (CNJ, 2010), a escola tem um papel corresponsável nos casos de *bullying*, uma vez que é nesse contexto que os comportamentos agressivos e transgressores se manifestam ou se agravam.

O combate a esse tipo de violência deve ocorrer assim que o fenômeno se manifestar a fim de impedir a proliferação e evitar danos à vida dos sujeitos envolvidos. Nas palavras de Silva (2015, p. 123), "(...) Inúmeros suicídios, assassinatos e lesões corporais graves entre adolescentes poderiam ser evitados se houvesse uma política séria de enfrentamento dos casos de *bullying*".

A omissão da escola frente à realidade reforça a impunidade e pode, muitas vezes, aumentar a criminalidade infanto-juvenil, que vai se proliferando e causando impactos que afetam negativamente tanto à vítima, quanto a seus familiares e a todos em seu entorno. As situações traumáticas de violência e humilhação às quais a vítima é exposta geram conflitos que podem levar o sujeito a condições de total desamparo e desespero, e nesse momento a pessoa recorre ao suicídio como recurso para dar um fim no sofrimento. Nesse caso, como salienta Silva (2015, p. 31), o suicídio ocorre "(...) quando os jovens-alvo não conseguem suportar a coação dos seus algozes. Em total desespero, essas vítimas lançam mão de atitudes extremas como forma de aliviar o sofrimento".

Estudos revelam que há uma prática recorrente dessa violência no ambiente escolar, que tem trazido momentos de muita angústia, causando distúrbios emocionais, dificuldades de aprendizagem, isolamento social, danos às relações afetivas, transtornos mentais e doenças psicossomáticas e, em alguns casos, deixando sequelas que levam a tentativas de suicídios e até mesmo o suicídio consumado. A gravidade do problema ultrapassa os muros da escola e se espalha por onde há relações humanas, causando adoecimento e destruindo os laços sociais.

É comum que a constante exposição de situações constrangedoras e humilhantes façam com que a vítima passe a sentir muita vergonha. Nesse caso, a vergonha deixa de ser saudável, se tornando patológica e/ou tóxica. A essa altura, o sujeito já apresenta um comportamento de inferioridade, culpa, sigilo, inibição, retraimento negação e ausência em contextos sociais. Além disso, está presente o receio de contar ao outro o que está acontecendo, por medo de ser reprimido ou negado em razão de sua suposta fraqueza. O elemento prejudicial é parafraseado por Beane (2010, p. 195-196), como uma "vergonha tóxica".

- A vergonha tóxica faz um indivíduo se sentir intrinsecamente inútil.
- A vergonha tóxica dá ao indivíduo uma sensação de fracasso, de inferioridade.
- A vergonha tóxica é devastadora porque expõe o fracasso do indivíduo para ele mesmo.
- A vergonha tóxica é um tormento interior, uma enfermidade da alma.
- As pessoas reconhecem prontamente culpa, dor ou medo antes de admitirem vergonha.
- A vergonha tóxica é um sentimento de isolamento e solidão.
- Uma pessoa tomada pela vergonha é atormentada por um sentimento de ausência de vazio.

Essa vergonha tóxica, como descreve o referido autor, pode levar o indivíduo a ferir a si mesmo e à automutilação, à ideação suicida ou até a cometer suicídio. Esse tipo de sentimento está presente praticamente em todas as vítimas de suicídio.

A interação de fatores internos e externos funciona como disparador de tantas outras questões que se encontram ocultas no desfecho dos casos de suicídio.

Automutilar, idealizar, suicidar e o desejo de sobreviver. É esse sentimento de ambivalência que compõe o enredo da vida de quem pensa em se autodestruir. Que alternativa buscar quando o total desespero invade o ser? A resposta é enigmática, pois ninguém tem garantia como irá reagir quando estiver dentro da situação.

O estudioso Angerami (2017) dispõe de uma rica contribuição dizendo que o suicídio é uma alternativa à vida, ou seja, muitas pessoas buscam o suicídio como uma forma de sair da dor e do desespero, recorrem a recursos que se aproximam ou levam à morte como uma saída para livrar do sofrimento que o atormenta. Mesmo diante de tais circunstâncias, o que a pessoa menos deseja é acabar com a própria vida. Trazendo essa realidade para os casos de *bullying*, Beane (2010, p. 30) relata que, conheceu "(...) vários estudantes que se cortaram. Eles me disseram que se cortaram para aliviar a dor causada pelo *bullying* ou para provocar uma dor física que pudesse minimizar a dor em seu coração".

Nem todas as vítimas de *bullying* tentam ou cometem suicídio. Assim, a associação desses dois fenômenos fica condicionada à maneira como cada sujeito se apresenta diante da condição de vítima. Algumas pessoas buscam ajuda, traçam estratégias de enfrentamento e conseguem se superar.

Algumas considerações

Historicamente, o suicídio advém de uma extensa trajetória, experiências dolorosas e conflitos interpessoais. A somatória de fatores internos e externos que o cerca causa adoecimento e o rompimento de laços sociais. A concepção do fenômeno ultrapassa a lógica das teorias, tornando uma árdua tarefa a busca pelo seu entendimento conceitual. De difícil compreensão, o suicídio não se restringe à identificação sintomática, nem tampouco na mera classificação de fatores, suspendendo o termo genérico da categorização dos fatos e se atendo às especificidades do caso a caso.

O sofrimento é inerente à condição humana, condição esta que para muitos se torna insuportável. Como dito anteriormente, a decisão de acabar com a própria vida não está atrelada a uma única experiência vivenciada pelo sujeito. O que há na realidade é a interação de fatores interno e externos que, em suma, sufoca e autodestrói. O que está por trás dos atos de suicídio é na verdade a busca desesperadora pelo fim do sofrimento que o invade. Muitos estudiosos afirmam que algumas pessoas possuem predisposição para cometer suicídio, desde que estas apresentam algum fator risco.

A vida cotidiana é cercada de desafios, é provável que em dado momento da existência o ser humano experimente alguma situação conflituosa, bem como será exposto a algum tipo de violência. A configuração de violência é utilizada aqui para falar do fenômeno denominado *bullying* que, na prática, se trata de um conjunto de atitudes agressivas expressas por meio de ataques violentos. Como é sabido, a exposição a situações violentas deixa sequelas que variam de leve, moderada a grave, de curto a longo prazo na vida do sujeito.

A forma como cada um lida com essas consequências é subjetiva. Nesse caso, não se trata de uma escolha e, sim, do que fazer com aquilo que te pertence mas não é somente seu, ou seja, ter uma carga pesada demais para carregar sozinho. Levando em consideração que o ser humano é um ser faltante e busca a todo custo por algo que preenche essa falta, a questão é quando se esgota a possibilidade de busca do sentido da vida, na ilusão que aquele objeto que tanto busca o fará completo.

A autodestruição se configura como uma construção subjetiva que, se manifesta de acordo com as particularidades e singularidades de cada sujeito, suas vivências e experiências internalizadas ao longo de sua existência. Cada ser humano utiliza recursos internos para responder de forma pragmática aquilo que o olhar do outro impõe sobre o seu ser no mundo.

Quando o sujeito recorre ao suicídio, este já se encontra no ápice do desespero, chegando a atitudes extremas na tentativa de sair do quadro de sofrimento que se encontra. Na verdade, se existem alternativas que atendam seu pedido de socorro, o fato é que, quando os mecanismos de defesa não funcionam, a vítima sente que não tem outra escolha, a não ser dar um fim na própria vida.

A fragilidade em que a vítima de *bullying* se encontra leva ao desenvolvimento de um sentimento de culpa e raiva de si mesmo. O medo autodestrutivo torna-se um agravante que o bloqueia e paralisa, impossibilitando a busca de ajuda, se tornado refém da tua própria dor. Nesse caso, o suicídio, além de expressar o desespero, se apresenta como uma alternativa que a vítima em particular encontra para lidar com a dor, vergonha, humilhação, culpa, perda da autonomia, repressão e negação. Diante de total desespero, a vítima busca o suicídio como uma forma de enfrentamento da situação, com a finalidade de minimizar o sofrimento.

Dentro desse enfoque, torna-se relevante ressaltar que a repetição de alguns elementos contidos no presente trabalho é intencional. Visa chamar a atenção para magnitude dos dois fenômenos em questão. A conjuntura desses é extremamente alarmante. *Bullying* e suicídio se inserem em lugar polêmico, o social. Por se tratarem de problemas de ordem social, faz-se necessário combater no coletivo. De disseminação rápida e altamente perigosa, coloca em risco a vida das pessoas, em razão disso tornou-se uma séria questão de saúde publica. É possível salvar e preservar vidas desde que o problema seja encarado com seriedade por todos.

No bullying, assim como no suicídio, não se trata de causas isoladas e restritas, mas de causas que se manifestam em ação conjunta com uma somatória de variáveis. Os tempos mudaram, junto com as mudanças surge a necessidade de novos balizamentos acerca de tais fenômenos, em que alguns elementos já não devem mais ser considerados como parâmetros. Tais formas de violência em esfera mundial atingem todas as camadas sociais e suas consequências drásticas podem custar vidas.

Estamos enfrentando dois problemas emergentes alarmantes, que dispensam números e categorização se nada for feito em termos técnicos e práticos no sentido de propor soluções que visam prevenir e impedir que mais vidas sejam destruídas em decorrência de tais problemas. A situação é grave e se torna ainda mais complexa quando não se atentam à situação que clama por socorro. Os danos causados pelo *bullying* e pelo suicídio são em muitos casos irreparáveis.

Família, escola e organizações são lócus privilegiados, onde as relações sociais emergem. Buscar alternativas para o enfrentamento e a prevenção dos fenômenos em questão é de responsabilidade de todos, tornando-se presentes e conhecedores dessa realidade que os cercam. O combate à violência é um desafio, o trabalho é árduo, requer cuidados, manejos técnicos, mudanças de estratégias e flexibilidade de planejamento. É preciso exercitar as habilidades e competências para fazer uma leitura ampliada e contextualizada das resistências e interpenetrações de diferentes forças. Em linhas gerais, é preciso saber lidar com as forças instituídas e atravessamentos, sejam eles de caráter moral ou normativos, que sustentam os referidos sistemas de valores.

Referências

ANGERAMI, Valdemar Augusto. *Suicídio*: uma alternativa à vida: fragmentos de psicoterapia existencial. Belo Horizonte: Ed. Artesã, 2017.

ASSOCIAÇÃO BRASILEIRA MULTIPROFISSIONAL DE PROTEÇÃO À INFÂNCIA E À ADOLESCÊNCIA (ABRAPIA). *Programa de redução do comportamento agressivo entre estudantes*. ABRAPIA, 2003. Disponível em: <http://www.acterj.org.br/downloads/arquivo/doc-154.pdf>. Acesso dia 29 de Novembro 2018.

BEANE, Allan L. *Proteja seu filho do Bullying*. Rio de Janeiro: Ed. BestSeller, 2010.

CONSELHO FEDERAL DE PSICOLOGIA (CFP). *O suicídio e os desafios para a Psicologia*. Brasília: CFP, 2013.

CONSELHO NACIONAL DE JUSTIÇA (CNJ). *Projeto Justiça nas escolas*. Cartilha 2010. Disponível, https://www.cnj.jus.br/images/programas/justicaescolas/cartilha_bullying. Acesso dia 21 de Novembro de 2016.

ISOLAN, Luciano. *Bullying* escolar na infância e adolescência. *Revista Brasileira de Psicoterapia*. v. 16, n. 1, 2014.

ORGANIZAÇÃO MUNDIAL DE SAÚDE (OMS). *Ação de saúde pública para a prevenção de suicídio*: uma estrutura. 2012. Disponível em: <http://site.cfp.org.br/wp-content/uploads/2013/07/documento-suic%C3%ADdio-traduzido.pdf>. Acesso dia 18 de Dezembro 2018.

SILVA, Ana Beatriz. B. *Bullying*: mentes perigosas nas escolas. 2. ed. São Paulo: Globo, 2015.

Doces reminiscências da infância

Valdemar Augusto Angerami

Infância... Escolinha do pré-primário...
Lanche da tarde... E a professora nos fazia dormir um bocadinho...
Meus coleguinhas odiavam esse ritual... Interrupção das brincadeiras...
Eu adorava esse momento por uma razão simples:
a música que o professora colocava em sua vitrola pra que adormecêssemos...
Era uma melodia suave, maravilhosa... Ouvia e sonhava com a esperança que a vida nos acenava... E passei anos sem saber qual era aquela música...
Já adulto, fui presenteado com um disco maravilhoso...
As Cantigas Infantis de Villa-Lobos... Indescritivelmente maravilhoso...
Ao ouvir essa gravação, deparei-me com a música da minha infância...
E lá estava aquela música cuja melodia me encantou a meninice...
Ouvir *Você diz que sabe tudo* é voltar aos tempos da infância...
Dos tempos em que tudo era apenas e tão somente o vermelho da paixão...
Paixão pela própria vida... Em que os folguedos e as brincadeiras eram o próprio sentido de vida...
Da meninice que me vincou a alma para sempre...
Da criança que acreditava e ainda acredita numa sociedade de justiça e paz...

Serra da Cantareira, numa manhã azul de Verão...

CAPÍTULO 8

O suicídio diante da autoimagem: prática de intervenção na Abordagem Centrada na Pessoa

Fausto Rocha Fernandes

Diante do modelo contemporâneo que vivemos, podemos destacar, como fruto de uma sociedade orientada por suas práticas e representações sociais, a autoimagem, sendo que ela está relacionado com a ideia que cada um tem de si mesmo enquanto pessoa. Para Mosquera e Stobäus (1987, p. 62), "(...) o autoconceito é aquilo que pensamos ser e envolve a nossa pessoa, nosso caráter, o status, a aparência e, ao mesmo tempo, nossa necessidade de nos projetar além do tempo".

Stobäus (1983) considera que o autoconceito fornece um quadro referencial para o próprio sujeito, propiciando-lhe uma visão globalizada da sua própria pessoa. A autoimagem começou a despertar grande preocupação no âmbito terapêutico, com a forma de se enxergar no processo de existência. Desta forma, o não aceitar-se como realmente se é os propõe uma investigação acerca da eliminação da nossa própria existência acerca das convenções impostas pela sociedade.

Para Durkheim (1897/2000), suicídio é todo o caso de morte que resulte direta ou indiretamente de um ato positivo ou negativo, praticado pela própria vítima. Angerami (2017) pensa que o suicídio é um ato de desespero e está sempre revestido de muita violência, provoca sofrimento e afetando tanto a pessoa envolvida no ato quanto seus familiares e amigos mais próximos, estes que sofrerão, além da perda do ente, o julgamento ético e moral da sociedade.

Zana e Kovács (2013) explicitam que o suicídio é um ato complexo e que não pode ser considerado em todos os casos como psicose ou decorrente de uma desordem social. As autoras relatam que à medida que a intencionalidade cresce, a ideação suicida passa para desejos, ameaças, tentativas, até o ato consumado.

A partir de vários conceitos e explicações teóricas, o presente artigo convida a uma reflexão sobre possíveis causas do suicídio a partir de uma visão da psicologia humanista formulada por Carl Rogers, especificamente na teoria apresentada por ele, a Abordagem Centrada na Pessoa.

Segundo Schütz e Itaqui (2006), A Abordagem Centrada na Pessoa (ACP) foi uma expressão utilizada por Carl Rogers para referir-se a uma forma específica de permanecer em relação com outro, estando implícito um modo positivo de conceitualizar a pessoa humana. Esta expressão representa uma evolução no pensamento desse autor e no quadro teórico por ele desenvolvido. O pressuposto fundamental da ACP é que em todo indivíduo existe uma tendência atualizadora, uma tendência inerente ao organismo para crescer, desenvolver e atualizar suas potencialidades numa direção positiva e construtiva. A hipótese central da ACP é a de que o indivíduo possui dentro de si mesmo vastos recursos para a autocompreensão e para alterar o seu autoconceito, suas atitudes básicas e seu comportamento autodirigido, e estes recursos podem ser liberados se um clima definido de atitudes psicológicas facilitadoras puder ser oferecido.

Em sua teoria podemos perceber a constante preocupação com o ser humano como um ser em construção, podemos afirmar inclusive que o homem é arquiteto dele mesmo, ou seja, ele mesmo se constrói e ele mesmo se destrói. Estas fontes são resgatadas do existencialismo, que teve forte influência teórica na construção da teoria da ACP e, se podemos fazer este resgate teórico, nos aproximamos do trabalho teórico de Friedrich Nietzsche, que buscou essa mesma essência sobre o modo de existir do ser humano.

Nietzsche (1844-1900) fala que a vida não deveria ser um mero acidente sem significado, pois, para ele, Deus está morto, o homem é um super-homem. Isto é, cada um constrói a sua própria história através de escolhas e responsabilidades, superando o medo e a preguiça (Nietzsche, 2006). Ele propôs que se cultivasse a "vontade de poder" como objetivo maior da vida humana, o que seria a auto-realização da pessoa até o máximo de suas potencialidades, isto é, a afirmação e a realização de seus próprios direitos, concretizando suas próprias potencialidades (Forghieri, 2007).

Desta forma, podemos perceber que a Abordagem Centrada na Pessoa de Carl Rogers é uma prática do ser em movimento na qual há um resgate significativo da experiência do indivíduo onde o mesmo possa trafegar de forma motivadora sobre os pressupostos da existência e assim escolher o seu próprio projeto de vida de acordo com as escolhas que se tornaram disponíveis a partir do seu legado.

Para Rogers (1992, p. 549) "(...) o indivíduo existe num mundo de experiências em constante mutação, do qual ele é o centro", e este mundo é chamado de campo fenomenológico, fenomenal ou fenomênico, que diz respeito ao mundo particular, formado por todas as experiências vivenciadas pelo organismo, sendo estas conscientemente percebidas ou não.

Segundo Rogers, C., & Kinget, M. G. (1977) essas experiências tornam-se conscientes quando são simbolizadas elaboradas, isto é, somente quando se pensa e se escreve sobre elas é que se tornam presentes à consciência, e, por isso, somente uma pequena parte destas experiências são conscientemente experimentadas.

Para Husserl (1900 apud Lima, 2008), a Fenomenologia seria a descrição dos fenômenos como eles são na intencionalidade da consciência, rejeitando, assim, o elementarismo, o naturalismo. Ou seja, seria a busca pelo fenômeno que se constitui na interação do objeto com a consciência: subjetividade versus objetividade. O objeto só passa a se constituir como tal quando reconhecido e representado na consciência. Sem essa correlação não poderia haver objeto nem tão pouco consciência.

A fenomenologia nunca se orienta para fatos, sejam externos, sejam internos, e sim para a realidade da consciência, para os objetos enquanto intencionados por e na consciência, isto é, para as essências ideais. Para o fenomenólogo, as essências não são simples representações (o que seria colocar-se no plano psicológico) e tampouco realidades ideais hipostasiadas (o que seria colocar-se no plano metafísico). As essências ideais são fenômenos, isto é, aquilo que se manifesta imediatamente na consciência, alcançado por uma intuição antes de toda reflexão ou juízo (Giles, 1975).

Neste ponto podemos refletir sobre possíveis causas de suicídio provenientes de uma auto-imagem distorcida a realidade assistida, e desta forma alguns tópicos são incorporados em tais reflexões, como de base podemos salientar que o ser humano é um ser avaliado por si mesmo e por um mundo, mundo este idealizado por ele mesmo em suas convicções de existência.

Quando nos avaliamos neste processo podemos ter uma autoimagem em sintonia com os sentimentos vividos na relação com as outras pessoas, e quando falamos no vivido, podemos trazer tal reflexão que Amatuzzi (2008), em uma obra predominantemente humanista com enfoque fenomenológico, argumenta que uma das coisas que caracteriza uma psicologia de inspiração fenomenológica é a importância que esta dá ao vivido. É esta aproximação com o vivido e a consequente expressão do que nele está contido que sustenta a pesquisa fenomenológica em psicologia. Mas deve-se, contudo, ter em mente que o vivido só tem caráter de validade de estudo se ele estiver acompanhado de alguma significação trazida pelo pesquisador no contexto do diálogo. Assim, o vivido emerge na consciência, carregado de significados da experiência e, portanto, dotado de sentido investigativo.

Esse vivido influencia a autoimagem do sujeito, no ponto que é trazido para o momento atual e é experimentado por ele, como consequência podemos trazer alguns ciclos de conflitos ocasionados por este processo: a angústia de, a partir de sua autoimagem, ser de um jeito e desejar ser de outro, e ainda mais agravante, não se perceber como deveria perceber, são belos exemplos de uma ruptura em seu espelho interno e falta de congruência na forma de se enxergar no meio existencial.

Para entender este fenômeno da auto-imagem seria importante despertar um olhar para a noção do 'eu', e para isso é importante sinalizar na abordagem rogeriana a tendência a atualização, que também pode ser chamada de tendência atualizante, no qual Rogers & Kinget (1965/1979, p. 41) atentaram que:

> (...) a tendência à atualização é a mais fundamental do organismo em sua totalidade. Preside o exercício de todas as funções, tanto físicas quanto experienciais. E visa constantemente desenvolver as potencialidades do indivíduo para assegurar sua conservação e seu enriquecimento, levando-se em conta as possibilidades e limites do meio.

Portanto, segundo Rogers e Kinget (1965/1979) a tendência atualizante procura atingir aquilo que é valorizador e enriquecedor para o sujeito.

Segundo Rogers e Kinget (1965/1979 apud Telles; Boris; Moreira, 2014) portanto, percebemos que a tendência atualizante é inerente ao indivíduo, sendo uma disposição para que sejam desenvolvidas suas potencialidades, porém, parcialmente condicionadas às limitações do meio. Rogers e Kinget (1965/1979) pontuavam que deve haver um acordo entre as necessidades do organismo e as necessidades do eu para que a tendência atualizante se manifeste integralmente.

De tais fatores percebemos uma junção da tendência à atualização com a noção do "eu" na Abordagem Centrada na Pessoa, sendo esta uma estrutura perceptual, na qual o sujeito tem a percepção de si mesmo, desta forma podemos perceber de uma maneira concreta como se realiza essa conjuntura, na qual a tendência a atualização do eu age constantemente em busca da conservação e o enriquecimento do eu. Isso significa que ela se opõe a tudo o que compromete o eu, seja no sentido da diminuição, da desvalorização ou da contradição. Com isso, podemos dizer que a noção do eu determina a eficácia ou ineficácia da tendência a atualização (Rogers; Kinget, 1965/1979).

Com tais referências a esse modelo teórico podemos perceber que o indivíduo que não consegue atingir aquilo que é prazeroso e valorizado por ele começa a distanciar de sua própria imagem e despertar uma crise existencial no seu entendimento de pessoa, e que assim o suicídio pode se manifestar e ganhar mais força como alternativa para o distanciamento do seu próprio construto de existência.

Tais fatores foram estudados na Abordagem Centrada na Pessoa de Carl Rogers, em que ele usou a nomenclatura Self.

Para Rogers (1992), Self é o autoconceito que a pessoa tem de si mesma, que é baseada em experiências passadas, estímulos presentes e expectativas futuras. Self é o contínuo processo de reconhecimento. Rogers enfatiza muito as possibilidades de mudança e a flexibilidade que são conceitos que fundamentam sua teoria e sua crença de que as pessoas são capazes de crescimento, mudança e desenvolvimento pessoal.

Assim, segundo Maia e Germano (2009) o self rogeriano pode ser encarado como uma condição consciente e reflexiva de si, que possui e fornece significados com os quais a pessoa identifica-se e a partir dos quais percebe a realidade. Observa-se também que o conceito de Self faz parte de uma estrutura mais abrangente representada pelo organismo.

Desta forma o processo do Self é dividido em dois subprocessos, o Self Real e o Self Ideal, que foi estudado por Rogers em sua teoria na construção da personalidade do indivíduo.

Com isso, o processo do Self Real seria a imagem que a pessoa tem de si mesma, a sua aceitação a imagem de personalidade espelhada no seu campo de experiências e vivida no seu processo de auto aceitação do sujeito. Podemos perceber a importância do sujeito aceitar-se da forma que é, aceitar a sua existência e trilhar a sua vida usando os recursos disponíveis em sua imagem, no que pode oferecer e no que pode resgatar de seus valores oriundos de uma aceitação genuína de sua própria existência e caminhar no sentido pleno de seus projetos.

Já o processo do Self Ideal torna-se mais preocupante, pois ser de uma forma e querer ser de outra, buscar o ideal, é uma tarefa conflitante dentro de um campo experiencial do sujeito.

Segundo Fadiman e Frager (2008), o Self Ideal é o conjunto das características que o indivíduo mais gostaria de poder reclamar como descritivas de si mesmo. Assim como o Self, ele é uma estrutura móvel e variável, que passa por redefinição constante. A extensão da diferença entre o Self e o Self Ideal é um indicador de desconforto, insatisfação e dificuldades neuróticas. Aceitar-se como se é na realidade, e não como se quer ser, é um sinal de saúde mental. Aceitar-se não é resignar-se ou abdicar de si mesmo. É uma forma de estar mais perto da realidade e de seu estado atual.

A imagem do Self Ideal, na medida em que se diferencia de modo claro do comportamento e dos valores reais de uma pessoa, é um obstáculo ao crescimento pessoal.

Em continuidade, Rogers (1990 apud Fadiman e Frager, 2008) complementa que os relacionamentos são fundamentais para que o indivíduo descubra seu Self. Nesse sentido, acredita que através do relacionamento o indivíduo se descobre, experimenta, confronta e desvela seu self real.

A personalidade torna-se perceptível e transparente na relação com o outro. Para exemplificar o raciocínio, os autores Fadiman e Frager (2008) discorrem sobre a questão de que a personalidade torna-se visível a partir do relacionamento que o indivíduo tem com o outro, tornando-se de suma importância nos encontros grupais e interações diárias o feedback dos outros, visto que esse provém oportunidades de experimentações.

Com tais reflexões chegamos a um ponto desencadeante e motivador ao suicídio, que é a forma como o sujeito irá absorver essa discrepância entre o Self Real e Ideal em seu processo de autoimagem, pois essa não aceitação de como realmente se é passa a ser um forte estimulo a uma prática suicida visto que causa angústia, ansiedade e conflitos psíquicos no sujeito decorrente de uma manifestação de desespero diante de uma recepção patológica ao seu ser diante das manifestações ideológicas pausadas a partir de um rompimento com a sua própria existência.

A existência passa a não ter sentido, pois o sujeito não consegue suprir os desejos e satisfações existenciais dos quais necessita, e, desta forma, ele passa por um processo de encorajamento de si próprio e, por fim, a psicopatologia incorpora-se em seu plano existencial fazendo com que ele se afaste de si mesmo e dos outros e manifestando sentimentos depressivos e incongruentes com seu estado psíquico.Desta forma, a psicopatologia começa a desenvolver no sujeito ao ponto de abdicar de sua própria existência se mostrando frágil a vivenciar tal situação.

Segundo Tenorio (2008), podemos dizer que a psicopatologia manifestar-se-á por meio de uma vivência de sofrimento em que a pessoa se sente vítima e presa a um destino sombrio e a uma existência destituída de realizações gratificantes e prazerosas. Sem liberdade de escolha, a pessoa vive a sensação de estar encurralada pelas circunstâncias da vida, sentindo-se impotente para modificá-las, submetendo-se a elas, em um sacrifício alienante e inevitável. Nesse processo de sofrimento, a pessoa perde o contato com as possibilidades existentes no campo organismo/meio, percebendo a si mesma e ao outro de forma distorcida.

Desta forma, podemos acompanhar claramente as circunstâncias que levam o sujeito a cometer o ato de autoextermínio, tendo em vista que perdeu a vontade de acompanhar seu processo de existência e evolução devido a não aceitação do seu próprio Self. Razões estas que prevalecem no âmbito de compreender esse ato de escolha praticado pelo sujeito em desistir de seu próprio plano existencial.

O suicídio passa a ser a escolha ou alternativa para a sua existência, e com isso o sujeito passa por um detrimento psíquico e não consegue reagir mais as suas idealizações e começa a arquitetar a sua própria morte, sendo está a direção assistida por suas limitações a vontade de viver e de atingir seus objetivos.

Borges e Werlang (Fonseca, 2006; Lobo, 2015, p. 346) apresentam que a ideação suicida refere-se a pensamento ou ideia suicida "(...) que engloba desejos, atitudes ou planos que o indivíduo tenha de se matar". Ela também é vista como um predito para o suicídio, podendo ser o primeiro passo para sua concretização. Werlang et al (2005) mencionam que ela está situada em uma das extremidades de um *continuum* que pode levar a autodestruição. Partindo deste contexto, elucidamos a forma de prática interventiva em psicoterapia usando como base teórica a Abordagem Centrada na Pessoa, em sua linha clínica, a Terapia Centrada no Cliente, e para isso apresentamos a essência desta forma de psicoterapia em Psicologia.

Inicialmente conhecida como psicoterapia não-diretiva, a Terapia Centrada no Cliente, de Carl Rogers, baseia-se na teoria do desenvolvimento da criança como um processo atualizante e inerente que leva todos os seres humanos a evoluírem de forma positiva (Moreira, 2010).

Segundo Vitola e Cemin (2005), a intervenção característica da Terapia Centrada no Cliente é conhecida como Resposta Reflexo, consistindo esta em acentuar a comunicação manifesta pelo cliente. Este tipo de intervenção pode parecer simples mas não é, pois exige do psicoterapeuta grande habilidade em acompanhar o cliente sem apressá-lo, ou, então, abandoná-lo. É um exercício de sintonia empática e presença permanente, com o objetivo de ampliar a consciência. As respostas reflexos podem ser: Reiteração ou reflexo simples: refere-se apenas ao conteúdo da comunicação, devendo ser feita de forma breve, resumida e não necessariamente com as palavras da pessoa, desde que não se introduzam elementos novos ao campo. Este tipo de intervenção vai preparando o terreno para que o próprio cliente tome consciência cada vez maior de si.

Segundo Vitola e Cemin (2005) apud (Lerner, p. 79, 1974) é através da reiteração que se estabelece no campo terapêutico um clima de segurança emocional, de forma que a pessoa se sente compreendida e respeitada Além desta técnica não-diretiva, Rogers defendia, posteriormente, a técnica reflexiva, em que o psicoterapeuta tornava-se mais ativo mediante três condições essenciais, que seriam a empatia, a aceitação positiva incondicional e a congruência, pelo que, na primeira, o psicoterapeuta devia colocar-se no lugar do cliente, a segunda relaciona-se com o respeito incondicional do psicoterapeuta para com o cliente e a terceira diz respeito à genuinidade que seria possível apenas mediante a correspondência entre a experiência do psicoterapeuta e aquilo que transfere para o cliente, o que torna esta relação um processo simbiótico (Moreira, 2010).

Em complementação, Almeida (2013) diz como, por meio das três atitudes básicas –congruência, empatia e consideração positiva incondicional (se solidifica pela comunicação tanto verbal e não verbal do terapeuta) – ocorre o processo de facilitação. A ferramenta base para a facilitação é o diálogo terapêutico, ou seja, as perguntas facilitam o processo e é a partir do não saber que elas se originam.

Segundo Belém (2000), o processo terapêutico é constituído por três etapas, sendo elas as condições prévias, o processo em si e as mudanças operacionalizadas por ele, na qual as condições prévias seria necessário que duas pessoas estivessem em contato, no qual seriam terapeuta e cliente, no qual o terapeuta deveria estar em processo de acordo interno ou seja, congruente, a outra, o cliente deveria estar em desacordo interno, ou seja incongruente.

Para tais reflexões, apresentamos os conceitos de Rogers sobre a congruência e incongruência, sendo estes de enorme importância para entender os caminhos percorridos em direção ao cliente nesta abordagem teórica.

Segundo Rogers (1997, p. 43)

> Congruência é definida como o grau de exatidão entre a experiência da comunicação e a tomada de consciência. Ela se relaciona às discrepâncias entre experienciar e tomar consciência. Um alto grau da congruência significa que a comunicação (o que se está expressando), a experiência (o que está ocorrendo em nosso campo) e a tomada de consciência (o que se está percebendo) são todas semelhantes. Nossas observações e as de um observador externo seriam consistentes.

A incongruência ocorre quando há diferenças entre a tomada de consciência, a experiência e a comunicação desta. É definida não só como inabilidade de perceber com precisão, mas também como inabilidade ou incapacidade de comunicação precisa.

Quando a incongruência está entre a tomada de consciência e a experiência, é chamada repressão. A pessoa simplesmente não tem consciência do que está fazendo. A maioria das psicoterapias trabalha sobre este sintoma de incongruência ajudando as pessoas a tomarem-se mais conscientes de suas ações, pensamentos e atitudes na medida em que estes as afetam e afetam aos outros. (ROGERS; KINGET, 1965/1979).

Dessa forma, podemos perceber a importante contribuição que a Terapia Centrada no Cliente elaborada por Carl Rogers tem sobre o ser humano, por meio da qual podemos refletir sobre a relação constituída no *setting* terapêutico, onde terapeuta e cliente começam a despertar sobre as vivencias constituídas em sua trajetória existencial.

Não falamos, nesta abordagem, de técnicas, mas sim de vivências, as quais são de validade emocional e se completam na sua normativa em busca de uma melhor saúde mental do sujeito. E, quando falamos ainda em suicídio, uma grande preocupação do século devido ao seu grande aumento na sociedade, esse tipo de terapia proposto se encaixa na habilidade interpessoal de se colocar no lugar do outro e perceber este problema a partir dos olhos dele, e para isso a tarefa deste processo de terapia está no ouvir o outro, ou seja, estar com o outro.

Segundo Amatuzzi (2001 apud MIRANDA; FREIRE, 2012, p. 68), ouvir efetivamente seria compreender o significado real atribuído pelo falante, o que ele quis dizer ao se expressar, ao invés de ficarmos presos às palavras pronunciadas, ao mero significado que "(...) fica no nível das palavras, enquanto o significado pleno se prende a toda presença significante da pessoa". Ao terapeuta caberia, então, ouvir e responder não apenas as palavras do cliente no sentido semântico, mas a significação simbólica (FADIMAN; FRAGER, 2008 apud AMATUZZI, 1989). Essa comunicação efetiva, que seria total e aberta, é compreendida como um movimento de "(...) duas fases igualmente importantes: a primeira é expressar a emoção. A segunda é permanecer aberto e experienciar a resposta do outro" Nesse ouvir, percebemos o vivido do outro, as vivências trazidas por ele e, assim resgatamos dele o que há de maior importância no seu campo de experiências. Nesse processo de ouvir poderemos perceber como o sujeito se vê e até mesmo seu adoecimento psíquico.

Cury (1987 apud MIRANDA; FREIRE, 2012) aponta que o objetivo colocado ao terapeuta era o de proporcionar permissividade suficiente para que o cliente modificasse a percepção de si, por meio da livre expressão de sentimentos. A postura do terapeuta seria "(...) criar uma relação caracterizada pelo calor, pelo interesse, capacidade de resposta e uma dedicação afetiva num grau limitado com clareza e precisão" (ROGERS, 1942/1979, p. 98).

> Quanto mais o cliente percebe o terapeuta como uma pessoa verdadeira ou autêntica, capaz de empatia, tendo para com ele uma consideração incondicional, mais ele se afastará de um modo de funcionamento estático, fixo, insensível e impessoal, e se encaminhará no sentido de um funcionamento marcado por uma experiência fluida, em mudança e plenamente receptiva dos sentimentos pessoais diferenciados. A consequência desse movimento é uma alteração na personalidade e no comportamento no sentido da saúde e da maturidade psíquicas e de relações mais realistas para com o eu, os outros e o mundo circundante. (Rogers, 2009, p. 77)

Por fim, trazer o cliente para o momento real ou seja, atual, poderá resgatá-lo de um momento de ideações e planejamentos suicidas para uma nova chance de viver, para uma oportunidade de pensar sobre suas vivências e trajetórias conquistadas até o momento e, assim, começar a assistir à sua própria imagem e começar a se sentir bem com a sua própria companhia.

Além disso, a busca da autoaceitação faz parte de um planejamento existencial do ser humano, em que percorremos as mais altas altitudes para buscar nossa fonte de riquezas emocionais, para proporcionar a nossa existência uma realização pessoal onde possamos nos manifestar na sociedade todas as nossas imagens, sendo estas nossa comunicação, nossos projetos e nossas indignações.

Desta forma, percebemos a ilustre contribuição da Abordagem Centrada na Pessoa na intervenção clínica do ser humano, pois a maior virtude realmente é fazer com que o sujeito se perceba de outra forma e assim reduza as manifestações suicidas que contemplam sua existência. E que consiga através da terapia se organizar e se configurar em um novo olhar, numa nova vivencia, ou seja, em um novo jeito de ser.

Referências

AMATUZZI, M.M. Por uma psicologia humana. São Paulo: Editora Alínea, 2008.

ANGERAMI, V. A. (2017). *Solidão*: a ausência do outro. Belo Horizonte: Artesã Editora, 2017.

BELÉM, Diana. *Carl Rogers*: do Diagnóstico à ACP. Recife: Bagaço, 2000.

CURY, V. E. *Psicoterapia Centrada na Pessoa*: evoluções das formulações sobre a relação terapeuta-cliente. Dissertação (Mestrado em Psicologia), Programa de Pós-Graduação em Psicologia, Universidade de São Paulo, São Paulo, 1987.

DURKHEIM, Émile. *O suicídio*: estudo de sociologia. São Paulo: Martins Fontes, 2000. (Trabalho original publicado em 1897).

FADIMAN, James; FRAGER, Robert. *Teorias da personalidade*. São Paulo: Harbra, 2008.

FONSECA, Eminy Francineia Martins; LOBO, Warllington Luz. Tentativa de suicídio: reflexões em base a clínica centrada na pessoa. *Rev. NUFEN* [online]. v. 7, n. 2, 2015. Disponível em: <http://pepsic.bvsalud.org/scielo.php?script=sci_arttext&pid=S2175-25912015000200008&lng=pt&nrm=iso>. Acesso em: 7 maio 2019.

FORGHIERI, Y. C. *Aconselhamento terapêutico*: origens, fundamentos e prática. São Paulo: Thomson Learning, 2007.

GILES, T. R. *História do existencialismo e da fenomenologia.* Vol. I. São Paulo: E.P.U., 1975.

MAIA, Camila Moreira; GERMANO, Idilva Maria Pires e MOURA JR, James Ferreira. Um diálogo sobre o conceito de self entre a abordagem centrada na pessoa e psicologia narrativa. Rev. NUFEN [online]. 2009, vol.1, n.2 [citado 2019-05-13], pp. 33-54. Disponível em: <http://pepsic.bvsalud.org/scielo.php?script=sci_arttext&pid=S2175-25912009000200004&lng=pt&nrm=iso>. ISSN 2175-2591.

MIRANDA, Carmen Silvia Nunes de FREIRE, José Célio. A comunicação terapêutica na abordagem centrada na pessoa. Arq. bras. psicol. [online]. 2012, vol.64, n.1 [citado 2019-05-13],pp.78-94. Disponível em: <http://pepsic.bvsalud.org/scielo.php?script=sci_arttext&pid=S1809-52672012000100007&lng=pt&nrm=iso>. ISSN 1809-5267.

MOSQUERA, J. J. M.; STOBÄUS, C. D. Auto-imagem, auto-estima e auto-realização na universidade. In: ENRICONE, D. (Org.). *A docência na educação superior*: sete olhares. 2. ed. Porto Alegre: EDIPUCRS, 2008.

ROGERS, C. *Terapia Centrada no Cliente.* São Paulo: Martins Fontes, 1992.

ROGERS, C. *Tornar-se pessoa.* 6. ed. São Paulo: WMF Martins Fontes, 2009.

ROGERS, C.; KINGET, M. G. (Psicoterapia e relações humanas (M. L. Bizzotto, trad.). 2. Ed. Belo Horizonte: Interlivros, 1977.

SCHÜTZ, Daiana Meregalli; ITAQUI, Luciara Gervasio. O silêncio na psicoterapia a luz da abordagem centrada na pessoa. *Rev. NUFEN* [online]. v. .8, n. 1, pp. 76-90, 2016.

TELLES, Thabata Castelo Branco; BORIS, Georges Daniel Janja Bloc; MOREIRA, Virginia. O conceito de tendência atualizante na prática clínica contemporânea de psicoterapeutas humanistas. *Rev. abordagem gestalt.* [online], v. 20, n. 1, 2014.

ZANA, A. R. de O., KOVÁCS, M. J. O psicólogo e o atendimento a pacientes com ideação ou tentativa de suicídio: estudos e pesquisa em Psicologia. *Estudos e Pesquisas em Psicologia*, v. 13, n. 3, pp. 897-921, 2013.

CAPÍTULO 9

Não quero morrer! Quero acabar com a minha dor. Interfaces entre a psicologia humanista-existencial, as percepções religiosas e o comportamento suicida

Moisés Abdon Coppe

Introdução

> *A ideia do suicídio é um potente meio de conforto: com ela superamos muitas noites más.*
> (Nietzsche, 2011, p. 97)

Recentemente, acompanhando uma complexa situação envolvendo o suicídio de uma jovem de 24 anos, em conversas com o pai chegou-nos a informação de que ela havia escrito a ele um pequeno bilhete com a seguinte mensagem: "Não quero morrer! Só quero acabar com a minha dor". A eclosão daquela frase gerou-nos alguns píncaros argumentativos, especialmente pelo fato daquela jovem ter angariado, ao longo de sua curta existência, uma forte formação e educação cristã.

Em outro episódio, um jovem de 25 anos, homossexual, tendo participado de um retiro religioso com forte apelo emocional, teve a sua "cura" declarada por um dos líderes em um dos cultos. Decorreu dessa situação, especialmente por parte do jovem, uma frágil convicção de fé, endossada por testemunhos e bravatas, em diversas comunidades cristãs da sua cidade. Passados dois meses das declarações e das exposições maciças da figura do jovem, ele veio a ter outro envolvimento homoafetivo, não dando conta de "segurar a barra" diante dos "irmãos", vindo a suicidar-se, prematuramente.

Nos dois casos, impressionou-nos a ausência de uma detida reflexão sobre o ocorrido, especialmente nas respectivas esferas familiares e comunidade de fé. Estas situações da vida real levaram-nos a refletir sobre o que de fato levou estes jovens ao suicídio, visto possuírem uma formação cristã? Quais foram as suas reais motivações que os levaram à morte da dor interior? Não temos a intensão de responder a qualquer destas perguntas, mesmo porque demandariam uma intensa abordagem e um conhecimento aprofundado do processo intersubjetivo no qual estavam inseridos.

Nosso objetivo é oferecer uma reflexão pontual, envolvendo os fundamentos da psicologia humanista-existencial em diálogo com a religião, especialmente os posicionamentos oficiais das instituições de matriz cristã e a complexidade que envolve a discussão sobre o comportamento suicida. Em um primeiro momento, pretende-se avaliar o lugar e o domínio do corpo na cultura, bem como os sentimentos e emoções que lhe perpassam, em conjunto com as crises existenciais e o entendimento do sentido de ser no mundo. Em um segundo momento, abordar-se-á o universo simbólico religioso, especialmente os que povoam os imaginários reflexivos dos adeptos das religiões cristãs e seus argumentos eivados de preconceitos e fechamentos obtusos maniqueístas. Pretende-se, enfim, indicar os aspectos que possam compor uma ética do cuidado numa relação dialógica que envolve o espaço da fala e da escuta em um *setting* terapêutico, com vias a um olhar mais humanizado. Objetiva-se, mais precisamente, reconhecer que todo e qualquer ser humano, independente de sua formação religiosa, numa perspectiva humanista-existencial, é sempre um *ser-aí*, no tempo e no espaço, sujeito a todas as contingências da própria vida. Os transtornos mentais e traumas sociais não selecionam pessoas. Ocorrem da mesma maneira às que abraçam determinada concepção religiosa, embora, estas, acham-se protegidas por uma força sobrenatural.

Portanto, este é o percurso: indicaremos o lugar do corpo na cultura ocidental, destacando o tema da percepção, conforme as lentes reflexivas de Merleau-Ponty[1], posteriormente, visualizando alguns posicionamentos religiosos que formaram o preconceito numa ambientação cristã, oriundos de Santo Agostinho e São Tomás de Aquino, para enfim, ampliarmos o nosso debate na perspectiva do cuidado num processo terapêutico humanista-existencial. Há um destaque para as possibilidades de escuta e abordagem no entorno da temática sobre o suicídio, deixando claro e evidente que nosso propósito é defender um olhar humanizado sobre o tema.

Este texto é uma contribuição para a temática, que precisa de outros desdobramentos e aprofundamentos. Todavia, constitui-se numa instigante provocação para os tempos atuais, especialmente para os que evidenciam em sua prática terapêutica o cuidado aos que se encontram fragilizados em relação às suas formas de compreensão quanto ao existir no tempo, no espaço e no mundo.

[1] Maurice Merleau-Ponty é um filósofo francês, nascido em 1908, e que desenvolveu seus estudos no campo da fenomenologia. Suas obras mais significativas são as de natureza psicológica, entre elas *A Estrutura do Comportamento*, de 1942, e a *Fenomenologia da Percepção*, de 1945.

O lugar do corpo na cultura

Todas as manifestações de ordem física ou emocional inerentes aos seres humanos ocorrem no universo cognominado corpo. Partindo-se, assim, da premissa de que cada corpo – único e subjetivo – é um universo de sentidos, vamos abordá-lo pelo prisma da dimensão existencial, oriunda do método fenomenológico. Isso implica afirmar que o corpo, lugar onde se manifestam todas as percepções que geram o comportamento suicida, será tratado neste mesmo prisma.

Com essa premissa, nos vemos obrigados a questionar, a priori, o lugar do corpo na cultura ocidental, da qual fazemos parte. Há paradoxos indecifráveis que englobam o corpo: algumas vezes usado e abusado, pura e simplesmente, como objeto científico ou mecânico; outras vezes, envolvido com adornos em seus contornos e membros com vias à satisfação egóica e/ou mercadológica. Todavia, o corpo é uma síntese de complexidades. Desse arcabouço complexo, decorrem as perguntas sobre o poder de cada ser humano sobre o seu próprio corpo, especialmente no que se refere ao cuidado e à percepção do mesmo no tempo e no espaço.

Numa perspectiva humanista-existencial, a psicologia se vê engendrada pela tarefa hercúlea de ressignificar a reflexão sobre o corpo e a existência, sinalizando novo sentido ao *modus vivendi* e *modus operandi*, inerente a todo e qualquer ser humano. O que está em jogo nessa sinalização evidencia-se, justamente, no questionamento do corpo e suas percepções, bem como seu conhecimento de mundo. Aliás, é o filósofo Merleau-Ponty quem considera na extensão de sua obra escrita, o corpo como o sujeito da percepção. Segundo ele: "Nós percebemos o mundo como o nosso corpo". (MERLEAU-PONTY, 1945, p. 161). Obviamente, esta sucinta afirmação do filósofo francês nos remete a uma abertura de horizontes significativa, nos colocando efetivamente num plano existencial, onde corpo e mundo estão em contínua dialética, não se extenuando em nenhum ponto de encontro. Como Merleau-Ponty mesmo evidenciou: "Eu sou portanto meu corpo, ao menos em toda a medida onde eu tenho uma aquisição, e, reciprocamente, meu corpo é um sujeito natural como um 'croquis' provisório do meu ser total". (MERLEAU-PONTY, 1942, p. 169).

O escritor e psicanalista Rubem Alves vai corroborar com essa premissa de Merleau-Ponty e afirmar a compreensão de que a perspectiva dialética que envolve as percepções do corpo humano é ilimitada. O corpo vivencia o riso e o choro, a força e a saúde, o belo e o feio, o medo e a coragem, os sonhos e os pesadelos, a guerra e a paz, o prazer e o dever, o amigo e o inimigo, bem como diversos outros paradoxos. Nas palavras de Alves (1982, p. 43): "Parece que esta é a marca característica do mundo dos homens: ele é duplo, rachado. Vivemos entre fatos e valores; as coisas tais como são, e as coisas tais como poderiam ser".

O corpo humano que se percebe em múltiplas percepções no seu mundo vivencial também transcende a realidade orgânica e experimenta o desejado e o sonhado. Nessa linha reflexiva, Alves (1982, p. 37) expressa: "Cada corpo é o centro do mundo. Quaisquer que sejam as realidades que me atingem, nada sei sobre elas em si mesmas. Só as conheço como reverberações do meu corpo. Os limites do meu corpo denotam os limites do meu mundo". Vê-se, nitidamente, a influência de Merleau-Ponty nas argumentações do autor. Com a posse perceptiva dos limites do corpo e do mundo, a transcendência é o caminho plausível e a alternativa ao desespero, tal como identificado por Kierkegaard[2]. Os seres humanos, não conformados com suas limitações, buscam a transcendência, o sonho o desejo e a utopia. Esta constatação nos coloca em outro patamar existencial, fazendo do mundo uma extensão do próprio corpo. Nessa perspectiva, Alves (1982, p. 39) contribui: "O mundo é uma extensão do corpo. É vida: ar, alimento, amor, sexo, brinquedo, prazer, amizade, praia, céu azul, auroras, crepúsculos, dor, multidões, impotência, velhice, solidão, morte, lágrimas, silêncio. Não somos seres do conhecimento neutro, como queria Descartes. Somos seres do amor e do desejo". Essas informações preliminares deixam evidente que o corpo não pode ser visto em seu papel puramente objetivo e mecânico. O corpo é um "fenômeno vivido", que se insere em sua intersubjetividade, num berço de significações e ressignificações vividas, bem como mudas e silenciosas. Como fenômeno vivido, o corpo revela, em si, a sua fragilidade. Na contramão dessa premissa, os desejos do eu no corpo, ao contrário, renovam-se constantemente, aflorando sentimentos de poder. Pode-se acabar com o corpo mutilando seus órgãos, mas não é possível mutilar (ou sublimar completamente, numa perspectiva psicanalítica, sem a manifestação de um sintoma) os desejos, sentimentos e emoções. Para Alves (1982), o corpo deve combinar desejo e possibilidade de poder avançar este desejo. Segundo ele:

> É necessário crer que há um poder disponível, seja no poder do corpo, seja no poder de muitos corpos, de mãos dadas, seja no poder do Universo... E é assim que, sob a magia do desejo e o sentimento de poder, os corpos se levantam da letargia, para se exprimirem no trabalho, na dança, no amor, no brinquedo, na luta, nos altares.... (Alves, 1982, p. 199)

Potência e possibilidades, fragilidades e impossibilidades, se imbricam no fenômeno vivido, denotando, na reflexão de Merleau-Ponty, a ambiguidade da existência: o seu humano é autônomo em sua subjetividade, mas encontra-se

[2] Soren Kierkegaard, filósofo dinamarquês e fundador da corrente filosófica existencialista, que discute os propósitos, as causas e as consequências das ações humanas no âmbito da realidade subjetiva. Foi o primeiro a explicitar as questões existencialistas como principal foco do exame filosófico da vida humana. Em sua concepção, a filosofia resume-se em tomar consciência e questionar as exigências absolutas feitas a qualquer pessoa que deseje viver uma existência verdadeiramente autêntica.

em processo de dependência cruzada no mundo, sempre inesgotável. Na sua abordagem sobre o pensamento de Merleau-Ponty, a filósofa Capalbo (2003, p 23) expressa:

> O acesso ao Ser é intra-ontológico, o homem e o mundo estão entrelaçados no entrelaçamento intercorporal com os outros. É a partir deste nexo carnal que se abre a questão da sexualidade, da carícia, do desejo erótico, bem como da sublimação, da idealidade da carne na expressão artística, na expressão da linguagem em segunda potência.

Em nossa concepção, na complexidade dos entrelaçamentos, instala-se o comportamento suicida e suas expressões diversificadas em nossa sociedade, marcadas pelo desespero e pela angústia não elaborada. Nessa linha reflexiva, Pimenta (1993, p. 23) aponta que:

> É provável que de início os seres humanos fossem ligados à natureza como hoje o são os animais. Inteiramente submetidos a ela, não tinham o menor traço de consciência desta submissão. Não tinham angústia. Não tinham conflito. A evolução levou o homem a uma ruptura com esse estado. Surgiu um novo ser, a partir daí, consciente da presença do mortífero em si, da falta, da separação da natureza, que ele tenta desesperadamente superar.

Pimenta (1993) acrescenta que na busca por este reencontro, os seres humanos desenvolveram o que a psicologia conhece como pulsão – um aspecto bifronte do ser humano que expressa desejos psíquicos e orgânicos – e que, por isso, alcançam prazer na satisfação das carências biológicas (fome, sede, tensão sexual). Todavia, embora Pimenta fale a partir do seu olhar psicanalítico, envolvendo as argumentações freudianas sobre as pulsões de vida e de morte, que por sinal são secundárias em relação às conceituações sobre o suicídio, discutidas na Sociedade Psicológica em 1910 – por Freud e seus parceiros, em nosso olhar, o enfoque humanista-existencial compreende essa demarcação e a amplia, pois é eivada de uma forte fundamentação filosófica que reconhece a angústia e o desespero na base das inquietações humanas. O corpo, em sua totalidade, como corporeidade, é o lugar dos gritos e dos silêncios; é lugar também do acolhimento das ideações suicidas, insurgentes do amplo espectro de possibilidades não controláveis, mas reveladas contingencialmente no cotidiano por falas, sinais e clamores por socorro em meio ao silêncio ensurdecedor.

Talvez, em uma tentativa explícita por uma modificação das realidades conflitantes que afligem o ser humano, o filósofo José Lima Júnior, em seu livro *Corpoética: cosquinhas filosóficas no umbigo da utopia*, aponta-nos a capacidade que o ser humano possui em transcender e superar as opressões vigentes no mundo nos seguintes níveis:

a) O nível político: o fazer que privilegia – ao nível soma – o palpável;

b) O nível teológico: o crer que privilegia – ao nível pneuma – o provável;

c) O nível erótico: o sentir que privilegia – ao nível psiquê – o programável. (Júnior, 1988, p. 17).

Lima Junior intui a relevância da corporeidade em qualquer processo de transcendência da opressão no corpo humano. Valorizando o processo de superação da angústia e do desespero, e talvez, valorizando um traço alternativo ao suicídio, aponta três importantes saídas: da ingenuidade-postiça para a criticidade-própria; da individualidade ingênua para a sociedade crítica; da acomodação no natural-necessário para a transformação do contigente-histórico, num abraço ao sentido de ser-em-si, tão necessário aos seres humanos. Falar de transcendência do corpo oprimido, portanto, é o mesmo que falar de desejos satisfeitos, relações abertas e mudanças transformacionais deste corpo em sua intersubjetividade. (Júnior, 1988, p. 26-27).

Estamos cientes da complexidade que envolve a temática presente, justamente porque existem muitos elementos fundamentais e importantes que dialogam com ideação suicida. Nossa abordagem não está fechada dentro de uma verdade, efetiva e absoluta. Ela está associada permanentemente com outros aspectos que definem e identificam a espécie humana.

A simbologia cristã e o comportamento suicida

A perspectiva cristã reveste-se de uma miríade de símbolos, os mais diversos. Dentre toda a iconografia presente nos templos e ritos inerentes ao cristianismo, a linguagem é o mais evidente. Obviamente, pelo balizamento da identidade, mediante o amparo de um livro tratado como sagrado, a simbologia dos textos, das novelas e das narrativas torna-se um elemento chave para se compreender por onde passam as interpretações sobre o suicídio, presente no imaginário coletivo da maioria dos cristãos. Obviamente, uma carga de preconceitos inunda este imaginário e determina as formas pelas quais os cristãos chegam a tratar essa temática.

Um dos símbolos narrativos evidenciados refere-se ao suicídio de Judas. Toda a novela que envolve este personagem o coloca numa posição de suspeição contínua. Ele é tido como ladrão e a interpretação do seu caráter culmina com a possível traição e o enforcamento. Todavia, não há nenhuma perspectiva pontual e criteriosa que determine este fato, tal como narrado pelos evangelistas. São narrativas constituídas com uma finalidade pedagógica. Não vamos entrar nos méritos dessa questão, mesmo porque ela não nos interessa no escopo do que estamos abordando. Vale à pena somente a indicação da força simbológica que alimenta negativamente a compreensão e interpretação preconceituosa dos cristãos na atualidade.

Em Agostinho de Hipona, responsável por dar um crivo platônico às abordagens teológicas dos quatro primeiros séculos, a simbologia do suicídio ganha notoriedade na sua clássica obra *A Cidade de Deus – De Civita Dei*, imprimindo no imaginário coletivo dos cristãos de todos os tempos, uma marca mais aprofundada do preconceito. Suas considerações sobre o suicídio foram expostas no livro I da mesma obra, e se constituem como um primeiro grande tratado sobre a temática do suicídio a ser considerado no mundo ocidental. Essas ideias foram ampliadas e desenvolvidas, posteriormente, por São Tomás de Aquino, em sua famosa *Suma Teológica*[3].

Tendo como base a dialética platônica, que Agostinho "(...) considerava a 'disciplina das disciplinas', sendo um instrumento de grande utilidade para a argumentação e a demonstração" (Goes, 2004, p. 20), o filósofo africano, seguindo a orientação da comunidade cristã até então, entende a questão do suicídio como desobediência à ordenança divina. Apesar de considerar a perspectiva do livre arbítrio: o da liberdade de escolha diante do preceito divino, ele faz questão de enfatizar que "(...) no caso do suicídio, estaríamos diante de um querer dirigido não apenas contra a vontade criadora, mas também contra a do sujeito que quer e não quer, visto que a preservação da vida é um dom natural" (Goes, 2004, p. 38). Essa perspectiva pode sugerir uma espécie de equívoco ao se buscar voluntariamente a morte.

Em Agostinho, temos as bases do preconceito que permeou os fluxos na ambientação ocidental. A idade média, entendida como "era da cristandade", justamente por causa dos cerca de 1000 anos da dominação da igreja cristã, se viu envolta com as teses agostinianas e tomistas, revistando-as e revisitando-as. As bases dessas teses fundamentavam a reflexão teológica da igreja, sendo posteriormente questionadas na dialética que envolveu o século XVII, entre a perspectiva renascentista e a ascese. O poeta William Shakespeare aspira o cheiro dessa dialética.

> No palco de sua conflitante época, exibiu Hamlet em profundo desespero pela tensão do "Ser e não ser?". Contudo, a tensão vivida por Hamlet, além de desvendar o desespero dos homens, levou o dramaturgo a refletir, também sobre a hipótese do suicídio em seu clássico monólogo: seria o suicídio a realização da fuga do "desespero humano"? Ao compararmos as alternativas entre a vida e a morte, não seria menos terrificante suportar os males que nos afligem – e certamente nos afligirão – ao invés de nos atirarmos a outros que desconhecemos? Haverá alguma possibilidade do homem se livrar da culpa da condenação? (Madureira, 2003, p. 62).

[3] A *Suma Teológica*, obra de São Tomás de Aquino, teólogo respeitado no ambiente católico romano, constitui-se numa obra dogmática, considerada o grande tratado da escolástica, escrita entre 1265 a 1273. Basicamente, sua obra trata da natureza de Deus, da natureza de Cristo e de diversos princípios morais.

Romeu e Julieta, uma das mais conhecidas tragédias escritas pelo mesmo Shakespeare, evidencia a potencialidade do amor e o suicídio como ato final. Esta obra também exemplifica a dialética já citada.

Com base na dramaturgia shakespeariana e, obviamente, nos apontamentos agostianianos, o teólogo e filósofo teuto-americano Paul Tillich (1976, p. 30) afirma que: "os sonhos no solilóquio de Hamlet, que poderemos ter após a morte e que nos torna covardes todos nós, são assustadores, não devido seu conteúdo manifesto, mas devido o seu poder de simbolizar a ameaça do nada, em termos religiosos, da 'morte eterna'". Vê-se no assombro de Tillich a presença da angústia, como o estado de ciência do ser e seu não ser, e o desespero, subsequente à angústia e fronteiriça ao nada. Sua compreensão de desespero vem do existencialismo evidenciado por Kierkegaard, levando-o a afirmar: "Vivemos em angústia porque somos finitos e em desespero porque vivemos essa angústia num estado finito de solidão" (Tillich, 1999, p. 178).

O que de fato está em jogo é o conflito existente no desespero de não se achar uma saída para a inquietação do ser. Trata-se de não mais perceber o sentido da vida sem poder perdê-lo. Nesse constante conflito, de idas e vindas interiores, o ser humano arrisca suas fugas, sublimando sentimentos e emoções, desencadeando, quando as portas estão fechadas, opções derradeiras, como o caso do suicídio.

O lugar da fala e da escuta na psicologia humanista-existencial

No processo terapêutico humanista-existencial, o psicólogo exerce uma função de cuidado como presença implicada, comprometida e atuante. De antemão, podemos salientar a importância da fala e da escuta na relação terapeuta e cliente. Angerami (2017, p. 2-3), ao considerar o campo da psicoterapia numa perspectiva humanista existencial e fenomenológica, define-o como:

> Um dimensionamento que concebe o homem em toda a sua historicidade, inserindo-o em suas relações e compreendendo-o a partir desse enfeixamento. Abandonamos todas as tentativas de compreensão do homem que simplesmente consideram-no apenas uma máquina desprovida de sentimentos e que possui mecanismos reguladores que de tempos em tempos precisam se r ajustados para um funcionamento adequado. Negamos todas as formas de determinismos do pensamento e todas as tentativas de compreensão do homem que não consideram sua especificidade única em seus detalhamentos e nuances. Recusamos também a aceitação das explicações teóricas que dão ao homem uma mesma compreensão geral em total detrimento de sua unicidade.

Essa definição categórica, clara e apaixonada, amparada pela argumentação de Merleau-Ponty, indica qual a posição que o cliente ocupa no processo terapêutico:

um lugar de destaque em sua inter-relação com o mundo e com os outros, num processo intersubjetivo. O terapeuta, neste processo, auxilia na ampliação da visão perceptiva do cliente com vias à sua melhor compreensão de si, no tempo, no espaço e no mundo. Nesse campo interativo, onde terapeuta e cliente se encontram, não há lugar para os absolutos e os fechamentos oblíquos. A perspectiva que se pontua continuamente é a da evidenciação do humano em sua mais radical humanidade, com suas angústias e seus desesperos.

A pessoa precisa ser acolhida em seu momento perceptivo ao mesmo tempo em que é convidada à mudança de suas percepções dos fatos, abrindo-se a novas possibilidades existenciais.

> Quando um paciente traz na psicoterapia sua situação de incredulidade diante de fatos que fazem parte de sua vida, é preciso que se esmiúce detalhadamente suas razões para que sua consciência possa abrir-se para mudanças significativas em seu campo perceptivo. É através do esboço de sua fala que os fatos mostrar-se-ão repletos de obstáculos considerados, muitas vezes, intransponíveis. A mudança em seu campo perceptivo determinará um novo parâmetro de dimensões de consciência. (Angerami, 2017, p. 6).

A consciência, de posse do novo parâmetro, se abrirá também, de forma reflexiva, sobre os dados probabilísticos, que por sua vez, favorecerão o cliente em seu caminhar com vias à transformação do fato que lhe ocasiona um salto qualitativo em sua forma de existir, um determinante de crescimento provocado pela consciência perceptiva. Em todo este processo, um ponto fulcral refere-se ao respeito que o psicoterapeuta precisa evidenciar junto ao seu cliente, e isto faz toda a diferença quando se trata de casos que envolvem o comportamento suicida.

Na mesma linha reflexiva, Monique Augras (1996) fala que, além da necessidade de colocar-se perante o outro, integrando-o, é de vital importância assumir a antinomia identidade-alteridade. Informa-nos sobre a importância em se compreender o outro como característica essencial do existir humano. Em suas palavras:

> A fala enuncia o encontro. Na medida em que o indivíduo se expressa, a sua intencionalidade é sempre comunicativa, porque a expressão implica a compreensão da coexistência. A função da mediação entre o eu e o outro articula a compreensão deste mundo revelado na interação. Na situação do encontro em psicologia clínica, o elemento de informação para fins de diagnóstico é precisamente a fala do cliente, em todas as suas manifestações. A situação da fala supõe duas vertentes: fala-se e ouve-se. Em ambos os casos, testemunha-se. (Augras, 1996, p. 82).

Importante considerar que, numa perspectiva fenomenológica, as duas vertentes, a fala e a escuta, não são consideradas como registros simbólicos, mas como aspectos integrativos e interativos do encontro, cuja hermenêutica se encontra sempre aberta aos erros, perigos e falsos testemunhos. Todavia, são as duas vertentes que favorecem no *setting* terapêutico, as interpretações que, num esforço de síntese, poderão compreender as reais necessidades de seu cliente. Tudo em busca do sentido, tão necessário ao existir humano. A arte da escuta é fundamental para um processo mais humanizado sobre o ser humano.

Um olhar humanizado sobre o suicídio

O suicídio, presente no arcabouço das vivências humanas em geral, é uma realidade chocante. Nas comunidades de sentido, como o caso das comunidades cristãs, ele ganha um teor mais aterrorizante, justamente por indicar o que foi alcunhado de "morte eterna". Isso ocorre, como já evidenciamos, por causa do preconceito oriundo das tradições da comunidade cristã, posteriormente cristalizadas pelas teologias de Santo Agostinho e São Tomás de Aquino. O suicídio foi rejeitado pelo cristianismo como um pecado, um crime contra si mesmo e contra Deus, ou como uma possessão demoníaca, escapando "(...) à condenação moral no final do século XIX, transformando-se em sintoma de uma doença social ou psicológica, estudada com a objetividade de um olhar científico" (Carneiro, 2013, p. 20).

O primeiro responsável por essa transformação foi Durkheim, que considerou o suicídio:

> Um fenômeno social, que reflete a frouxidão das normas sociais; consequentemente, a coesão grupal e a solidariedade estão ausentes. Ele vê o suicídio o sintoma de um trauma cultural. A expressão de um conflito comunitário proveniente ou resultante de uma dissolução parcial, mas profunda das três forças coercitivas clássicas da civilização ocidental: a família, o Estado e a religião. (Carneiro, 2013, p. 20)

Como se pode perceber, o resumo sobre o pensamento de Durkheim apresentado por Carneiro (2013) revela a amplitude de possibilidades na qual se insere a pergunta sobre o porquê do suicídio, todavia não há uma resposta pronta e acabada, sequer uma solução palatável ou viável. Embora, as perspectivas religiosas num campo cristão tenham um olhar aversivo, moralista e eivado da projeção da culpa sobre o outro, a ideação suicida é encontrada de forma muito expressiva entre pessoas que congregam um determinado agrupamento religioso, representado aqui pelos casos que apontamos no início de nosso texto. Isso revela que mesmo uma pessoa que se sinta relativamente confortável dentro de um espectro religioso não está isenta da ideação suicida e até do ato, propriamente dito.

Segundo a OMS (2012, p. 5), "(...) a cada ano, praticamente um milhão de pessoas morrem por suicídio em todo o mundo". Excetuando-se, aqui, as tentativas malsucedidas e os falseamentos por motivos religiosos, morais, culturais, políticos, econômicos, entre outros, o comportamento suicida ainda é estigmatizado.

O que é demonstrável para cada um de nós é o fato de que as consequências do suicídio são muito grandes para as comunidades. "O impacto psicológico e social do suicídio em uma família e na sociedade é imensurável. Em média, um único suicídio afeta pelo menos seis pessoas. Se um suicídio ocorre em uma escola ou em algum local de trabalho, tem impacto em centenas de pessoas" (OMS, 2012, p. 7).

Recentemente, comunidades religiosas cristãs protestantes foram impactadas pelo suicídio de líderes – pastores e pastoras – que ocorreram de forma trágica, gerando constrangimento e inquietação para toda a comunidade evangélica.

Cerqueira e Lima, diante dos argumentos apresentados pela OMS, consideram que há um despreparo, por parte da população em geral, e dos profissionais de saúde, em particular, quanto ao manejo da situação que envolve casos de ideação suicida ou de suicídios, efetivos. As considerações das autoras perpassam as crenças em mitos corriqueiros e até religiosos, a dificuldade em lidar com as próprias emoções, os sentimentos no entrechoque com as emoções do outro e até o déficit na formação profissional que impede a pessoa de possuir conhecimento mínimo sobre os fatores de risco. (Cerqueira; Lima, 2015, p. 448). Os fatores de riscos mais frequentes são divididos da seguinte maneira: "(...) transtornos mentais; sociodemográficos; psicológicos; condições clínicas incapacitantes" (Brasil, 2017, p. 15). Obviamente, podemos observar uma grande ramificação que pode decorrer de cada um destes fatores de risco.

Independente das ramificações, o fato é que todos os seres humanos são assombrados pela morte. As perguntas existenciais sobre a origem e a finitude continuam a perturbar o ser-aí. Nem mesmo as promessas dadas pela tecnologia nas sociedades em geral são capazes de trazer alívio à angústia e ao desespero humano. Uma perspectiva que se posiciona para nós no arcabouço desse breve texto é que pessoa alguma se suicida porque quer! A ideação suicida e o próprio ato decorrem do intercruzamento de diversas agonias, atingindo crianças, jovens, adultos e idosos, independente de cultura ou composição sociopolítica e econômica. Tudo muito multifacetados, incluindo transtornos mentais – em sua maioria –, características pessoais e familiares, problemas comportamentais, especialmente dos adolescentes e dos amigos.

Dentre os fatores que mais se sobressaem, destacam-se: depressão, desesperança, solidão, tristeza, preocupação, ansiedade, baixa autoestima, agressão por parte de pais e amigos, pouca comunicação com os pais, ser abusado fisicamente, uso de substâncias, pessoa conhecida por tentativa de suicídio e questões de gênero, especialmente, entre adolescentes e jovens (Moreira; Bastos, 2015, p. 450).

Diante da polissemia que envolve o comportamento suicida, Alves (2001) escreveu uma poética crônica com a finalidade de desmistificar o moralismo cristão que envolve o suicídio. O autor oriundo da cidade de Boa Esperança resolve escrever sobre o tema, pois se sente comovido pela beleza. Cita o final da ópera Madame Butterfly, que tem por epílogo o suicídio de uma mulher apaixonada. Em suas palavras: "Muitos amigos meus se suicidaram, pessoas que eu amava e admirava. Curioso: todos os suicidas que conheci eram pessoas inteligentes, sensíveis, íntegras, e nas suas vidas aparecia a beleza" (Alves, 2001, p. 52). E vaticina:

> Algumas religiões amaldiçoam os suicidas. Argumentam que a vida é dádiva de Deu e que somente ele tem o direito de tirá-la. Que miseráveis seres somos nós, condenados a aceitar até o fim as dores que o destino inflige em nosso corpo e em nossa alma. Pensam que Deus é um demônio sádico que nos envia sofrimentos e nos ameaça com sofrimentos mais horrendos ainda se não os aceitarmos e suportarmos com gratidão. Pedir gratidão pelo sofrimento: nenhum homem seria monstruoso a esse ponto. E, no entanto, eles acreditam que Deus exige isso dos homens. Isso, eu afirmo, não é um deus. É um monstro que jamais terá o meu respeito (...). Os argumentos teológicos contra o suicídio, baseados no medo de um Deus vingador, apenas revelam que aqueles que os mantêm ainda não compreenderam que Deus não tem vinganças a realizar; ele é um Deus de amor. (Alves, 2001, p. 53-54)

A perspectiva poética do que nos aponta Alves indica o quanto o universo religioso cristão está marcado pela imagem distorcida do sagrado. Pessoa alguma pode se considerar superior à outra, especialmente aquelas que sofrem transtornos mentais ou enfrentam as agruras chocantes que a vida apresenta, deixando-os perplexos, em contínua angústia e vivo desespero.

Considerações finais

A incessante busca pelo bem-estar sempre estará presente no horizonte imaginário de todos os seres humanos. Todavia, a angústia e o desespero sempre tornam o ser humano um refém de sua própria existência, que, às vezes, é insuportável. Há diversas pessoas que sentem dor ao existir e buscam com ânsia a aniquilação da mesma através do comportamento suicida. A cada ano, mais e mais casos de suicídio ocorrem no mundo, não escolhendo gênero, cor, classe social ou afins. Todos os seres humanos encontram-se nessa zona de risco, geralmente emitindo um grito silencioso, que pode ser percebido num *setting* terapêutico, na observação detida e respeitosa de quem se disponibiliza para cuidar.

Embora reconheçamos os esforços moralistas oriundos de uma base cristã, que tentam refrear os instintos que levam uma determinada pessoa a um comportamento suicida, é preciso rechaçar todo e qualquer argumento com ênfase condenatória em relação ao suicídio, mesmo o que é feito em nome de um Deus.

Há uma instigante música do grupo Titãs, intitulada *Flores*, que evidencia uma tentativa de suicídio, demonstrando a frustação existencial e as inquietações que geram a dor de existir. Não vamos entrar em discussões pormenorizadas sobre a canção, mas indicar que a questão do suicídio está sutilmente presente em nossa cultura e precisa ser considerada com a cautela e o saber distinto. Não há dúvida de que existir é um desafio e, para alguns, um absurdo. A ideação suicida, talvez, seja a compreensão adquirida pelo ser sobre a impossibilidade de encontro de um equilíbrio plausível para a existência. Ademais, não podemos desconsiderar o fato de que "(...) o suicídio não apenas está entre as dez principais causas de morte, como também está entre as duas ou três causas mais frequentes de morte para o grupo de adolescentes e adultos jovens" (Werlang, 2013, p. 25). Há inúmeras causas para um comportamento suicida, e todas elas devem ser consideradas com o desvelo necessário. A prevenção deve começar na família, seguido do trabalho nas escolas e no processo terapêutico, inclusive com o enfrentamento dos transtornos depressivos que levam ao comportamento suicida.

A frase escrita pela jovem, "Não quero morrer! Só quero acabar com a minha dor", precisa ser respeitada e acolhida por todas as pessoas que entendem ser o suicídio um desafio tamanho, que não pode ser desconsiderado ou tratado com leviandade. Atitudes preconceituosas não ajudam e não contribuem, em absoluto, na ampliação do debate sobre o fenômeno. As noites precisam ser vencidas!

Referências

ALVES, Rubem. *Variações sobre a vida e a morte*. São Paulo: Paulinas, 1982.

ALVES, Rubem. *A festa de Maria*. Campinas/SP: Papirus, 2001.

ANGERAMI, Valdemar Augusto. (Org.). *Psicoterapia Fenomenológico-Existencial*. Belo Horizonte: Artesã Editora, 2017.

AUGRAS, Monique. *O ser da compreensão*: Fenomenologia da situação de psicodiagnóstico. Petrópolis: Vozes, 1996.

BRASIL. MINISTÉRIO DA SAÚDE. Prevenção do suicídio: manual dirigido a profissionais das equipes de saúde mental, Campinas: UNICAMP, 2017. Disponível em: <https://www.cvv.org.br/wp-content/uploads/2017/05/manual_prevencao_suicidio_profissionais_saude.pdf>. Acesso em 02 maio 2019.

CAPALBO, Creusa. Corpo e existência na filosofia de Maurice Merleau-Ponty. In.: CASTRO et al (Orgs). *Corpo e Existência*. São Bernardo do Campo: UMESP/FENPEC, 2003.

CARNEIRO, Anna Bárbara de Freitas. Suicídio, religião e cultura: reflexões a partir da obra "Sunset Limited". *Revista Reverso*, n. 65, julho 2013.

CERQUEIRA, Yohanna Shenneideider; LIMA, Patrícia Valle de Albuquerque. Suicídio: a prática do psicólogo e os principais fatores de risco e de proteção. *Revista IGT na Rede*, n. 23, 2015. Disponível em: <http://www.igt.psc.br/oj.>. Acesso em 02 maio 2019.

JÚNIOR, José Lima. *Corpoética*: cosquinhas filosóficas no umbigo da utopia. São Paulo: Paulinas, 1988.

MADUREIRA, Jonas. O significado de desespero e o problema do suicídio em Paul Tillich. *Revista Eletrônica Correlatio*, n. 3, abril 2003.

MERLEAU-PONTY, Maurice. *La Structure du Comportament*. Paris: P.U.F., 1942.

MERLEAU-PONTY, Maurice. *Phénomélogie de la Perception*. Paris: Gallimard, 1945.

NIETZSCHE, Friedrich. *Além do bem e do mal*. São Paulo: Companhia de Bolso, 2011.

PIMENTA, Arlindo C. *Sonhar, brincar, criar, interpretar*. São Paulo: Ática, 1993.

CAPÍTULO 10

O caráter simbólico do suicídio na clínica junguiana

Anderson Santiago da Silva

Introdução

Fenômeno tão antigo quanto universal, o suicídio é encontrado em todas as culturas e encarado de diversas formas, tanto pela sociedade, quanto pela religião. A palavra suicídio é de origem latina e significa a ação de matar a si mesmo. Ou seja, ele é um ato de violência que o indivíduo comete contra si mesmo (Silva; Polubriaginof, 2009).

Em 2014, cerca de 800 mil pessoas tiraram suas vidas ao redor do mundo. Neste mesmo ano, o suicídio aparece como uma das dez principais causas de morte, além de estar entre as três mais frequentes entre os jovens. Para cada pessoa que tira a sua vida, cerca de três pessoas tentam pôr fim à própria vida (Trigueiro, 2015).

De acordo com a Organização Mundial da Saúde (OMS, 2000), o suicídio é um problema complexo e ao qual não cabe tentar resolvê-lo com apenas uma única causa ou razão. Percebe-se nele a interação de fatores biológicos, genéticos, psicológicos, emocionais, culturais e ambientais. É devido a esta complexidade que é tão difícil explicar porque algumas pessoas decidem cometer suicídio enquanto outras em situação semelhante não o fazem (Werlang, 2013).

Tendo isto em vista, Werlang (2013) afirma que o psicólogo precisa informar-se sobre o suicídio e compreender os diversos fatores de risco envolvidos no comportamento suicida. Em sua opinião, "há sempre uma vulnerabilidade psíquica que precisa ser compreendida" (Werlang, 2013, p. 28).

> O fenômeno do comportamento suicida é extremamente complexo e difícil de ser abordado, até porque, no mundo ocidental, a morte, por si só, já é um tema difícil de ser trabalhado nos diversos espaços sociais, como na escola, na família, no contexto acadêmico, e nos cursos profissionais da

> área da saúde em geral. Então, falar de um comportamento relacionado à morte, que vai na contramão da ciência, é mais difícil ainda, porque a ciência emprega grandes esforços para alongar os dias de vida e a pessoa que comete o suicídio vai de encontro a essa ideia, provocando um choque, um paradoxo. (Werlang, 2013, p. 26)

E foi talvez esse choque, essa perplexidade diante da dificuldade em entender porque determinado indivíduo decide tirar a própria vida que, após tanto tempo silenciado, o suicídio acabou por tornar-se um tabu (Abreu et al, 2010). Para Trigueiro (2015), por ser tabu, o suicídio se tornou um assunto invisível, sobre o qual evitamos falar. Nem mesmo a gravidade da situação e os transtornos causados pelo elevado número de casos fez com que ele entrasse no radar dos governos e da sociedade.

Tendo em vista este contexto, o objetivo deste texto é refletir sobre o fenômeno do suicídio utilizando a perspectiva simbólica da Psicologia Analítica, assumindo como eixo central de suas reflexões a perspectiva de James Hillman que, em seu livro *Suicídio e alma* (2009), propõe que o suicídio seja pensado como tendo um "lado de fora" e um "lado de dentro". Isso significa a possibilidade de compreensão do suicídio como um problema histórico, religioso e social, mas, acima de tudo, como um fenômeno individual, singular e simbólico. Por fim, será proposta uma reflexão sobre como a clínica junguiana poderá acolher o comportamento suicida levando em conta a ênfase dada em seu caráter simbólico.

O "lado de fora" do suicídio

O suicídio é um fenômeno que atravessa a história da humanidade, podendo ser compreendido de diversas formas ao longo do tempo (Santana et al, 2015). Encontramos relatos sobre o suicídio em praticamente todas as épocas da humanidade (Dias, 1991). Rosen (1975, *apud* Aquino, 2009, p. 25) afirma que "como forma de comportamento humano, o suicídio é, provavelmente, tão antigo quanto o próprio homem". Como fenômeno, entretanto, sua compreensão esteve vinculada inicialmente por meio da perspectiva filosófico-religiosa (Aquino, 2009), assim como esteve presente na mitologia, como relata o mito de Eros e Psique (López-Pedraza, 2010), por exemplo.

Este mito, de acordo com o relato de Apuleio, poeta romano do século II d. C., retrata as peripécias de Psique, uma mortal cuja beleza acabou por incomodar o reinado da deusa Afrodite e que acaba se apaixonando pelo deus Eros, antes incumbido de fazer com que ela se apaixonasse por um monstro e que acaba se apaixonando pela mortal, ao se ferir com sua própria flecha. De acordo com Apuleio, Psique, instigada por suas irmãs, que invejavam a sua felicidade, acaba quebrando a única regra imposta por Eros – a de que nunca veria o rosto do seu amado – e, ao ser abandonada por ele, entra em desespero e tenta o suicídio jogando-se em um rio (Oliveira, 2012). Relata López-Pedraza (2010, p. 64) que, "(...) o rio, sem dúvida em atenção ao deus que pode inflamar até as próprias águas, e evitando o próprio perigo, acolheu-a carinhosamente no mesmo instante, e em um redemoinho, sem lhe fazer dano, depositou-a sobre a relva florida da margem".

A discussão sobre o suicídio nos conduz, inevitavelmente, a um debate sobre a morte. De acordo com Dias (1991), as atitudes a respeito do suicídio estão intrinsecamente vinculadas às diversas formas de encarar a morte. Historicamente, a morte e o processo de morrer foram sendo modificados na medida em que as culturas e as necessidades dos homens em relação aos papéis sociais a que a ele se incorporavam também mudavam (Silva et al, 2012).

> A morte é o único absoluto na vida, a única certeza e verdade. Por ser a única condição que qualquer vida tem de levar em consideração, é o único *a priori* humano. A vida amadurece, desenvolve-se e encaminha-se para a morte. A morte é seu fim legítimo. Vivemos para morrer. A vida e a morte se contêm mutuamente, completam-se reciprocamente, são compreensíveis apenas se colocadas uma em relação à outra. A vida adquire seu valor através da morte e a busca da morte é o tipo de vida que os filósofos frequentemente recomendaram. Se, somente os vivos podem morrer, apenas os moribundos estão realmente vivos. (Hillman, 2009, p. 71)

Estando presente na vida diária dos povos da Antiguidade, ela passa por modificações durante a Idade Média. Para Ariés (2017), durante este período foram concebidas várias formas de se apropriar e ritualizar a morte: a primeira é a concepção de uma "morte domada", em que ela não vem sem avisar; a segunda é a "morte de si mesmo", em que a morte é apresentada como algo repulsivo aos olhos; em seguida temos a "morte do outro", em que a morte era apresentada numa perspectiva romantizada, irrompendo com ênfase nas obras literárias e artísticas do romantismo do século XIX; por fim,

> (...) a morte no século XX assumiu a figura de *morte interdita*, tornando-se vergonhosa, algo que deveria ser evitado e que de preferência ocorresse nos hospitais, instituições e no isolamento. Foi destacada a supressão do luto, em que as pessoas buscam esconder a manifestação ou a vivência da dor. (Silva et al, 2012, p. 188)

Como se pode observar, várias foram as atitudes diante da morte e, como afirma Dias (1991, p. 38), mesmo o tabu sobre o suicídio sendo um processo mais antigo, "(...) podemos supor que o tabu imposto ao falar da morte repercute sobre o suicida, impedindo-o de se comunicar abertamente sobre seus motivos". Além de impossibilitar a ajuda social na superação dos impasses existentes, tal atitude acaba por contribuir para a constituição de um grande tabu em torno do tema. Contudo, embora o destaque dado ao tabu histórico criado em torno da morte, esta é apenas uma das possíveis causas para que o suicídio seja, inegavelmente, o problema mais alarmante da vida na atualidade (Hillman, 2009). Outras causas serão listadas agora.

Ao analisarmos os dados informados pela OMS em seu último relatório publicado em 2014, percebemos que só neste ano, cerca de 800 mil pessoas decidiram tirar suas vidas. Isso significa que, em algum lugar do planeta, uma pessoa decide tirar sua vida a cada 45 segundos, ou que "(...) um contingente de mais de duas mil pessoas [põe] fim à vida diariamente" (Botega, 2015, p. 38).

Devido à complexidade inerente ao fenômeno do suicídio, considera-se que o correto é falar sobre "(...) comportamento suicida, pois isso engloba uma situação de pessoas que ameaçam tirar sua vida, mas não logram sua efetivação" (Werlang, 2013, p. 26). Assim, por comportamento suicida devemos entender "(...) todo ato pelo qual um indivíduo causa lesão a si mesmo, independente do grau de intenção letal e do verdadeiro motivo desse ato" (Botega, 2015, p. 24).

Além disso, o suicídio deve ser compreendido como "(...) multideterminado por um conjunto de fatores de diferentes naturezas, externos e internos ao indivíduo, que se combinam de modo complexo e variável" (Botega, 2015, p. 88). Ou seja, se não existe uma causa específica para o suicídio, "(...) é sempre a pessoa em sua totalidade que adoece" (Botega, 2015, p. 127). Por isso, para Jung (2011, p. 91) "(...) não se pode tratar da psique, sem mexer no todo".

Observa-se no que se refere ao espectro do comportamento autoagressivo, que o suicídio é apenas a ponta do iceberg. "Estima-se que o número de tentativas de suicídio supere o de mortes em pelo menos dez vezes" (Botega, 2015, p. 50). Infelizmente, não há em nenhum país qualquer tipo de registro de tentativas de suicídio a nível nacional. Esse é um problema que aliado a outros, como a subnotificação e o sub-registro, tornam difícil obter uma real dimensão do comportamento suicida, já que ele acaba escondido "(...) sob outras denominações de causa de morte, como, por exemplo, acidente automobilístico, afogamento, envenenamento acidental e 'morte de causa indeterminada'" (Botega, 2014, p. 232).

Um outro ponto importante é considerar que os transtornos mentais correspondem a cerca de 90% dos casos de tentativas ou consumação do ato suicida. Assim, é urgente compreender que quase em sua totalidade, "o transtorno mental é um fator vulnerabilizador que necessita estar presente para que culmine o suicídio do indivíduo, quando somado a outros fatores" (Botega et al, 2006, p. 216).

É com base nestes dados que o suicídio é considerado na atualidade não somente uma tragédia pessoal, mas um sério problema de saúde pública (Botega et al, 2006). Do ponto de vista da tragédia pessoal, é sempre muito difícil compreender o que leva uma determinada pessoa a cometer suicídio, enquanto outras em situação muito parecida não o fazem (Werlang, 2013). Do ponto de vista da saúde pública, ele é responsável por estar entre as três principais causas de morte na faixa etária entre os 15 e 44 anos (Botega, 2014), notadamente a faixa etária mais economicamente ativa, além de produzir "impacto sobre os serviços de saúde, pelo incremento de gastos com atendimentos ambulatoriais, cuidados de emergência e tratamento de sequelas dos sobreviventes" (Machado; Santos, 2015, p. 46).

As informações apresentadas acima nos permitem compreender porque acolher o comportamento suicida na clínica tem se tornado uma experiência bastante desafiadora. Contudo, por mais importantes que sejam os dados estatísticos, eles só nos permitem compreender aquilo que Hillman (2009) define como o "lado de fora" do comportamento suicida, deixando ausente da discussão o "lado de dentro", justamente aquele que "fala da busca do significado que existe na singularidade de cada ato humano e, especialmente, no do suicídio" (Bastos, 2009, p. 77).

O "lado de dentro" do suicídio

Ao compreendermos o suicídio como uma das possibilidades humanas, a morte se apresenta como opção, independentemente da existência de uma proibição histórica, religiosa ou social. Para Hillman (2009, p. 75), se o analisarmos sem terror, sem os preconceitos de posições pré-fixadas ou patologizantes, "(...) o suicídio torna-se 'natural'. É natural porque é uma possibilidade de nossa natureza, uma escolha à disposição de cada psique humana".

O significado dessa escolha, contudo, será diferente, caso as circunstâncias e o indivíduo também o sejam (Hillman, 2009). Desta forma, a preocupação do psicoterapeuta será muito menos com a escolha suicida enquanto tal, do que em estar presente junto à pessoa "(...) no sentido de compreender o significado desta escolha, a única que exige, diretamente, a experiência da morte" (Hillman, 2009, p. 75). E é exatamente aqui que começa o problema para o psicoterapeuta, justamente onde terminam os relatórios e as classificações. Pois, o psicoterapeuta junguiano

> (...) trabalha a partir da premissa de que, cada morte é significativa e de algum modo compreensível (...). Sua abordagem do suicídio é a mesma que tem em qualquer outra forma de comportamento que esteja sob sua consideração, tal como os sintomas bizarros chamados esquizofrênicos ou as desordens funcionais chamadas psicossomáticas. Parte do pressuposto de que o comportamento tem um "lado de dentro" significativo e que, penetrando no problema, ele será capaz de entender seu significado. (Hillman, 2009, 51)

Essa premissa de que existe um significado compreensível para a morte só é possível se levarmos em consideração que quando Hillman se refere a um "lado de dentro" do comportamento suicida, ele se refere ao aspecto simbólico do mesmo. A tentativa de compreensão simbólica do comportamento suicida pode se apresentar como uma alternativa à sua literalização: o corpo acaba por se apresentar como instrumento de iniciação. Toda iniciação pressupõe um rito, um espaço onde se concretize a experiência simbólica. O suicídio pode funcionar, sob esse aspecto, como uma passagem, uma busca por alma. De acordo com Alvarenga (2006, p. 120),

> (...) a morte concreta, a morte literal, faz parte do elenco de nossos ritos, sendo considerada como o último rito de passagem do processo Vida. Entretanto, antes de cumprirmos a concretude do fenômeno desse último rito, passamos por incontáveis ritos de passagem de morte simbólica.

Em *Os arquétipos e o inconsciente coletivo*, Jung (2014, p. 102) afirma exatamente o mesmo quando diz que "a consciência só pode existir através do permanente reconhecimento e respeito do inconsciente: toda vida tem que passar por muitas mortes". Ou seja, até que a experiência-limite da morte concreta seja vislumbrada, o ser humano passa por inúmeras experiências existenciais que podem ser compreendidas como mortes simbólicas, como, por exemplo, a entrada na vida adulta na qual o adolescente precisa morrer, as separações conjugais, a perda de parentes queridos, entre inúmeras outras.

Serão explicados a seguir alguns conceitos essenciais da Psicologia Analítica, no intuito de facilitar a compreensão sobre a importância e a possibilidade de encarar o comportamento suicida através de uma perspectiva simbólica.

A psique, para Jung, é constituída de duas partes: a consciência e tudo o que ela abrange e "(...) o interior de amplidão indeterminada da psique inconsciente" (Jung, 2011a, p. 57). Enquanto a personalidade consciente pode ser definida e determinada, a totalidade da personalidade humana, constituída pela união da personalidade consciente e inconsciente (Jung, 2014) compreendida como psique, seria de uma descrição indeterminável. Há que se considerar também, na opinião de Jung (2013c), a existência de uma relação compensatória e/ou complementar entre consciente e inconsciente.

De acordo com Fonseca (2003), o inconsciente pode ser compreendido tanto como adjetivo, ao qualificar os conteúdos não presentes na consciência, como substantivo, ao especificar um lugar psíquico com características, leis e funções próprias. Com relação ao seu aspecto psicodinâmico, podemos compreender que os seus conteúdos pertencem ao inconsciente pessoal, quando são aquisições da existência individual e pertencem ao inconsciente coletivo, quando seus conteúdos se referem aos arquétipos, estruturas que formam a base da psique em geral (Jung, 2013a).

Por serem a base da psique, os arquétipos interferem no processo de formação de conteúdos conscientes, seja regulando-os, modificando-os ou motivando-os (Jung, 2013), podendo ser definidos como formas inatas, herdadas, vazias, verdadeiras "*formas sem conteúdo*, representando a mera possibilidade de um determinado tipo de percepção e ação" (Jung, 2014, p. 57). Ou seja, eles são as formas típicas de comportamento humano. Por isso, "(...) há tantos arquétipos quantas situações típicas na vida" (Jung, 2014, p. 57). E embora sejam de natureza irrepresentável, os arquétipos produzem "efeitos que tornam possíveis certas visualizações, isto é, as representações arquetípicas" (Jung, 2013c, p. 164). Na opinião de Camargo (2007) só podemos reconhecer o arquétipo de modo indireto e por duas vias: pelas imagens que produz e a numinosidade que as acompanha. Vamos analisar primeiro o conceito de imagem.

Para Stein (2006, p. 51), este conceito é importante para Jung justamente por que a "(...) imagem define a essência da psique". Para Jung, o conceito de imagem não se refere a uma descrição psíquica de um objeto externo, mas a "(...) uma representação imediata, oriunda da linguagem poética, ou seja, a *imagem de fantasia* que se relaciona indiretamente com a percepção do objeto externo" (2013b, p. 457). Por possuir o caráter psicológico de uma representação da fantasia e nunca o caráter quase real da alucinação, a imagem sempre se distingue da realidade dos sentidos por ser uma imagem interna.

Essa imagem interna de grandeza complexa se compõe de materiais diversos, assim como de diversas procedências. Ela não se constitui como um conglomerado, mas um produto homogêneo autônomo e com sentido próprio. A imagem, assim, pode ser definida como a "(...) expressão concentrada da situação psíquica como um todo e não simplesmente ou sobretudo dos conteúdos inconscientes" (Jung, 2013b, p. 458). É por isso que não se pode "interpretar seu sentido só a partir da consciência ou só do inconsciente, mas apenas a partir de sua relação recíproca" (Jung, 2013b, p. 458).

É certo que a imagem expressa conteúdos inconscientes, mas ela não se refere a todos os conteúdos em geral, somente aqueles constelados no momento. E cabe enfatizar que o que vai ser constelado vai depender dos complexos ativados na ocasião. Neste momento, se faz necessário explicar que, para Jung (2013c, p. 43), o complexo é "(...) a imagem de uma determinada situação psíquica de forte carga emocional e, além disso, incompatível com as disposições ou atitude habitual da consciência". Ou seja, além de ser uma imagem, o complexo pertence essencialmente ao mundo subjetivo. Já a constelação refere-se "(...) à criação de um momento psicologicamente carregado, um momento em que a consciência já está, ou está prestes a ficar perturbada por um complexo" (Stein, 2006, p. 47). Stein (2006, p. 47) explica que

> Por vivências pessoais, todos sabemos o que significa estar constelado. Isso ocorre num espectro que vai desde estar levemente ansioso até ficar perdidamente angustiado e, transpondo todos os limites, cair na loucura. Quando um complexo está constelado, a pessoa é ameaçada com

> a perda de controle sobre suas emoções e, em certa medida, também sobre seu comportamento. Ela reage irracionalmente e, com frequência, lamenta-o, arrepende-se ou pensa melhor sobre o que fazer na próxima oportunidade.

Quando uma imagem apresenta uma concordância com motivos mitológicos conhecidos, ela é considerada arcaica, primordial, ou seja, arquetípica. Este tipo de imagem expressa, "(...) por um lado, sobretudo materiais derivados do inconsciente coletivo e, por outro, mostra que a situação momentânea da consciência é mais influenciada coletiva do que pessoalmente" (Jung, 2013b, p. 459). Assim,

> A imagem pessoal não tem caráter arcaico e nem significação coletiva, mas traduz conteúdos do inconsciente pessoal e uma situação da consciência pessoalmente condicionada. A imagem primordial que também chamei de "arquétipo" é sempre coletiva, ou seja, é, no mínimo, comum a todos os povos e tempos. (Jung, 2013b, p. 459)

É por isso que a imagem é considerada a linguagem fundamental da alma e os símbolos a chave para compreensão das imagens (Boechat, 2009). Nas palavras de Roth (2011, p. 193), podemos definir o símbolo como "(...) a melhor expressão pictórica possível de uma situação emocional significativa, cuja origem está ancorada no inconsciente". Ou seja, o que caracteriza o símbolo é a impossibilidade de reduzi-lo a um único significado, já que neste caso não estaríamos mais falando de símbolo e, sim, de signo. Cabe ainda dizer que "(...) em seu significado funcional, o símbolo não aponta mais para trás, mas para frente, para uma meta ainda não atingida" (Jung, 2014, p. 176). Contudo, assumir como verdadeira essa perspectiva finalista do símbolo não significa ignorar o que Hillman (2009, p. 32) chama de "biografia da alma", ou seja toda a sua história até este momento. Como ela diz respeito à experiência da alma – até porque esse é seu "alimento próprio e único" –, é importante não negar a validade de uma análise redutiva em casos de crise suicida.

Com base no que foi dito acima, pode-se compreender que todo fenômeno psicológico será considerado simbólico, contanto que sempre "(...) enuncie ou signifique algo mais e algo diferente que escape ao conhecimento atual" (Jung, 2013, p. 488) e que a irrupção de conteúdos inconscientes na consciência, "(...) trazem à superfície tudo aquilo que é necessário, no sentido mais amplo do termo (...), para a *totalidade da orientação consciente*" (Jung, 2011b, p. 92-93). Aqui, cabe lembrar o que definimos no início deste tópico, como sendo a relação de compensação e/ou complementaridade entre a consciência e o inconsciente.

Normalmente deixa-se as imagens emergirem à consciência e nos extasiarem até a satisfação, poupando-nos o esforço de compreendê-las; e, o que é pior, ao não se encarar as consequências éticas suscitadas por elas, não se poderá impedir que os efeitos negativos do inconsciente apareçam. É por isso que sempre há um perigo quando se negligencia a análise e compreensão das imagens do inconsciente, pelo simples fato de que elas são carregadas de energia psíquica, também chamada por Jung de numinosidade, sendo capaz de levar a consciência a um duplo estado de terror e êxtase (Camargo, 2007, p. 65). Aqui temos a segunda forma de se reconhecer o arquétipo. Na opinião de Jung (2012a, p. 239), "(...) as imagens do inconsciente impõem ao homem uma pesada obrigação. Sua incompreensão, assim como a falta de sentido da responsabilidade ética privam a existência de sua totalidade e conferem a muitas vidas individuais um cunho de penosa fragmentação".

É por isso que a constelação de imagens arquetípicas não são consideradas patológicas em si mesmas, pois a morbidez se revela justamente no modo como o indivíduo reage a elas, ou seja, no modo como ele compreende os temas arquetípicos surgidos, neste caso, negando-lhes seu caráter simbólico ao encará-las apenas como um signo. Até porque, "(...) quando estas imagens chegam à consciência o fazem com a força avassaladora de uma carga afetiva extática que possui poder transformador, quando bem trabalhada pela consciência-ego" (Camargo, 2007, p. 66). Quando isto não acontece, o ego corre o risco de se identificar com as imagens simbólicas, surgindo daí um processo dissociativo da personalidade.

Não à toa, Jung define que o que é característico numa reação patológica é a identificação, em primeiro lugar, com o arquétipo, o que determina um tipo de inflação ou possessão pelos conteúdos emergentes, cujo caráter irresistível se apresenta como um desafio a qualquer terapia.

Pode-se definir a inflação como o momento em que há uma ampliação da personalidade consciente para além de seus limites devido à assimilação de um conteúdo inconsciente. De acordo com Whitmont (2010, p. 54), "(...) a inflação descreve então um sentimento de poder no qual somos inflados por uma força desconhecida que não é nossa, nem do nosso julgamento e escolha. Entretanto, é como se fosse, e nós a reivindicamos como sendo nossa". A possessão consiste no domínio que um conteúdo, pensamento ou parte da personalidade exercem sobre o indivíduo. Jung define a possessão "como uma identificação da personalidade do eu com um complexo". Pode-se dizer que a presunção caracteriza a inflação e o poder, o domínio caracteriza a possessão. Ainda de acordo com Jung (2014, p. 356),

> A identificação pode transcorrer no melhor dos casos como uma inflação menos inócua. Em todo caso, a identificação com o inconsciente significa uma certa fragilidade da consciência e nisso reside o perigo. A identificação não é "feita" por nós, não "nos identificamos", mas sofremos inconscientemente o tornar-nos idênticos a um arquétipo, isto é, somos por ele possuídos. Em casos graves é importante fortificar previamente o eu do que compreender e assimilar os produtos do inconsciente. A decisão depende do diagnóstico e da sutileza do terapeuta.

O "eu" pode ser entendido como "aquele fator complexo com o qual todos os conteúdos conscientes se relacionam" (Jung, 2013a, p. 13). Ele "(...) focaliza a consciência humana e confere à nossa conduta consciente sua determinação e consideração" (Stein, 2006, p. 27), além de ser o "sujeito de todos os atos conscientes da pessoa" e funcionar como critério para saber quando um conteúdo é consciente, já que "(...) não há conteúdo consciente que antes não se tenha apresentado ao sujeito" (Jung, 2013a, p. 13). Como serve de ponto de referência para o campo da consciência, "(...) o eu é o sujeito de todos os esforços de adaptação na medida em que estes são produzidos pela vontade" (Jung, 2013a, p. 17). É por este motivo que ele exerce um papel altamente significativo na economia psíquica. À despeito da sua extensão, a citação a seguir é extremamente necessária para enfatizar a importância e o papel de um ego estruturado diante da força dos conteúdos do inconsciente:

> Quando as partes inconscientes da personalidade se tornam conscientes, produz-se não só uma assimilação delas à personalidade do eu, anteriormente existente, como sobretudo, uma transformação desta última. A grande dificuldade está justamente em descrever a *maneira* como se dá esta transformação. De modo geral, o eu é um complexo fortemente estruturado que, por estar ligado à consciência e à sua continuidade, não pode nem deve ser facilmente alterado, sob pena de enfrentar sérias perturbações patológicas. As analogias mais próximas de uma alteração do eu se encontram, com efeito, no campo da psicopatologia, onde nos deparamos não somente com dissociações neuróticas mas também com a fragmentação esquizofrênica e até mesmo com a dissolução do eu. Neste domínio também observamos tentativas de integração patológica – se me permitem esta expressão. Esta integração consiste em irrupções mais ou menos violentas de conteúdos inconscientes na consciência, mostrando-se o eu incapaz de assimilar os intrusos. Se, porém, a estrutura do complexo do eu é bastante forte para resistir ao assalto dos conteúdos inconscientes, sem que se afrouxe desastrosamente sua contextura, a assimilação pode ocorrer. Mas, neste caso, há uma alteração não só dos conteúdos inconscientes, mas também do eu. Embora ele se mostre capaz de preservar sua estrutura, o eu é como que arrancado de sua posição central e dominante, passando, assim, ao papel de um observador passivo a quem faltam os meios necessários para impor a sua vontade em qualquer circunstância, o que acontece não tanto porque a vontade se acha enfraquecida em si mesma, quanto, sobretudo, porque certas considerações a paralisam (Jung, 2013c, p. 174-175).

Como se pode observar, é de suma importância o fortalecimento do ego para que ele possa suportar os conflitos e conseguir se adaptar à necessária e contínua assimilação de conteúdos do inconsciente sem que seja perturbado por nenhuma "integração patológica" e sem ter que literalizar nenhuma imagem psíquica. Além disso, dada a energia numinosa que pode surgir com a emergência de uma imagem arquetípica, a partir do momento em que a compreendemos como um símbolo de algo ainda desconhecido para o ego, o protegemos de uma possível integração patológica e dos transtornos advindos em sua consequência.

É por isso que "(...) trazendo o inconsciente pessoal à consciência, a análise torna o indivíduo consciente de coisas que, em geral, já conhecia nos outros, mas não em si mesmo" (Jung, 1987, p. 23). No tópico seguinte abordaremos como a psicoterapia junguiana pode auxiliar o paciente a lidar com o caráter simbólico do suicídio sem que a literalização das imagens do inconsciente se torne uma opção.

A psicoterapia junguiana diante do suicídio

Dado que o objetivo da psicoterapia junguiana consiste em auxiliar o paciente a se tornar consciente do processo simbólico, é imprescindível ao terapeuta tornar-se consciente dos símbolos que emergem da psique do seu paciente e conhecer o modo como se comportam quando inconscientes (Edinger, 1995, p. 162). Importante, também, é dar-se conta de que "(...) o processo simbólico é uma *vivência na imagem e da imagem*" (Jung, 2014, p. 48).

> É óbvio que a riqueza dos símbolos oscila extraordinariamente. Tudo, no entanto, é vivenciado numa forma imagética, isto é, simbolicamente, não se tratando, porém, de perigos fictícios, mas de riscos muito reais, dos quais pode depender todo um destino. O perigo principal é sucumbir à influência fascinante dos arquétipos, o que pode acontecer mais facilmente quando as imagens arquetípicas *não são conscientizadas*. (Jung, 2014, p. 48)

Podemos compreender que este perigo de, como dito acima, "sucumbir à influência fascinante dos arquétipos" é o que pode ocorrer quando o ego do paciente não está em condições de integrar as imagens do inconsciente e sucumbe ante o sentimento de terror e êxtase que elas provocam.

Por isso, foi necessário realizar esta sucinta revisão teórica sobre os conceitos de inconsciente, imagem e símbolo, por serem imprescindíveis no trabalho de análise do inconsciente. Até porque, "(...) a realidade inconsciente se exprime e se dá a conhecer por meio das expressões simbólicas. Tudo aquilo que pertence à esfera do inconsciente e não se formula como símbolo não pode ser conhecido" (Penna, 2013, p. 165).

Tendo em vista que o suicídio se apresenta como um modo de adentrar a morte e, observando-se a existência de um tabu histórico sobre este tema, a ideia de adentrar a morte pode liberar fantasias e, de acordo com Hillman (2009, p. 62),

"(...) para compreender um suicídio precisamos saber que fantasia mítica está sendo encenada" no momento em que a imagem foi constelada. Compreendendo estas fantasias como conteúdos à serem integrados pelo eu, pode-se compreendê-las como o encontro necessário com o aspecto sombrio da personalidade consciente. Até porque "o próprio processo de análise pode ser experimentado como uma forma de morte" (Magalhães et al, 2012, p. 149).

Esse confronto com a metade obscura da personalidade é produzido "(...) por si só em toda terapia mais ou menos profunda" (Jung, 2012, p. 43). Para Jung, o encontro consigo mesmo significa, primeiro que tudo, encontrar-se com sua sombra (Jung, 2014).

> A sombra constitui todo um problema de ordem moral que desafia a personalidade do eu como um todo, pois ninguém é capaz de tomar consciência desta realidade sem dispender energias morais. Mas nesta tomada de consciência da sombra trata-se de reconhecer os aspectos obscuros da personalidade, tais como existem na realidade. Este ato é a base indispensável para qualquer tipo de autoconhecimento e, por isso, em geral, ele se defronta com considerável resistência. Enquanto, por um lado, o autoconhecimento é um expediente terapêutico, por outro implica, muitas vezes, um trabalho árduo que pode se estender por um largo espaço de tempo. (Jung, 2013a, p. 20)

Esse encontro com a sombra acaba, invariavelmente, forçando o eu a encarar a imagem que ele faz de si, ou, em outras palavras, as características que formam a sua persona. Assim, quando analisamos a persona, descobrimos que ao aparentar ser algo individual, na verdade ela é coletiva, ela não passa de uma máscara do inconsciente coletivo.

> No fundo, nada tem de real; ela representa um compromisso entre o indivíduo e a sociedade, acerca daquilo que alguém parece ser: nome, título, ocupação. De certo modo, tais dados são reais, mas em relação à individualidade essencial da pessoa, representam algo secundário, uma vez que resultam do compromisso no qual outros podem ter uma quota maior que a do indivíduo em questão. A persona é uma aparência, uma realidade bidimensional, como se poderia designá-la ironicamente. (Jung, 1987, p. 32-33)

A formação da persona, desta forma, acompanhando esse "compromisso entre o indivíduo e a sociedade" vai influenciar o eu de modo profundo e, ao encarar os temas da morte e do suicídio, reconhecidos como tabus pela sociedade em geral, irá alocá-los na sombra, como aspectos não representativos desse acordo com a "consciência coletiva" e que, por isso, não devem ser integrados à consciência.

Na opiniao de Edinger (1995, p. 165), é possível compreender a morte não como "(...) um signo conhecido e racionalmente compreendido, mas [como] um símbolo que exprime um mistério". Assim, entendida pela via simbólica, a morte pode aparecer diante da psique representada de diversas formas, tais como "extinção, aniquilamento, negação e finalização (aspectos negativos bastante ressaltados na sociedade ocidental) e também como profunda e significativa transformação, revelação, renascimento, rito de passagem e *mysterium coniunctionis*" (Magalhães et al, 2012, p. 150). Se bem-sucedido, esse modo de interpretação pode encaminhar o paciente na direção da vida simbólica, ao invés de uma literalização da imagem. Nas palavras de Jung (2013c, p. 33-34),

> Quando se consegue formular o conteúdo inconsciente e entender o sentido da formulação, surge a questão de saber como o ego se comporta diante desta situação. Tem, assim, início a *confrontação entre o ego e o inconsciente*. (...) A aproximação dos opostos (...) resulta [no] aparecimento de um terceiro elemento que é a função transcendente. Neste estágio, a condução do processo não está mais com o inconsciente, mas com o ego. (...) O ego se acha confrontado com um fato psíquico, um produto cuja existência se deve principalmente a um evento inconsciente, e por isto se encontra, de algum modo, em oposição ao ego e as suas tendências. (...) Ora, a confrontação com o inconsciente deve ser multilateral, pois a função transcendente não é um processo parcial que poderia desenvolver-se de maneira condicional, mas um acontecimento integral em que se acham incluídos ou – melhor – em que deveriam ser incluídos todos os aspectos em questão.

Assim, compreendendo a "experiência da morte" como um símbolo a ser reconhecido e integrado, a morte se torna uma experiência simbólica, permitindo que uma nova atitude perante a vida possa ser adquirida no decurso da psicoterapia. Outro ponto valioso é que quando os pressupostos necessários estão presentes, a função transcendente não se constitui apenas em um valioso complemento do tratamento psicoterapêutico, mas permite ao paciente a possibilidade inestimável de poder contribuir com o psicoterapeuta, com os meios que possui e, "(...) desse modo, não ficar sempre dependendo do analista e do seu saber. Trata-se de uma maneira de se libertar pelo próprio esforço e encontrar a coragem de ser ele próprio" (Jung, 2013c, p. 38). Dito de outro modo:

> O que viso é produzir algo de eficaz, é produzir um estado psíquico, em que meu paciente comece a fazer experiências com seu ser, um ser em que nada mais é definitivo nem irremediavelmente petrificado; é produzir um estado de fluidez, de transformação e de vir a ser. (Jung, 2011c, p. 59)

É por isso que para enfrentar o risco do suicídio, é exigido do psicoterapeuta um conhecimento a respeito da morte, o que Hillman (2009, p. 65) define como "background arquetípico da morte" conforme vivenciado na alma, seus significados, imagens e emoções; seu sentido para a vida psíquica, de modo que se possa tentar compreender as experiências sofridas durante a crise suicida.

Além deste conhecimento acerca da simbologia da morte, cabe ao psicoterapeuta tomar conhecimento não apenas da biografia pessoal do seu paciente, no que se refere à sua estrutura psíquica, existência de complexos e vínculos familiares, "(...) mas também das condições espirituais do seu meio ambiente próximo e remoto, em que permeiam influências tradicionais e filosóficas que frequentemente desempenham um papel decisivo" (Jung, 2011c, p. 7). E dado que a imagem simbólica foi definida como uma "(...) expressão concentrada da situação psíquica como um todo" (Jung, 2013b, p. 458), ela constela conteúdos oriundos tanto da consciência quanto do inconsciente, ambos necessários para a tentativa de circunscrever o núcleo de significado imagético, embora seja impossível a sua descrição completa.

Esse conhecimento será, assim, essencial para que o psicoterapeuta possa acompanhar o paciente na tarefa de integrar na consciência as imagens simbólicas surgidas do inconsciente. Até porque quando partes antes inconscientes da personalidade se tornam conscientes, é produzido não só uma assimilação destes conteúdos à personalidade do eu, mas também uma transformação desta última (Jung, 2013c). Esse é o objetivo da psicoterapia, "(...) a transformação, não algo predeterminado, mas uma mudança de caráter indefinível" e da qual o papel do psicoterapeuta se resume a "aplainar o caminho para ajudar o paciente a conseguir uma atitude que oponha a mínima resistência possível à experiência decisiva" (Jung, 2011b, p. 95).

Até porque, a psicoterapia não é "(...) uma 'cura' que se pratica de uma vez para sempre, mas, antes do mais e tão somente, um reajustamento mais ou menos completo" (Jung, 2013c, p. 17). Contudo, como não há mudança que consiga ser incondicional por um longo tempo, a vida terá de ser conquistada sempre e de novo (Jung, 2013c)!

Considerações finais

Além de extremamente desafiador, lidar com o suicídio no espaço do setting terapêutico tem se tornado cada vez mais comum devido ao aumento dos índices e à visibilidade adquirida ao ser considerado um sério problema de saúde pública. Desta forma, nosso objetivo foi oferecer algumas reflexões que pudessem servir de norte para futuras pesquisas e também dar conta de uma mínima compreensão teórica sobre o assunto com vistas a um acolhimento na clínica junguiana cada vez mais humano e empático, no intuito de oferecer uma alternativa à experiência de morte característica da crise suicida para além da literalização.

Diante do fato de que, como diz James Hillman (2009), toda psicoterapia defronta-se com a morte de uma forma ou de outra, o psicoterapeuta é obrigado a realizar uma análise crítica das suas convicções pessoais, filosóficas e religiosas, "(...) tanto quanto um cirurgião está obrigado a uma perfeita assepsia" (Jung, 1993, p. 154). Tudo isso, para que não venha a violentar o seu paciente por puro desconhecimento da sua "equação pessoal".

Por fim, o objetivo deste trabalho foi oferecer algumas reflexões que pudessem ser úteis ao acolhimento da crise suicida na clínica psicológica e auxiliar na construção de uma visão de mundo que contemple as inúmeras possibilidades de representações simbólicas tanto sobre o processo da morte e do morrer, quanto sobre o suicídio.

Até porque, "(...) ao revelar o aspecto diretivo do simbolismo psicológico", através das mensagens do inconsciente coletivo, "(...) é possível defrontarmo-nos com as fontes criativas da nossa existência e esclarecer os significados mais profundos das nossas vidas. (...) É através desse tipo de experiência que somos 'comovidos' e, portanto, alterados" (Whitmont, 2010, p. 274). Ou como Jung gosta de afirmar, transformados.

Referências

ABREU, K. P. et al. Comportamento suicida: fatores de risco e intervenções preventivas. *Revista Eletrônica de Enfermagem*, v. 12, n. 1, p. 195-200, 2010. Disponível em: <http://fen.ufg.br/revista/v12/n1/pdf/v12n1a24.pdf>. Acesso em: 26 out. 2018.

ALVARENGA, M. Z. Concepção mítico-simbólica: vida e morte – morte e vida. In: MONTEIRO, D. M. R. (Org). *Espiritualidade e Finitude*: aspectos psicológicos. São Paulo: Paulos, 2006, p. 109-142.

AQUINO, T. A. A. *Atitudes e intenções de cometer o suicídio: seus correlatos existenciais e normativos*. Tese (Doutorado em Psicologia Social), Departamento de Psicologia da Universidade Federal da Paraíba, 2009.

ARIÈS, P. *História da morte no ocidente:* da idade média aos nossos tempos. Rio de Janeiro: Nova Fronteira, 2017.

BASTOS, R. L. Suicídios, psicologia e vínculos: uma leitura psicossocial. *Psicologia USP*, São Paulo, janeiro/março, 2009, 20(1), pp. 67-92. Disponível em: <http://www.scielo.br/pdf/pusp/v20n1/v20n1a05.pdf>. Acesso em: 26 out. 2018.

BOECHAT, W. *A mitopoese da psique*: mito e individuação. Petrópolis, RJ: Vozes, 2009.

BOTEGA, N. J. *Crise suicida*: avaliação e manejo. Porto Alegre: Artmed, 2015.

BOTEGA, N. J. et al. Prevenção do comportamento suicida. *Psico*, Porto Alegre: PUCRS, v. 37, n. 3, p. 213-220, set/dez, 2006. Disponível em: <http://revistaseletronicas.pucrs.br/revistapsico/ojs/index.php/revistapsico/article/view/1442>. Acesso em: 26 out. 2018.

CAMARGO, D. *Jung e Morin*: crítica do sujeito moderno e educação. São Paulo: Xamã, 2007.

DIAS, M. L. *Suicídio*: testemunhos do adeus. São Paulo: Editora Brasiliense, 1991.

EDINGER, E. F. *Ego e arquétipo*: individuação e função religiosa da psique. São Paulo: Cultrix, 1995.

FONSECA, A. B. F. *O simbolismo alquímico na obra de C. G. Jung*. Dissertação (Mestrado em Psicologia Clínica), Departamento de Psicologia da Pontifícia Universidade Católica do Rio de Janeiro, 2003.

HILLMAN, J. *Suicídio e alma*. 3. ed. Petrópolis, RJ: Vozes, 2009.

HILLMAN, J. *Psicologia arquetípica*. São Paulo: Cultrix, 1992.

JUNG, C. G. *Memórias, sonhos, reflexões*. Rio de Janeiro: Nova Fronteira, 2012a.

JUNG, C. G. *Aion*: estudo sobre o simbolismo do si-mesmo. 10. ed. Petrópolis, RJ: Vozes, 2013a.

JUNG, C. G. *Tipos psicológicos*. 7. ed. Petrópolis: Vozes, 2013b.

JUNG, C. G. *Psicologia e religião*. 9. ed. Petrópolis: Vozes, 2011a.

JUNG, C. G. *Psicologia e religião oriental*. 7. ed. Petrópolis: Vozes, 2011b.

JUNG, C. G. *Os arquétipos e o inconsciente coletivo*. 11. ed. Petrópolis, RJ: Vozes, 2014.

JUNG, C. G.. *A natureza da psique*. 10. ed. Petrópolis: Vozes, 2013c.

JUNG, C. G. *Símbolos da transformação*. 9. ed. Petrópolis: Vozes, 2013d.

JUNG, C. G. *A prática da psicoterapia*. 14. ed. Petrópolis: Vozes, 2011c.

JUNG, C. G. *Civilização em transição*. Petrópolis: Vozes, 1993.

JUNG, C. G. *O eu e o inconsciente*. 6. ed. Petrópolis: Vozes, 1987.

JUNG, C. G. *Psicologia e alquimia*. 6. ed. Petrópolis: Vozes, 2012b.

LÓPEZ-PEDRAZA, R. *Sobre eros e psique*: um conto de Apuleio. Petrópolis, RJ: Vozes, 2010.

MACHADO, D. B. SANTOS, D. N. Suicídio no Brasil, de 2000 a 2012. *Jornal Brasileiro de Psiquiatria*, v. 64, n. 1, p. 45-54, 2015. Disponível em: <http://www.scielo.br/pdf/jbpsiq/v64n1/0047-2085-jbpsiq-64-1-0045.pdf>. Acesso em: 26 out. 2018.

MAGALHÃES, G. P. et al. Redes da vida: uma leitura junguiana sobre o envelhecimento e a morte. *Revista Kairós: Gerontologia*, v. 15, p. 133-160, 2013. Disponível em: <https://revistas.pucsp.br/index.php/kairos/article/view/17045/12668>. Acesso em: 26 out. 2018.

OLIVEIRA, S. R. O suicídio e os apelos da alma: reflexões sobre o suicídio na clínica junguiana com pacientes adolescentes. *O mundo da saúde*, São Paulo, v. 36,

n. 1, p. 103-110, 2012. Disponível em: <http://bvsms.saude.gov.br/bvs/artigos/mundo_saude/suicidio_apelos_alma_reflexoes_adolescentes.pdf>. Acesso em: 26 out. 2018.

PENNA, E. M. D. *Epistemologia e método na obra de C. G. Jung*. São Paulo: EDUC: FAPESP, 2013.

ROTH, W. *Introdução à psicologia de C. G. Jung*. Petrópolis, RJ: Vozes, 2011.

SALMAN, Sherry. A psique criativa: as principais contribuições de Jung. In: YOUNG-EISENDRATH, Polly; DAWSON, Terence (Org.). *Compêndio da Cambridge sobre Jung*. São Paulo: Madras, 2011.

SANTANA, C. B. et al. A história da morte no ocidente e o contexto social como fator de risco para o suicídio. *Revista Ambiente Acadêmico*, v. 1, n. 2, 2015. Disponível em: <https://multivix.edu.br/wp-content/uploads/2018/04/revista-ambiente-academico-edicao-2-artigo-3.pdf>. Acesso em: 26 out. 2018.

SANTOS, H. M. CHAGAS, L. F. Abordagem dos temas "morte" e "suicídio" na perspectiva da psicologia arquetípica. *Self – Revista do Instituto Junguiano de São Paulo*, v. 3, 17 ago. 2018. Disponível em: <https://self.ijusp.org.br/self/article/view/26/145>. Acesso em: 26 out. 2018.

SILVA, S. F. POLUBRIAGINOF, C. Suicídio e seu impacto no contexto familiar. *Revista de Enfermagem*. UNISA, v. 10, n. 1, p. 78-82, 2009. Disponível em: <https://docplayer.com.br/20336325-Suicidio-e-seu-impacto-no-contexto-familiar.html>. Acesso em: 26 out. 2018.

SILVA, H. S. et al. As representações da morte e do luto no ciclo de vida. *Revista Temática Kairós Gerontologia*, v. 15, n. 4, p. 185-206, 2012. Disponível em: <https://revistas.pucsp.br/index.php/kairos/article/viewFile/10100/12634>. Acesso em: 26 out. 2018.

STEIN, Murray. *Jung*: o mapa da alma. 5. ed. São Paulo: Cultrix, 2006.

TRIGUEIRO, André. *Viver é a melhor opção*: a prevenção do suicídio no Brasil e no mundo. São Bernardo do Campo, SP: Correio Fraterno, 2015.

WERLANG, B. Suicídio: uma questão de saúde pública e um desafio para a psicologia clínica. In: *O suicídio e os desafios para a psicologia*. Conselho Federal de Psicologia. Brasília: CFP, 2013.

WHITMONT, E. C. *A busca do símbolo*: conceitos básicos de psicologia analítica. 7. ed. São Paulo: Cultrix, 2010.

Ontem ouvi Deus e não foi na Cracolândia...

Valdemar Augusto Angerami

Mozart, a divindade tornada realidade...
Uma das vértices da minha Santíssima Trindade Musical...
As outras são Rachamaninov e Debussy...
E, dessa maneira, sempre extasiado com o esplendor de sua criação...

Ao ouvir sua música, sempre tive sentimentos de incredulidade diante de sua magnitude... Mas, ontem, aconteceu algo muito forte... Muito emocionante...

E, então, consegui entender a dimensão da divindade de sua música...

Diante do primeiro movimento do *Concerto 23 para piano e orquestra*, de Mozart, eu ouvi a música de Deus... Sua leveza, beleza e complexidade é algo que não pode jamais ter sido feito por alguém humano...

E, como um herege aos pés da cruz, coloquei-me na condição de pedir perdão por duvidar de Sua existência...

Sim, Deus existe, e ouvi uma de Suas criações mais esplendorosas. Nada pode ser comparado ao requinte de Sua música.

E o contraponto é inevitável: se Deus existe, o que os humanos fazem não é a divindade da música de Mozart... Os humanos provocam a desigualdade entre si e lançam milhares de pessoas às raias da fome e da mendicância...

Os humanos provocam ainda a dizimação da Natureza, buscando avidamente apenas e tão somente lucros e mais lucros pecuniários...

Os humanos ainda inventam religiões para alienarem seus seguidores com falsas doutrinas e valores que não pregam a dignidade humana...

Os humanos ainda professam a idolatria pelo acumulo de bens materiais.

E, se Deus existe, e a música de Mozart mostra isso de maneira insofismável, gostaria de saber porque Ele se mantém tão distante de tantas atrocidades... Uma simples andança pela Cracolândia mostra que Deus está apenas ocupado com Suas músicas e não com essas barbáries...

Ou, ainda, diante de tantas pessoas que se lançam nos caminhos da autodestruição, Ele também não se faz presente com seu séquito de anjos e seguidores...

Ah, dirão os que O seguem há mais tempo, isso é o arbítrio humano, e Deus não pode ser responsabilizado por tais atos...

E também outro sofisma de que o projeto de Deus é a vida em harmonia entre os homens... A destruição, o ódio e o desespero são condições inerentes da vida humana, e não podem ser atribuídas como erros de seu Artífice...

Ou talvez tenham razão os que dizem que o homem é uma criação Divina que não deu certo...

E até mesmo a célebre colocação de que otimista é o Demônio que acredita ser possível tornar o ser humano ainda pior...

Não importa! Ontem eu ouvi Deus, a Sua perfeição em forma de música, e jamais poderei novamente duvidar de Sua existência...

Serra da Cantareira, numa tarde azul de Inverno...

CAPÍTULO 11

Vivências de violências por crianças e adolescentes

Camila Martins Vieira

Considerações sobre violências

A violência é considerada um ato de violação dos direitos (Schraiber; D'Oliveira; Couto, 2006) e um problema de saúde pública mundial, embora não afete apenas o setor saúde, mas contribua para o aumento dos custos sociais e para a diminuição da qualidade de vida das pessoas (WHA, 1996; Minayo, 1994). Definida pela Organização Mundial de Saúde (OMS) como "uso intencional da força física ou do poder, real ou em ameaça", a violência pode estar direcionada contra si mesmo (autoprovocada), envolvendo atos e ideias de suicídio ou o suicídio propriamente dito, a outra pessoa ou a um grupo e atingir espaços públicos e privados. Pode ser de natureza *física* (por exemplo, a síndrome do bebê sacudido, a síndrome de *munchausen* por procuração), *sexual* (como o estrupo, assédio sexual, exploração sexual), *psicológica* (que envolve testemunho de violências, síndrome da alienação parental, assédio moral, *bullying*, *cyberbullying*) e/ou *negligência* e *abandono* (WHO, 2002; Brasil, 2010). Dentre outras tipologias apontadas na literatura estão a *violência estrutural*, que se refere às estruturas de ordem familiar, econômicas, políticas e culturais que oprimem pequenos ou grandes grupos de indivíduos tornando-os expostos ao sofrimento; *violência de resistência* que trata de uma resposta desses grupos que não permite a naturalização da violência estrutural, e, *violência de delinquência*, sendo aquela que extrapola os limites das leis (Minayo, 1994). Salienta-se que os tipos de violências são separados para fins didáticos, pois estão muito frequentemente relacionados nas vivências de crianças e adolescentes. Além da parcela de sofrimento psíquico que acompanha situações de violência sexual, física e negligência/abandono, a Política Nacional de Redução da Morbimortalidade por Acidentes e Violências (PNRMAV) do Ministério da Saúde

(MS) aponta para os danos morais e espirituais, podendo, inclusive, ser realizada por classes e nações (WHA, 1996).

Estimativas globais apontam para elevada frequência de violência na infância entre a faixa etária de zero a quatro anos, justificada pela necessidade da criança de ser cuidada, inclusive por terceiros, diminuindo a ocorrência na medida em que aumenta a sua idade (WHO, 2006; Children'S Bureau, 2012; Waiselfisz, 2012). Os tipos de violência também variam de acordo com a idade. A negligência e abandono ocorrem com maior frequência com crianças muito pequenas de até 5 anos, a violência sexual após os 5 anos e a violência física entre 5 e 9 anos. Destaca-se que, quanto menor a idade, maior a possibilidade de um familiar ser o perpetrador e da própria residência da vítima ser o local da violência. Quanto à violência autoprovocada – caracterizada por autoagressões, automutilações e tentativas de suicídio, cujo desfecho não resulta em óbito –, predomina entre adolescentes e adultos jovens (10 a 39 anos), do sexo feminino, cor branca, residentes da zona urbana e em idade escolar menor que 8 anos. Também foram as mulheres que apresentaram maioria na repetição das lesões autoprovocadas e tentativas de suicídio quando comparadas aos homens, segundo dados brasileiros entre 2011 e 2016 (Ministério da Saúde, 2017).

A reincidência de vivências de sofrimento por situações de violência pode ocorrer em qualquer fase da vida (Waiselfisz, 2012; Malta et al, 2012), pode se repetir na geração seguinte (Santos; Moré, 2011) e ainda se reproduzir até a terceira geração (Leifer et al, 2004). Ressalta-se, como consequência da permanência do ciclo de violência entre gerações, a associação entre violência familiar e sérios problemas comportamentais nos filhos (Cordero et al, 2012; Durand et al, 2011; Calvete; Orue, 2013).

Para compreensão dos mecanismos envolvidos nesse ciclo de violência, a OMS alude a Teoria Bioecológica do Desenvolvimento Humano por conceber violência enquanto um fenômeno multifatorial cuja teoria considera as dimensões *pessoa, processo, contexto* e *tempo*, além das suas inter-relações (WHO, 2002). O nível *pessoa* aborda as características biológicas e psicológicas do indivíduo, o *processo* refere-se ao cotidiano e papéis que ele desempenha, o *contexto* aponta os ambientes que acontecem os processos e, finalmente, o *tempo* é compreendido como o período, desde o mais recente aos mais distantes, como os eventos que são transmitidos por gerações (Prati et al, 2008; Lordello; Oliveira, 2012). Nenhum desses aspectos isoladamente, explicam ou justificam a violência, mas poderão influenciar uma pessoa ao longo do seu desenvolvimento, sem com isso defini-lo como vítima ou agressor/autoagressor de um ato violento (Carvalho-Barreto et al, 2008).

Quanto à proteção à criança e ao adolescente em suposta situação de violência, a Portaria nº 1.968/2001 preconizada pelo MS e de comum acordo com o Estatuto da Criança e do Adolescente (ECA), em vigor pela Lei 8.069 de 1990, determinou que os profissionais de saúde do Sistema Único de Saúde (SUS) notificassem ao Conselho Tutelar do referido local todos os casos atendidos com suspeita ou confirmação de violência contra crianças e adolescentes (Serra, 2001; Brasil, 1990), o que acontece até os dias atuais, mas ainda com dificuldades como a subnotificação, pois nem todos os casos são notificados, e o subregistro pelo preenchimento incompleto ou errôneo da Ficha de Notificação Individual do Sistema de Informação de Agravos de Notificação (SINAN).[1] Segundo a Linha de Cuidado para Atenção Integral à Saúde de Crianças, Adolescentes e suas Famílias em Situação de Violência do MS, a *notificação* faz parte do fluxo, além de outras dimensões como *atendimento*, que pode se desdobrar no tratamento a criança e ao adolescente, *seguimento* na rede de cuidado e de proteção social que feito por equipe multidisciplinar e, principalmente, o *acolhimento*, presente durante todo o fluxo e salientado desde a criação da Política Nacional de Humanização (PNH) em 2003 (Brasil, 2010). Como uma estratégia de ação, a Linha produz cuidado, da atenção primária à alta complexidade, além da articulação com o Sistema de Garantia de Direitos distribuído em seus eixos de atuação, que são: a *promoção/efetivação dos direitos infanto-juvenis* que envolve todos os órgãos públicos relacionados ao atendimento a essa população como postos de saúde, hospitais além dos Centros de Referência Especializada da Assistência Social (CREAS); a *defesa* que compõe o sistema de justiça e segurança como defensoria pública, delegacia, ministério público e conselho tutelar; e o *controle social* sobre as ações do poder público que abrangem os Conselhos Nacional dos Direitos da Criança e do Adolescente (CONANDA, 2006). Com o trabalho integrado e eficaz realizado pelos três eixos de atuação, uma rede forte de proteção à criança e ao adolescente deve ser formada, cuidando das marcas de violência e prevenindo a sua reincidência.

Violências (auto)provocadas

Desde a tenra idade, o ser humano guarda memórias arquetípicas e individuais relacionadas a várias emoções, que, não raro, estão carregadas de dor e que pesam na bagagem psíquica e física de cada um. E não importa qual o compartimento mais pesado dessa "mala", pois o peso como um todo excede, é desmedido, e isso torna a experiência, agora de sofrimento, como uma violência.

Em situações de violências, as dores costumam ser agudas, ou seja, com manifestação presente durante um período de tempo relativamente curto. Porém, a dor física ativa a memória da situação de violência, afeta a relação da vítima consigo, sua autoimagem e as suas relações interpessoais. Sendo a criança/adolescente

[1] Ficha elaborada pelo Ministério da Saúde. Cf. http://portalsinan.saude.gov.br/images/documentos/Agravos/via/violencia_v5.pdf.

acolhido por profissionais capacitados, a causa diagnosticada, ou seja, quando é comumente expressa verbalmente e/ou identificada a situação de violência, deve ser, em parte, realizado atendimento por médico e/ou enfermeiro para alívio da dor aguda, em parte realizado pelo assistente social para compreensão do contexto social daquela pessoa e sua família para atuar nas articulações com os equipamentos oferecidos pelo Estado e, em parte, por um psicólogo para ampliar o olhar sobre a vivência subjetiva da dor e oferecer uma escuta qualificada de modo a, pela via de processo psicoterapêutico, favorecer recursos da criança/adolescente para suportar as causas e os impactos da dor e da violência vivenciada (Brasil, 2010).

Portanto, é fundamental a participação de profissionais no cuidado à criança e ao adolescente em situação de violência. Ainda que não façam parte de uma mesma equipe, a articulação entre profissionais de várias áreas visa ampliar e aprofundar a compreensão sobre cada história marcada pela violência e discutir as intervenções sob múltiplos pontos de vista, a fim de garantir a atenção integral a essas pessoas e suas famílias. E, a partir da suspeita ou confirmação de vivência de violência, quem é essa criança/adolescente, em sua maioria em sofrimento? Como aquela pessoa se apresenta diante do profissional/equipe? Onde se localiza e como é a sua dor? Como ela se sente? Com quem, como e onde se relaciona afetivamente? O que o seu contexto social oferece e que de atividades (extra) escolares participa? Como a sua família nuclear e extensa, além da comunidade, costumam lidar com as experiências de dor e/ou sofrimento? Essas são algumas das muitas inquietações problematizadas pelo profissional que acolhe a criança e o adolescente e que fazem parte do momento da avaliação e seguirão durante o processo de intervenção que aconteceu desde o primeiro contato. Para tanto, a atitude do profissional também deve ser pauta para discussão em equipe, pois é inevitável o afeto mobilizador que recai ao profissional que atende esse tipo de demanda e o leva a refletir sobre suas crenças e valores para assim oferecer uma escuta qualificada e outras intervenções apropriadas.

Há mais de 15 anos, o Instituto de Medicina Integral Prof. Fernando Figueira (IMIP), entidade filantrópica que oferece através do SUS a assistência ambulatorial e hospitalar ao estado de Pernambuco – Brasil, além de atuar nas áreas de ensino, pesquisa e extensão comunitária, faz o atendimento especializado e multiprofissional as crianças, adolescentes e suas famílias em situação de violências, norteado desde 2010 pela Linha de Cuidado do MS. Os pacientes costumam chegar ao Ambulatório de Atenção Integral as Crianças e Adolescentes em Situação de Violência do IMIP por encaminhamento interno, principalmente pela emergência pediátrica do hospital, ou por encaminhamento externo, pelo Instituto Médico Legal (IML), Departamento de Polícia da Criança e do Adolescente (DPCA), ou mesmo por uma demanda espontânea. Em equipe, as situações de violência demandadas por crianças e adolescentes são discutidas semanalmente a fim que os profissionais envolvidos direta ou indiretamente tenham ciência e contribuam para o Projeto Terapêutico Singular (PTS) de cada criança e adolescente atendido no Ambulatório. Todas elas sofreram violência psicológica e, concomitantemente, a maioria vivenciou violência sexual intrafamiliar. Serão relatadas histórias de duas garotas na fase de transição entre infância e adolescência, que chegaram ao Ambulatório entre os anos de 2012 e 2017 acompanhadas pelas suas genitoras com a queixa principal de violência autoprovocada, mas com vivências de outros tipos de violências. Salienta-se que não se trata de estudos de casos, o que iria requerer a apreciação e aceite por um Comitê de Ética em Pesquisa, mas de recortes de casos clínicos para contextualizar a prática de uma equipe ao atender essa demanda. Com isso, será mantido o sigilo das informações que possam identificar as pacientes e suas responsáveis.

A primeira garota dessa vinheta clínica foi encaminhada para o Ambulatório pela emergência pediátrica do mesmo hospital onde foi acolhida por um enfermeiro que fez a primeira escuta e identificou a garota com a pulseira vermelha. Na mesma tarde foi atendida por um médico pediatra, que examinou, prescreveu a profilaxia para Doenças Sexualmente Transmissíveis (DST) e preencheu a Ficha de Notificação Individual, e em seguida, por uma assistente social, que realizou a entrevista social e fez os encaminhamentos necessários, incluindo o Ambulatório de Atenção Integral. A psicóloga do ambulatório foi, dentre os membros da equipe, quem primeiro recebeu a adolescente acompanhada da genitora. A garota tinha 12 anos, uma estatura mediana, notoriamente abaixo do peso para idade, vestia roupas escuras, tinha o cabelo preto e longo e apresentou-se com os olhos delineados de lápis preto, bem marcados. Aparentemente apática, postura reservada e silenciosa. No protocolo de encaminhamento, a queixa sinalizava violência sexual intrafamiliar, mas a demanda da genitora e de sua filha, era a ideia e o planejamento de um suicídio pela adolescente.

As três psicólogas e seus residentes em psicologia que atendem nesse ambulatório adotam um roteiro de entrevista semiestruturada que pode e deve ser adaptado à singularidade da pessoa que se apresenta e costuma ser preenchido ao final do primeiro atendimento com as informações coletadas e as percepções do profissional. Esse roteiro foi inspirado em Habigzang et al (2008), publicado para coletar dados da história de vida e de violência sexual da criança e adolescente, além dos fatores de risco e proteção que, na prática clínica, é adaptado às demais formas de violência. O roteiro explora o (1) estabelecimento do *rapport* com a apresentação do profissional e da criança/adolescente; segue para as (2) questões gerais dela como a idade, onde e com quem mora, se estuda e onde, atividades extra escolares e a relações interpessoais; depois, (3) pergunta de transição para entender o que a criança/adolescente sabe e diz sobre estar naquele lugar e assim conhecer sua demanda; (4) questões sobre a violência que seriam as perguntas para compreender as características da violência e sua gravidade, sempre deixando um espaço para a fala espontânea dela; e (5) questões finais com o objetivo de fortalecer o vínculo de confiança. Salienta-se que o ambulatório recebe exclusivamente situações de violências e que se faz necessário aos profissionais a atualização de literatura especializada para cada um dos tipos de violência. Para as situações de violência autoprovocada, tem sido úteis as considerações de Angerami (2018) quanto às atitudes do psicoterapeuta diante dos casos de suicídio.

A garota deu a palavra à sua mãe que contou, sem delongas, que a sua filha pensou em morrer porque guardou em segredo que tinha sido abusada mais de uma vez pelo seu avô adotivo, casado com a avó biológica dela e com o qual convivia frequentemente devido à proximidade das casas. Depois, a genitora iniciou uma longa fala carregada de sentimento de culpa por não ter percebido o sofrimento da filha, as mudanças de comportamento que ela apresentava, por ter saído de casa para trabalhar todos os dias e, também, por ter sido vítima de violência quando era criança. A partir dessa situação, ela diminuiu a jornada de trabalho em que era autônoma e mudou de residência, pois sua mãe (avó da paciente), continuava mantendo relações afetivas com o suposto agressor.

Alterações de ordem cognitiva, emocionais, comportamentais e físicas costumam ser frequentes nas situações de violências. Dentre as possíveis alterações em adolescentes entre 10 e 19 anos estão: choro sem motivo aparente, irritabilidade, agressividade ou destrutividade, agitação, problemas na atenção, olhar indiferente e apatia, tristeza constante, baixa autoestima e autoconfiança, reações negativas exageradas a estímulos comuns ou imposição de limites, ansiedade ou medos específicos, dificuldades na alimentação, sono, socialização e aprendizagem escolar, enurese e encoprese, aumento da incidência de doenças injustificável por causa orgânica, comportamentos obsessivos ou atitudes compulsivas, tiques ou manias, comportamentos de risco, automutilação, desejos de morte e uso abusivo de drogas (Brasil, 2010). Destes sinais, apenas não estavam presentes na garota, as alterações quanto a agitação, comportamentos obsessivos ou atitudes compulsivas, tiques ou manias e uso abusivo de drogas.

Além dos sinais, é mais frequente na prática clínica encontrar crianças e adolescentes que mantiveram em segredo as situações de violência do que aquelas que manifestaram essa ocorrência para um dos responsáveis logo no primeiro ato de qualquer tipo de violência contra ela. Da mesma forma, é também recorrente no primeiro atendimento, o sentimento de culpa vindo do responsável principal, que na maioria das situações é a genitora, embora, não raro, a família da vítima costuma ser cindida entre aqueles que acreditaram na palavra dela e aqueles que defendiam o silêncio da violência seja pelo vínculo com o suposto agressor seja pela exposição família ao fazer uma denúncia em delegacia seja por não acreditar na criança/adolescente e até culpabilizá-la pela sua postura, suas vestimentas e sua conduta como gatilho para ser vitimizada.

Ainda, ressalta-se, nesse fragmento de caso, a reprodução de violência em diferentes fases da vida por ser uma temática evidenciada na literatura ao abordar aspectos relativos à vivência de violência na infância dos cuidadores (Bérgamo; Bazon, 2011; Grassi-Oliveira; Stein; Pezzi, 2006), na influência da violência urbana e nas relações de namoro entre adolescentes (Barreira; Lima; Avanci, 2013), e na violência pelo parceiro íntimo ao expor seus filhos (Santos; Moré, 2011; Durand et al, 2011). Ao ter sido vítima de violência durante sua infância, a mãe da garota não teve o suporte social, psicológico e nem jurídico que garantiu a sua filha quando esta teve a mesma vivência.

A garota foi atendida sozinha e seu primeiro gesto foi chorar. Depois, entregou a carta que descrevia as violências sexuais sofridas durante meses e as ameaças verbais que o avô lhe fazia, sua perda no sentido da vida e sua intenção de, em muito breve, cometer suicídio. Ela não quis falar e lhe foi pedido que desenhasse como se sentia e assim fez: uma autoimagem de seu rosto notoriamente frágil e profundamente triste. A psicoterapia começou e o estado da adolescente foi sendo impresso mais no papel do que na palavra e, além do seu rosto, surgiu seu corpo e, por fim, surgiram as cores! Em paralelo, profissionais de outras especialidades do hospital a acompanharam, a escola onde ela estudava mostrou-se presente oferecendo aulas de reforço, a mudança para a nova residência bem como relações de amizade no bairro também surgiram. A alta do ambulatório aconteceu um ano depois.

Qual a forma encontrada pela criança ou adolescente em sofrimento olhar para outra coisa, a não ser sua dor, a parte machucada da sua autobiografia? É preciso procurar recursos psíquicos para lidar com as inquietações e, em psicoterapia, a expressão verbal e não-verbal da dor podem ser caminhos criativos e lúcidos para seguir lidando com essa experiência de violência que insistentemente reapresenta-se. Interessante que, dentre tantos recursos materiais para expressão (tintas, massa de modelar, recortes de imagens, hidrocor, giz de cera e lápis de cor), foi o lápis de desenho preto o escolhido para delinear corajosamente o seu rosto. Sem bloqueios, a garota desenhou e pouco usou borracha, usando-se de um traço frágil e firme. Em sua série de imagens, a garota documentou a aproximação dos conteúdos inconscientes e conscientes, incluindo novos materiais (lápis de cor e hidrocor) aos poucos e em torno de um mesmo tema simbólico. Ela encontrou no lápis grafite e papel ofício, uma forma material e objetiva de contar a sua história. Segundo Philippini (2009), a produção de imagens reflete o processo de elaboração psíquica e ao encontrar a sua imagem produzida, vários significados surgem à consciência e com eles a busca pela compreensão. Nesse caminho, o oferecimento de materiais diversos é bem-vindo, porém, mais dificilmente, é possível encontrar pessoas que utilizem e se beneficiem de uma única linguagem expressiva, tal como o caso acima.

A próxima vinheta clínica trata de uma garotinha de nove anos que também foi atendida pela equipe no Ambulatório de Atenção Integral do IMIP com a demanda de violência psicológica. Foi encaminhada por um pediatra do referido hospital quando, durante uma consulta de rotina, verbalizou que costumava presenciar/testemunhar agressões verbais e físicas do pai contra a mãe ao ponto de ajudá-la nos cuidados com os ferimentos quando era espancada. Os primeiros atendimentos psicológicos foram voltados para mãe que apresentava intenso sofrimento e foi orientada e encaminhada, assim como sua filha, a fazer psicoterapia no hospital. Em diversas reuniões de equipe, a psicóloga e a assistente social pautaram a situação da mãe e filha que necessitava de articulações para amparar a mãe na denúncia do seu companheiro assim como para a sua proteção e de suas filhas. A garotinha iniciou psicoterapia como se já estivesse em processo: fez rapidamente o vínculo com a terapeuta e, por todas as sessões, falava durante os 30 minutos, pois deixara claro no primeiro atendimento que precisava falar e já não costumava mais brincar, mesmo tendo uma irmãzinha que a demandava muito nesse papel. Aparentemente e psiquicamente, a garotinha parecia estar em um nível de desenvolvimento maior que sua idade cronológica. Ela estudava pelas manhãs e durante a tarde costumava ficar na casa dos avós paternos para ajudar nos cuidados deles além de estudar e ler livros com prazer. Após seis meses de psicoterapia, o pai manteve-se preso e a sua mãe e resistente a iniciar a psicoterapia apesar da insistência da garotinha que notava seu sofrimento. Passaram a faltar e tiveram alta por abandono.

A exposição direta, grave e por um longo período de tempo da garota à violência pelo parceiro intimo contra a sua mãe é um importante fator de risco para diversos problemas, especialmente relacionados à saúde mental e ao vínculo entre mãe e filha (Durand et al, 2011). As consequências de uma violência podem surgir imediatamente, ou em médio ou longo prazo. Nesse momento de psicoterapia, a garota, ainda em idade infantil, apresentava recursos interno fortalecidos para enfrentar as adversidades familiares que vivenciava. A resiliência costuma depender dos atributos pessoais, da família coesa e de uma rede de apoio e recursos institucionais (Brasil, 2010) que no caso da garotinha, ela apresentava especialmente, características pessoais e um ímpeto para suportar o seu sofrimento e de sua família.

Também se salienta a imagem ambígua de amor e dor que o pai provocava na filha. Durante a psicoterapia, o processo de desculpabilizar-se, inclusive por sentir amor pelo pai, foi importante. Ao referir sobre suas memórias de infância com seu pai, vinha a relação conflituosa entre os pais, o forte e patológico ciúme que ele tinha pela esposa, apenas. A mãe tinha o papel de cuidado na casa sobre as filhas e cumprimento das ordens vindas do marido, e era privada inclusive do seu autocuidado e lazer.

Dois anos se passaram e, em um fim de tarde sem agendamento, a mãe da garota chega ao ambulatório chorando muito e em claro desespero para agendar o retorno da filha à psicoterapia. A psicóloga recebe a informação da secretária que lembrava daquela mãe e a acolhe imediatamente. Ela contou que não ouviu o pedido da filha para voltar à psicoterapia e que por duas semanas a garota mostrou-se mais séria que de costume, sem querer sair de casa e nem tomar banho. Até que, naquele mesmo dia, após deixá-la na escola, a coordenadora ligou para a mãe voltar o mais rápido possível pois havia acontecido uma intercorrência e, a mãe se depara com o Serviço de Atendimento Móvel de Urgência (SAMU) e os primeiros socorros sobre a filha, que tinha pego o cadarço do tênis para tentar enforcar-se no banheiro. E o espaço foi dado à história da mãe, que se envolveu em outro relacionamento violento, durante a separação deprimiu, tentou suicídio com veneno de rato e, novamente, quem a ajudou foi a sua filha. Na mesma semana, o processo terapêutico da garotinha foi retomado e sua mãe aderiu à psicoterapia.

A continuidade do acompanhamento multiprofissional é importante, assim como a implicação dos membros nesse processo. Mãe e filhas estavam com a medida protetiva contra o pai, mas é insuficiente pensando nas outras dimensões do cuidado. As violências do pai contra a mãe, depois novo parceiro com as mesmas vivências de violência e o acometimento da violência autoprovocada, fragilizou o vínculo entre a díade mãe e filha, requereu ainda mais esforços da garotinha que já não tinha mais. Embora as pessoas idosas sejam o público que apresenta maior taxa de suicídio, as ideações suicidas estão mais presentes nos adolescentes e jovens no Brasil que junto ao grupo de vulneráveis, como aqueles que já vivenciaram violências, torna-se uma fase de desenvolvimento que merece atenção das mais diversas áreas de proteção (Ribeiro; Moreira, 2018).

As histórias supracitadas trazem uma trama da violência complexa, tanto para compreendê-la como para tratá-la, pois exige um olhar amplo e integral para atuar na rede de proteção as crianças e adolescentes em situações de violência.

Referências

ANGERAMI, V.A. (org) *Sobre o suicídio*: a psicoterapia diante da autodestruição. Belo Horizonte: Ed. Artesã, 2018.

BARREIRA, A. K.; LIMA, M. L. C.; AVANCI, J. Q. Coocorrência de violência física e psicológica entre adolescentes namorados do Recife, Brasil: prevalência e fatores associados. *Ciência & Saúde Coletiva*, v. 18, p. 233-243, 2013.

BÉRGAMO, L. P. D.; BAZON, M. R. Experiências infantis e risco de abuso físico : mecanismos envolvidos na repetição da violência. *Psicol Reflexão e Crítica*, v. 24, p. 710-719, 2011.

BRASIL. Ministério da Saúde. *Portaria nº 1,968, de 25 de outubro de 2001. Dispõe sobre a notificação, às autoridades-competentes, de casos de suspeita ou de confirmação de-maus-tratos contra-crianças e adolescentes atendidos nas entidades do Sistema Unido de Saúde*. Disponível em: <http://bvsms.saude.gov.br/bvs/saudelegis/gm/2001/prt1968_25_10_2001_rep.html>. Acesso em: 06 jan. 2018.

BRASIL. *Lei nº 8.069, de 13 de julho de 1990. Dispõe sobre o Estatuto da Criança e do Adolescente e dá outras providências*. 1990. Disponível em: <http://www.planalto.gov.br/ccivil_03/Leis/L8069.htm>. Acesso em: 06 jan. 2018.

BRASIL. Ministério da Saúde. *Linha de cuidado para a atenção integral à saúde de crianças, adolescentes e suas famílias em situação de violências*: orientação para gestores e profissionais de saúde. 2010. Disponível em: <http://bvsms.saude.gov.br/bvs/publicacoes/linha_cuidado_criancas_familias_violencias.pdf>. Acesso em: 06 jan. 2018.

CALVETE, E.; ORUE, I. Cognitive mechanisms of the transmission of violence: exploring gender differences among adolescents exposed to family violence. *J Fam Viol.*, v. 28, p. 73-84, 2013.

CARVALHO-BARRETO, A. et al. Desenvolvimento Humano e violência de gênero: uma integração bioecológica. *Psicol Reflexão e Crítica*, v. 22, p. 86-92, 2009.

CHILDREN'S BUREAU. *Child Maltreatment 2011*. 2012. Disponível em: <https://www.acf.hhs.gov/sites/default/files/cb/cm11.pdf> Acesso em: 21 maio 2019.

CONSELHO NACIONAL DOS DIREITOS DA CRIANÇA E DO ADOLESCENTE (CONANDA). *Sistema de garantia dos direitos da criança e do adolescente. Resolução 113/2006*. Disponível em: <http://www.crpsp.org.br/portal/comunicacao/diversos/mini_cd/pdfs/res_113_conanda.pdf>. Acesso em: 08 jan. 2018, 19:53:00.

CORDERO, M. I. et al. Evidence for biological roots in the transgenerational transmission of intimate partner violence. *Transl psychiatry*, v. 2, p. 1-10, 2012.

DURAND, J. G. et al. Repercussão da exposição à violência por parceiro íntimo no comportamento dos filhos. *Rev Saúde Pública*, v. 45, p. 355-364, 2011.

GRASSI-OLIVEIRA, R.; STEIN, L. M.; PEZZI, J. C. Tradução e validação de conteúdo da versão em português do Childhood Trauma Questionnaire. *Rev Saúde Pública*, v. 40, p. 249-255, 2006.

HABIGZANG, L. F. et al. Entrevista clínica com crianças e adolescentes vítimas de violência sexual. *Revista Estudos de Psicologia*, v. 13, n. 1, p. 285-292, 2008.

LEIFER, M. et al. A three-generational study of transmission of risk for sexual abuse. *J Clin child Adolesc Psychol*, v. 33, p. 662-672, 2004.

LORDELLO, S.R.; OLIVEIRA, M.C.S.L. Contribuições conceituais e metodológicas do modelo bioecológico para a compreesão do abuso sexual intrafamiliar. *PSICO*, v. 43, p. 260-269, 2012.

MALTA, D. C. et al. Acidentes e violência na infância: evidências do inquérito sobre atendimentos de emergência por causas externas – Brasil, 2009. *Ciência e Saúde Coletiva*, v. 17, p. 2247-2258, 2012.

MINAYO, M. C. S. A violência social sob a perspectiva da saúde pública. *Cad Saúde Pública*, v. 10, p. 7-18, 1994.

MINISTÉRIO DA SAÚDE. Suicídio: saber, agir e prevenir. *Boletim Epidemiológico*, v. 48, n. 30, 2017. Disponível em: <http://portalarquivos2.saude.gov.br/images/pdf/2017/setembro/21/2017-025-Perfil-epidemiologico-das-tentativas-e-obitos-por-suicidio-no-Brasil-e-a-rede-de-atencao-a-saude.pdf>. Acesso em: 06 jan. 2018.

PHILIPPINI, A. *Linguagens e materiais expressivos em arteterapia*: uso, indicações e propriedades. Rio de janeiro: WAK, 2009.

PRATI, L. E. et al. Revisando a inserção ecológica: uma proposta de sistematização. *Psicol Reflexão e Crítica*, v. 21, p. 160-169, 2008.

RIBEIRO, J. M.; MOREIRA, M. R. Uma abordagem sobre o suicídio de adolescentes e jovens no Brasil. *Ciência & Saúde Coletiva*, v. 23, n. 9, p. 2821-2834, 2018.

SANTOS, A. C.W.; MORÉ, C.L.O.O. Impacto da violência no sistema familiar de mulheres vítimas de agressão. *Psicol Ciência e Profissão*, v. 31, p 220-235, 2011.

SCHRAIBER, L. B.; D'OLIVEIRA, A. F. P. L.; COUTO, M. T. Violência e saúde: estudos científicos recentes. *Rev Saúde Pública*, V. 40, P. 112-120, 2006.

WAISELFISZ, J. J. *Mapa da violência 2012*: crianças e adolescentes do Brasil. Disponível em: <https://www.mapadaviolencia.org.br/pdf2012/MapaViolencia2012_Criancas_e_Adolescentes.pdf> Acesso em: 21 maio 2019.

WORLD HEALTH ORGANIZATION (WHO). Relatório mundial sobre violência e saúde. 2002. Disponível em: <https://www.cevs.rs.gov.br/upload/arquivos/201706/14142032-relatorio-mundial-sobre-violencia-e-saude.pdf> Acesso em: 21 maio 2019.

WORLD HEALTH ORGANIZATION (WHO). *Preventing Child Malt*reatment: a guide to taking action and generating evidence. 2006. Disponível em: <https://www.who.int/violence_injury_prevention/publications/violence/child_maltreatment/en/> Acesso em: 21 maio 2019.

WORLD HEALTH ASSEMBLY (WHA). *Prevention of violence*: a public health priority. 1996. Disponível em: <https://apps.who.int/iris/bitstream/handle/10665/179463/WHA49_R25_eng.pdf?sequence=1&isAllowed=y>. Acesso em: 07 Jan. 2018.

CAPÍTULO 12

Reflexões sobre o pensamento suicida e a psicologia existencial sartriana

Carolina Mendes Campos

Recentemente, no consultório, passei por algumas situações que me fizeram pensar sobre a complexa questão do suicídio. O espírito de nosso tempo tem suscitado muita ansiedade e falta de perspectiva em inúmeras pessoas. Percebo, em minha clínica, nitidamente, os impactos de um país desanimado e de uma cidade cada vez mais violenta que colaboram para um clima de insegurança. Diante deste cenário, escutei recentemente uma pessoa que atendo dizer: *"A vida eu já conheço... e não aguento mais... agora eu quero conhecer a morte"*.

Essa forte sentença serve de inspiração para a presente discussão. Pensando sartrianamente, é claro que o contexto, a atmosfera, os arredores são importantes e colaboram para que essa pessoa diga tal frase. Porém, nosso filósofo nos ensina que não devemos parar por aí. O homem sartriano é pensado como um universal-singular (Sartre, 1988), isso significa que toda investigação relativa ao humano – e esta é a tarefa da Psicologia – deve manter constantemente o foco em um vai e vem entre o indivíduo e o social, entre a subjetividade e a objetividade. Esse é o método de Sartre, um movimento constante que circunda o objeto de pesquisa pelas "duas pontas".

Acredito que quem já atendeu alguém com risco de suicídio sentiu-se provocado a pensar seriamente a esse respeito. O que leva uma pessoa a querer por fim à própria vida? Como compreender um ato tão drástico? Como nós, profissionais do cuidado, devemos nos portar diante de tais situações? Qual o limite de nossa atuação e qual o nosso compromisso ético com a vida? Enfim, muitas e muitas questões importantes surgem quando estamos diante de alguém que parece desejar se matar. Angerami (2018) nos lembra que nossa condição de psicólogos é a de sermos sempre aprendizes e artesãos de uma arte que se inventa e reinventa a todo tempo, tanto para nós, quanto para os que nos procuram na clínica. E é neste caminho em aberto e cheio de possibilidades que desejo seguir em busca de pistas para construir um referencial sartriano a este respeito.

Inevitável lembrar das palavras inaugurais de Albert Camus (2008, p. 17) em *O Mito de Sísifo*: "(...) só existe um problema filosófico realmente sério: o suicídio. Julgar se a vida vale ou não vale a pena ser vivida é responder à pergunta fundamental da filosofia". Julgar se a vida vale ou não a pena ser vivida... Camus fala da forte experiência que é reconhecer o divórcio que separa homem-mundo. Se eu fosse árvore entre árvores, minha vida teria um sentido, diz ele. Ou melhor, nem caberia perguntar por um sentido, já que eu seria tragado pela floresta com todo o seu sentido de familiaridade e pertencimento (Camus, 2008). Mas a condição do homem é diferente. Sua relação com o mundo é marcada pelo divórcio, ou seja, pelo amargo sentimento de ser estrangeiro, de ser estranho, não pertencente ao mundo. Esse é o absurdo existencial, este é o buraco pelo qual escorrega a pergunta: *"Então, para que estou aqui?"*.

Esbarramos, vez por outra, na absurdidade que marca nossa existência, nessa inquietante sensação de que estamos sempre na indeterminação. Isso faz parte da existência. E, como psicólogos de orientação sartriana, sabemos, inclusive, que esses momentos carregam em si um potencial de ação e de transformação extremamente importantes. Em resumo, indagar pelo sentido da existência é parte da aventura de ser liberdade no mundo.

Porém, a difícil questão é quando essa "brecha", quando essa pergunta aparece diante de alguém que está em sofrimento profundo. Quando a dor é tão forte que parece representar um impedimento ao retorno. Retorno ao cotidiano, aos projetos, aos outros. Retorno ao engajamento com a vida e a rica possibilidade existencial de projetar-se rumo aos fins. Indagar pelo sentido da vida é extremamente delicado para quem está em sofrimento profundo e parece não ver mais motivos para voltar a empurrar seu rochedo até o alto da montanha, tal como Sísifo[1] e sua saga inútil.

Pretendo estabelecer um diálogo entre essas importantes questões e o pensamento de Sartre. E, mais relevante ainda, pretendo pensar na atitude do terapeuta de inspiração sartriana diante desses delicados momentos em seu trabalho. Não irei tratar de casos clínicos, mas de sínteses de situações vividas por mim no consultório. Apresentarei, então, sínteses fictícias em seus conteúdos, mas reais em sua expressividade emocional, a fim de preservar a identidade de meus analisandos.[2]

Primeiramente, acho importante pontuar que, seguindo uma lógica sartriana, não podemos tratar do suicídio com um olhar universalizante, ou não aprenderemos nada além de vãs hipostasias. Ao chamar o homem de universal-singular,

[1] O mito de Sísifo utilizado por Camus (2008) no livro de mesmo título diz respeito a um homem que revelou os segredos dos deuses. Como castigo, foi condenado, perpetuamente, a um trabalho inútil e sem esperança. Sendo assim, Sísifo precisava empurrar um rochedo até o alto de uma montanha. E toda vez que ele alcançava o topo, a pedra rolava e ele tinha que recomeçar.

[2] O uso do termo analisando se refere à metodologia proposta por Sartre (2001) de psicanálise existencial.

Sartre (1988) estabelece o foco de seu método e o centro de preocupação da sua pesquisa, a saber, o "entre" – entre o concreto e o abstrato, entre a biografia e o social, entre o indivíduo e a história, em resumo, entre o homem e o mundo. É a esse paradoxo que devemos voltar nossa atenção, uma vez que o singular só existe através da maneira pela qual cada um particulariza o universal e, ao mesmo tempo, o universal só existe através da maneira pela qual cada um universaliza singularmente sua vivência. Nas palavras do próprio Sartre (1988, p. 7): "Afinal, um homem nunca é um indivíduo; seria melhor chamá-lo de universal singular: totalizado e, por isso mesmo, universalizado por sua época, ele a retotaliza ao reproduzir-se nela como singularidade".

Portanto, não podemos estabelecer pontos centrais como, por exemplo, depressão e suicídio, e transformar essas noções em "esqueletos de universalidade", como sugere Sartre (1987a), ou seja, em conceitos genéricos e hipostasiados que, em conjunção, produziriam um terceiro termo ainda mais vazio e vago. Imagino que Sartre diria que no paralelo entre depressão e suicídio falta algo fundamental, a saber: *o homem*. O homem e o modo como ele particulariza o que absorve de sua experiência universal.

> A ação e a vida do homem que devemos estudar não podem reduzir-se a estas significações abstratas, a estas atitudes impessoais. É ele, ao contrário, que lhes dará força e vida pela maneira pela qual se projetará através delas. Convém, pois, voltar ao nosso objeto e estudar as suas declarações pessoais (Sartre, 1987a, p. 171).

Afirma ainda, no mesmo texto: "Valéry é um intelectual pequeno-buguês; quanto a isto, não há dúvida. Mas nem todo intelectual pequeno-burguês é Valéry" (Sartre, 1987a, p. 136). Com isso, Sartre chama atenção para as mediações necessárias na busca de apreensão do processo que produz o que a pessoa é, sem que a pressa em explicar Paul Valéry determine apriorismos universalizantes que "evaporem" com ele. Assim sendo, temos que fazer o mesmo esforço ao pensar o tema do suicídio. Nem todo deprimido é suicida, nem todo pensamento suicida leva ao suicídio, nem todo suicida está deprimido. Conclusões rápidas como essas devem ser sempre evitadas, ou melhor, devem sempre ser estranhadas. Devemos manter uma constante atenção crítica para não evaporarmos a experiência singular que se apresenta diante de nós com uma coloração única em clichês teóricos generalizantes.

Ouvi, recentemente, uma jovem me contar em voz baixa, postura contraída, que andava há tempos muito fechada, sem ver graça nas coisas, sem conseguir tocar seus projetos pessoais. Seu ato desesperado de pedir ajuda era estar ali, diante de mim. Na sequencia de sua fala, no mesmo tom baixo e contraído, ela confessou já ter imaginado sua morte por mais de uma vez. Pensava em se jogar do alto do prédio em que morava. Respondi que compreendia o que ela queria dizer: estava há tempos envolvida em imensa tristeza e, diante de tamanha dor, teria imaginado o suicídio como forma de cessar aquele sofrimento. Ela se sentiu acolhida pela minha fala e continuou dizendo: "*Sim, isso mesmo*". Mas, ao mesmo tempo em que imaginava a sua morte, imaginava, também, o quanto faria seu esposo sofrer. Isso foi o que sempre a impediu de ir adiante.

Aqui cabe pontuar algo importante: essa moça não desejava a morte, aliás, a dor e o medo acompanhavam constantemente seus pensamentos suicidas. Desta forma, o ato suicida parece ser um desejo de sanar a sua dor e não um desejo de experimentar a morte. Mas, mesmo que possamos imaginar o suicídio como uma forma de sanar a dor, é pertinente notar como essa própria possibilidade é ela mesma carregada de dor e produtora de ainda mais dor.

Sartre nos dá pistas para pensarmos neste paradoxo. Esclarece, em *O Ser e o Nada* (2001), que o suicídio seria um projeto rumo a *uma* morte e não à *minha* morte. Isso porque, segundo ele, a morte nunca é minha possibilidade, ela é justamente um acontecimento que retira de mim *toda* a possibilidade. O para-si é o ser que exige sempre um depois. Sendo o suicídio o último ato de uma vida ele retira todas as possibilidades, recusa a si mesmo o porvir, e logo, se mantem como indeterminado. Como bem resume Silva (2003, p. 154): "(...) minha morte não me realiza, como o acorde final realiza a melodia".

Assim sendo, pensar que o suicídio resolve o problema da existência é um pouco complicado quando se examina a fundo essa possibilidade, posto que, justamente, este ato me retira da existência e me "promete" uma resolução que escapa a toda lógica conhecida, a todo o referencial humano, me colocando de encontro a uma absurdidade impensável. Essa reticência suspensa no desconhecido é por si só bastante angustiante. Ou seja, não é fácil *escolher* se matar...

Transformar este possível em meu possível é ter que lidar com a responsabilidade desta escolha. É aí que surge a angustia, isto é, para Sartre, (2001) a apreensão reflexiva da condição de liberdade. Significa que toda escolha existencial envolve a apreensão do sentimento de que nada, nem ninguém respondem por mim ou junto a mim. Escolho sozinho, sem garantias, sem proteção, no total desemparo.

Sartre (2001) afirma, ainda, que os motivos não são, em si, causas para as nossas ações. Se todo mundo que tem motivos para se matar, realmente se matasse por causa de seus motivos, teríamos um número ainda mais alarmante. Sartre nos ensina que os motivos são sempre ineficazes e insuficientes. Vejamos melhor: os motivos só existem em concomitância com a intencionalidade dos atos. Os motivos não são as causas dos atos. Silva (2003, p. 137) esclarece a diferença entre causa determinante e motivo de um ato, dizendo o seguinte: "a causa é exterior ao efeito, e o processo se dá numa trajetória temporal linear antes-depois; o motivo aparece na constituição do ato tanto quanto como o seu início quanto como seu fim". Isso é, devemos encontrar o motivo do ato na realização do ato. O motivo não existe *antes*, o motivo se constitui *no* ato. E o que há antes do ato? Nada existe antes do ato, ou melhor: é a liberdade que está na origem absoluta do ato. Para Sartre (2001), não há nada antes dela.

Neste ponto, retomo o significativo exemplo, presente em *O Ser e o Nada*, de alguém que anda à beira de um precipício. O precipício me aparece como algo a ser evitado, presto atenção no caminho, nas pedras à minha frente, na passada segura que preciso dar. Mas todas essas relações são externas, me geram medo, e me fazem sentir como coisa entre coisas. De repente, visito a possibilidade de me jogar no precipício. Cito a famosa passagem que diz: "(...) a vertigem é angustia na medida em que tenho medo não de cair no precipício, mas de me jogar nele" (Sartre, 2001, p. 73).

Angustiar-se diante de si é desconfiar das próprias reações. Angustiar-se é perceber que nada me impede de me jogar no precipício, tanto quanto nada me impede de continuar caminhando seguro. O que desejo marcar é a ideia de que o possível suicida, tanto quanto todos os meus outros "possíveis possíveis" (Sartre, 2001), é assombrado pela angustia de liberdade, pela angustia que me faz responsável por aquilo que fazem de mim. E mesmo que o ato suicida venha lá, na ponta, extinguir essa angustia, precisarei, antes disso, encarar o peso da liberdade de que só eu posso realizar este ato.

> Vou emergindo sozinho, e, na angústia frente ao projeto único e inicial que constitui meu ser, todas as barreiras, todos os parapeitos desabam, nadificados pela consciência de minha liberdade: não tenho nem posso ter qualquer valor a recorrer contra o fato de que sou eu quem mantém os valores no ser; nada pode me proteger de mim mesmo; separado do mundo e de minha essência por esse nada que sou, tenho que realizar o sentido do mundo e de minha essência: eu decido, sozinho, injustificável e sem desculpas. (Sartre, 2001, p. 84)

Esse ponto, a meu ver, é crucial na atuação do psicólogo. A pessoa que busca terapia ou está em terapia, no momento em que visita a si mesma lá embaixo do precipício está, de algum modo, no impasse da angústia. Essa pessoa que pede ajuda pelo próprio ato de estar presente em um espaço clínico pede ao terapeuta que o acompanhe a beira do precipício.

Como sugere Sartre (2001), a indecisão clama por decisão. Se estou aflito na indecisão a beira de um precipício e, de algum modo, compartilho isso com um outro, talvez, este outro me ajude a retomar meu caminho em segurança. Nisto consiste o poder terapêutico da fala. Complicados são os casos das pessoas que vivem esse conflito à beira do precipício na solidão. Mas quando temos a possibilidade de compartilhar a dor à beira do precipício com nossos analisandos, temos aí um importante momento.

Penso que Sartre e sua filosofia do engajamento nos convidam a atuar de forma comprometida com a vida do outro. "Vive-se, morre-se, não se sabe quem vive ou quem morre; uma hora antes da morte, ainda se está vivo" (Sartre, 2000,

p. 142). Sendo assim, devemos agarrar este fio de vida e nos fazer outro para nossos analisandos, dar-lhes chão, esteio, chamá-los à vida. Como muito bem colocou Luciana Palermo (2015) em sua monografia sobre o mesmo tema, o psicólogo sartriano deve apostar na escolha de viver.

Outro dia, já ao final de uma sessão, vi um rapaz que atendo há tempos atormentado, com o olhar muito abalado, dizendo não estar conseguindo mais se manter vivo. Emocionei-me e pedi que, por favor, nos desse mais uma chance. Já tínhamos passado por algumas tormentas juntos. Pedi a chance de passarmos por mais uma... Insisti que saísse do meu consultório e cumprisse o combinado de ir diretamente ao encontro de sua mãe, que cuidaria dele. Ele me olhou e percebi que minha emoção o afetou. Não que eu quisesse isso ou que tivesse programado agir assim como uma estratégia. Apenas tinha sido levada pela força da situação. Engajada com sua história de vida, eu não tinha outra resposta para dar além daquele pedido emocionado de tentarmos mais uma vez atravessar a tempestade. Ele me respondeu: *"Eu só vou porque você está me pedindo"*.

Analisando a situação, considero a força do olhar, a força da condição de se sentir visto por um outro, como o cerne da questão. Alguém que me olha e dá contorno à vaga e vazia existência, alguém que me chama a cuidar de mim.

> O outro é indispensável à minha existência tanto quanto, aliás, ao conhecimento que tenho de mim mesmo. Nessas condições, a descoberta da minha intimidade desvenda-me, simultaneamente, a existência do outro como uma liberdade colocada na minha frente (...) Desse modo, descobrimos imediatamente um mundo a que chamaremos de intersubjetividade e é nesse mundo que o homem decide o que ele é e o que são os outros. (Sartre, 1987b, p. 16)

Como assinala Souza (2009, p. 353) "(...) no fato mesmo de o outro me fazer existir ao mesmo tempo como ser-objeto e liberdade existente, já há um certo enriquecimento do mundo e de mim mesma". Isto indica que o outro possui, além de uma faceta conflituosa, outra, igualmente, necessária à nossa existência, uma vez que a própria possibilidade de estabelecermos uma compreensão sobre nós mesmos deriva dele. Ser-visto pelo outro se desvela, assim, como uma relação difícil, porém indispensável, pois somente estamos em condição de estabelecer uma apreensão objetiva sobre nós, na medida em que esse tipo de autoconhecimento advém do outro. Se o outro é fundamental para a nossa autodescoberta, mais ainda, o outro terapeuta, que nos vê de perto, em nossa nudez, é capaz de possibilitar reveladoras perspectivas.

O outro-terapeuta representa o esforço de um olhar que não quer ser Medusa, isto é, que não quer petrificar, que não quer determinar. Mas que quer, sim, colocar-se ao lado, dando suporte, ou seja, ajudando a pessoa a suportar o confronto com sua angustia de liberdade.

O olhar do outro é, para Sartre (2001), uma experiência vivida, encarnada, e não uma apreensão pensada. Acredito que meu olhar pedindo uma chance a mais para vida daquele rapaz o fez recuar de seu desejo de morrer, posto que através do fenômeno de ser-visto ele pode VIVER um sentido novo de si doado pela minha emoção.

Atravessamos mais uma...

Esse mesmo rapaz certa vez se embriagou e se cortou com uma gilete. Porém, numa corrente de mensagens de celular, alguns amigos preocupados conseguiram se mobilizar, arrombaram a porta de seu apartamento e o levaram, prontamente, ao hospital.

Depois de recuperado fisicamente, ele voltou às nossas consultas e disse: *"Preciso falar sobre o dia 27 de dezembro, um sábado de sol, o dia em que tentei me matar..."*. Ele tinha clara consciência de que precisava falar disso, compartilhar sua história para visualizar novas saídas, bem como para, talvez, ajudar outras pessoas que estivessem passando por uma dor semelhante.

Esse rapaz desceu a montanha, e, assim como Sísifo, foi mais uma vez buscar seu rochedo. Temos a certeza de que a pedra voltará a rolar, uma vez que, pensando sartrianamente, toda aventura possível da liberdade humana tende ao fracasso, pois não alcança jamais o sossego que pretende. Porém, em seu processo atual de novamente se esforçar para carregar seu rochedo até o alto da montanha, considero fundamental que ele desenvolva uma sensação de engajamento na aventura que é produzir seu rastro no mundo.

Não estamos no terreno das utopias ou das falsas promessas. Estamos falando de entender suas dores e dificuldades, de saber que momentos de tempestade voltarão a ocorrer. A diferença essencial estará no engajamento que ele conseguir desenvolver em seus projetos.

Retomo as belas palavras de Camus (2008, p. 141):

> Deixo Sísifo na base da montanha! As pessoas sempre reencontram seu fardo. Mas Sísifo ensina a fidelidade superior que nega os deuses e ergue as rochas (...) esse universo, doravante sem dono, não lhe parece estéril nem fútil. Cada grão de pedra, cada fragmento mineral dessa montanha cheia de noite forma por si só um mundo. A própria luta para chegar ao cume basta para encher o coração de um homem. É preciso imaginar Sísifo feliz.

Ter o seu rochedo em suas mãos e se engajar na luta por elevá-lo. Esta luta basta para encher o coração de um homem. Sim, essa forte imagem encarna bem, a meu ver, o sentido do trabalho clínico. Se engajar com sua luta e se encher dela, mesmo que seja para sempre recomeçar. Essa talvez seja a grande inspiração que podemos fornecer aos nossos analisandos. E quando a pedra rolar... Posso descer tendo consciência de que o rochedo me pertence e tê-lo nas mãos é empoderar-se da existência.

Referências

ANGERAMI, V. A. Atitudes do psicoterapeuta diante de casos de suicídio. In. *Sobre o suicídio*: a psicoterapia diante da autodestruição. ANGERAMI, V. A. (Org). Belo Horizonte: Artesã, 2018.

CAMUS, A. *O mito de Sísifo*. Rio de Janeiro: Record, 2008.

PALERMO, L. *Uma aposta na escolha de viver*: reflexões sartrianas sobre o suicídio e a clínica psicológica. Monografia de conclusão de curso. Rio de Janeiro, IFEN-RJ, 2015.

SARTRE, J-P. *Questões de método*. Nova Cultura: São Paulo, 1987a. (Coleção Os Pensadores).

SARTRE, J-P. *O Existencialismo é um humanismo*. Nova Cultura: São Paulo, 1987b. (Coleção Os Pensadores).

SARTRE, J-P. *L'idiot de la famille*: Gustave Flaubert de 1821 à 1857. Paris: Gallimard, 1988.

SARTRE, J-P. *As palavras*. Rio de Janeiro: Nova Fronteira, 2000.

SARTRE, J-P. *O Ser e o Nada*: ensaio de ontologia fenomenológica. Petrópolis: Vozes, 2001.

SILVA, F. L. *Ética e literatura em Sartre*: ensaios introdutórios. São Paulo: Unesp, 2003.

SOUZA, T. Em busca da autenticidade prometida: uma leitura de Cadernos para uma Moral. In: M. C. Carneiro; H. S. Gentil. (Eds.). *Filosofia francesa contemporânea*. 1. ed. São Paulo: Cultura Acadêmica Editora, v. 1, p. 348-357, 2009.

CAPÍTULO 13

A Hipnose na prevenção do suicídio

José Medeiros Filho

Introdução

Quando se pensa em Hipnose, geralmente vem à lembrança as cenas dos filmes ou programas de televisão em que o hipnotista assume na totalidade o controle da mente do hipnotizado, há também o *Street Hypnosis* (Hipnose de rua), também conhecida como Hipnose de entretenimento, que objetiva divulgá-la perante a população.

A Hipnose atualmente vai muito além do entretenimento, ela tem demonstrado muito eficácia como técnica complementar dos profissionais da área de saúde, como odontólogos, médicos, psicólogos, fisioterapeutas e enfermeiros, e foi também incluída pelo Ministério da Saúde na Política Nacional de Práticas Integrativas (PICS).

A Hipnose é tão antiga quanto a criação do mundo, naquela época remota: "Então o Senhor Deus fez cair um sono profundo sobre Adão. Quando este adormeceu, tirou-lhe uma das costelas e fechou o lugar com a carne[1]." (Genesis 2:21).

Ocorrem fenômenos hipnóticos naturalmente durante o dia, quando se está lendo um livro ou assistindo um filme e alguém fala e não é ouvido, ou, ainda, ocorre de se escutar uma música e lembrar-se de algo do passado, sair querendo ir a um lugar e chegar a outro... Isso é transe hipnótico natural!

Podemos defini-la como estado ampliado da consciência, potencialização dos cinco sentidos, onde a mente consciente submerge e a mente subconsciente

[1] Cf: www.bibliaonline.com.br.

emerge, o fator crítico é ultrapassado, e uma sugestão seletiva é aceita pela mente do sujeito.

Para Geral Kein, fundador da *OMNI Hypnosis Training Center*, a única no mundo com certificação ISO 9001, Hipnose é atravessar o fator crítico da mente consciente e estabelecer um pensamento ou sentimento exclusivo aceitável.

A nossa atuação é na Psicologia e a Hipnose tem demonstrado muito eficácia como técnica complementar e auxiliar nos tratamentos de: medo, ansiedade, fobia, pânico, depressão, prevenção ao suicídio, tabagismo, alcoolismo, compulsão alimentar... Ela não é uma panaceia universal que pode tratar qualquer coisa, mas com certeza poderá auxiliar e colaborar no tratamento de uma parcela significativa das queixas levadas ao consultório.

Neste capítulo, o leitor terá acesso a informações desde a avaliação da depressão à ideação suicida e tratamento, especificamente com a Hipnose na prevenção do suicídio, onde descrevemos em detalhes protocolos utilizados em dois pacientes, que chamaremos pelos codinomes Cedro e Bambu.

Estando o leitor familiarizado com a Hipnose, esta será uma leitura complementar, do contrário servirá para despertar-lhe o interesse nesta técnica, que no nosso entender é simplesmente espetacular, podendo colaborar com as terapêuticas em uso, potencializando e acelerando os resultados, melhorando assim a qualidade e estilo de vida para aquele que a ela se submete.

O que é um transtorno depressivo?

De acordo com a quinta edição do Manual de Diagnóstico e Estatística dos Transtornos Mentais (DSM-5), a categoria Transtornos Depressivos inclui os

> (...) transtornos disruptivo da desregulação do humor, transtorno depressivo maior (incluindo episódio depressivo persistente (distimia), transtorno disfórico pré-menstrual, transtorno depressivo induzido por substância/medicamento, transtorno depressivo devido à outra condição médica, outro transtorno depressivo especificado e transtorno depressivo não especificado (American Psychiatric Association, 2013).

Conforme a Organização Mundial da Saúde (OMS), a depressão está alcançando 4,4% da população mundial e 5,8% dos brasileiros. Desse modo, o Brasil possui a maior taxa de pessoas com depressão na América Latina. No que diz respeito à ansiedade, é o país com maior prevalência, ou seja, 9,3%; a questão é aquela é a comorbidade desta. Assim sendo, se no Brasil, temos atualmente uma população[2]

[2] Cf. Relógio da população do Brasil, http://countrymeters.info/pt/Brazil

212.843.200 habitantes, há, portanto, 10.642.160 brasileiros deprimidos ou com diagnóstico de depressão.

Avaliando a depressão

No nosso dia a dia, quando estamos trabalhando com clientes depressivos que já tentaram se suicidar ou estão com ideação suicida, adotamos além da anamnese minuciosa e detalhada, com relatos não apenas do cliente, mas também de seus familiares, optamos por utilizar o Inventário de Depressão de Beck (BDI) e o Inventário de Ansiedade Beck (BAI).

O Inventário de Depressão de Beck (BDI) contém 21 perguntas relacionadas a sintomas que apareceram na última semana, incluindo hoje, como: tristeza, pessimismo, sentimento de falha e culpa, perda de alegria e de interesse, pensamentos suicidas, irritabilidade, perturbação, fadiga, abulia e diminuição da libido, cada pergunta o avaliado pontua de 0 a 3 também foi criado como escala da depressão, para uso em pacientes psiquiátrico (Beck, 1979), passando depois a ser também utilizado na clínica, e na população em geral (Beck, 1979)

O Inventário de Ansiedade Beck (BAI) é constituído por 21 itens, que são "(...) afirmações descritivas de sintomas de ansiedade" (Beck; Steer, 1993, p. 2), e que deve ser avaliado pelo sujeito com referência a si mesmo, numa escala de 4 pontos, a qual, conforme o Manual, refletem níveis de gravidade de cada sintoma, (Cunha, 2016, p. 5).

Na nossa prática de avaliação nos casos de depressão, fazemos uso também do diagnóstico elaborado pelo Instituto Max Planck, composto por quatro perguntas. São elas: Nesta semana, você chorou com mais frequência do que antes? Nesta semana, você se sentiu desapontado consigo mesmo ou se odiou? Nesta semana, você encarou o futuro com mais desânimo? Nesta semana, você teve a impressão de ser um fracassado? Se as quatro forem respondidas sim, há forte indício de depressão.

A partir do diagnóstico do quadro clínico do paciente, deve-se fazer a psicoeducação, que consiste em informar, treinar seus familiares para que possam ajuda-lo de forma eficiente e eficaz, dessa forma aprendem que sua presença na clínica faz bem ao paciente e que esse comportamento é uma função laborativa e social. Os pais e irmãos passam a entender que muitas vezes aquele familiar doente não consegue desempenhar suas funções ditas normais, deixando assim de os criticar por isso, ou até chamá-lo de preguiçoso.

Em nossa atividade clínica, consideramos que independente do paciente já fazer uso de medicação antidepressiva há algum tempo, recomendamos sua reavaliação por outro psiquiatra, para, se necessário, sua reorientação medicamentosa, pois muitas vezes existem comorbidades como Ansiedade, Fobia e Transtorno do Pânico, e nesses casos sem dúvida necessita-se de continuidade do uso da medicação. Como sou psicólogo clínico com diversas certificações internacionais e nacionais em Hipnose, também faço uso dessa técnica auxiliar e muito eficaz na potencialização da terapêutica em uso, acelerando assim o resultado do tratamento e a melhora da qualidade de vida do cliente.

No nosso entendimento, a Psicologia Clínica Comportamental, a partir do processo psicoterapêutico adotado, será útil ao paciente para que entenda o funcionamento dos seus pensamentos e emoções; uma vez que objetiva propiciar mudanças nos pensamentos e nas crenças limitantes e irracionais do paciente, para que seja possível modificar déficits comportamentais, tornando essa mudança duradoura.

No estado depressivo o ser humano se desilude e passa a ver o futuro negro (sem futuro), fica impedido de realizar ações que, no seu dia a dia, realizava com normalidade. Essa condição dificulta-lhe a produção de pensamentos positivos e esperançosos, podendo se sentir desesperançado e tentar se auto destruir e até cometer o suicídio. Conforme a OMS a depressão figura como sendo um dos principais fatores de risco sobre o suicídio.

Sombra

Geralmente quando se está bem consigo e em paz, o fluxo energético flui com naturalidade e equilíbrio homeostático. Ocorre que, de repente, algo novo e diferente surge, e é como se a pessoa tivesse realmente tido puxado seu tapete, o alicerce básico que dá sustentação à sua vida, deixando-a sem opção alguma, tendo, dessa forma, sua vida desmoronada, e a luz submerge e a sombra emerge. A sombra é um dos arquétipos da Psicologia Analítica de Carl Gustav Jung (1982) e passa a ocupar o espaço destinado ao equilíbrio psicossomático do corpo mente, ocupado anteriormente pela luz. Integralmente a sombra significa ausência de luz, é o aspecto mais sombrio, oculto e negro da mente humana, são as experiências negativas e reprimidas; é o polo negativo de cada um, não exatamente um trauma, mas caso alguma situação traumatizante tenha ocorrido recentemente, como separação ou perda de um ente querido, a tristeza e a angustia se apoderam da mente, alma e espirito dessa pessoa, sufocando assim a luz e emergindo a sombra.

Certa vez, estivemos em uma palestra sobre prevenção ao suicídio e uma ouvinte declarou que na sua família seu avô, um tio e um primo suicidaram-se e recentemente sua filha estava com ideias suicidas, e questionou: "Por que isso tem acontecido?". Expliquei-lhe que, independente dela acreditar ou não, possivelmente há uma sombra ou Karma ("ação" em sânscrito). Ou seja, a lei do Karma ajusta o efeito a sua causa, dessa forma todo o bem ou mal que tenhamos feito numa vida virá trazer-nos consequências boas ou más para esta vida ou próximas existências. Logo após, essa pessoa nos procurou demonstrando interesse de iniciar um tratamento dessa sua preocupação, descreverei o protocolo hipnoterápico usado neste caso no tópico tratamento, e chamaremos este caso de Bambu.

No caso do Transtorno Bipolar, em que há uma ciclotimia elação e depressão, faz-se necessário o uso da medicação antidepressiva para a correção dos excessos e evitar que a sombra emerja ainda mais, assumindo praticamente total o controle da situação. A sombra é a imagem de nós mesmos oriunda do inconsciente, que desliza em nossa esteira quando caminhamos em direção a luz. A letra da música *Travessia*, de Fernando Brant e Milton Nascimento serve para reforçar o entendimento do que estamos explicando acima:

Vou seguindo pela vida
Me esquecendo de você
Eu não quero mais a morte
Tenho muito que viver

Suicídio: generalidades

A dor é sofrimento, e sobreviver é encontrar sentido na dor.
Se há de algum modo propósito na vida,
deve havê-lo também na dor e na morte.
(Frankl, 2015)

O suicídio é o único comportamento destrutivo em que vítima e algoz são uma e mesma pessoa.

Dados do Ministério da Saúde mostram que o índice de suicídios cresceu entre 2011 e 2015 no Brasil. Segundo a pasta, esta é a quarta maior causa de mortes entre jovens de 15 e 29 anos. Em 2011, foram 10.490 mortes: 5,3 a cada 100 mil habitantes. Já em 2015, segundo dados do Sistema de Informação sobre Mortalidade[3], o número chegou à 11.736: 5,7 a cada 100 mil, segundo dados são do Sistema de Informação sobre Mortalidade (SIM).

Avaliando o risco do suicídio

É indispensável que se faça a avaliação do seu risco, só assim o profissional que faz o atendimento estará apto a planejar e pôr em prática a terapêutica mais apropriada ao caso que ora atende. Para assim detectar o grau de intencionalidade suicida (ideias suicidas). Evitando, dessa forma, que seja surpreendido com uma tentativa frustrada ou até uma consumação do ato, com resultado fatal.

[3] Cf. http://bit.ly/2nAKP2P.

Costuma-se ouvir dos familiares as seguintes expressões: "ele(a) parecia tão bem" e "tinha tudo para viver". Isto significa dizer que o terapeuta e os familiares não perceberam a existência dos sinais de desejos suicidas.

Nessa avaliação, deve-se detectar a possibilidade do acesso fácil a doses letais de medicamentos; instrumentos suicidas como faca e armas de fogo. Deve-se também ter a existência de uma pessoa próxima ou cuidador, que se preciso for possa agir eficazmente na detecção do comportamento suicida, impedindo a consumação do seu ato e, caso seja efetivada, possa levá-lo imediatamente para atendimento hospitalar.

Indícios que está ocorrendo planejamento suicida inclui verbalizações como: "não mereço viver", "quero acabar com tudo", "não vou mais melhorar", "sou um fardo para todo mundo". Pode também produzir expressões de forma indireta, "acho que está chegando a hora de vocês não me verem mais", "quero agradecer por tudo que fizeram por mim".

Temos percebido que alguns pacientes apresentam um sentimento de desesperança exacerbado pela forma patológica de encarar o mundo e a si mesmo, caracterizando a existência de crenças limitantes.

No trabalho de avaliação do risco de Suicídio adotamos como suporte a Escala de Desesperança Beck (BHS) e a Escala de Ideação Suicida Beck (BSI).

A Escala de Desesperança Beck (BHS) trata-se de uma escala constituída de 20 itens que consiste, conforme os autores em "(...) afirmações que envolvem cognições sobre desesperança. Ao concordar (CERTO), ou discordar (ERRADO), com cada uma delas, o sujeito descreve sua atitude, permitindo que seja possível 'avaliar a extensão das expectativas negativas a respeito do futuro imediato e remoto'" (Beck; Steer, 1993, p. 2 apud Cunha, 2016, p. 6).

A Escala de Ideação Suicida Beck (BSI) é formada por 21 perguntas com alternativas de resposta pontuadas de 0 a 2 pontos, relacionadas a: atitudes de viver ou morrer; desejo suicida; tentativa almejada; efetivação da tentativa almejada e fatores históricos. Segundo Cunha (2016, p. 8), a escala tem como objetivo "(...) investigar a presença de ideação suicida, bem como a gravidade das ideias, planos e desejos de suicídio".

Diálogos

Ouve-se muito falar em suicídio, principalmente no mês de setembro, período em que se dedica esses 30 (trinta) dias para se fazer campanha preventiva, mas o que poucos conseguem entender é o porquê de ele acontecer.

De acordo com a nossa constituição publicada em 1988, todos têm direito a vida; dessa forma, como alguém pode querer abrir o seu direito a ela? Sendo este o bem maior e precioso dessa pessoa, considera-se como algo que definitivamente não tem preço.

O que será que passa na vida de um suicida? Será mesmo que a perda de um grande amor, dívidas, doenças, depressão, é realmente o motivo para uma pessoa que sempre teve uma vida, dita normal, atentar contra ela?

O suicida, muitas vezes, ameaça, sinaliza. Nessa fase, ele já está em planejamento; possivelmente até fará alguma tentativa no intuito de ser visto e, mesmo contido em seu propósito, ocorre que, em alguma dessas tentativas, pode acontecer de alguém não chegar a tempo e o fato ser consumado.

Alguns estudos indicam que os maiores fatores de risco são os transtornos mentais como: depressão, transtorno bipolar, dependência química seja drogas lícitas ou ilícitas; como também doenças do sistema imunológico como as neoplasias e AIDS.

O isolamento, ou seja, a solidão é um dos principais fatores que precede a depressão. Atualmente, tem havido diversas histórias de idosos que morrem sozinhos em seus apartamentos. Será que estão sendo negligenciados por seus filhos? Sabe-se que quem ama cuida, sendo assim, se você ainda tem os seus pais cuide deles, aproveite todos os momentos possíveis, só sabe a falta que eles fazem quem não os tem mais.

Crenças limitantes

Em nossa atividade com o suicídio, foi-nos possível observar que na mente do suicida há três fortes crenças limitantes básicas:

a) Desamor.

A pessoa tem a impressão irracional e inconsciente de que ninguém gosta ou nunca gostou dela, sentindo-se rejeitada, em alguns casos esse sentimento vem sendo reforçado negativamente ao longo do tempo.

b) Desvalor.

Nessa crença, a pessoa acredita ser desvalorizada, rejeitada e sem valor algum.

c) Desamparo.

O indivíduo que sustenta esta crença, sente-se incompetente, fracassado, fraco, vulnerável, perdedor, e sem objetivos para viver.

Essas crenças, na maioria das vezes, tiveram seu início na infância. Nesta fase, recebe-se informações das figuras parentais (pai e mãe), baseadas nas suas experiências e programações de vida; com base na sua criação e do seu dia a dia. Esta aprendizagem é natural e não tem como ser evitada. Nossos pais fazem isso com boas intenções ou não, porém nosso subconsciente, pode acreditar e resolver adotar estes princípios como a mais pura verdade. Se nosso pai ou mãe tentou fazer algo diferente e não conseguiu, tentou outras vezes e também deu errado; possivelmente passará a acreditar que é incapaz de tal proeza, e se não conseguiu, seu filho não conseguirá também. Às vezes até verbaliza: "você é incapaz, nada que fará dará certo, se eu não consegui, você também não conseguirá".

Dessa forma, acredita-se em tudo como se fosse uma verdade, por isso todas as crenças têm início desde cedo quando se está em tenra idade. Uma mensagem ou sugestão negativa, quando chega no consciente, ultrapassa o fator crítico com mais facilidade é como uma faca quente na manteiga, alcançando assim o subconsciente.

Sua origem pode também vir através de pensamentos, sonhos emanados das memórias dos ancestrais ou do inconsciente coletivo. Elas são reais, porque o cérebro não distingue o que é real do imaginário, para ele é simplesmente real. Pode-se desfazer essas crenças de diversas formas, mas a forma mais rápida e eficaz se dá com o uso da Hipnose. Dessa forma, será restaurado a forma apropriada de se pensar, resultando num pensamento adequado capaz de levar o paciente a se sentir empoderado para alcançar suas metas e objetivos a curto, médio e longo prazos.

Quem leva o paciente ao consultório?

Nos casos de Depressão, com ou não indício de suicídio, na maioria das vezes é o familiar que conduz o paciente pela primeira vez ao consultório para atendimento. Neste primeiro contato, é de crucial importância a conquista de sua confiança e o estabelecimento de uma relação terapêutica eficaz e empática. Este processo é chamado de *rapport*, que significa relação harmônica e confiante. Nesse mesmo momento, faremos sua anamnese, observando a evolução do seu quadro clínico, a medicação utilizada, se há parentes que também tem ou tiveram quadros parecidos.

Tratamento: terapêutica da prevenção do suicídio

Nos nossos atendimentos para os casos de depressão, já na primeira sessão recomendo tarefas comportamentais como forrar a cama, isto significa começar a arrumar sua vida logo cedo, e pequenas caminhadas incialmente de 15 (quinze) minutos três vezes por semana, depois aumentamos progressivamente esse tempo, para que haja aumento da sua energia vital.

Na segunda sessão, peço que elabore uma lista das conquistas e metas já alcançadas, sempre há vitórias, sejam grandes ou pequenas. Dessa forma, ativamos uma área do cérebro responsável pela recompensa, localizada no núcleo *accumbens*, que faz parte do sistema límbico, responsável pelas emoções e relacionamentos do ser humano. Neste local, ocorre o registro das sensações de prazer e bem-estar corporal e libera-se um neurotransmissor chamado dopamina, aumentando assim a sensação de prazer. Para que este processo ocorra, é necessário que o indivíduo imagine suas conquistas sejam grandes, pequenas ou simples. Você simplesmente escolhe pensar ou não em gratidão, que também estimula a liberação do hormônio ocitocina e proporciona uma melhoria no afeto, tranquiliza e diminui a ansiedade, medo, fobia ou pânico; enfim também diminui a angústia. Assim como, recomendamos que adote um diário da gratidão e faça seu registro, porque sempre no final do dia há algo para agradecer.

Sugerimos, nos casos de depressão, a parceria entre a Psicologia Clínica e a psiquiatria, por ser indispensável neste caso a prescrição medicamentosa e seu cumprimento na íntegra. Dessa forma, haverá inicialmente a retomada do equilíbrio interno e a estabilização do humor do paciente.

Temos também nesses atendimentos utilizado técnicas da Psicologia Clínica associada com a Hipnoterapia.

A Hipnoterapia

A Hipnose é um estado ampliado da consciência, potencialização dos cinco sentidos, onde a mente consciente submerge e a mente subconsciente emerge, o fator crítico é ultrapassado, e uma sugestão seletiva é aceita pela mente do sujeito.

É uma técnica utilizada para a melhoria do bem-estar e da vida do ser humano, deriva da criação da humanidade. Naquela época, de acordo com a Bíblia em seu livro de Gênesis, "(...) e havendo Deus acabado no dia sétimo a obra que fizera, descansou no sétimo dia de toda a obra, que tinha feito" (Gênesis 2:2).[4]

Apesar desse seu trabalho árduo o homem criado (Adão), sofria do que hoje chamamos de solidão e/ou tristeza. "Então o Senhor Deus fez cair um sono profundo sobre Adão, e este adormeceu, tomou uma das suas costelas e cerrou a carne em seu lugar" (Gênesis 2:21).[5]

Dessa forma pode-se concluir que o primeiro hipnotista e/ou hipnoterapeuta foi Deus.

Na Hipnoterapia buscamos no paciente sua emoção primária, aquele sentimento devastador, que costumamos chamar de "cena nuclear" ou "evento causador inicial", ou seja, um fato muito desagradável que aconteceu em algum momento da vida dessa pessoa. Esse evento causa um enorme sofrimento psíquico. Desse modo, o corpo mente dessa pessoa passa a agir e reagir em função desse sintoma; sempre que o gatilho, em algum momento é disparado a pessoa se entristece e fica deprimida.

Como cada caso clínico é único, costumamos atender da seguinte forma:

1ª sessão trabalhamos a anamnese, escuta relaxada e análise funcional das queixas do paciente, definição de metas, *rapport* e pré-*talk* (esclarecer ao paciente todas as suas dúvidas e mitos em relação à Hipnose), como:

[4] Cf: www.bibliaonline.com.br.

[5] Idem.

1. A Hipnose é causada pelo poder do hipnotizador?
2. O hipnotizador controla a vontade do hipnotizado?
3. A Hipnose pode causar algum mal à saúde?
4. Pode-se tornar dependente de Hipnose?
5. A pessoa pode não voltar do transe?
6. O sono é Hipnose?
7. A pessoa hipnotizada fica inconsciente?
8. Hipnose é relaxamento?
9. O hipnotizado revela seus segredos?

Ocorre que todos estes mitos acima não correspondem a verdade, a pessoa hipnotizada tem total controle e só faz ou revela algo se assim o quiser.

Na 2ª e 3ª sessões, o ensinamos a respirar corretamente (respiração profunda) e o relaxamento progressivo, fazendo a escuta do áudio Treinamento Autógeno de Johannes Heinrich Schultz, ficando de escutá-lo diariamente em qualquer hora, por 21 (vinte e um) dias, período em que a neurociência reconhece a instalação de um novo hábito – a única restrição é não ouvi-lo dirigindo porque pode causar sono – e elaboração da sua lista de conquistas.

Da 4ª sessão em diante é que iniciamos a hipnoterapia, temos adotado a indução de Dave Elman, por possuir três testes: olhos colados, pano molhado (letargia) e amnésia dos números, quando o processo é concluído com êxito, o paciente se encontrará no nível de transe hipnótico sonambúlico, suas ondas cerebrais estarão de 4 – 7 ciclos por segundo. Essa fase é a ideal para se fazer a hipnoanálise, buscando através da regressão os eventos causadores iniciais e os secundários, ressignificando a todos, dessa forma o adulto se libertará das emoções e dos traumas que sua criança um dia sentiu em tenra idade.

Pautando-nos no princípio de que todo sintoma é um caminho a ser seguido na busca da causa, a cena nuclear ou evento causador inicial (eci), com a hipnoterapia há uma potencialização da terapêutica em aplicação, na busca da emoção que, de alguma forma, ficou registrada no subconsciente, a partir de experiência negativa. No caso da depressão, poderemos usar induções hipnóticas de: limpeza, relaxamento, lugar seguro, regressão, perdão, projeção do futuro e ressignificação de todo conteúdo emergido do subconsciente.

Na hipnoterapia faz-se um encontro do eu adulto de hoje que sofre com os ecos de um momento traumático que seu eu criança passou em tenra idade, ou ainda de situação traumatizante vivida recentemente, como por exemplo: separação conjugal, perda de ente querido; situações que deixaram o paciente triste e angustiado. Ocorre um reencontro da criança com seu eu adulto, que a partir de agora vai poder cuidar dela.

Algumas vezes, apesar de trabalharmos só com os vivos, o paciente em transe hipnótico pode durante sua regressão relatar, vivificar uma memória de outra existência, ou até mesmo verbalizar em outra língua, que conscientemente ele desconhece. Será verdade ou falsa essa memória? Quem somos nós para questioná-la! Se concluirmos que sua ressignificação contribuirá para a melhoria da qualidade e estilo de vida daquele paciente, faremos sua ressignificação e o ajudaremos a se livrar daquele fardo que de uma forma direta ou indireta, tem lhes causado sofrimento psíquico.

É na ressignificação desse encontro que ocorre um novo entendimento do sofrimento psíquico do adulto, dessensibilizando-o, possibilitando que volte a fluir a energia vital naturalmente pelo corpo. Para facilitar este entendimento, recomendamos, assistir ao filme *Duas Vidas* (2000), com Bruce Willis, quando vamos fazer regressão.

Como já foi dito anteriormente, o sucesso de qualquer tratamento e em especial da hipnoterapia, depende unicamente da atitude mental do paciente, ele precisa não apenas querer, mas permitir que ela aconteça, só assim acontecerá. Às vezes nos deparamos com pacientes resistentes, dominadores e autoritários, que não consentem que o processo ocorra. Nesses casos, sugerimos que assista ao filme *O Feitiço do Tempo*, um filme estadunidense de 1993 dirigido por Harold Ramis, que conta a história de Phil, um arrogante apresentador de televisão e meteorologista de um canal, de TV que fica preso no tempo, condenado a reviver indefinidamente o mesmo dia até que mude suas atitudes.

Prevenção / Posvenção ao Suicídio

Nossa proposta terapêutica pode ser usada tanto na perspectiva da prevenção como na posvenção do suicídio. Isso diz respeito aos cuidados que devem ser tomados durante o processo de luto do suicídio, uma vez que compreende o período de ajustamento após um evento de morte experimentado por membros da família, amigos e colegas que tiveram alguma relação ou vínculo com quem foi a óbito.

Na posvenção, nos casos em que há uma exacerbação do sofrimento psíquico decorrente dessa irreparável perda do ente querido pela morte por suicídio, deve haver um suporte psicológico que possa colaborar na minimização da saudade, dor e em alguns casos a culpa ("eu devia ter feito algo para evitar essa catástrofe e não fiz"). Isto porque os sobreviventes passam a integrar um grupo específico de risco de suicídio.

Casos clínicos

1º Caso / Cedro

Senhor Cedro, 55 anos, casado, nos procurou relatando ter estado casado por 25 anos e que sua esposa, que chamaremos de Moreia não gostava mais dele e que queria se separar, segundo relatou: “naquele fatídico dia meu chão se foi e senti-me sufocado, o coração apertado, era como se estivesse sangrando, que a vida não tinha mais sentido e que desejava me matar”. Informou também que na década de 70 (setenta) tentara se matar, jogando-se num rio cheio sem saber nadar, apenas para se vingar porque achava que seus pais gostavam mais do seu irmão que dele.

Quando compareceu ao atendimento já estava medicado com antidepressivo, fizemos o acompanhamento psicológico dele e a hipnoterapia.

Combinamos que seu atendimento se daria em 10 (dez) sessões, sendo duas a cada mês e, depois uma mensal por mais 5 (cinco) meses para ajustes, no entanto caso em algum momento do seu processo evolutivo, concluirmos que ele está ok e se sentindo bem, teria sua alta.

Durante seu tratamento seis meses após inicia-lo, nos revelou que aceitou o divórcio proposto pela ex-esposa e que já estava tramitando na justiça, nesse período conheceu uma pessoa 10 (anos) mais jovem que ele, independente financeiramente conforme seu relato e solteira. Em outubro de 2018 relatou que se casara novamente estava se sentindo muito feliz. Certa vez nos disse: “na minha outra vida eu vivia liso leso é louco comprando fiado e pedindo o troco e hoje em dia tudo está bem, a minha vida afetiva está em paz, já a financeira e profissional não tenho o que reclamar”.

Protocolo hipnótico

1. Rejeição das figuras parentais:

Indução de Dave Elman:

- Hipnoterapeuta: O subconsciente entende melhor se eu puder chamar o senhor de você, eu posso chamar o senhor de você? Aguardar a resposta se sim prosseguir.
- Sentar próximo a pessoa e a seu lado, e perguntar, você quer ser hipnotizado? Se sim, dizer: Acompanhe minha mão com os olhos e inspire, ao baixa-la expire e feche os olhos, se sim diga: “muito bem”, agora concentre sua atenção nos seus olhos, permita que fiquem relaxados, pesados e colados. Isso, muito bem! Permita que fiquem relaxados, pesados e colados, a ponto de você tentar abri-los e não conseguir, quando você tiver a certeza que vai tentar abri-los e não conseguir, aí você fará uma única tentativa. Aguardar ele tentar ... Isso muito bem! Não precisa mais tentar. Eu posso tocar na sua cabeça, ombro ou braços? Aguardar a resposta. Tocar no topo de sua cabeça e dizer: Permita que este seu relaxamento desça do topo da sua cabeça até as pontas dos dedos das mãos e dos pés.
- Fracionamento: Passar sua mão aberta com todos os dedos juntos por três vezes próximo a seus olhos e dizer: “Abra os olhos e feche os olhos e seu relaxamento vai dobrar”.

- Teste do pano molhado (letargia), dizer: "Daqui a pouco eu vou pegar seu braço e levantá-lo, mas não quero sua ajuda quando levantá-lo ou quando soltá-lo, mas quando soltá-lo ele cairá totalmente pesado como um pano molhado". Levantar e soltá-lo, dizendo: "Isso muito bem! ".
- Teste da amnésia: Você já está totalmente relaxado a nível físico, mas para que fique ainda mais relaxado, é preciso que você faça um exercício mental, imaginando numa lousa os números de 1 a 100, você fará uma contagem regressiva de 100 até 1, bem lenta como a sua deglutição e respiração, porém quando chegar a 97 ou bem antes, eu quero que você permita que todos os números tenham sumidos e idos embora, porque neste contexto eles não servem para nada. Você dirá assim: "100 mais relaxado, eu direi e o número sumiu, foi embora, estalarei meus dedos e o número irá embora. Entendeu? Aguardar a resposta afirmativa, se não, repetir as instruções dos números. Se sim, começar pelo 100, quando chegar em 98 ou 97, estalar várias vezes os dedos e dizer: "Todos os números foram embora, neste contexto eles não servem para nada? Perguntar: Todos os números foram embora? Se sim, o hipnotizado estará no nível sonambúlico.
- Aprofundamento contarei de 5 até 1, a cada número que eu disser você irá mais fundo e ficará mais relaxado, como você está com os olhos fechados, significa que fechou para a mente consciente e os abriu para a mente subconsciente, que é lá onde tudo acontece e você funciona na sua totalidade, 1 você está ficando relaxado e tranquilo, 2 você está ficando mais tranquilo e relaxado, 3 você está ficando relaxado e tranquilo, 4 você está ficando mais tranquilo e relaxado e 5 você está ficando relaxado e tranquilo. Agora você está num nível de relaxamento que nunca imaginou ser capaz, saiba que você é merecedor e digno sentir o que está sentindo agora.
- Signo sinal / Âncora: A partir de agora quando eu estalar meus dedos, estando você aqui no consultório e, disser a palavra durma, você não irá dormir, mas imediatamente voltará a se sentir totalmente relado em paz e tranquilo (Repetir três vezes e testar).

- Hipnoterapeuta: Olhe para mim, estalar os dedos e durma!
- Hipnoterapeuta: Imagine que diante dos seus olhos tem um relógio e daqui a pouco quando eu disser comece, ele começará a girar no sentido anti-horário e você assistirá na sua mente o filme da sua própria história de hoje até algum período da sua vida, quando você tinha uma tenra idade, adolescente ou era muito pequeno.
- Comece! Daqui a pouco eu tocarei na sua testa (com os dedos indicador, médio, anelar e mínimo em concha) e quando eu assim o fizer, você se

permitirá e irá se transportar para um momento da sua vida em que você tomou consciência dessa sua emoção, que só você sabe qual é. Aguardar um minuto e tocar no centro de sua testa, um pouco acima dos olhos e próximo a glândula hipófise ou pituitária e perguntar: Qual a lembrança que lhe veio à mente?

- Paciente: Acho que eu tinha 10 anos, me vejo em casa, na sala e minha mãe dizendo que sou muito diferente do meu irmão, ele é obediente e estudioso, já você é preguiçoso, acho que nem seus amigos da rua ou escola gostam de você.
- Hipnoterapeuta: Esta emoção que você está sentido, por acaso já conhecia?
- Paciente: Sim, tenho a impressão que já a conhecia.
- Hipnoterapeuta: Ok, então respire fundo e imagine voltando mais no tempo, até o momento que que você também sentiu essa emoção. Aguardar uns trinta segundos e tocar na sua testa. Você foi transportado para que idade?
- Paciente: Eu me vejo bem pequeno, talvez com uns dois anos querendo brincar e chamando meu pai, que não quer vir, parece que está com raiva.
- Hipnoterapeuta: Esta emoção que você está sentido, por acaso já conhecia?
- Paciente: Já conhecia.
- Hipnoterapeuta: Ok, então respire fundo e imagine voltando mais no tempo, até o momento que que você sentiu essa emoção pela primeira vez. Aguardar uns trinta segundos e tocar na sua testa. Você foi transportado para que idade?
- Paciente: Eu não consigo ver nada, ora está bem claro ora escuro.
- Hipnoterapeuta: Ok, muito bem! O que você está ouvindo? ***(Vida intrauterina)***
- Paciente: Acho ser minha mãe brigando com meu pai, dizendo: "Eu não devia ter engravidado, já temos um filho e meu pai respondendo: Eu quero outro filho e espero ser uma menina".
- Hipnoterapeuta: Como você está se sentindo?
- Paciente: Péssimo!
- Hipnoterapeuta: Você acha que estão em que parte da casa?
- Paciente: Parece o quarto.

<u>Ressignificação:</u>

- Hipnoterapeuta: Certo, então imagine você entrando no quarto, seus pais não podem lhe ver, se aproxime da sua mãe. Como ela está?
- Paciente: Deitada na cama e meu pai saindo do quarto.

- Hipnoterapeuta: Entendo, se aproxime dela, ela não poderá lhe ver, coloque sua mão esquerda em cima da barriga dela e procure o coração do bebê, que é você mesmo. Como ele está?
- Paciente: Bem agitado e seu coração muito acelerado.
- Hipnoterapeuta: O coração do feto bate cerca de 120 a 160 vezes por minuto, isto é normal porque ele não tem maturidade, mesmo assim me parece que ele está assustado. Então, imagine você colocando sua mão esquerda em cima do coraçãozinho dele e a sua mão direita no seu coração e passando por sua mão esquerda uma energia especial e restauradora de paz, tranquilidade e segurança para o coração do feto (você mesmo), à medida que essa energia flui ele vai se tranquilizando e se sentindo seguro. Você vai respirando e ele se sentindo mais e mais seguro. Mentalize está frase que direi agora e a transmita ao coraçãozinho dele: "Painho está tendo a impressão de desejar uma menina porque já tem um menino, mas nas profundezas do seu coração, o que deseja mesmo é que nasça uma criança com saúde, independentemente de ser menina ou menino". Já sua mãe só disse que não devia ter engravidado, porque naquela época o seu pai ganhava pouco e as despesas iam aumentar muito. Vou lhe dar um tempo até você ter certeza que o feto está em paz me avise, aguardar de três a cinco minutos e perguntar: Já está tudo resolvido?
- Paciente: Sim, ele está tranquilo e em paz.
- Hipnoterapeuta: Eu vou tocar na sua testa e salvar no seu subconsciente esta sensação de tranquilidade e paz.

Zerando a emoção das cenas traumatizantes:

- Hipnoterapeuta: Daqui a pouco eu vou tocar na sua testa, você se permita e transporte-se para quando você tinha dois anos querendo brincar e chamando seu pai, que não quer vir, porque parece que estava com raiva, tocar na testa e perguntar: Como você está se sentindo?
- Paciente: Estou me sentindo bem, eu tenho a impressão que talvez ele esteja um pouco irritado e cansado por causa do trabalho e por isso não quer brincar comigo.
- Hipnoterapeuta: Daqui a pouco eu vou tocar na sua testa e você por favor se transporte para quando você tinha 10 anos, estava em casa, na sala e sua mãe lhe dizia ser muito diferente do meu irmão, ele é obediente e estudioso, já você é preguiçoso, acho que nem seus amigos da rua ou escola gostam de você. Como você está sentindo?
- Paciente: Esta sensação ainda está me incomodando.
- Hipnoterapeuta: Numa escala de 0 a 10, em que zero é nenhuma sensação de incomodo e dez é muito incomodo, qual a nota que você dar?

- Paciente: Nota 4
- Hipnoterapeuta: Concentre sua atenção em seu coração, à medida que ele pulsa, essa nota que você deu vai diminuindo até atingir 0 (zero), quando chegar em zero me avise, que vou tocar na sua testa e salvar no seu subconsciente
- Paciente: Zero!
- Hipnoterapeuta: Tocar na sua testa e dizer: "Agora está salvo no seu subconsciente"! (Repetir três vezes).
- Hipnoterapeuta: Aquela sensação de incomodo agora é zero e não tem mais valor ou importância para você. Isso está fazendo sentido, você quer isso para si, quer que eu salve no seu subconsciente?
- Paciente: Sim eu quero!
- Hipnoterapeuta: Tocar na testa e salvar no subconsciente.
- Hipnoterapeuta: Como você está se sentindo?
- Paciente: Estou me sentindo muito bem!
- Hipnoterapeuta: Nessa sua queixa, tem algo a mais para trabalharmos?
- Paciente: Não
- Hipnoterapeuta: Agora eu quero que seu subconsciente faça uma procura e localize na sua memória permanente ou crie uma imagética de um local que você já esteve em tenra idade, tipo: praia, floresta sua casa, seu quarto, oriunda do seu inconsciente coletivo, ou ainda ele simplesmente a crie, daqui a pouco eu tocarei na sua testa e, quando assim eu fizer, seu subconsciente lhe enviará a consciência essa imagética, aguardar um minuto, tocar na sua nuca e perguntar: Seu subconsciente lhe revelou pela imaginação que local?
- Paciente: Eu no topo de uma montanha.
- Hipnoterapeuta: Você já esteve num local desse?
- Paciente: Não, mas estou me sentindo muito bem!
- Hipnoterapeuta: Que bom! A partir de agora esteja onde estiver sua mente ou imaginação, quando eu aqui no consultório colocar minha mão em cima da sua mão esquerda, será imediatamente evocado a seu consciente esta emoção (confiança, tranquilidade e segurança) que você está sentindo agora, (Repetir a sugestão três vezes). Este será seu *lugar seguro*!
- A partir de agora quando você sentir aquela emoção (nem digo o nome dela) que conhece bem, esteja onde estiver, colocará imediatamente sua mão direita em cima da esquerda e sentirá imediatamente a emoção de confiança, tranquilidade e segurança do seu *lugar seguro* (Repetir a sugestão três vezes).

- Hipnoterapeuta: Daqui a pouco lhe sugestionarei uma cena da sua vida passada e quando você se transportar para lá, eu quero que você imediatamente acesse o seu lugar seguro, colocando a mão direita em cima da esquerda. Você entendeu?
- Paciente: Sim!

Testando a âncora / Signo Sinal do Lugar Seguro:

- Hipnoterapeuta: Eu vou contar de um a três e quando chegar em três, você por favor se transporte para quando você tinha 10 anos, estava em casa, na sala e sua mãe lhe dizia ser muito diferente do meu irmão, ele é obediente e estudioso, já você é preguiçoso, acho que nem seus amigos da rua ou escola gostam de você. 1, 2 e 3
- Paciente: Estou me sentindo bem e seguro (sua mão direita estava cravada em cima da esquerda) – lugar seguro
- Hipnoterapeuta: Eu vou contar de um a três e quando chegar em três, você por favor se transporte para quando você tinha 2 anos, querendo brincar e chamando seu pai, que não quer vir, porque parece que estava com raiva. Perguntar: Como você está se sentindo?
- Paciente: Estou me sentindo bem, acho que ele só estava cansado e não queria brincar.
- Paciente: Estou me sentindo bem e seguro (sua mão direita estava cravada em cima da esquerda) – lugar seguro
- Hipnoterapeuta / Dehipnotização: Agora contarei de 1 a 5, chegando no 5, você abrirá os olhos se sentido muito bem e desperto, 1, 2, 3, 4 e 5 abra os olhos.

2. Rejeição por sua ex-esposa (Moreia):

- Indução de Richard Bandler (Handshake):
- Hipnoterapeuta:

  Ficar de pé próximo ao paciente e perguntar: Você quer ser hipnotizado? Se sim, prosseguir. Você vai apertar a mão direita da pessoa e retira sua mão, com a sua mão esquerda, você suspende a mão da pessoa, segurando-a acima da cabeça dele e dirá: "Olhe está mão, à medida que você olha, ela ficará desfocada, vai aproximando a mão do rosto da pessoa, dizendo mais e mais desfocada, ao tocar no seu rosto, rosto você fechará os olhos, baixará a cabeça e relaxará profundamente.

- Aprofundamento contando de 5 até 1, a cada número que disser você irá mais fundo e ficará mais relaxado e tranquilo, como você está com os olhos fechados, significa que fechou para a mente consciente e os abriu para a mente subconsciente, que é lá onde tudo acontece e você funciona na sua totalidade, 5, 4, 3, 2 e 1.

- Signo sinal / Âncora: Estalar os dedos e durma!
- Hipnoterapeuta: Imagine que daqui a pouco vou tocar na sua testa e quando eu assim o fizer você vai imaginar, visualizar o momento exato que você conheceu sua ex-esposa a Moreia, aguardar dois minutos e tocar na testa dele. Pela imaginação, você foi transportado para onde?
- Paciente: Na faculdade eu fazia direito e a conheci lá.
- Hipnoterapeuta: Tocar na testa dele e sugestionar: Agora se transporte para o momento exato que estava se casando e teria que dizer sim a ela.
- Paciente: Naquele dia (começou a chorar), meu coração me disse para dizer não e eu disse sim (choro)

<u>Ressignificação:</u>

- Hipnoterapeuta: Ok, entre na cena, converse com você mesmo, use da sua inteligência e sabedoria. Eu senti que ele estava com dificuldades e resolvi apadrinha-lo dizendo: "Isso já passou chegará um dia que você se libertará dessa situação, esse dia chegará, com certeza chegará". Imagine dando um abraço e amparando a si mesmo, diga: "Você a partir de hoje contará comigo até seu último dia de existência na terra".
- Hipnoterapeuta: Como está se sentindo?
- Paciente: Bem melhor agora!
- Hipnoterapeuta: Abra os olhos, pegue esta folha em branco com este lápis e "Escreva uma carta para Moreia, coloque tudo que você gostaria de lhe dizer e por algum motivo não teve coragem, inclusive use e abuse dos adjetivos ... e palavras de baixo calão. Quando terminar faça sua leitura por três vezes, rasgue em pequemos pedaços, vá até o banheiro e coloque dentro do depósito de lixo.
- Paciente: Escrevi a carta e vou colocar no lixo
- Hipnoterapeuta: Muito bem, como está se sentindo?
- Paciente: Um pouco melhor!
- Hipnoterapeuta: Imagine uma cadeira diante de você e a Moreia sentada nela, aproveite esta oportunidade e diga tudo que você gostaria de ter dito e não teve coragem.
- Paciente: A sua traição foi uma covardia, você devia ter dito que não gostava mais de mim, sua ####****####, mas até te agradeço o tempo que passamos juntos, aprendi bastante, principalmente a não dar mais valor a quem não merece.

- Hipnoterapeuta: Aproveite agora a oportunidade e retire do seu coração a raiva e o lixo que ela deixou, diga por três vezes do fundo do seu coração: "Eu te perdoo e te liberto, vá em paz e seja feliz! "
- Paciente: Eu te perdoo e te liberto, vá em paz e seja feliz! Eu te perdoo e te liberto, vá em paz e seja feliz! Eu te perdoo e te liberto, vá em paz e seja feliz!
- Hipnoterapeuta: Agora imagine você diante do espelho e diga: "Cedro eu te perdoo e te liberto!", também por três vezes.
- Paciente: Cedro eu te perdoo e te liberto! Cedro eu te perdoo e te liberto! Cedro eu te perdoo e te liberto!
- Hipnoterapeuta: Eu quero que você escute agora o áudio da música *A Natureza das Coisas*, de Flávio José.
- Hipnoterapeuta: Qual sua opinião sobre essa música?
- Paciente: Interessante, amanhã realmente tudo pode acontecer ou nada.
- Hipnoterapeuta: Leve este texto *Encerrando Ciclos* (de Fernando Pessoa) para casa, leia e escute o áudio até a próxima sessão pelo menos por 7 (sete) dias.

<u>Divórcio Emocional (Ritual de libertação energética):</u>

- Hipnoterapeuta: Agora eu quero que você acompanhe a minha voz, experiencie, vivifique, e sinta no seu corpo mente cada palavra que eu disser, lembre-se que o cérebro não consegue distinguir o que é real do imaginário, portanto quando você imaginar para ele será a mais pura verdade. Você entendeu? Aguardar a resposta, se sim prosseguir.
- Hipnoterapeuta: Imagine, visualize, você estando no local que geralmente ficava com a Moreia, observe com atenção esse local, veja, toque, escute os sons, o cheiro e o gosto desse lugar, de forma apurada, porque estás fazendo o ritual de despedida, limpeza energética e divórcio emocional. Agora comece a juntar as coisas, os objetos, livros, fotos, tudo que seja em comum e os pertences da Moreia e, os coloque na calcada desse local, fique aguardando a chegada dela que de repente chega. Você olha bem nos olhos dela e observa como está se sentindo, pega em suas mãos e lhe diga que é grato por tudo que viveram juntos e também por este momento, as aprendizagens, alegrias, sonhos realizados ou não, a outra pessoa escuta com atenção, respeito e coração aberto, novamente agradeça e lhe dê um abraço bem forte e diga que está encerrada esta conexão energética, mental e espiritual. Deseje-lhe paz, sucesso, felicidade, lembre-se que tudo que deseja ao outro retorna para você, diga-lhe estou desfazendo esta conexão para o bem dos dois e por um bem maior, quando você perceber que ela

está pronta e que aceita sua decisão. Imagine, visualize você e a Moreia frente a frente unidos pelos corações e o centro da testa acima dos olhos, onde fica a glândula hipófise ou pituitária ou como alguns acreditam ser o terceiro olho, por um cordão energético e ao mesmo tempo cada um olhando nos olhos um do outro.

- Hipnoterapeuta: A quem da sua crença você pede ajuda para desfazer essa conexão, se quiser pode também ser uma pessoa que conheça e estime?
- Paciente: Peço ajuda a Nossa Senhora.
- Hipnoterapeuta: Neste momento eu peço consentimento a Deus que nos conceda a dádiva da presença em energia e espírito de Nossa Senhora para desfazer essa conexão que tanto faz seu filho sofrer. Aguardar um minuto e perguntar: Você já está sentindo a presença dela?
- Paciente: Sim estou sentindo a presença dela!
- Hipnoterapeuta: Por favor Nossa Senhora desfaça esta conexão e liberte deste sofrimento este seu filho que ora suplica por sua ajuda, Nossa Senhora inicialmente puxa os cordões energéticos conectados no coração e na testa da Moreia e em seguida puxa também os cordões de você e afirma: "a partir de agora estão desfeitas as conexões que uniam vocês dois em prol de um bem maior. Se olhem, sorriam, se abracem e se afastem". Simplesmente está feito!
- Você observa a Moreia indo embora levando seus pertences, se sentindo livre e o coração em paz, percebendo agora espaço para viver coisas novas e principalmente um novo amor, que você já começa a sentir sua presença em energia, imagine esta nova pessoa em energia ao seu lado, sem você fazer definições de como ela é, apenas sinta sua presença abraçando-a com carinho e respeito. Tenha certeza que está pessoa já existe e logo, logo estará com você completando-o e sendo sua cara metade. Você está gostando da energia desta pessoa que visualiza?
- Paciente: Sim, estou gostando!
- Hipnoterapeuta: Alguém na multidão vai te ver, agora eu quero que você escute este áudio da música *Alguém na multidão,* da Banda The Fevers
- Hipnoterapeuta: Lembre-se que alguém na multidão vai lhe ver.
- Hipnoterapeuta / Dehipnotização: Agora contarei de 1 a 5, chegando no 5, você abrirá os olhos se sentido muito bem e desperto, 1, 2, 3, 4 e 5 abra os olhos.

2º Caso / Bambu:

Senhora Bambu 55, anos casada a 32 possui dois filhos, uma moça com 27 anos e um rapaz com 25 anos. Sua queixa principal é o fato de na sua família ter acontecido vários suicídios, primeiro seu avô por enforcamento, tio atropelamento, primo automedicação excessiva e por último sua filha de 27 anos estava apresentando ideias suicidas. Declara que nunca pensou em suicidar-se, mas decidiu procurar atendimento com Hipnose, para poder entender o porquê de tudo isso ter acontecido na sua família.

Durante a anamnese o levantamento dos dados da sua vida pregressa não expressou nenhuma queixa a mais além da ansiedade.

Combinamos e realizamos com a senhora Bambu 4 sessões sendo uma a cada quinze dias na primeira fizemos sua análise e realizamos o treinamento autógeno do Johannes Heinrich Schultz[6], recomendamos que escute este áudio todos os dias até a próxima sessão, podendo continuar a escutá-lo sempre que quiser, porém nunca dirigindo porque pode causar sono.

Protocolo hipnótico

Indução de Dave Elman:

- Hipnoterapeuta:
- O subconsciente entende melhor se eu puder chamar a senhora de você, eu posso chamar a senhora de você? Aguardar a resposta se sim prosseguir.
- Sentar próximo a pessoa e a seu lado, e perguntar, você quer ser hipnotizada? Se sim, dizer: Acompanhe minha mão com os olhos e inspire, ao baixá-la expire e feche os olhos, se sim diga: "muito bem", agora concentre sua atenção nos seus olhos, permita que fiquem relaxados, pesados e colados. Isso, muito bem! Permita que fiquem relaxados, pesados e colados, a ponto de você tentar abri-los e não conseguir, quando você tiver a certeza que vai tentar abri-los e não conseguir, aí você fará uma única tentativa. Aguardar ela tentar ... Isso muito bem! Não precisa mais tentar. Eu posso tocar na sua cabeça, ombro ou braços? Aguardar a resposta. Tocar no topo de sua cabeça e dizer: Permita que este seu relaxamento desça do topo da sua cabeça até as pontas dos dedos das mãos e dos pés.
- Fracionamento: Passar sua mão aberta com todos os dedos juntos por três vezes próximo a seus olhos e dizer: "Abra os olhos e feche os olhos e seu relaxamento vai dobrar".
- Teste do pano molhado (letargia), dizer: "Daqui a pouco eu vou pegar seu braço e levantá-lo, mas não quero sua ajuda quando levantá-lo ou quando soltá-lo, mas quando soltá-lo ele cairá totalmente pesado como um pano molhado". Levantar e soltá-lo, dizendo: "Isso muito bem! ".

[6] Cf. https://youtu.be/waXew55qYbU

- Teste da amnésia: Você já está totalmente relaxada a nível físico, mas para que fique ainda mais relaxada, é preciso que você faça um exercício mental, imaginando numa lousa os números de 1 a 100, você fará uma contagem regressiva de 100 até 1, bem lenta como a sua deglutição e respiração, porém quando chegar a 97 ou bem antes, eu quero que você permita que todos os números tenham sumidos e idos embora, porque neste contexto eles não servem para nada. Você dirá assim: "100 mais relaxada, eu direi e o número sumiu, foi embora, estalarei meus dedos e o número irá embora. Entendeu? Aguardar a resposta afirmativa, se não, repetir as instruções dos números. Se sim, começar pelo 100, quando chegar em 98 ou 97, estalar várias vezes os dedos e dizer: "Todos os números foram embora, neste contexto eles não servem para nada? Perguntar: Todos os números foram embora? Se sim, a hipnotizada estará no nível sonambúlico.
- Aprofundamento contando de 5 até 1, a cada número que eu disser você irá mais fundo e ficará mais relaxada, como você está com os olhos fechados, significa que fechou para a mente consciente e os abriu para a mente subconsciente, que é lá onde tudo acontece e você funciona na sua totalidade, 1 você está ficando relaxada e tranquila, 2 você está ficando mais tranquila e relaxada, 3 você está ficando relaxada e tranquila, 4 você está ficando mais tranquila e relaxada e 5 você está ficando relaxada e tranquila. Agora você está num nível de relaxamento que nunca imaginou ser capaz, saiba que você é merecedora e digna sentir o que está sentindo agora.
- Signo sinal / Âncora: A partir de agora quando eu estalar meus dedos, estando você aqui no consultório e, disser a palavra durma, você não irá dormir, mas imediatamente voltará a se sentir totalmente relaxada em paz e tranquila (Repetir três vezes e testar).

▪ Hipnoterapeuta: Olhe para mim, estalar os dedos e durma!
▪ Hipnoterapeuta: Em vários momentos da minha fala eu vou lhe pedir que imagine, é muito importante que visualize o que estou dizendo como se você estivesse lá, já que o cérebro não consegue distinguir o real do imaginário, para ele você simplesmente estará lá. Você entendeu?
▪ Paciente: Sim!

Ressignificação:

▪ Hipnoterapeuta: Imagine um palco de um teatro com as cortinas fechadas, de repente elas começam a abrir e você visualiza com clareza todos os atores: seu avô, tio, primo, sua filha e você como expectadora. De repente, o cenário muda e começa os atos:

- Primeiro ato: Como na sua família havia uma conversa que seu avô se suicidara numa árvore. Na sua imaginação aparece seu avô debaixo de um umbuzeiro conversando com um estranho, é uma cena distante e você não consegue escutar a conversa, só percebe que o estranho parece ser um vaqueiro, que lhe estende uma corda, seu avô faz um laço e a joga num galho e se enforca.

✓ Segundo ato, é uma cena mais nítida porque você tinha ouvido histórias do acontecido, seu tio era um viciado em jogos de aposta, estava devendo muito e para pôr um fim no seu sofrimento porque não tinha como pagar, jogou-se na frente de um carro defronte à casa de jogos, foi socorrido, mas faleceu no hospital.

✓ Terceiro ato: Como você também ouviu histórias de como tudo aconteceu, lembra que seu primo tinha uma namorada, que os familiares não gostavam dela por achá-la interesseira e, como certo dia ela percebeu que ele não poderia lhe dar tudo que queria, acabou o namoro. Ele desesperado, sofrendo muito resolveu dar um fim na vida, saltando de paraquedas e infelizmente quando decidiu abri-lo era tarde e chocou-se no chão, vindo a óbito.

✓ Quarto ato: Esse você lembra com todos os detalhes, porque acompanhou de perto, ficou sabendo através de relatos de sua própria filha, que estava muito triste e angustiada, que até comprou veneno de rato para tomar, porque estava muito preocupada por morar em outro estado, a faculdade ser muito cara, que seu pai sempre teve muito dinheiro, porém como agora por causa da crise, quebrou e não vai mais poder bancar seu curso, andou pensando em acabar com sua vida.

- Hipnoterapeuta: Independentemente de você acreditar ou não, algumas religiões como o espiritismo, budismo ... falam em reencarnações.
- Paciente: O senhor acredita em reencarnação?
- Hipnoterapeuta: Não acredito, mas está comprovado que temos memórias moleculares e dos nossos ancestrais, que nos foram repassadas pelo DNA no ato da fecundação, então é possível que nos chegue lembranças de algo que temos certeza de nunca termos experienciado. Como estamos num contexto em que três pessoas de sua família se suicidaram, é possível que tenha havido uma sombra energética negativa sobre eles, que inclusive se expandiu para sua filha, fazendo-a ter ideação suicida. Lembre-se como vamos trabalhar com sua imaginação é necessário que você permita e consinta que a Hipnose aconteça, só assim ela acontecerá. Você entendeu?
- Paciente: Sim entendi!
- Hipnoterapeuta: Agora vou lhe fazer alguns esclarecimentos acerca do suicídio para algumas religiões, de como elas os encaram, quando ocorrem:

- - Para os católicos, a vida é um dom de Deus e somente ele tem o poder de revogá-la, cabe ao homem ou mulher apenas administrá-la.
- - Para os crenes: Uma grande maioria nesse grupo crê que o suicídio é um dos pecados capazes de tirar a salvação deles.
- - Na visão espírita para Alan Kardec, há consequências para os suicidas, porque existe um laço que liga o corpo ao espírito pré-determinado a existir por anos e, quando é desfeito prematuramente fica a pairar até completar o período que deveria existir, fazendo-o acreditar que ainda habita entre os vivos, sentindo todo o processo de dor da decomposição do seu corpo. É não apenas um atentado a sua própria vida, mas também contra todos seus amigos e mentores espirituais que planejaram sua reencarnação e a energia divina que lhe concedeu em forma de empréstimo para animar seu corpo enquanto estivesse no corpo físico que ora habita. Nunca reencarnará em condições melhores antes do suicídio!
- - Para os Budistas, o suicida fica no Bardo que é o estado de entrevidas entre a morte e o nascimento. Não se pode falar sobre "onde" a alma fica entre as encarnações para os espíritas, pois o bardo se refere tão somente a um estado de consciência e não a um espaço físico determinado. Bardo significa mais exatamente o período posterior a morte numa vida e o período que precede um nascimento. São as etapas do pós-morte e as etapas que precedem a encarnação da alma.
- De acordo com a Bíblia, o suicídio não é o que define se uma pessoa ganha ou perde seu acesso ao céu. Quem se suicida apenas acelerou a sua ida para o lago de fogo, e estará no inferno por ter rejeitado a salvação através de Cristo, não por ter cometido suicídio.
- Segundo Camila Caldeia "Tudo tem limite. Mas toda regra tem sua exceção, e o amor é a exceção de tudo". Já a Bíblia diz: "Agora[7], pois, permanecem a fé, a esperança e o amor, estes três, mas o maior destes é o amor". 1 Cor. 13. Dessa forma concluímos ser possível através do seu amor, quebrar esse círculo de suicídios que sem nenhuma permissão veio a pairar sobre seus ancestrais e sua descendente. Você quer que haja o rompimento não só das amarras do passado, mas também do presente e do futuro?
- Paciente: Quero sim!
- Hipnoterapeuta: O futuro a Deus pertence, mas se pudermos contribuir energeticamente com nossa fé, o que você acha?
- Paciente: Quero sim contribuir.

[7] Cf: www.bibliaonline.com.br.

- Hipnoterapeuta: Vamos inicialmente trabalhar seu avô, tio e sobrinho, possivelmente estão no vale dos suicidas, lago de fogo, purgatório ou no bardo, onde só há dor, solidão, tristeza e arrependimentos. O importante é que seu amor pode ajudá-los! Quem entre as figuras que compõem a sua crença você gostaria que se fizesse presente na sua imaginação e em energia para lhe dar suporte ou interceder e você poder enfrentar estas cenas com segurança e em paz, se quiser pode também ser uma pessoa em vida que você respeita e admira?
- Paciente: Eu quero sentir a presença de Jesus!
- Hipnoterapeuta: Neste momento eu peço a permissão ao onipotente onipresente e onisciente, a Deus o todo poderoso que libere e permita que se faça aqui presente neste espaço em energia o nosso senhor Jesus Cristo. Você está sentindo a presença dele? Aguardar a resposta, se sim, prosseguir. Muito obrigado meu Deus por esta concessão por esta permissão, está escrito na Bíblia: "porque sabemos quando dois ou mais pessoas se reúnem seu nome o senhor estará lá", Mateus 18:20. Nesse momento sentimos a sua presença aqui nosso muito obrigado!

  Imagine diante de você quatro cadeiras três vazias e uma ocupada por sua filha, já seus ancestrais que se suicidaram estão dentro de uma lagoa de fogo sofrendo o calor escaldante desse lugar. Mentalize estas palavras que direi como se fossem suas: "Meu Deus rogo a ti perdão e clemência para meus três parentes que estão sofrendo nas labaredas desse calor escaldante, te imploro por mais uma oportunidade para meu avô, tio e primo, que se utilizando do livre arbítrio que o Senhor os concedeu, tomaram uma decisão equivocada, não enfrentando suas dificuldades e ceifando sua própria vida, humildemente lhes peço piedade e misericórdia para tão graves pecados que praticaram a si mesmos e a ti quando negaram um direito que só nosso pai que está no céu tem, o direito à vida, só ele tem o direito de dar e retirá-la. Sei que está decisão deles afetou minha descendência em especial minha filha e possivelmente as gerações futuras. Sendo assim vos peço que lhes conceda uma oportunidade de se redimirem dos seus erros e pecados, que o senhor lhes estenda sua mão e os retire desse lugar que estão colocando-os nessas cadeiras diante de min, porque suas mentes e corações ainda estão conectados comigo. Eu gostaria que o senhor os ajude e a mim também, colocando-os nessas cadeiras, para só assim eu poder me libertar dessa sombria conexão. Imagine nesse momento Jesus estendendo sua poderosa mão direita pegando primeiro seu avô, depois seu tio e por último primo, colocando seus espíritos/almas sentados nas três cadeiras vazias. Neste momento, peça, suplique compaixão para você mesma, dizendo: "Meu Jesus agora rogo por mim que o senhor faça o corte dessas conexões, para que eu possa enfim ter paz e quando a noite chegar e eu for dormir, possa colocar minha cabeça no travesseiro, fazer as minhas orações e dormir em paz um sono reparador". Imagine vindo do céu o Anjo Gabriel e sua espada que desferiu dois golpes certeiros primeiro cortou a conexão deles e depois a minha, as recolheu e entregou-as a Jesus, em seguida voou em direção ao céu, desaparecendo nas nuvens. Jesus as entrega a você e lhe pergunta: "Minha filha o que seu coração pretende fazer? " A essa altura você sabe o que fazer, e imagine seus ancestrais de luz e do bem, os anjos protetores por trás dos quatros seu avô, tio, primo e sua filha. Do fundo da profundeza do seu coração diga: "eu vos perdoo e vos liberto, vão ao encontro da luz, neste exato momento você percebe descendo dos céus três anjos benevolentes que carinhosamente pegam cada um dos espíritos/almas de seus ancestrais que estão com um feliz sorriso nos lábios e os levantam em direção ao céu, sumindo nas nuvens.

Em seguida Jesus se aproxima da sua filha que está sentada na cadeira, a cobre com seu manto sagrado e diz: "Eu permiti que você nascesse com um único propósito que é ser feliz, vá ser feliz e seus pecados estão perdoados". Você se aproxima dela e diz: "Minha filha eu e seu pai já estamos em condições de pagarmos seus estudos, eu sinto muito, me perdoe, eu te amo. Em seguida você agradece a Deus as dádivas recebidas e se despede de Jesus, que numa nuvem cercada de anjos sobe ao céu. Logo após com as conexões nas mãos, você imagina construindo um memorial para os quatro, para seu avô que você ouvira falar que gostava de gado, você coloca um chapéu de vaqueiro, seu tio que lia cordel, você coloca um folheto, já seu primo era fã de motocicletas, você coloca uma miniatura de moto e para sua filha um estetoscópio, porque deseja ser médica, em seguida deposita as conexões e cobre o memorial com uma lápide, você imagina olhando para o céu e percebe ser meio dia e escreve com um pincel e água: "o pó retorne à terra, de onde veio, e o espírito volte a Deus, que o concedeu" Eclesiastes 12:7. Como você escreveu com água, foi terminando e o texto foi se apagando e caindo na linha do esquecimento desta e de futuras gerações que descenderem de você. A partir de hoje por 21 (vinte e um) dias seguidos você escutará o áudio da *Oração Ho'oponopono*, podendo continuar a escutá-la sempre que quiser, seu objetivo é conectar você ao Criador, a Deus e assim se libertar de toda e qualquer energia que a reprima, sufoque e impeça de viver o melhor que a vida pode lhe oferecer, se tem a impressão de estar pedindo perdão para quem a feriu, mas na realidade, você está mesmo é pedindo perdão para si mesmo, por ter se deixado levar por sentimentos e pensamentos negativos, e por memórias passadas, saiba que pelo DNA foi-nos repassado parte das memórias dos nossos ancestrais e está oração tem por finalidade limpar todas as memórias negativas e intoxicantes dos ancestrais, desta gerações e dos seus descendentes, ou seja limpar o que precisa ser limpado.

Progressão:

- Hipnoterapeuta: Agora eu quero que você se permita e visualize sua filha bem velhinha e prestes a dar seu último suspiro de vida, você a visualiza na imaginação com aproximadamente quantos anos e como ela está?
- Paciente: Eu a vejo com idade bem avançada, aproximadamente 90 anos ou mais, rodeada de muita gente e muito feliz porque sabe que cumpriu bem sua missão.
- Hipnoterapeuta: Eu quero que você repita as minhas palavras por três vezes: "Eu sou a divina e sagrada presença do Criador, aquele que é Onipotente, Onisciente e Onipresente".
- Hipnoterapeuta: Você quer que eu salve no seu subconsciente esta sensação de felicidade que você está sentindo?
- Paciente: Sim
- Hipnoterapeuta: Vou tocar no centro da sua testa onde fica sua glândula hipófise ou pituitária e quando eu assim fizer, ficará salvo no seu subconsciente, tocar e dizer: "Agora está salvo no seu subconsciente".
- Hipnoterapeuta / Dehipnotização: Agora contarei de 1 a 10, chegando no 10, você abrirá os olhos se sentido muito bem e desperta, 1, 2, 3, 4, 5, 6, 7, 8, 9 e 10 abra os olhos.

A banda Titãs, autora da música *Epitáfio*, presenteou a humanidade com uma inestimável lição de vida, que deve-se aproveitar todas as oportunidades que a vida nos fornece, antes que fechemos os olhos e a vida se acabe.

Devia ter amado mais
Ter chorado mais
Ter visto o sol nascer
Devia ter arriscado mais
E até errado mais
Ter feito o que eu queria fazer

Regulamentação da Hipnose

A Hipnose funciona como potencializador da terapêutica aplicada. Trata-se de uma atividade legitimada pelos Conselhos Federais de:

Odontologia (CFO):

Art. 4.º, § 1.º, III. Empregar a analgesia e a Hipnose, desde que comprovadamente habilitado, quando constituírem meios eficazes para o tratamento. (Resolução CFO, Nº 185, de 23/04/1993).

Medicina (CRM):

EMENTA: A Hipnose é reconhecida como valiosa prática médica, subsidiária de diagnóstico ou de tratamento, devendo ser exercida por profissionais devidamente qualificados e sob rigorosos critérios éticos. O termo genérico adotado por este Conselho é o de hipniatria.
(Processo Consulta/CFM/Nº42, de 18 de agosto de 1999).

Psicologia (CRP):

Art. 1º – O uso da Hipnose inclui-se como recurso auxiliar de trabalho do psicólogo, quando se fizer necessário, dentro dos padrões éticos, garantidos a segurança e o bem-estar da pessoa atendida
(Resolução CFP, Nº 013, de 20.12.2000).

Fisioterapia (COFFITO):

Artigo 1º- Autorizar a prática pelo Fisioterapeuta dos atos complementares ao seu exercício profissional regulamentado, nos termos desta resolução e da portaria MS número 971/2006:

g) Hipnose.

(Resolução COFFITO nº 380, de 3 de novembro de 2010)

MINISTÉRIO DA SAÚDE:

Inclui a Hipnose na política nacional de práticas integrativas e complementares – PICS

(Portaria nº 702, de 21/03/2018)

Enfermagem (COFEN):

ÁREA I – Saúde Coletiva; Saúde da Criança e do adolescente; Saúde do Adulto (Saúde do homem e Saúde da Mulher; Saúde do Idoso; Urgências e Emergências)

30) Enfermagem em Práticas Integrativas e Complementares

l) Hipnose.

(Resolução COFEN nº 0581, de 11/07/2018)

Considerações finais

Concluímos nosso trabalho esperançosos de que seja um somatório para quem busca, de forma constante, aprimorar seus conhecimentos profissionais referentes ao estudo do equilíbrio mente e corpo, ou para aquele que deseja conhecer um pouco a mais sobre a depressão, o suicídio e como trabalhar esse mal que tanto sofrimento e tristeza provoca nas famílias. Adotamos na nossa prática o somatório da Psicologia Clínica com a Hipnose (Hipnoterapia). Esta associação exige constantes atualizações, para assim puder acessar de forma eficaz as memórias processuais e procedimentais e atuar adequadamente de acordo com a demanda psicológica que venha a surgir

Nunca subestime um suicida, pois toda pessoa que atenta contra sua própria vida um dia ameaçou tirá-la. Sempre procure ajuda! Seja para alguém ou para você mesmo. Sempre há tempo para viver, para ser feliz e para realizar sonhos. Procure um profissional de saúde mental, pois depressão é uma doença e doença precisa de tratamento. Inspirados na letra da música *Mais uma vez*, de Renato Russo e Flávio Venturini, entendemos que "quem acredita sempre alcança".

A lei da mente é implacável.
O que você pensa, você cria;
O que você sente, você atrai;
O que você acredita torna-se realidade.
(Buda)

Referências

AMERICAN PSYCHIATRIC ASSOCIATION (APA). *Manual de Diagnóstico e Estatística dos Transtornos Mentais (DSM-5).* São Paulo: ARTMED, 2013.

BECK, Aaron. *Terapia Cognitiva da Depressão.* Rio de Janeiro: Zahar Editores, 1979.

CUNHA. Jurema Alcides. *Manual da versão em português das Escalas Beck.* São Paulo: Casa do Psicólogo, 2016,

FRANKL. E. Vicktor. *Em busca de sentido.* Rio de Janeiro: Vozes, 2015.

JUNG, Carl Gustav. *Os arquétipos e o inconsciente coletivo.* Rio de Janeiro: Vozes, 1982.

CAPÍTULO 14

Violências autoprovocadas: da vigilância epidemiológica à assistência à saúde

Conceição Maria de Oliveira
Henrique Landim Santos
Maria Suzane da Silva Barbosa

Introdução

As violências autoprovocadas são consideradas agravos que afetam diretamente o bem-estar populacional e que estão associadas a fatores de origem social, psicológica e cultural. Algumas circunstâncias desencadeadoras como estresse, uso abusivo do álcool e/ou outras drogas, depressão, transtornos mentais, entre outras, são consideradas objetos de observação epidemiológica e assistencial em todas as esferas da saúde pública.

Segundo a Organização Mundial da Saúde (OMS), as violências autoprovocadas são classificadas em subtipos, a exemplo das tentativas de suicídio, comportamentos suicidas não fatais e lesões autoinfligidas (OMS, 2002). As violências infligidas (ou autoprovocadas) são consideradas problemas de saúde pública, diante das quais as ações de prevenção e cuidados devem possuir caráter intersetorial e multidisciplinar, partindo do princípio de corresponsabilização no cuidado e no estabelecimento de vínculos entre o usuário e profissionais de saúde.

De acordo com Plano de Ação Integral em Saúde Mental (PAISM), lançado em 2013 pela Organização Mundial da Saúde (OMS) e pela Organização Pan-americana da Saúde (OPAS), foi percebida a necessidade de maiores investimentos intersetoriais relacionados a práticas de assistência as vítimas e produção de informação sobre o comportamento do agravo. Mediante essa demanda, foi pactuada uma meta de fomento de políticas públicas e produção de programas de cuidado direcionados a saúde psicossocial até 2020, sendo o Brasil um dos países signatários do pacto.

Uma das principais ações preconizadas pelo PAISM é o desenvolvimento de ações direcionadas aos casos de violências autoinfligidas, transtornos mentais e uso abusivo de substâncias (a exemplo do álcool e medicamentos controlados), sendo a qualificação dos sistemas de vigilância epidemiológica da mortalidade por suicídio e o acompanhamento dos fatores de risco e produção de condutas intersetoriais valorizadas pelo plano.

O compromisso firmado pelo Brasil permitiu o desenvolvimento de uma Agenda Estratégica voltada para qualificação dos fluxos de notificação epidemiológica e melhoria da assistência às vítimas de violências autoprovocadas. As atividades pactuadas no documento possuem por objetivo "(...) ampliar e fortalecer as ações de promoção da saúde, vigilância, prevenção e atenção integral, relacionados ao suicídio, visando à redução de tentativas e mortes" (Brasil, 2017).

As ações firmadas na agenda estratégica de prevenção estão baseados em três eixos distintos e interligados pelos conceitos de Rede de Atenção a Saúde e oferta de saúde integral, preceitos valorizados pelo PAISM e que se dividem em três estruturas temáticas de atuação: Vigilância, Prevenção e Cuidado.

Vigilância epidemiológica e agravos não transmissíveis

As políticas públicas de saúde voltadas para ações de prevenção e posvenção[1] oferecidas às vítimas de violências autoprovocadas estão diretamente correlacionadas às avaliações da incidência do agravo no território. A valorização do acolhimento em saúde, a percepção da rede de cuidado em sua complexidade, a informação e desenvolvimento de linha de cuidado são considerados "pilares" na atenção a crise em saúde mental, onde segundo o Boletim epidemiológico produzido pelo Ministério da Saúde (2017) que aponta o suicídio como a quarta maior causa de morte no Brasil entre a população jovem (15 a 29 anos) correspondente a 65,6% dos casos, corroborando a necessidade de maiores investimentos em práticas de valorização a vida e atenção ao sofrimento psicossocial.[2]

Um importante instrumento para o norteamento dessas ações é a vigilância epidemiológica, conceituada como:

> Conjunto de atividades que permitem reunir a informação indispensável para conhecer, a qualquer momento, o comportamento ou história natural das doenças, bem como detectar ou prever alterações de seus fatores condicionantes, com a finalidade de recomendar oportunamente, sobre as bases firmes, as medidas indicadas e eficientes que levem à prevenção e ao controle de determinada doença. (Rouquayrol, 2013 p. 587)

[1] "Qualquer ato apropriado e de ajuda que aconteça após o suicídio com o objetivo de auxiliar os sobreviventes a viver mais, com mais produtividade e menos estresse que eles viveriam se não houvesse esse auxílio" (SHNEIDMAN, 1973, p. 271-276).

[2] Cf. Sistema de Informação de Mortalidade/Ministério da Saúde/2017.

O conceito de estudo epidemiológico está baseado em duas formas de análise: Descritiva e Analítica. Epidemiologia descritiva é considerada uma forma clássica de investigação e observação do comportamento de agravos e doenças, preconizando a informação através de características relacionadas ao tempo, lugar e pessoa (Beaglehole, 1994). Em paralelo, a epidemiologia analítica considera fatores temporais e espaciais, permitindo o reconhecimento e previsão do comportamento de casos isolados, surtos e epidemias, correlacionando a incidência do agravo ao seu modo de ocorrência. As notificações direcionam uma ação territorial da rede em saúde permitindo a análise epidemiológica dos fatores relacionados ao evento.

A vigilância epidemiológica é considerada de extrema importância para a organização, percepção e avaliação da rede de atenção e cuidado.[3] Segundo Langmuir (1963 apud Waldman, 1993), as atividades da vigilância estão pautadas nos princípios de observação continuada e coleta sistemática de dados onde o objetivo é à análise situacional de informações relacionadas a doenças e agravos. Dessa forma, torna-se viável a produção de perfis epidemiológicos que permitam a identificação de características e comportamentos do agravo incidente (quem, onde e quando?), além de viabilizar informações que contribuirão para o processo de cuidado em rede e projetos de pesquisa e avaliação.

No Brasil, o Sistema Nacional de Vigilância Epidemiológica (SNVE) foi organizado e formalizado durante a 5º Conferência Nacional de Saúde (Brasil, 1975, 1976). Sua promulgação ocorreu durante aplicação em território nacional da Lei n. 8080, dispositivo que garante o funcionamento e regulação do Sistema Único de Saúde (SUS), na qual o SNVE foi definido pelo aparato como:

> Conjunto de ações que proporciona o conhecimento, a detecção ou prevenção de qualquer mudança nos fatores determinantes e condicionantes de saúde individual ou coletiva, com a finalidade de recomendar e adotar as medidas de prevenção e controle das doenças ou agravos (Brasil, 1990).

O SNVE estrutura a vigilância epidemiológica através de fluxos de informação entre os atores da rede territorial de saúde, sendo as fichas de notificação compulsória os principais instrumentos de comunicação de agravos. Após sua digitação e consolidação no Sistema de Informação de Agravos de Notificação (SINAN), os dados coletados viabilizam a análise do comportamento do agravo e seus determinantes, onde os instrumentos de notificação são preenchidos pelos

[3] É característica da vigilância epidemiológica "(...) observação contínua da distribuição e tendências da incidência de doenças mediante a coleta sistemática, consolidação e avaliação de informes de morbidade e mortalidade, assim como de outros dados relevantes e a regular disseminação dessas informações a todos que necessitam conhecê-la" (LANGMUIR, 1963 p. 235).

profissionais de saúde da rede mediante a exposição de casos (suspeitos ou confirmados) que estejam inseridos na Lista Nacional de Notificação Compulsória (Brasil, 2016)[4]. A prática da vigilância epidemiológica das violências interpessoais e autoprovocadas possuem caráter vinculante e intersetorial, ou seja, a responsabilidade sobre o fluxo de informação é iniciada pela instituição de atendimento até sua consolidação sistematizada pelas vigilâncias epidemiológicas.

Em 2007 foi inserida no SINAN a vigilância epidemiológica das intoxicações exógenas (CID: T-659), entre elas as intoxicações relacionadas às tentativas de suicídio. Em 2009 foi efetivada a Vigilância das Violências Interpessoais e Autoprovocadas (CID: Y-09), em cujo sistema o agravo foi inserido, passando a contribuir para a visualização dos casos de lesões autoprovocadas e tentativas de suicídio acometidas no território.

A Vigilância das Violências Autoprovocadas são realizadas por meio da notificação de casos de lesões autoinfligidas, onde os casos de tentativas de suicídio por intoxicação exógena possuem uma instrumento específico de notificação, compondo assim dois bancos de dados específicos voltados para o agravo.

Vigilância epidemiológica das tentativas de suicídio por intoxicação exógena

As intoxicações exógenas são consideradas um conjunto de diversas reações corporais mediante a exposição de substâncias químicas e/ou biológicas, como medicamentos, água, ar, plantas, agrotóxicos agrícolas entre outros (Moreau, 2008), sendo classificada como uma tipologia de causa externa que incide diretamente sobre a população causando implicações na saúde e bem-estar.

O registro das intoxicações exógenas realizadas pelas instituições de assistência à saúde são importantes para identificação de surtos e casos isolados de incidência do agravo. Em 1997 foi estabelecida pelo Ministério da Saúde, por meio da Portaria n. 204, a notificação compulsória relacionada às intoxicações exógenas atendidas pelos estabelecimentos de saúde, onde o agravo foi inserido na Lista Nacional de Notificação Compulsória e vinculado ao SINAN para fins de análise e avaliação a nível municipal, estadual e nacional.

A Ficha de notificação compulsória permite a identificação de intoxicações exógenas cuja circunstância foi uma tentativa de suicídio por agrotóxicos (de utilização agrícola, doméstica e/ou voltados para saúde pública) medicamentos, drogas de abuso, produtos químicos de uso industrial ou qualquer substância que permita cause dano a constituição física do indivíduo. A suspeita de exposição a

[4] Cf. Lista Nacional de Notificação Compulsória, em: http://portalms.saude.gov.br/vigilancia-em-saude/lista-nacional-de-notificacao-compulsoria

substâncias tóxicas sob a motivação de tentativa de suicídio é objeto de informe imediato as autoridades de vigilância em saúde.

Segundo Ministério da Saúde (2018), durante o período de 2007 e 2017 foram registrados no Brasil 280.856 casos de tentativas de suicídio relacionadas à intoxicação exógena. O uso de medicamentos foi percebido em 67,6% das ocorrências, ressaltando a necessidade de maior regulação na distribuição de remédios e reafirmando a importância da consciência clínica relacionada ao uso e prescrição médica.[5] A Agência Nacional de Vigilância Sanitária (ANVISA) através do Boletim do Sistema Nacional de Gerenciamento de Produtos Controlados (SNGPC) publicado em 2012 apontou o expressivo aumento da compra e consumo de medicamentos controlados distribuídos no Brasil, demonstrando a necessidade de maiores pesquisas e investigações a respeito da utilização e distribuição desse tipo de fármaco.

De acordo com a ANVISA, em 2010 valor estimado em gastos com o medicamento aproximou-se dos R$ 92,4 milhões, onde a venda legal de Clonazepam saltou de 29,46 mil caixas para 10,59 milhões no referido ano. Segundo a Portaria da Secretaria de Vigilância em Saúde (SVS/MS) nº 344/98 que regulamenta as normativas para a dispensação, comercialização e distribuição de psicofármacos, apenas as farmácias e drogarias registradas no SNGPC possuem autorização para comércio dos produtos, prática controlada de maneira sistematizada pelo SNGPC.

O uso de agrotóxicos e raticidas aparecem em 19,3% das notificações relacionadas às tentativas de suicídio apresentadas pelo MS, ocupando o segundo lugar na relação de agentes toxicológicos utilizado nas tentativas de suicídio. O chumbinho (carbamato aldicarb) ainda aparece de maneira frequente, classificado como agrotóxico agrícola e sua comercialização ocorre de maneira irregular e sem registro na ANVISA, onde sua função é comumente confundida com raticida doméstico, sendo responsável por inúmeros acidentes em ambiente domiciliar.[6]

Mediante a um quadro onde o uso de medicamento e agrotóxicos aparecem de maneira frequente na prática das tentativas de suicídio, faz-se necessário maiores investimentos na identificação da ocorrência após o atendimento de emergência. A facilitação e qualificação do processo de vigilância do agravo no território permite a articulação de setores de voltados para o cuidado a vítima, facilitando também a observação e fiscalização dos agentes tóxicos comercializados de maneira ilegal (ANVISA e órgãos relacionados ao Ministério da Agricultura).

[5] Cf. Departamento de Informática do Sistema Único de Saúde (DATASUS), em: http://datasus.saude.gov.br/

[6] O "chumbinho" possui em sua composição e distribuição outros agentes tóxicos como o carbofurano (carbamato), terbufós (organofosforado), forato (organofosforado), monocrotofós (organofosforado) e metomil (carbamato) (SILVA, 2018).

Vigilância epidemiológica das violências autoprovocadas

A necessidade de aprimoramento e complementação dos sistemas de vigilância das violências e o aumento da mortalidade por causas externas apontam a carência de informações específicas sobre o fenômeno. Em 2006 foi implantada por meio da Portaria n. 1356, sobre Vigilância de Acidentes e Violências (VIVA), possuindo por objetivo desvendar violências "silenciadas", verificar a magnitude do agravo nos serviços de saúde, dimensionar a demanda dos serviços de saúde e conhecer o perfil da vítima e agressor, facilitando assim a articulação de uma rede de proteção e cuidados as vítimas de violência.

O VIVA fundamenta-se nas diretrizes da Política Nacional de Redução da Morbimortalidade por Acidentes e Violências (Brasil, 2001) em consonância com a Portaria n. 1.876, que normatiza as diretrizes nacionais para a prevenção do suicídio e que ressalta a importância dos sistemas de vigilância epidemiológica na construção de perfis e quadros situacionais. Segundo o documento, todo profissional de saúde mediante a caso suspeito ou confirmado de violência interpessoal e/ou autoprovocada deve notificar e encaminhar o registro a vigilância epidemiológica do território, onde as informações são digitadas no SINAN e encaminhadas por meio do fluxo de informação (município, estado e ministério) as autoridades/ instâncias de saúde.

Mediante ao contexto de ocorrência das violências autoprovocadas no Brasil, estima-se que a cada tentativa notificada ocorrem dez tentativas prévias, onde quatro dessas ocorrências não são registradas pelos profissionais de saúde (Bertolote, 2005) contribuindo para a subnotificação do agravo e não acompanhamento da vítima no território. O governo federal através da Portaria n. 1.271, de 2014, insere os casos de tentativas de suicídio e violências sexuais na classificação de agravos de informação imediata, ou seja, os casos atendidos devem ser notificados as autoridades de saúde em até 24 horas, que segundo o dispositivo:

> Art. 4º A notificação compulsória imediata deve ser realizada pelo profissional de saúde ou responsável pelo serviço assistencial que prestar o primeiro atendimento ao paciente, em até 24 (vinte e quatro) horas desse atendimento, pelo meio mais rápido disponível. (Brasil, 2014)

De acordo com o Departamento de Informática do Sistema Único de Saúde (DATASUS) entre 2009 e 2016 foram registrados pelas unidades de saúde 187.140 casos de violências autoprovocadas[7] em suas diversas formas. Diferente do instrumento de intoxicação exógena, a ficha de violência interpessoal e autoprovocada permite

[7] Cf. Departamento de Informática do Sistema Único de Saúde (DATASUS). Dados extraídos em 30/12/2018

o registro de não apenas os casos de tentativas de suicídio, mas de qualquer forma de ação relacionada a lesões autoprovocadas, como a exemplo da automutilação, *cutting* e autocostura, classificados como comportamentos autolesivos (CAL), que, segundo Guerreiro e Sampaio (2013, p. 17), são considerados como:

> Comportamento sem intencionalidade suicida, mas envolvendo atos autolesivos intencionais, como, por exemplo: cortar-se ou saltar de um local relativamente elevado; ingerir fármacos em doses superiores às posologias terapêuticas reconhecidas; ingerir uma droga ilícita ou substância psicoativa com propósito declaradamente autoagressivo; ingerir uma substância ou objeto não ingeríveis (p. ex. lixívia, detergente, lâminas ou pregos).

Por meio da Portaria n. 2.446, a responsabilidade sobre a notificação do casos relacionados às violências interpessoais e autoprovocadas foi ampliada para além das instituições de saúde, ou seja, escolas, centros de assistência social e de garantia de direitos se tornaram habilitados para prática. Essa amplificação permitiu a observação de novos cenários de violências autoprovocadas, onde de acordo com pesquisa promovida por Figueiredo et al (2018), 214 adolescentes foram entrevistados em escolas públicas do Recife, 42 dos participantes (19,6%) afirmaram praticar ou ter praticado automutilação, reforçando a necessidade aproximação intersetorial entre saúde e educação voltadas para a vigilância territorial dos casos.

A análise do perfil epidemiológico das tentativas de suicídio e lesões autoprovocadas permite identificar o impacto das violências autoprovocadas na população em geral. Atividades voltadas para a assistência e acompanhamento da vítima, a obtenção de informações sobre o comportamento de violências outrora silenciadas pela sociedade ou não percebidas pelas instituições e informe do quadro epidemiológico/situacional do agravo são algumas das principais contribuições da notificação.

Vigilância epidemiológica dos óbitos por suicídio

O suicídio é considerado uma grave intercorrência de saúde pública que vem aumentando a sua frequência no mundo (OMS, 2014). Possui distribuição desigual, observando-se maior frequência de casos no leste da Europa, e menor na América Latina. Contudo, a Organização Mundial de Saúde (OMS) apontam que 75% dos suicídios ocorrem em países que possuem pouco desenvolvimento, podendo correlacionar-se à condição financeira da população (OMS, 2014; Calixto, 2016).

Os possíveis fatores de risco para o suicídio são a heterogeneidade social, os altos índices de desemprego e os baixos níveis de educação do país. Identifica-se também uma divergência na frequência do suicídio por sexo em países com diferentes condições econômicas, acometendo 3,5 vezes mais homens que mulheres em países mais ricos, enquanto que nos mais pobres essa razão cai para 1,64 (Ferreira, 2015).

No sentido de melhor direcionar as ações de prevenção e atendimento das vítimas de tal agravo, é destacado por diversos estudos a importância do monitoramento contínuo das tentativas e dos óbitos por suicídio, os quais relatam ser fundamental a obtenção de dados não só quantitativos mas também epidemiológicos os mais fidedignos possíveis à realidade. Tais pesquisas afirmam ainda que o papel da saúde pública nesse monitoramento precisa englobar ações de vigilância, prevenção, intervenção e detecção de fatores de risco e protetores. Essas ações contribuem para identificar tanto pessoas que tentaram quanto acompanhar quem vivencia o luto por um suicídio de alguém próximo, fator que é considerado de risco para a tentativa de subsequentes suicídios (Zalsman et al, 2013; Zalsman et al, 2017; Sisask, 2018; Santos, 2014).

No âmbito brasileiro, o monitoramento dos óbitos por suicídio é realizado a partir do Sistema de Informação sobre Mortalidade (SIM), que é alimentado por meio das Declarações de Óbito (DO) (Souza, 2017; Santos, 2014). O suicídio pode ser identificado na DO por meio do preenchimento das causas de morte, que são codificadas como X60 a X84, de acordo com a 10ª edição da Classificação Internacional de Doenças (CID-10). Porém, relata-se na literatura que parte dos óbitos por violência autoprovocada são classificados como causas inespecíficas ou mal definidas, gerando subnotificação do agravo (Messias, 2016; Santos, 2014; Caridade, 2016).

Tanto as causas mal definida quanto as inespecíficas comprometem a qualidade das estatísticas de mortalidade, sendo importante o estabelecimento de procedimentos que aprimorem as informações contidas no SIM (Campos et al, 2010). Esforços têm sido empreendidos para aperfeiçoar o SIM de acordo com a realidade local, destacando-se: vigilância dos óbitos; resgate de dados nos Núcleo de Epidemiologia Hospitalar (NEH), arquivos hospitalares, serviços de necropsia, domicílios, cartórios de registro civil e contato telefônico com profissionais e unidades de saúde; integração do SIM com o Sistema de Informação de Agravos de Notificação (SINAN); sensibilização, orientação e capacitação de acadêmicos, médicos, enfermeiros, profissionais do NEH sobre o preenchimento da DO, enfatizado a relevância social destes instrumentos para as estatísticas em saúde (Costa; Frias, 2011; França et al., 2014; Frias et al., 2010; Rocha et al., 2011).

Muito dos óbitos por causa externa são atestadas nas DO as lesões encontradas, a exemplo de traumatismo crânio encefálico, projetil de arma de fogo, instrumento perfuro cortante, e não a circunstância do óbito (Laurenti; Jorge; Gotilieb; 2009). Contudo, sabe-se que a causa básica de óbitos violentos descrita na DO deve se referir às circunstâncias dos acidentes e violências (homicídio ou suicídio), que são as reais causas básicas, e não ao tipo de lesão. A lógica desse conceito fundamenta-se na necessidade de informações adequadas para o planejamento das políticas públicas. Não se previne um traumatismo, uma perfuração, uma asfixia ou uma hemorragia, mas sim o homicídio, o suicídio, a queda ou o atropelamento (Correia; Padilha; Vasconcelos; 2014)

A inadequada definição da causa básica em óbito violentos é problema ainda persistente no Brasil. A codificação adequada da causa básica de óbitos violentos tem como princípio a intencionalidade do evento: suicídios, homicídios, acidentes e de intencionalidade ignorada. A elevada proporção de óbitos por causa externa por intenção indeterminada subdimensiona os indicadores de homicídio, suicídio e acidentes, as reais causas básicas.

Desta forma, faz-se necessários maiores investimentos na qualificação dos médicos legistas e na investigação dos óbitos por causa externa com intenção indeterminada, visando o aprimoramento dos dados das mortes por suicídio, homicídio e acidentes, possibilitando o direcionamento do planejamento e implementação das medidas de intervenção para a redução desses eventos.

Assistência à saúde a vítimas de violências autoprovocadas

A PNSM do SUS buscou consolidar um modelo de atenção à saúde mental aberto e de base comunitária, fundamentado em uma rede de serviços e equipamentos variados e de abrangência territorial, em que estejam inseridos os usuários e de eficiente proposta de atuação (Brasil, 2017). Visando atender o modelo de atenção à saúde preconizada pela PNSM junto à redução dos casos de suicídio no Brasil, em 2006 o Ministério da Saúde instituiu as Diretrizes Nacionais para Prevenção do Suicídio, entre os principais objetivos a serem alcançados, destacou-se:

> 1) desenvolver estratégias de promoção de qualidade de vida e de prevenção de danos; 2) informar e sensibilizar a sociedade de que o suicídio é um problema de saúde pública que pode ser prevenido; 3) fomentar e executar projetos estratégicos fundamentados em estudos de eficácia e qualidade, bem como em processos de organização da rede de atenção e intervenções nos casos de tentativas de suicídio; 4) promover a educação permanente dos profissionais de saúde da atenção básica, inclusive do Programa Saúde da Família, dos serviços de saúde mental, das unidades de urgência e emergência. (Brasil, 2006)

As Equipes de Saúde da Família e os Centros de Atenção Psicossocial (CAPS) fazem parte da Rede de Atenção Psicossocial (RAPS), juntamente com outros serviços de saúde nos três níveis de atenção do SUS, dentre eles estão: o Núcleo Apoio à Saúde da Família (NASF), Serviço Residencial Terapêutico, Hospital-Dia, Unidade Psiquiátrica em Hospital Geral, Serviços de Urgência Psiquiátrica em

Hospital Geral, Hospital Especializado entre outros. A Portaria n. 3.088, que institui a RAPS, afirma que o SUS deve investir na habilitação de todos os dispositivos que constituem a atenção em saúde mental no Brasil, facilitando o acesso e encaminhamentos para estes serviços e viabilizando a construção de um Projeto Terapêutico Singular (PTS) [8] que valorize os vínculos entre profissionais e usuários.

Apesar do planejamento das ações de saúde, a qualidade do atendimento não necessariamente coincide com esquemas pré-determinados, o Comitê Gestor de Trabalho fundamentado no PAISM (2013) composto por representantes das Secretarias do Ministério da Saúde e OPAS/OMS, colocou como pauta principal a promoção do diálogo intersetorial, também o desenvolvimento de parcerias entre gestores, profissionais de saúde e usuários do SUS valorizando o conceito de intersetorialidade e interdisciplinaridade.

Segundo a Política Nacional de Atenção Básica (PNAB) 2017, os dispositivos que compõem a rede de atenção primária do território são a porta de entrada para usuários em crise relacionada à saúde mental, sendo esta responsável pelo acolhimento inicial[9] e matriciamento do cuidado em toda a rede de atenção nos serviços, objetivando atuar na promoção da saúde dentro das localidades assistidas. A Agenda Estratégica de Prevenção do Suicídio possui por objetivo qualificar a assistência oferecida aos profissionais da atenção em todas as esferas de cuidado, estimulando a oferta de formação continuada a respeito de fatores de risco como depressão, uso de álcool e outras drogas (Ministério da Saúde, 2017).

Dentre as ações desenvolvidas na Agenda Estratégica de Prevenção do Suicídio, estão: investimentos para pesquisas sobre o risco de suicídio e cuidado em saúde mental para pessoas com o Vírus da Imunodeficiência Humana (HIV/AIDS), capacitação de 62 multiplicadores de cuidado em saúde mental voltados para a qualificação dos profissionais da AB, orientação das ações de prevenção de suicídio nos estados com maiores taxas de mortalidade por suicídio (Rio Grande do Sul, Mato grosso do Sul, Santa Catarina, Piauí, Roraima),[10] ações de prevenção e qualificação do atendimento às populações indígenas e habilitação de 109 Centros de Atenção Psicossocial (CAPS) (Brasil, 2018).

Em 2001, antes da criação da Agenda Estratégica de Prevenção do Suicídio, foi publicado pela OMS o Manual para profissionais da Saúde em Atenção

[8] O PTS envolve um conjunto de propostas de condutas terapêuticas articuladas, direcionadas a um indivíduo, família ou coletividade. Tem como objetivo traçar uma estratégia de intervenção para o usuário, contando com os recursos da equipe, do território, da família e do próprio sujeito (OLIVEIRA, 2007).

[9] O acolhimento está no ato de receber e escutar as pessoas, suas necessidades, problematizando e reconhecendo como legítimas, e realizando avaliação de risco e vulnerabilidade das famílias daquele território (MINISTÉRIO DA SAÚDE, 2017).

[10] Cf. Boletim Epidemiológico – Ministério da Saúde, em: http://portalms.saude.gov.br/boletins-epidemiologicos.

Primária que traz a importância do profissional da AB no cuidado às vítimas deste agravo. Um dos tópicos abordados pelo manual é a questão dos principais fatores que podem levar ao desenvolvimento de características que estão relacionadas às tentativas de suicídio, como: o uso indiscriminado de álcool, jovens solteiros, homens desempregados, rejeição sócio familiar, pessoas que tiveram alguma perda recente (morte, divórcio), indivíduos com doenças graves. Estas informações auxiliam na abordagem e formação de vínculo à pessoa sob risco de suicídio, facilitando a continuidade do acompanhamento terapêutico nos Centro de Atenção Psicossocial (Genebra, 2000).

A habilitação de novos centros de cuidado em saúde mental é importante para o encaminhamento dos casos de violências autoprovocadas notificados pelas Unidades Básicas de Saúde (UBS). Segundo a Portaria n. 336 do Ministério da Saúde, os CAPS são capacitados para realizar prioritariamente o atendimento de pacientes com transtornos mentais severos e persistentes em sua área territorial, em regime de tratamento intensivo, semintensivo e não intensivo. Segundo um levantamento do MS no ano de 2017, nos locais onde existem CAPS o risco de suicídio é reduzido em até 14%, comprovando o impacto da expansão e qualificação da assistência em saúde mental no país como uma importante estratégia na redução dos índices de violências autoprovocadas (Brasil, 2018).

A cooperação entre os níveis de atenção (primário, secundário e terciário) e um adequado intercâmbio de informações clínicas e sociais, como exemplo condições de moradia, atividades laborais, prática de atividades físicas e condicionalidades comunitárias sobre o usuário, partindo do profissional da AB para o especialista e vice-versa possibilitam a coordenação da atenção, tornando-a mais eficaz e efetiva em sua proposta de cuidado em saúde mental, potencializando assim ações voltadas para a prevenção do suicídio de maneira singularizada (Santana, 2014).

A qualidade da assistência em saúde está diretamente associada à relação "usuário-profissional", para Campos (1997, p. 849) "(...) o vínculo com os usuários dos serviços de saúde amplia a eficácia das ações de saúde e favorece a participação do usuário durante a prestação do serviço", ou seja, a participação do usuário na construção do PTS é de extrema importância no processo de cuidado, onde um espaço que valorização a escuta de questões e conflitos pessoais favorece a prática do cuidado em saúde mental e da prevenção ao suicídio.

Importante ressaltar que além de uma efetiva comunicação entre os serviços de saúde, é necessário que o usuário tenha um acolhimento adequado e seja oferecida uma escuta qualificada no local de atendimento, pois, pesquisas sobre prevenção apontam para o fato que o desfecho do suicídio pode ser evitado, na maioria das vezes, caso haja o devido acolhimento ao sofrimento e acompanhamento da situação (Vidal, 2013). Entretanto, ainda há um longo caminho a percorrer no que se refere à atenção, prevenção e convenção do suicídio (cuidado aos impactados após morte confirmada) (Cescon *et al.*, 2018).

Desta forma, é importante a criação de políticas relacionadas ao cuidado, com potencial transversal, apoiando as equipes do programa de Estratégia Saúde da Família e toda a rede SUS a trabalhar a dimensão do sofrimento psíquico, o qual é mais que uma simples ameaça à integridade física e psicológica, como sujeito de ação e reação, que possui necessidades próprias e específicas (Brasil, 2017).

Considerações finais

Abordar uma temática tão complexa como o suicídio e violências autoprovocadas sob a ótica da saúde pública é um desafio, pois os entraves políticos, institucionais, sociais e pessoais são intensificados devido à sensibilidade da relação entre o profissional, as motivações que levaram a ocorrência e o usuário em si.

A subnotificação das violências autoprovocadas pelos estabelecimentos de atendimento e o não preenchimento adequado das declarações de óbito relacionadas ao suicídio são alguns dos grandes responsáveis pelas dificuldades de norteamento das políticas públicas voltadas para a assistência, como a exemplo da vigilância do chumbinho e utilização inadequada de medicamentos. A falta de informação sobre o preenchimento e o medo de uma possível exposição do profissional (mesmo que haja necessidade de identificação no caso das fichas de notificação compulsória) são alguns dos responsáveis pela subnotificação do agravo, demonstrando necessidade de maiores investimentos na gestão de informação e vigilância em saúde.

É notória a necessidade de formação continuada sobre gestão à crise em saúde mental para profissionais da atenção básica, onde a falta de uma linha de cuidado Inter setorial e interdisciplinar e a valorização de aspectos relacionados ao acolhimento e cuidado ao multiprofissional dentro de dispositivos humanizados e inseridos na RAPS de importantes para o cuidado as vítimas. A articulação em rede territorial de saúde e o matriciamento são práticas que facilitam o acompanhamento dos usuários e estimulam a criação de vínculos junto aos espaços de cuidado.

Referências

AGÊNCIA NACIONAL DE VIGILÂNCIA SANITÁRIA (ANVISA). Panorama dos dados do Sistema Nacional de Gerenciamento de produtos controlados: Um sistema para o monitoramento de medicamentos no Brasil.. *Boletim de Farmacologia*, v. 2, jul/dez. 2011.

BEAGLEHOLE R, Bonita R, Kjellström T. Epidemiología básica. Organización Panamericana de la Salud. *Publicación Científica N° 551*. Washington DC, 1994.

BRASIL. Sistema para detecção do uso abusivo e dependência de substâncias Psicoativas: encaminhamento, intervenção breve, reinserção social e acompanhamento

(SUPERA). 2017. Disponível em: <https://www.supera.org.br/wp-content/uploads/2016/06/SUP9_Guia.pdf> Acesso em: 31 dez. 2018.

BRASIL. CONSELHO NACIONAL DE SECRETÁRIOS DE SAÚDE (CONASS). ***Assistência é fator de proteção na prevenção do suicídio.*** Disponível em: http://www.conass.org.br/novos-dados-reforcam-importancia-da-prevencao-do-suicidio/>. Acesso em: 31 dez. 2018.

BRASIL. MINISTÉRIO DA SAÚDE. *Lei n. 6.259, de 30 de outubro de 1975. Dispõe sobre a organização das ações de Vigilância Epidemiológica, sobre o Programa Nacional de Imunizações, estabelece normas relativas à notificação compulsória de doenças, e dá outras providências. 1975.* Disponível em: <http://www.planalto.gov.br/ccivil_03/leis/l6259.htm> Acesso em: 31 dez. 2018.

BRASIL. MINISTÉRIO DA SAÚDE. *Decreto n. 78.231, de 12 de agosto de 1976. Regulamenta a Lei nº 6.259, de 30 de outubro de 1975, que dispõe sobre a organização das ações de Vigilância Epidemiológica, sobre o Programa Nacional de Imunizações, estabelece normas relativas à notificação compulsória de doenças, e dá outras providências.* 1976. Disponível em: <http://www.planalto.gov.br/ccivil_03/decreto/1970-1979/d78231.htm> Acesso em: 31 dez. 2018.

BRASIL. MINISTÉRIO DA SAÚDE. *Portaria n. 737, de 16 de maio de 2001. Dispõe sobre a Política Nacional de Redução da Morbimortalidade por Acidentes e Violências.* 2001. Disponível em: <http://bvsms.saude.gov.br/bvs/publicacoes/acidentes.pdf> Acesso em: 31 dez. 2018.

BRASIL. MINISTÉRIO DA SAÚDE. *Portaria n. 1.876, de 14 de agosto de 2006. Institui Diretrizes Nacionais para Prevenção do Suicídio, a ser implantadas em todas as unidades federadas, respeitadas as competências das três esferas de gestão.* 1976. Disponível em: <http://bvsms.saude.gov.br/bvs/saudelegis/gm/2006/prt1876_14_08_2006.html> Acesso em: 31 dez. 2018.

BRASIL. MINISTÉRIO DA SAÚDE. *Lei n. 8.080, de 19 de setembro de 1990. Dispõe sobre as condições para a promoção, proteção e recuperação da saúde, a organização e o funcionamento dos serviços correspondentes e dá outras providências.* 1990. Disponível em: <http://www.planalto.gov.br/ccivil_03/leis/l8080.htm> Acesso em: 31 dez. 2018.

BRASIL. MINISTÉRIO DA SAÚDE. *Portaria n. 336, de 19 de fevereiro de 2002.* 2002. Disponível em: <http://bvsms.saude.gov.br/bvs/saudelegis/gm/2002/prt0336_19_02_2002.html> Acesso em: 31 dez. 2018.

BRASIL. MINISTÉRIO DA SAÚDE. *Portaria n. 1.356, de 23 de junho de 2006. Institui incentivo aos estados, ao Distrito Federal e aos municípios para a Vigilância de Acidentes e Violências em Serviços Sentinela, com recursos da Secretaria de Vigilância em Saúde (SVS).* 2006. Disponível em: <http://www.saude.sp.gov.br/resources/cve-centro-de-vigilancia-epidemiologica/areas-de-vigilancia/doencas-cronicas-nao-transmissiveis/observatorio-promocao-a-saude/portarias/portaria_gm1356_2006.pdf>

BRASIL. MINISTÉRIO DA SAÚDE. *Portaria n. 3.088, de 23 de dezembro de 2011. Institui a Rede de Atenção Psicossocial para pessoas com sofrimento ou transtorno mental e com necessidades decorrentes do uso de crack, álcool e outras drogas, no âmbito do Sistema Único de Saúde (SUS).* 2011. Disponível em: <http://bvsms.saude.gov.br/bvs/saudelegis/gm/2011/prt3088_23_12_2011_rep.html> Acesso em: 31 dez. 2018.

BRASIL. MINISTÉRIO DA SAÚDE. *Portaria n. 2.446, de 11 de novembro de 2014. Redefine a Política Nacional de Promoção da Saúde (PNPS).* 2014. Disponível em: <http://bvsms.saude.gov.br/bvs/saudelegis/gm/2014/prt2446_11_11_2014.html> Acesso em: 31 dez. 2018.

BRASIL. MINISTÉRIO DA SAÚDE. *Portaria n. 1.271, de 6 de junho de 2014. Define a Lista Nacional de Notificação Compulsória de doenças, agravos e eventos de saúde pública nos serviços de saúde públicos e privados em todo o território nacional, nos termos do anexo, e dá outras providências.* Disponível em: <http://bvsms.saude.gov.br/bvs/saudelegis/gm/2014/prt1271_06_06_2014.html>. Acesso em: 31 dez. 2018.

BRASIL. MINISTÉRIO DA SAÚDE. *Portaria n. 204, de fevereiro de 2016. Define a Lista Nacional de Notificação Compulsória de doenças, agravos e eventos de saúde pública nos serviços de saúde públicos e privados em todo o território nacional, nos termos do anexo, e dá outras providências.* 2016. Disponível em: <http://bvsms.saude.gov.br/bvs/saudelegis/gm/2016/prt0204_17_02_2016.html> Acesso em: 31 dez. 2018.

CALIXTO, M. F.; ZERBINI, T. Epidemiologia do suicídio no Brasil entre os anos de 2000 e 2010. *Saúde, Ética & Justiça*, v. 21, n. 2, p. 45-51, 2016.

CAMPOS, D. et al. Uso da autópsia verbal na investigação de óbitos com causa mal definida em Minas Gerais, Brasil. *Cadernos de Saúde Pública*, v. 26, n. 6, p. 1221-1233, jun. 2010.

CAMPOS, G. Considerações sobre a arte e a ciência da mudança: revolução das coisas e reforma das pessoas. In: CECÍLIO, L. (Org.). *Inventando a mudança na saúde.* 2. ed. São Paulo: Hucitec, 1997.

CARIDADE, M. Causas mal definidas de morte: recuperação de informação na cidade do Rio de Janeiro. *Academus Revista Científica da Saúde*, v. 3, n. 3, 2016.

CECÍLIO, L.C.O. Uma sistematização e discussão de tecnologia leve de planejamento estratégico aplicada ao setor governamental. In: MERHY, E.E.; ONOKO, R. (Orgs.). *Agir em saúde, um desafio para o público.* São Paulo: Hucitec, 1997.

CESCON, L; CAPOZZOLO, AA; LIMA, LC. Aproximações e distanciamentos ao suicídio: analisadores de um serviço de atenção psicossocial. *Saúde Soc.*, v.27, n. 1, p. 185-200, 2018.

CORREIA LOS, PADILHA BM, VASCONCELOS SMV. Métodos para avaliar a completitude dos dados dos sistemas de informação em saúde do Brasil: uma revisão sistemática. *Cien Saúde Coletiva*, v. 19, n. 11, p. 4467-4478, 2014.

COSTA, J. M. B. S.; FRIAS, P. G. Avaliação da completitude das variáveis da declaração de óbitos de menores de um ano residentes em Pernambuco, 1997-2005. *Ciências e Saúde Coletiva*, v. 16, supl. 1, p. 1267-1274, 2011.

FIGUEIREDO, P. P. V. et al. Justificativas para automutilação: Um estudo exploratório com adolescentes em duas escolas municipais da cidade do Recife. *Revista Humanae*, v. 13, n. 1, 2014.

FERREIRA, A. J. O comportamento suicida no Brasil e no mundo. *Revista Brasileira de Psicologia*, v. 2, n. 01, 2015.

FRANÇA, E. et al. Ill-defined causes of death in Brazil: a redistribution method based on the investigation of such causes. *Revista de Saúde Pública*, v. 48, n. 4, p. 671-681, ago. 2014.

FRIAS, P. G. et al. Avaliação da adequação das informações de mortalidade e nascidos vivos no estado de Pernambuco, Brasil. *Cadernos de Saúde Pública*, v. 26, n. 4, p. 671-681, abr. 2010.

GENEBRA. *Prevenção do suicídio: um manual para profissionais da saúde em atenção primária*. Organização Mundial da Saúde, 2000.

GUERREIRO, F. G.; SAMPAIO. Comportamentos autolesivos em adolescentes: uma revisão da literatura com foco na investigação em língua portuguesa. *Rev. Port. Saúde. Pub.*, v. 31, n. 2, dez. 2013.

LANGMUIR, A D. The surveillance of communicable diseases of national importances. *N Engl J Med.*, v. 268, n. 4, p. 182-192, 1963.

LAURETI R, JORGE MHPM, GOTILIEB SLD. Informação em mortalidade: uso das regras internacionais para seleção da causa básica. *Rev. Bras Epidemiol*, v. 12, n. 2, p. 195-203, 2009.

MESSIAS, K. L. M. et al. Qualidade da informação dos óbitos por causas externas em Fortaleza, Ceará, Brasil. *Ciência & Saúde Coletiva*, v. 21, p. 1255-1267, 2016.

MINISTÉRIO DA SAÚDE. *As redes de atenção à saúde*. Disponível em : http://dab.saude.gov.br/portaldab/smp_ras.php

MINISTÉRIO DA SAÚDE. *Agenda de ações estratégicas para a vigilância e prevenção do suicídio e promoção da saúde no Brasil – 2017 a 2020*. Brasília, 2017.

MINISTÉRIO DA SAÚDE. *Guia prático de matriciamento em saúde mental*. 2011. Disponível em: <http://bvsms.saude.gov.br/bvs/publicacoes/guia_pratico_matriciamento_saudemental.pdf> Acesso em: 10 dez. 2018.

MOREAU, Regina Lúcia de Moraes; SIQUEIRA, Maria Elisa Pereira Bastos de. *Ciências Farmacêuticas*. Toxicologia Analítica. Rio de Janeiro. Guanabara Koogan, 2008.

ORGANIZAÇÃO PAN-AMERICANA DA SAÚDE (OPAS). *Plano de ação sobre saúde mental 2015-2020*. Washington, DC. Washington, 2014. Disponível em:

<http://iris.paho.org/xmlui/bitstream/handle/123456789/34430/CSP29-INF--7-H-p.pdf?sequence=36&isAllowed=y> Acesso em: 31 dez. 2018.

ROCHA, R. et al. Aplicação da técnica de linkage entre as bases de dados de nascidos vivos e óbitos para estudo da mortalidade neonatal no Recife (PE), Brasil. *Revista Espaço para a Saúde*, v. 12. n. 2, p. 38-44, jun., 2011.

ROUQUAYROL, Maria Zélia; FILHO, Naomar de Almeida. *Epidemiologia & Saúde*. 7 ed. Rio de Janeiro: MEDSI, 2013.

SANTANA, CLA. A integração da saúde mental na estratégia saúde da família. *Interface Comunicação Saúde Educação*. v.18, n.51, p. 797-9, 2014.

SANTOS, S. A. et al. Tentativas e suicídios por intoxicação exógena no Rio de Janeiro, Brasil: análise das informações através do linkage probabilístico. *Cad. Saúde Pública*, v. 30, n. 5, p. 1057-1066, maio, 2014.

SHNEIDMAN, E. *Deaths of Man*. New York: Quadrangle, 1973.

SISASK, M.; KÕLVES, K. Towards a Greater Understanding of Suicidal Behaviour and Its Prevention. *Int. J. Environ. Res. Public Health*, v. 15. n. 8, 1629. 2018.

SILVA J. C. S. *Política de saúde do homem*: o cuidar e o cuidado de enfermagem em emergência às vítimas masculinas de intoxicação exógena por carbamato ("chumbinho"). Rio de Janeiro: Escola de Enfermagem Anna Nery, Universidade Federal do Rio de Janeiro; 2012.

SOUZA, L. R.; SOUZA, A. L. T. S. D. Financiamento do sus: distribuição, gestão e alocação de recursos na atenção básica. *AS&T*, v. 5, n. 2, p. 9-19, 2017.

Organização Mundial de Saúde. Preventing suicide: a global imperative [internet]. Genebra: WHO; 2014 Disponível em: http://apps.who.int/iris/bitstream/10665/131056/8/9789241564878_eng.pdf?ua=1&ua=1.> Acesso em: 31 dez. 2018.

VIDAL, CEL; GONTIJO, ED. Tentativas de suicídio e o acolhimento nos serviços de urgência: a percepção de quem tenta. *Cad. Saúde Colet.*, v. 21, n. 2, p. 108-14, 2013.

WORLD HEALTH ORGANIZATION (WHO). *Preventing suicide*: a global imperative. Geneva: World Health Organization; 2014 [cited 2017 Sep 19]. 88p. Disponível em: <http://apps.who.int/iris/ bitstream/10665/131056/1/9789241564779_eng.pdf?ua=1&ua=1> Acesso em: 31 dez. 2018.

ZALSMAN, G. et al. Suicide prevention strategies revisited: 10-year systematic review. *Lancet Psychiatry*, v. 3, p. 646–659, 2013.

ZALSMAN, G. et al. Evidence-based national suicide prevention taskforce in Europe: A consensus position paper. *Eur. Neuropsychopharmacol.*, v. 27, p. 418–421, 2017.

Da vida pela vida...

Maria Cleonice Bento de Almeida

Para **Anjo Bonitão...**

A vida é a arte de reinventar...
Pintada de todas as cores e exige de seus pintores o tom de acreditar...
Mesmo diante da dor e do dissabor, a vida continua a pulsar...
Segue seu curso, contrapõe o discurso, quando tudo parece silenciar...
Mestre e doutor em defesa da vida...
Da vida da gente, da fauna e da vida da flora...
Cuida da vida que sorri e da vida que chora...
Porque vidas são vidas que pulsam pelo mundo afora...
Seja dia ou madrugada fria, você sempre lá está, de vidas a cuidar...
Você aprendeu desde cedo que o cuidado com a vida é prioridade...
Não importa a raça, a cor, a classe social, nem tampouco a idade...
Seja na beleza do sertão ou nos espaços da cidade...
Há quem ousa arriscar sem as regras do destino traçar...
Sabendo que a vida segue em linhas curvas, e não linear...
A cada volta é preciso recomeçar...
Talvez a ciência não consiga explicar a arte do cuidar...
Somente a escola chamada vida é capaz de ensinar...
A fórmula da vida cada um criou a sua...
Seja no aconchego do luxo, seja nas calçadas da rua...
Tentei a tua vida decifrar...
Porém compreendi que meu destino é te amar...
E para sempre te adorar, onde nossas vidas possam se multiplicar...

CAPÍTULO 15

Pacientes com HIV/AIDS e ideação suicida: resgatando o sentido na vida através da logoterapia e análise existencial

Silvana Carneiro Maciel
Alisson de Meneses Pontes

Introdução

Numa vida vazia e sem sentido, falta o porquê de viver,
e sem uma resposta para a pergunta "por que viver?",
também não há resposta para a pergunta "por que não morrer?".
(Lukas, 1992, p. 190).

Falar sobre suicídio na atual sociedade poderia ser uma temática corriqueira em função do crescimento dos casos de tentativa e de consumação do ato de suicídio. Contudo, na realidade, falar em morte e mais especificamente em suicídio, ainda é um tabu, muitas vezes assunto proibido, por isso essa temática é tão cerceada de maiores reflexões, e até ignoradas por muitos. De acordo com Gonçalves (2018, p. 247),

> Apesar de inúmeras tentativas de compreender o fenômeno do suicídio, através de vários pontos de vista, as únicas conclusões unânimes a qual podemos chegar até o momento é que se trata de um tema assumidamente difícil de ser abordado, de modo que é interessante e controverso ao mesmo tempo, mas está longe de ser compreendido.

Em função disso, vemos muitas vezes as pessoas com ideação suicida tendo suas sintomatologias relegadas ao segundo plano, sendo atribuídas a elas crenças que levam a exclusão como a pecha de louco ou, por outro lado, de pessoas que querem chamar a atenção e que não precisam ser cuidadas. Estes posicionamentos e outros que seguem estes parâmetros servem apenas para retardar o atendimento, isolar ainda mais o sujeito que sofre e, em muitos casos, deixar que as ideações sigam o caminho até chegar à consumação do ato.

A atual sociedade produz fatores macrossociais de vulnerabilidade ao suicídio, sendo os mesmos múltiplos como os vinculados: as relações sociais adoecidas pelos isolamentos sociais e pela individualidade, cada vez maiores na contemporaneidade; aos relacionados ao uso excessivo da tecnologia em detrimento das relações sociais vivenciais; ao estresse do dia-a-dia; ao crescimento do uso abusivo de drogas com a busca desenfreada pelo hedonismo a qualquer custo; a algumas doenças crônicas como HIV/AIDS; e aos relacionados a questões mais amplas como fatores de ordem socioeconômicos abrangentes, os quais colocam o sujeito em condições subumanas, com a supressão de fatores básicos para a manutenção do ser humano como alimentação, moradia digna, saúde, educação e direitos humanos. De forma análoga, Santos et al (2016) citam alguns destes fatores de vulnerabilidade como: a presença de transtornos mentais, o abuso de álcool e drogas, a ausência de apoio social, as perdas sociais significativas, o histórico familiar e as doenças crônicas militantes ou dolorosas.

Ayres et al (2006) ao falarem sobre vulnerabilidade individual afirmam a importância de se compreender os aspectos biológicos, emocionais, cognitivos e atitudinais, posto que qualquer alteração em um destes aspectos pode causar alterações e desequilíbrio no bem-estar global do sujeito. Todos estes fatores que predispõem a vulnerabilidade do sujeito ao suicídio e muitos outros mais, quer sejam fatores sociais, culturais, políticos ou mesmo individuais, vão colaborar ou vão ser determinantes na ideação suicida e na perda do sentido para a vida.

Essa perda de sentido para a vida é colocada por Viktor Frankl (1990) como um fator decisivo para aumento no número de suicídios. Discutindo essa relação, Elisabeth Lukas, psicóloga vienense que foi discípula de Frankl, afirma que quando falta o sentido na vida, o ser humano busca uma compensação no prazer – e podemos acrescentar que esse muitas vezes vincula-se ao poder, ao sucesso, ao dinheiro e ao hedonismo. Porém, quanto mais o indivíduo faz desses aspectos a finalidade última da vida, menos sente prazer e realização, mais "erra o alvo", e maior o seu sentimento de inutilidade da própria vida, seu vazio existencial. Portanto, afirma Lukas (2012), se o prazer não é encontrado, a vida, já sem sentido, e agora também sem prazer, torna-se praticamente insuportável; talvez por isso muitas pessoas têm chegado ao ponto de, em um momento de profundo desespero existencial, cometerem suicídio.

Diante disso, tecemos algumas reflexões que pretendemos desenvolver, e quem sabe, responder ao longo deste capítulo; outras reflexões, talvez, sejam deixadas sem respostas, mas não de forma proposital, apenas porque constatamos, ao longo de nossas experiências profissionais, que ninguém poderá alcançar totalmente a essência do ser humano, responder todas as suas angústias, conhecer todas as suas faltas, ou mais especificamente, conhecer o porquê da ausência do seu sentido de vida e da busca, muitas vezes incessante, pela morte. Falaremos especialmente sobre pessoas com HIV/AIDS e trilharemos o caminho do processo psicoterápico como um desafio e, sobretudo, como uma possibilidade de resgatar o mais importante no sujeito, a capacidade de encontrar sentido para sua vida, mesmo frente ao sofrimento inevitável, transcendendo aos seus limites, erguendo-se mesmo que por sobre os escombros de sua existência.

Tecendo algumas ideias à guisa de compreensão do suicídio

O suicídio diz respeito ao ato de tirar voluntariamente a própria vida. O termo é derivado de dois vocábulos latinos: *sui* ("de si mesmo") e *caedĕre* ("matar"), ou seja, matar-se a si mesmo.[1] Wenzel, Brown e Beck (2010) definem suicídio como a morte causada por comportamento danoso autoinfligido com qualquer intenção de morrer como resultado desse comportamento. Assumpção Jr (2018, p. 119) conceitua o suicídio "(...) enquanto ato intencional que se propõe a cessar as funções vitais de quem o pratica, levando à morte voluntária, após um certo grau de reflexão. É portanto, um ato voluntário".

Gonçalves (2018) nos informa que o suicídio é comum desde os primórdios da humanidade, despertando interesse em todo o mundo e em diversas culturas, embora seja impossível determinar sua gênese histórica. Esse ato está eternizado na Bíblia, a exemplo dos registros de Sansão e de Judas, e na literatura, como em Romeu e Julieta. Contudo, apesar de há muito discutido, problematizado e descrito, o suicídio não é algo romantizado nem mesmo compreendido na atualidade, pelo contrário, é muitas vezes atribuído a questões de ordem moral, religiosa e/ou ética, colocando em destaque não apenas o ato em si, mas a capacidade mental do suicida, bem como a sua autonomia de escolha entre viver e não viver.

Na verdade, a morte autoprovocada intencionalmente vai na contramão da preservação da vida, a qual é defendida de forma uníssona nas esferas religiosas, jurídica e da saúde. O suicídio é um ato individual do sujeito, mas não pode ser descrito e nem explicado apenas nesta esfera, sua explicação extrapola a individualidade e abarca a família e questões sociais e culturais mais amplas. Sobre isso, Machado e Santos (2015, p. 46) afirmam que:

> A perda humana e o impacto social do suicídio têm consequências materiais e psicológicas para familiares, amigos e demais indivíduos da rede de relações pessoais do morto. Em nível macrossocial, o suicídio contribui para perdas socioeconômicas, visto que grande parte das vítimas pertence ao grupo populacional economicamente ativo, podendo incluir

[1] Cf. Dicionário Michaelis On-line, em https://michaelis.uol.com.br/.

> ainda o impacto sobre os serviços de saúde, pelo incremento de gastos com atendimentos ambulatoriais, cuidados de emergência e tratamento de sequelas dos sobreviventes.

A Organização Mundial de Saúde (OMS, 2018) relata que perto de 800.000 pessoas tiram a própria vida todos os anos, e cerca de uma pessoa a cada 40 segundos, além das tentativas de suicídio, sendo o suicídio responsável por 1,4% de todas as mortes no mundo, tornando-se a 18ª causa de morte em 2016. Assim, pode-se considerar o suicídio um fenômeno global e a segunda principal causa de morte entre os jovens de 15 a 29 anos no mundo.

Botega (2014) destaca que apesar do Brasil ter um coeficiente de suicídio considerado relativamente baixo, tendo em conta a sua população, de acordo com os dados da OMS de 2014 fica entre os dez paízes que registram os maiores números absolutos de suicídios. Marín-León, Oliveira e Botega (2012) destacam que a população do Brasil entre 1998 e 2008 aumentou 17,8%, enquanto o número de óbitos por suicídios cresceu 33,5%. Ressalta-se que o coeficiente médio de mortalidade por suicídio no período 2004-2010 foi de 5,7%, sendo 7,3% para o sexo masculino e 1,9% para o feminino. Só no ano de 2017, o número de casos de suicídios chegou a mais de 11 mil, tornando-se a terceira maior causa de morte entre homens de 15 a 29 anos de idade (Brasil, 2017). Na Paraíba, o Sistema de Informação sobre Mortalidade[2] registrou, em 2018, uma morte autoprovocada intencionalmente a cada 34 horas.

Estes dados ainda podem estar subnotificados pois, conforme destaca Botega (2014), estima-se que as tentativas de suicídio superam o número de suicídios em pelo menos dez vezes, pois não há em nenhum país um registro de abrangência nacional dessas tentativas. Para Faro e Santos (2018), o suicídio é um problema de saúde pública grave sobre o qual pouco se sabe, destacando-se a carência de mapeamentos sistemáticos de tentativas de suicídio e do perfil das pessoas, fatores estes que dificultam a elaboração de intervenções eficazes para esse público.

Devido a essas questões, podemos afirmar que o suicídio é visto como um fenômeno complexo e multidimensional que cresce a cada dia, tornando-se um problema de saúde pública pois, como atestam Machado e Santos (2015), o suicídio é uma das principais causas de mortes no mundo, com tendência ao crescimento nas próximas décadas, e é algo que traz muito mais questionamentos do que respostas. Contudo, ainda nos intrigam alguns questionamentos, tais como: O que leva uma pessoa a não desejar mais a vida e a buscar a morte?; Quais os principais fatores de vulnerabilidade?; Qual o tratamento mais eficaz para a ideação suicida?; O que fazer e quais os fatores de prevenção ao suicídio? Em função da multidimensionalidade do suicídio, as respostas a essas questões não são respostas

[2] Cf. Portal da Secretaria de Vigilância em Saúde, em http://sim.saude.gov.br/default.asp.

simples, pois para respondê-las precisamos acionar diversas dimensões do sujeito, como suas questões subjetivas, orgânicas, sociais e existenciais.

Sobre isso, Gonçalves (2018, p. 248-249) destaca que o suicídio, sendo um fenômeno multifatorial, pode ser impulsionado por diferentes motivações, sendo que "(...) as formas de morrer são tão diversas quanto os significados da morte... (...) entendendo que o suicídio só pode ser compreendido de forma indissociável da relação que cada homem possui com a morte e, consequentemente, com o significado da vida".

Em função desta complexidade de fatores, muitos dos quais estão articulados entre si, e da impossibilidade de abarcar todas as dimensões do suicídio e de responder todos estes questionamentos e tantos outros que se sobrepõem no nosso dia-a-dia, tivemos que tomar a decisão de fazermos um recorte nesta dimensão do mundo do suicídio, analisando-o, mais especificamente, a partir de sua relação com uma doença crônica: a HIV/AIDS. A escolha deste fator de vulnerabilidade, em detrimento de tantos outros na questão do suicídio, está ancorado basicamente pelo fato de serem cerca de três vezes superior em relação à população geral os casos de suicídio em pessoas acometidas por HIV/AIDS, acrescidos aí os diversos fatores de risco de suicídio em pacientes com HIV, entre eles a dificuldade de acesso ao tratamento, a presença de doenças oportunistas, o estigma social e a comorbidade com transtornos mentais, em especial a depressão, que nesta população tem uma incidência de cerca de duas a quatro vezes maior (Gurm et al, 2015; Baldo et al, 2017).

HIV/AIDS e suicídio: algumas considerações sobre o tema

A Síndrome da Imunodeficiência Adquirida (*Acquired Imunodeficiency Syndrome* – AIDS) pode ser compreendida como uma doença causada pelo Vírus da Imunodeficiência Humana (HIV) que, ao infectar o corpo humano, procura como célula hospedeira justamente aquelas que compõem os mecanismos de defesa, entre elas os linfócitos T auxiliares $CD4^+$. Ao se reproduzir, o vírus destrói a célula hospedeira, o que, consequentemente, provoca uma drástica redução da resposta imune, podendo ocasionar o aparecimento de várias doenças chamadas oportunistas (Balestieri, 2005).

De acordo com dados divulgados no relatório do *United Nations Programme on HIV/AIDS* (Programa Conjunto das Nações Unidas sobre HIV/AIDS – UNAIDS), desde que os primeiros casos foram relatados, há mais de 35 anos, 78 milhões de pessoas foram infectadas pelo HIV e 35 milhões morreram de doenças relacionadas à AIDS, além de apontar para a existência de 36,9 milhões de pessoas vivendo com HIV no mundo atualmente (UNAIDS, 2018).

Esses dados retratam duas realidades: a primeira é a que esta é uma doença que se tornou um problema de saúde pública, concentrando esforços conjuntos de nações por todo o mundo; e a segunda é que, apesar de todo esse trabalho integrado, ainda há um longo caminho até se chegar ao objetivo proposto pela UNAIDS em 2012, de reduzir a zero o número de novas infecções e de mortes decorrentes da AIDS. Prova disto é que o sumário epidemiológico global sobre HIV/AIDS publicado no ano de 2018 apontou a ocorrência de 1,8 milhões de novas infecções. Esse dado se equipara ao número de pessoas com HIV na América Latina até o ano de 2014, estimado em 1,7 milhões. Considerando esses dados, o Brasil ocupa posição de destaque, sendo responsável por quase 50% do número de infecções por HIV, com 830.000 casos, e foi o único país que ainda apresentou aumento no número de novas infecções na última década, em torno de 11%. No ano de 2016 ocorreram 48.000 novas infecções por HIV no país (UNAIDS, 2018).

Diversas medidas para reduzir o crescimento e os danos causados pelo HIV/AIDS foram propostas desde seu surgimento, porém, um fator que dividiu sua história e favoreceu de forma relevante a redução das taxas de mortalidade, melhorando consideravelmente a expectativa e a qualidade de vida de seu portador, foi a introdução de um conjunto de medicamentos denominados Terapia Antirretroviral (TARV) de Alta Potência (*Hight Active Antiretroviral Terapy* – HAART). A partir da utilização dos antirretrovirais, a infecção pelo HIV deixou de ser considerada uma "sentença de morte" e passou a ser classificada como uma doença crônica, compatível com sobrevivência e com preservação da qualidade de vida (Alencar; Nemes; Velloso, 2008).

Entretanto, apesar da diminuição do poder de letalidade do vírus e do aparente controle da doença, proporcionados pelo avanço da terapêutica, o diagnóstico soropositivo para o HIV ainda se mostra como um desafio para os pacientes e profissionais de saúde, considerando que conviver com este vírus, atualmente, exige mais do que somente tratar a doença, pois as Pessoas que Vivem com HIV/AIDS (PVHA) necessitam lidar diariamente com diversos outros problemas além da sintomatologia da doença, como sintomas depressivos e ansiosos, os efeitos adversos relacionados ao regime terapêutico, além do estigma e da discriminação (Oliveira et al, 2017).

Jesus et al (2017) também destacam o reflexo do estigma social para a PVHA, tendo em vista que o diagnóstico positivo para esta infecção está associado a um intenso grau de preconceito e discriminação. Tais questões se fazem presentes não apenas na sociedade, mas, muitas vezes, dentro do próprio sistema familiar, impedindo o desenvolvimento pessoal, profissional e afetivo do portador do vírus, resultando na não adesão ao tratamento, no isolamento social, na redução do bem estar psicológico, na perda do sentido da vida e até mesmo no desejo e na busca da morte. Sousa (2017), em estudo com 94 pessoas com HIV/AIDS com idades entre 21 e 81 anos sobre os fatores associados a ideação suicida, constatou que a estigmatização, a sintomatologia depressiva e o baixo apoio social são preditores significativos da ideação suicida.

As tendências globais relacionadas ao HIV/AIDS mostram que o índice de suicídio em PVHA é significativo, apresentando uma prevalência ainda mais elevada que a população geral. Wang et al (2018) verificaram que 31,6% (147 de 465) das PVHA em uma cidade chinesa já tiveram ideação suicida após terem sido diagnosticadas com infecção pelo HIV, e 12 (2,6%) desses entrevistados tentaram o suicídio pelo menos uma vez. Esse dado é semelhante a pesquisas realizadas em outros países como Grã-Bretanha (Sherr et al, 2008) e Etiópia (Bitew et al, 2016). Em pesquisa realizada no Brasil por Passos, Souza e Spessato (2014) foi identificado que 34,1% de uma amostra de pessoas soropositivas para o HIV apresentavam risco de suicídio e 23,2% já tinha atentado contra a própria vida.

Kanget et al (2016) analisaram fatores de risco associados à PVAH e identificaram que depressão é o fator de risco com maior associação à ideação suicida. Em seu estudo, Gurm et al (2015) demonstraram que as taxas de suicídio entre pessoas infectadas pelo HIV/AIDS com acesso à terapia antirretroviral (TARV) diminuíram significativamente desde o surgimento destas medicações, porém ainda é cerca de 3 vezes superior à população geral.

Se analisássemos a partir de uma perspectiva puramente psiquiátrica, até poderíamos inferir que seria a depressão a "grande vilã", a causa, o problema a ser enfrentado para redução dos índices de suicídio, tanto na população geral como em pessoas que vivem com HIV/AIDS. Todavia, vimos a complexidade dos fatores relacionados ao suicídio, de forma que discutiremos essa temática a partir de outra visão, à luz da Logoterapia e da Análise Existencial, a qual está pautada em uma compreensão mais ampla e integral do ser humano, segundo a qual a depressão pode ser mais um sintoma – e não a causalidade única – do que o Dr. Viktor Frankl denominou de "vazio existencial", da perda de sentido para a própria vida.

Contribuições da Logoterapia e da Análise Existencial para compreensão do suicídio em pessoas que vivem com HIV/AIDS

(...) em nenhum instante da sua vida poderá o homem esquivar-se à forçosa necessidade de escolher entre possibilidades.
(Frankl, 2010, p. 122)

A crescente necessidade de enfrentamento de diversas problemáticas presentes na sociedade contemporânea, evidenciadas nos sintomas do vazio existencial e expressas muitas vezes no aumento indiscriminado do uso abusivo de álcool e outras drogas, nos níveis de depressão e no aumento no número de suicídios, nos levam a questionar a causalidade de todas estas problemáticas e a abrir novos caminhos e novos olhares em direção a uma visão de homem mais total e existencialmente transcendente. Uma visão de homem que considere não apenas as dimensões psíquicas e físicas e o aspecto patológico, mas que, também, evidencie os aspectos salutogênicos e a dimensão dos fenômenos genuinamente humanos, antropológica, a chamada dimensão noológica, ou seja a dimensão espiritual. Para a Logoterapia, esta dimensão noológica inclui o espiritual, entendendo esta não apenas como dimensão religiosa, mas valorativa, intelectual e artística, apresentando características como a livre tomada de decisões, a consciência moral, a criatividade, entre outras (Aquino, 2013; Lukas, 1989).

Ao apresentar esta visão antropológica, Frankl (2007) faz uma crítica ao afirmar que da mesma forma que no início houve uma psicologia sem a *psique*, temos ainda hoje uma psicologia sem o *espírito*, isto é, ocorre uma redução daquilo que realmente é o homem, havendo apenas uma representação da concepção de homem fundada em sua "caricatura", abordando apenas o psíquico e o somático, como uma "marionete" de reações e instintos, ou ainda como um produto de impulsos, hereditariedade ou meio ambiente.

Aquino (2013) comenta que, para fugir do reducionismo psicossomático, Frankl recorre ao conceito grego de *nous* (espírito) e integra o ser humano numa unidade bio-psico-noológica, tendo em vista que este não poderia ser concebido apenas como um ser autômato, reduzido a processos psicológicos, sociológicos e somáticos. A esta estrutura humana Frankl (2007) denominou "ontologia dimensional".

A partir dessa compreensão, concebe-se que, mesmo que o psicofísico esteja doente, como no caso de uma depressão endógena ou por uma infecção pelo HIV, a dimensão noológica continua intacta, e é justamente esta que conduz o homem ao que Frankl (2009) chamou de paralelismo psicofísico e ao antagonismo psiconoético, isto é, o fato de adentrar a dimensão primordialmente humana conduz a pessoa a distanciar-se da doença e encontrar sentido, conduzindo-o a uma melhora psíquica e, consequentemente, somática. Portanto, a dimensão noológica é a central e a mais saudável do homem, ou como descreve Aquino (2013, p. 47), o "núcleo integrador do ser humano", observado na Figura 1.

Figura 1 – Representação nuclear da ontologia dimensional do homem

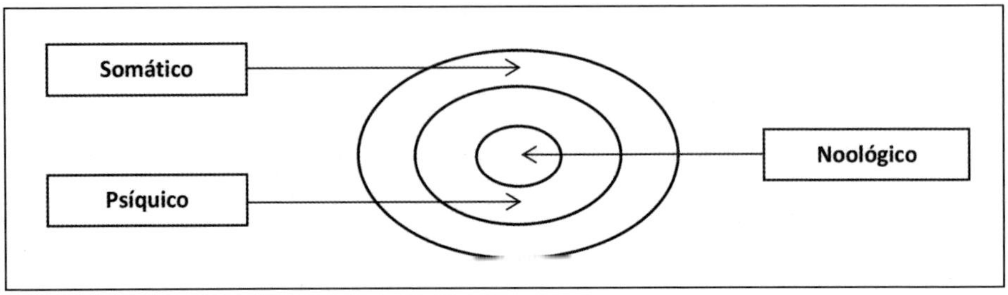

Fonte: Adaptado de Frankl, 2007, p. 67

Diante da constatação dessa estrutura, pode-se concluir que o homem é um ser tridimensional: a dimensão somática, que compreende os fenômenos corporais e a fisiologia humana; a dimensão psíquica, que abrange os condicionamentos, os afetos, as cognições, os instintos; e, por fim, a dimensão noológica que abrange todas as qualidades que diferenciam o homem dos demais animais, por isso é a dimensão genuinamente humana, que direciona o homem a posicionar-se perante o seu psicofísico (Frankl, 2005). Considerando essa visão integral do ser humano, concebe-se que não se refere a partes separadas e isoladas, antes, trata-se de uma "*unitas multiplex*", como descreve Frankl (2011, p. 33), uma unidade apesar da diversidade, pois, da mesma forma que são diferentes, sendo necessário identificá-las, elas pertencem umas às outras.

A partir dessa compreensão integral do ser humano, o psiquiatra e filósofo vienense Viktor Emil Frankl fundamenta sua teoria, denominada de Logoterapia e Análise Existencial, em três pressupostos: liberdade da vontade, vontade de sentido e sentido da vida. Com relação ao primeiro pressuposto, compreende-se que o ser humano é um ser livre, que decide sempre acima de qualquer fator, seja ele interno ou externo, pois "(...) em nenhum instante da sua vida poderá o homem esquivar-se à forçosa necessidade de escolher entre possibilidades" (Frankl, 2010, p. 122). No campo de concentração, Frankl viu diversos companheiros sendo conduzidos para a câmara de gás, sem lhes ser facultada a opção pela vida, todavia afirma:

> Nossa geração é realista porque chegamos a conhecer o ser humano como ele de fato é. Afinal, ele é aquele ser que inventou as câmaras de gás de Auschwitz; mas ele é também aquele ser que entrou naquelas câmaras de gás de cabeça erguida, tendo nos lábios o Pai-nosso ou o *Shemá Yisrael*". (Frankl, 2008, p. 74)

Portanto, mesmo nas situações de coações aparentemente completas, como no caso de pessoas com ideação suicida, há um resquício de liberdade que permite ao ser humano se posicionar diante do seu destino imutável, podendo encontrar sentido mesmo frente a uma situação limite ou profundamente dolorosa.

No tocante à vontade de sentido, concebe-se, em síntese, que a busca da pessoa por um sentido é a principal força motivadora do ser humano, é sua necessidade básica, primária. Frankl (2005), afirma que se uma pessoa encontrou o sentido de sua vida, então está pronta a sofrer, a oferecer sacrifícios, a dar até, se necessário, a própria vida por amor a ele. Porém, do contrário, se não há um sentido para viver, há a tendência de desenvolver um vazio interior, mesmo que todas as necessidades estejam satisfeitas.

Já sobre o sentido da vida, Frankl (2005) apresenta o axioma filosófico da Logoterapia, compreendendo que os sentidos são únicos – assim como cada pessoa é única e insubstituível – mas também podem mudar de pessoa para pessoa. O importante é que eles nunca faltam, isto é, o sentido só deixa de existir com a morte, e, até o momento de seu último suspiro o ser humano pode conceber o sentido de sua existência. Para encontrar esse sentido, Frankl aponta três caminhos, denominados de valores de criação, experiência e atitude.

Sobrevivente de quatro campos de concentração nazista durante a Segunda Guerra Mundial, Frankl (2008) observou na prática os pressupostos de sua teoria, já delineados no início da década de 1930, ao perceber que os prisioneiros que ainda preservavam um sentido para viver resistiam com bravura às adversidades do campo e, de forma contrária, aqueles que perderam a razão de viver sucumbiram facilmente às dificuldades, ou tiraram a própria vida, jogando-se nos fios eletrificados ou "se entregando" à própria morte.

Sobre esta entrega, Frankl (2008, p. 100) descreve:

> Cada um de nós temia aquele momento em que se manifestava pela primeira vez essa crise – não em si próprio, pois então já teria sido indiferente, e sim em seus amigos... A pessoa em questão certo dia ficava simplesmente deitada em seu barracão, e ninguém conseguia persuadi-la a botar a roupa, ir ao lavatório ou mesmo a se apresentar na formatura de chamada. Nada mais surtia efeito, nada lhe metia medo, nem súplicas, nem ameaças, nem golpes, tudo em vão. O sujeito simplesmente ficava deitado, não se mexia... Ela entrega os pontos! Fica deitada até nas próprias fezes e urina, pois nada mais a interessa.

Quem conhece as estreitas relações existentes entre o estado emocional de uma pessoa e as condições de imunidade do organismo, compreenderá os efeitos fatais que poder ter a súbita entrega ao desespero e ao desânimo. No livro *Em busca de sentido*, Frankl (2008) relata a história de um companheiro de campo que no dia 2 de fevereiro de 1945 teve um sonho, no qual uma voz lança uma profecia dizendo que a guerra terminaria para ele no dia 30 de março, resultando em sua libertação. Até próximo à data ele permanecia cheio de esperança, resistindo às adversidades do campo, pois havia um sentido para suportar tudo. Porém, ao perceber que seu sonho não se realizaria, no dia 29 de março ele apresenta sintomas como febre alta e delírios, e, ao chegar o dia 30, entra em coma e vem a óbito um dia depois, acometido de uma tifo.

Pode-se supor, no caso do companheiro de campo, que o seu sistema imunológico se debilitou após a frustração pela não realização de seu sonho, vindo com isso a perder o sentido de sua vida, o que o mantinha vivo, o que o motivava a continuar, de modo que a doença que já estava incubada venceu-o facilmente. Esse exemplo evidencia que há uma interrelação direta entre as dimensões noológica (espiritual), psíquica e somática, como propõe Frankl (2007), sendo descrito por Lukas (1990) como modelo da noopsicossomática.

A relação entre o sentido na vida e a saúde configura uma importante contribuição de Frankl (2007) não apenas para a psicologia clínica mas também para as diversas áreas envolvidas nesse contexto. A configuração dessa relação resulta na proposta por ele apresentada de que "(...) a situação imunológica está relacionada com a situação afetiva, que por sua vez, esta situação afetiva também está associada à dimensão espiritual" (Frankl, 2007, p. 250). Desta forma, a orientação do homem para o sentido torna-se um fator fundamental à sobrevivência. Esta proposta pode ser realmente decisiva, como aponta Frankl (2008) ao descrever um estudo desenvolvido por alguns pesquisadores que analisaram prisioneiros das guerras do Japão, Coréia e do Vietnã, a partir do qual constatou que os presos que tiveram maiores possibilidades de sobreviver foram justamente aqueles que estavam norteados por um sentido pelo qual eram compelidos; portanto, havia um sentido a ser realizado que os mantiveram vivos.

Nesse contexto, Lukas (1990) comenta esse modelo proposto por Frankl, reforçando a ideia de que, quando não há uma plenitude de sentido, tanto a saúde psíquica quanto a física são colocadas em risco. Em outras palavras, ela reafirma o modelo de Frankl descrevendo que a perda da realização de sentido abala profundamente o psiquismo e, consequentemente, um estado afetivo deteriorado enfraquece o sistema imunológico do ser humano (Lukas, 1990). É justamente este o interesse de Frankl: propor um modelo que considere, além do psicofísico, a dimensão noológica – que na maior parte das vezes é ignorada pelas áreas da saúde –, abordando, desta forma, o homem em sua plenitude. A Figura 2 descreve uma adaptação do modelo da noopsicossomática:

Figura 2 – Modelo da noopsicossomática proposto por Frankl

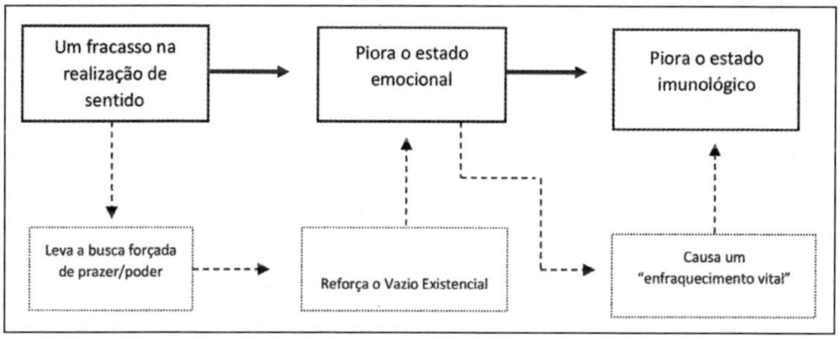

Fonte: Adaptado de Lukas, 1990, p. 129

Ainda conforme Lukas (1990), a justificativa para este modelo está evidenciada na própria sociedade, que nas últimas décadas deixou de vivenciar valores, abandonou as tradições, fracassando na realização de sentido, o que resultou na busca do prazer como fim para a felicidade, reforçando assim essa neurose de massa que é o vazio existencial. Portanto, ao frustrar a vontade de sentido, há uma repercussão drástica para o estado emocional, que resulta em uma redução na capacidade de defesa do sistema imune.

Pontes et al (2015) analisaram a adequação do modelo da noopsicossomática em uma amostra de 115 PVHA e observaram que a dimensão noológica teve uma relação direta (causal) com a dimensão psíquica, de forma que pacientes com melhores índices de atitude religiosa e realização de sentido na vida obtiveram melhores afetos e percepção da temporalidade. A dimensão psíquica, por sua vez, relacionou-se diretamente com a somática (melhores índices da proporção de linfócitos T $CD4^+$/ $CD8^+$ – um dos medidores de funcionamento do sistema imunológico). Esse modelo aponta para a importância do sentido na vida como fator não apenas de proteção para a saúde, mas também de sobrevivência, além de alertar para a concepção de que, quando se está vivendo um vazio existencial, a saúde física e mental está em risco, o que pode promover um aumento no índice de suicídios.

Suicídio como sintoma do vazio existencial

Depois de abordar a questão do sentido e da ontologia dimensional, faz-se necessário voltar a atenção àquelas pessoas que sofrem de um sentimento de vazio, de falta de sentido. Percebe-se cada vez mais que as pessoas reclamam de uma experiência que elas mesmas chamam de "vazio interior", e essa é a razão pela qual Frankl (2007, 2010, 2011) passou a utilizar, desde 1955, a denominação "vácuo existencial", ou "vazio existencial", que se constituiu um fenômeno, a partir do século XX, muito difundido, crescente e com alta propagação.

Hoje os indivíduos não se queixam mais de sentimentos de inferioridade ou frustrações sexuais como faziam no tempo de Freud e Adler, mas se queixam de um sentimento de inutilidade da vida, de um vazio existencial, que se manifesta por meio do tédio, da falta de interesse e da indiferença e pode gerar transtornos psicossociais descritos por Frankl como tríade da neurose de massa, composta por depressão, agressão e toxicodependência, as quais não podem ser entendidas se não reconhecermos o vazio existencial subjacente a eles (Frankl, 2005, 2009).

Algumas pesquisas reforçam a concepção de que o vazio existencial promove um significativo decaimento psicofísico, principalmente em populações mais vulneráveis, como as pessoas que vivem com HIV/AIDS. Makola (2015) investigou os níveis de sintomas depressivos e de sentido de vida de voluntários de educação para saúde em HIV/AIDS (N=24) de uma organização não-governamental da África do Sul que estavam em luto e observou, após uma intervenção centrada no sentido na vida, que os resultados do PILTest (*Purpose in Life Test*) nos participantes melhoraram de "senso moderado de sentido na vida", no pré-teste, a "alto senso de sentido na vida", no pós-teste, e os resultados do Inventário de Depressão de Beck (BDI, *Beck Depression Inventory*) melhoraram desde sintomas de uma depressão leve a flutuações normais.

De forma análoga, Lyon e Younger (2001) avaliaram sintomas depressivos em uma amostra de 123 PVHA e observaram que o sentido da vida foi um importante fator na minimização da depressão. Resultado semelhante foi encontrado por Suyanti, Keliat e Daulima (2018), que afirmaram que o encontro de sentido para a vida trouxe uma significativa redução no autoestigma e na depressão ($p < 0.05$). Assim sendo, percebe-se que há um profundo poder terapêutico no encontro de sentido para a vida, a ponto de Frankl (2005) afirmar que a sobrevivência depende da capacidade do homem de orientar a própria vida em direção a um "para que" (que coisa) ou um "para quem" (outra pessoa). As palavras de Frankl, pronunciadas em Salzburgo em 1977, ainda são bastante atuais:

> A escalada do número de suicídio com a qual somos hoje confrontados mostra-nos que sob as condições sociais predominantes, apesar do bem-estar social, pode-se chegar ao extremo da frustração existencial. A sociedade industrial e de consumo frustra a vontade de sentido. (Frankl, 1990, p. 29)

Mais do que nunca, vivemos em um tempo em que as pessoas têm buscado meios para viver, mas não têm encontrado uma razão pela qual viver. É por isso que, em situações limite, como o diagnóstico positivo para o HIV/AIDS, têm mais chance de sobreviver aquelas pessoas que estão direcionadas para o futuro ("para que"), para algo a realizar ou alguém a amar ("para quem") (Frankl, 1990). Lukas (1992, p. 190-191) completa essa ideia dizendo que:

> O grande perigo da frustração existencial não é tanto o fato de causar suicídios, mas a incapacidade dela decorrente de contrapor algo à ideia de suicídio. Numa vida vazia e sem sentido, falta o porquê de viver, e sem uma resposta para a pergunta "por que viver?", também não há resposta para a pergunta "por que não morrer?". (...) O conceito genérico de toda prevenção de suicídios se condensa, assim, na presença de uma resposta disponível para toda pessoa, a qualquer hora, para a pergunta "para que viver?..."

Nos anos de 1926, diante do alto índice de suicídio juvenil em Viena, Viktor Frankl, ainda estudante de Medicina, propõe a criação de Centros de Assessoramento Juvenil, a partir de suas experiências como colaborador do Centro de Assessoramento Educativo para Pais e do exemplo bem-sucedido desses centros. Fundado em 1927, após três anos de funcionamento o centro realiza o notável feito de reduzir a zero a taxa de suicídios entre os estudantes. Essa experiência aponta para a fundamental importância e papel que a psicoterapia pode desempenhar no enfrentamento do suicídio, inclusive no contexto do HIV/AIDS.

A psicoterapia como via de encontro de sentido para o tratamento de pessoas com ideação suicida

(...) obrigada por cuidar de mim e acreditar em mim,
quando nem eu mesma acreditava mais.
(Fala de paciente com ideação suicida em tratamento)

Há muito já se percebeu que o que tem mais significância na terapia não são as técnicas, mas, sim, o tipo de relação humana que se estabelece entre o terapeuta e o cliente, isto é, a questão do encontro pessoal e existencial. Nesta direção, Lukas (1990) defende uma "terapia ampla" que vise não apenas o sistema imunológico, tampouco o estado emocional, mas que inclua o espiritual, frequentemente ignorado pela medicina e psicologia, mas que, essencialmente, capacite o homem a se posicionar perante todas as forças do destino. Entendendo-se destino, aqui, não como um sentido místico, mas como uma concepção de uma situação que é imposta, que não é facultativa, que simplesmente é obrigado a vivenciar, a exemplo de fatores como a hereditariedade, os instintos e o meio ambiente.

Para Gutierrez (2014), a pessoa que é cuidada integralmente terá a oportunidade de buscar um novo sentido para sua vida, buscando forças para o enfrentamento da situação por mais dolorosa que seja, mas para alcançar a integralidade do cuidado se faz necessário visualizar o indivíduo como sujeito histórico, social e político, articulado ao contexto familiar, ao meio ambiente e à sociedade na qual se insere.

Cerqueira e Lima (2015, p. 454) ressaltam que:

> Para que seja possível olhar o cliente de forma mais ampla, é importante que o psicólogo invista no contato entre ambos. Encorajando o outro para que ele fale de si sem receio de mostrar quem realmente é. Esta atitude de aceitação do outro é importante, já que não existe uma forma certa de estar no mundo, isso varia de acordo com as necessidades de cada um, vai de acordo com quem se é, deseja e escolhe para si mesmo.

Angerami (2018, p. 22), a este propósito, afirma que

> Não se pode ser psicoterapeuta se não houver uma grande dosagem de amor, tanto pela atividade em si, como pelo paciente que se mostra à nossa frente... pois o que temos, então, é uma pessoa fragilizada, que tem a própria vida nas mãos do psicoterapeuta.

Sobre o psicoterapeuta, Wenzel, Brown e Beck (2010) ressaltam que este deve ter uma postura ativa objetivando a adesão ao tratamento, estabelecendo um diálogo aberto visando a minimização do estigma e a transmissão da esperança. Sobre o processo psicoterápico Frankl (1989, p. 279) destaca:

> Habitualmente somente se pergunta pelo motivo que alguém tentou suicidar-se. O que, no entanto, deveria interessar é menos o motivo que induz a alguém uma tentativa de suicídio que o motivo que impede esta tentativa. Em outras palavras, se trata dos recursos que se podem mobilizar para superar não somente situações limite como a de prisioneiros de guerra, como também depressões agudas acompanhadas de impulsos ao suicídio. E por essa mesma razão, importa menos medir, com a ajuda de testes, a intensidade dos impulsos ao suicídio que constatar até que

ponto o paciente em questão é capaz de resistir aos impulsos suicidas ao ter em conta o sentido da vida, o sentido de sobreviver.

Fukumitsu (2012, p. 24) diz que "(...) o fato de as pessoas conseguirem ou não acabar com suas vidas não descarta a ideia de que, em ambos os casos, existe uma mensagem existencial", cabendo ao profissional aprender a ler essa mensagem e ajudar o cliente a decifrá-la. Santos (2007) afirma que o indivíduo que tenta suicídio precisa de alguém para confiar, por isso o vínculo com o terapeuta é importante, e sua atuação deve ser cercada de cuidados, tranquilidade e segurança, promovendo o estabelecimento da confiança. De forma que, em momentos de crise, o cliente sinta-se à vontade para entrar em contato com seus sentimentos e conflitos e facilitar a comunicação sem interferências, realizando o tratamento de forma franca, clara e honesta, ancorada em preceitos humanos e éticos mais amplos.

Na verdade, o psicoterapeuta precisa desenvolver empatia no que se refere ao sofrimento humano, estabelecendo uma relação terapêutica que prima pelo cuidado, fazendo com que o cliente ressignifique seu sofrimento e encontre possibilidades de manejos dos seus conflitos. Contudo, "(...) nem sempre tais aspectos são suficientes a ponto de assegurar que a pessoa pare de acreditar que sua morte seja mais atraente que a vida" (Fukumitsu, 2014, p. 270). Para a autora, o psicoterapeuta precisa aprender a tolerar a falta de sentido do outro, devendo aprender a dosar sua potência e entender que seus serviços devem ser direcionados para o foco existencial de cada cliente e, não necessariamente, salvar vidas.

> A morte é soberana e é a situação limite de todos os seres humanos que vivem. Sendo assim, há que se indagar: existe a possibilidade de se ter o controle sobre a morte do outro? A resposta é negativa, pois também se acredita não ser possível ter o controle sobre a vida do outro. O trabalho do psicoterapeuta, portanto, não deve ser o de evitar a morte, mas, de fato, o de promover a ampliação de situações nas quais o cliente possa se sentir vivo. (Fukumitsu, 2014, p. 271)

Angerami (2018, p. 32) ressalta que uma das questões mais importante para o psicoterapeuta que atende demandas de tentativa de suicídio é resgatar o sentido de vida do paciente, afirmando que "(...) o sentido de vida surge como sendo um dos principais antídotos contra o suicídio". A negligência ao sentido da vida foi um dos fatores que levaram Frankl (2007) a concluir que o processo de cura permeia o encontro do sentido, pois enquanto não houver um "para que" se curar, isto é, um motivo que transcende a cura física, fundado no sentido, este processo será mais lento e poderá até não progredir. Desta forma, concebe-se que dificilmente alguém escolheria deixar a dependência do álcool se após estar livre da dependência não se sabe o que fazer com a vida, de forma semelhante, é mais difícil uma pessoa aderir aos antirretrovirais sem uma razão, propósito ou sentido para tal.

Na pessoa que vive com HIV/AIDS há uma queda natural no funcionamento dos mecanismos de defesa do corpo, porém não se pode negligenciar as repercussões da interação psiconoológica para o bom funcionamento deste sistema. A medicina tenta ainda hoje encontrar a cura para a AIDS, no entanto, o modelo da noopsicossomática descrito por Frankl propõe o desenvolvimento de uma terapia que conduza o ser humano a uma vida plena de sentido. Isto não implica necessariamente em cura física ou na solução de um problema de saúde, mas, acima de tudo, em capacitar o homem, dotá-lo de ferramentas para encontrar o sentido presente em toda e qualquer situação, pois, como afirma Lukas (1990, p. 128), "(...) por trás de toda arte de viver bem sucedida, há sempre como base uma atitude pessoal positiva de vida, (...) uma existência humana plena de sentido".

Lukas (2002) desenvolveu um estudo com um grupo de pessoas com AIDS em estágio terminal que, na ausência de casas que os pudessem acolher, haviam sido transferidos para um hospital psiquiátrico. Eram, em sua maioria, jovens que haviam se infectado através do uso de drogas, o que resultou no abandono por parte de seus familiares, cuidadores e amigos. A fase terminal da AIDS é extremamente dolorosa e humilhante devido a seus efeitos no corpo, porém, mais devastador, no entanto, era a falta de esperança e de resignação por terem que esperar passivamente pela morte. Diante desse cenário, funcionários do hospital, que possuíam formação em Logoterapia, introduziram uma experiência piloto e, através do auxílio de um artista russo que residia no local, conseguiram abrir uma oficina de pintura de ícones. Cada paciente podia determinar o tamanho da placa de madeira que iria pintar, em conformidade com as forças que ainda julgava possuir, e o tema da pintura também podia ser escolhido com liberdade. Apesar da fraqueza, os enfermos dedicaram-se à pintura com esmero e desapego. Foi solicitado também que cada um oferecesse seu ícone a uma pessoa que o iria receber depois de sua morte, seja alguém que ele amou um dia ou a quem desejasse pedir perdão. Ocorreram cenas tocantes: um dos jovens, por exemplo, dedicou a seu pai o ícone em que trabalhou com afinco, embora há anos o pai nada mais quisesse saber sobre o filho dependente de drogas (Lukas, 2002).

Após doze meses, os resultados foram significativos: desde que a pintura icônica foi introduzida, o uso de analgésicos foi reduzido a metade, prova de que por algum tempo os pacientes "esqueciam" as suas dores; deixaram de existir os terríveis gritos de agonia mortal que antes abalavam o hospital, prova de que eles puderam morrer mais reconciliados; o mais impressionante, no entanto, foi que durante os doze meses da experiência piloto nenhum paciente morreu sem antes haver concluído seu ícone, prova da triunfal vitória do espírito sobre a enfermidade do corpo, da influência do sentido sobre o sistema imunológico (Lukas, 2002).

Esse fenômeno foi observado pelo autor deste capítulo na aplicação de sua pesquisa de mestrado com pessoas que vivem com HIV/AIDS, no ano de 2011. Um exemplo foi um fato ocorrido na coleta de dados, em que uma paciente – que integrou a amostra – havia mais de um ano se recusara a fazer uso da terapia antirretroviral, mesmo com a insistência da equipe de saúde do hospital, chegando a afirmar: "*duvido que alguém me faça tomar a medicação*". Associada a essa afirmação estava um discurso de que a vida perdera seu sentido após o diagnóstico positivo para o HIV, literalmente foi observado o estado de "se entregar à própria morte".

Porém, em escuta terapêutica com uma das pesquisadoras que colaboraram com o estudo, a paciente relata que, apesar de não ter muito interesse pela vida, alguém a motivava a viver: sua filha de oito anos, a quem amava muito e fazia com que se sentisse bem em alguns momentos. Relatava que sua filha dependia dela, já que era mãe solteira e não havia ninguém que a auxiliasse nesse cuidado. Ao ser questionada se a não adesão aos antirretrovirais a ajudaria a cuidar da filha, a paciente reconhece que provavelmente diminuiria seu tempo de vida. Então, sem que fosse pedido, ela mesma chegou à conclusão de que iria começar a tomar a medicação, pois queria prolongar ao máximo sua vida para, assim, cuidar da menina. Foi como se naquele momento um valor "brilhasse" para sua consciência, como se o amor pela filha superasse o medo, o preconceito, os efeitos colaterais, e ela resgatasse um propósito, um motivo, uma razão para viver, ainda que com o HIV/AIDS. Portanto, ao tomar consciência de um sentido na vida, foi possível sobrepujar o sofrimento e decidir por dizer "sim" à vida e, neste sentido, corroborar com Frankl (2009, p. 11): "(...) dizer sim à vida apesar de todos os aspectos trágicos da existência humana".

Fukumitsu (2014) afirma que levando em consideração a premissa de que, provavelmente, a pessoa com ideação suicida não busque a morte, mas sim uma outra forma de viver, deve-se destacar a disponibilidade do psicoterapeuta de direcionar sua habilidade técnica com ternura e acolhimento ao ser humano que compartilha seu sofrimento. O psicoterapeuta deve demonstrar que a pessoa com ideação suicida é compreendido na sua essência; se colocando disponível afetivamente para o cuidado, de forma a "(...) oferecer a sensação de alívio para a solidão existencial e acalanto para o desespero" (FUKUMITSU, 2014, p. 274).

No dizer de Tavares (2001, p. 50 apud CERQUEIRA; LIMA, 2015, p 456), "Somos parceiros existenciais de quem nos propomos a acompanhar. Quem cuida, não salva e nem abandona, acompanha. Acompanhar o outro sem se abandonar, atento ao seu próprio bem-estar e, também, às suas dores".

Sendo o suicídio uma questão complexa e multideterminada, importante frisar que o trabalho jamais deve ser isolado, antes deve ser realizado em parceria com outros profissionais e com a família. Sobre isso, Fukumitsu (2014) destaca que o manejo com os que possuem ideação suicida requer respeito, disponibilidade, trabalho interdisciplinar, além do trabalho com dores, tolerância e frustrações, não apenas do paciente, mas também do terapeuta, da família e da equipe.

Considerações finais

Ao fazermos uma reflexão sobre o suicídio no contexto de pessoas que vivem com HIV/AIDS, assinalamos diversos aspectos que permeiam esse fenômeno, como os subjetivos, os culturais, os sociais, os religiosos, os econômicos. Mas, durante todo o tempo, tivemos sempre em mente que, devido à complexidade do fenômeno do suicídio, em especial no contexto do HIV/AIDS, não tínhamos a pretensão de esgotar todo o tema, nem responder todas as perguntas. Antes, objetivávamos trazer reflexões que abordassem essa realidade sob uma ótica mais existencial, humanista e otimista, com o intuito de mostrar que, por mais adversa que seja a caminhada, ainda assim acreditamos na potencialidade do ser humano para se encontrar e superar suas dificuldades, sendo sempre possível superar a dor e o vazio existencial, resgatando o sentido da vida.

Devido a isso, demos ênfase à perspectiva do suicídio como sintoma de um vazio existencial, da perda de sentido para a própria vida. Destacamos que a psicoterapia ocupa papel fundamental, possibilitando não apenas o resgate de uma razão para viver, mas oferecendo aos sujeitos em situação de profundo sofrimento e vulnerabilidade um acolhimento autêntico, humano e transformador. Por isso, lembramos novamente Viktor Frankl, quando ele ressalta que, no trato com pessoas com ideação suicida, mais importante que perguntar o "por quê?" da desistência da vida, é perguntar "para quê vale a pena continuar vivendo?".

Destacamos, ainda, que a vida conserva um sentido específico para cada sujeito, o qual se conserva, literalmente, até o último suspiro, ainda que muitas vezes as pessoas não compreendam uma razão pela qual viver, ainda que seu campo de percepção e consciência estejam limitados ou alterados, como no caso de um quadro depressivo. Nesse processo, o psicoterapeuta ocupa um papel fundamental, ao despertar no sujeito em tratamento a noção de que sua vida também tem um sentido e que cabe a cada um encontrar o seu próprio sentido de existir, sendo a postura do psicoterapeuta essencial para esse encontro, devendo perpassar por uma profunda disposição existencial de estar com o outro por inteiro, em uma entrega autêntica e vivencial. Desenvolvendo sua capacidade de conduzir a quem nos procura a quebrar barreiras de estigmas e de isolamento, levando o cliente a abrir-se para possibilidades, de encontro e acolhida. Uma relação existencial transcende e leva o outro a perceber não apenas quem ele foi, ou quem ele é, mas principalmente, quem ele pode vir-a-ser.

Referências

ALENCAR, T. M. D.; NEMES, M. I. B. & VELLOSO, M. A. Transformações da "aids aguda" para a "aids crônica": percepção corporal e intervenções cirúrgicas entre pessoas vivendo com HIV e AIDS. *Ciência & Saúde Coletiva*, v. 13, n. 6, p. 1841-1849, 2008.

ANGERAMI, V. A. Atitudes do psicoterapeuta diante dos casos de suicídio, In: ANGERAMI, V. (Org). *Sobre o suicídio*: a psicoterapia diante da autodestruição. São Paulo: Artesã, 2018. p. 15-106.

AQUINO, T. A. A. *Logoterapia e Análise Existencial*: uma introdução ao pensamento de Viktor Frankl. São Paulo: Paulus, 2013.

ASSUMPÇÃO JR., F. B. Suicídio na infância e na adolescência. In: ANGERAMI, V. (Org). *Sobre o suicídio*: a psicoterapia diante da autodestruição. São Paulo: Artesã, 2018. p. 107-126

AYRES, J. et al. Risco, vulnerabilidade e práticas de prevenção e promoção de saúde. In CAMPOS, G. et al (Eds.). *Tratado de saúde coletiva*. São Paulo: Hucitec, 2006. p. 375-417.

BALDO, V. H. F. S. et al. Avaliação do Risco de Suicídio em Pacientes HIV Positivos em Acompanhamento Ambulatorial no Hospital Universitário Gaffrée e Guinle. *Caderno Brasileiro de Medicina*, v. 4, p. 1-65, 2017.

BALESTIERI, Filomena Maria Perrella. *Imunologia*. São Paulo: Malone, 2005.

BITEW H. et al. Suicidal ideation, attempt, and determining factors among HIV/ AIDS patients, Ethiopia. *Depress Res Treat.*; v. 8, n. 9, p. 131-160, 2016.

BOTEGA, N. J. Comportamento suicida: epidemiologia. *Revista Psicologia USP*, v. 25, n. 3, p. 231-236, 2014.

BRASIL. Ministério da Saúde. *Banco de dados do SUS – DATASUS. Informações de Saúde, Sistema de Informações sobre Mortalidade*. 2017. Disponível em: <http://www.who.int/mental_health/media/counsellors_portuguese.pdf> Acesso em: 04 jan. 2018.

CERQUEIRA, Y.; LIMA, P. Suicídio: a prática do psicólogo e os principais fatores de risco e de proteção. *Revista IGT na Rede*, v. 12, n. 23, p. 444-458, 2015.

FARO, A.; SANTOS, L.C.S. Suicídio na adolescência: panorama, cuidados e escuta, In: ANGERAMI, V. (Org). *Sobre o suicídio*: a psicoterapia diante da autodestruição. São Paulo: Artesã, 2018. p. 169-187.

FRANKL, V. E. *A questão do sentido em psicoterapia* (1 ed., Vol. 1). (B. Marchesini, Ed.) Campinas: Papirus, 1990.

FRANKL, V. E. *Um sentido para a vida:* psicoterapia e humanismo. Tradução de Lapenta, V. H. S.). 15. ed. Aparecida, SP: Idéias e Letras, 2005.

FRANKL, V. E. *Logoterapia y análisis exixtencial:* textos de cinco décadas. Tradução de José A. de Prado, Roland Wenzel e Isidro Arias. Barcelona: Herder Editorial, 2007.

FRANKL, V. E. *Em busca de sentido:* um psicólogo no campo de concentração. Tradução de Walter O. Schlupp e Carlos C. Aveline. 25. ed. São Leopoldo: Sinodal. Petrópolis: Vozes, 2008.

FRANKL, V. E. *A presença ignorada de Deus*. Tradução de W. O. Schlupp e H. H. Reinhold. 11. ed. São Leopoldo, RS: Sinodal; Petrópolis: Vozes, 2009.

FRANKL, V. E. *Psicoterapia e sentido da vida:* fundamentos da logoterapia e análise existencial. Tradução de Alípio Maia de Castro. 5 ed. São Paulo: Quadrante, 2010.

FRANKL, V. E. *A vontade de sentido*: fundamentos e aplicações da Logoterapia. YTradução de Ivo Studart Pereira. ed. ampliada. São Paulo: Paulos, 2011.

FUKUMITSU. K. O. O psicoterapeuta diante do comportamento suicida. *Revista Psicologia USP*, v. 25, n. 3, p. 270-275, 2014.

FUKUMITSU, K. O. *Suicídio e Gestalt-terapia*. São Paulo: Digital Publish & Print Editora, 2012.

GONÇALVES, B. (2018). Sobre o desespero. In: ANGERAMI, V. (Org). *Sobre o suicídio*: a psicoterapia diante da autodestruição. São Paulo: Artesã, 2018. p. 247-276.

GURM J. et al. Suicide mortality among people accessing highly active antiretroviral therapy for HIV/AIDS in British Columbia: a retrospective analysis. *CMAJ Open*, v. 3, n. 2, p. 140-148, 2015.

GUTIERREZ, B, A. O. Assistência hospitalar na tentativa de suicídio. *Psicol. USP [online]*, v. 25, n. 3, p. 262-269, 2014.

JESUS, G. J. Dificuldades do viver com HIV/Aids: Entraves na qualidade de vida. *Acta Paulista de Enfermagem.*, v. 30, n. 3, p. 301-307, 2017.

KANG, C. R. Suicidal ideation and suicide attempts among human immunodeficiency virus-infected adults: differences in risk factors and their implications. *AIDS Care*, v. 28, n. 3, p. 306-313,2016.

LUKAS, E. *Logoterapia:* a força desafiadora do espírito. Tradução de J. de Sá Porto, Trad. São Paulo: Edições Loyola, Santos: Leopodianum Editora, 1989.

LUKAS, E. *Mentalização e saúde:* A arte de viver e logoterapia Tradução de HelgaHinkenickel Reinhold. Petrópolis: Vozes, 1990.

LUKAS, E. *Assistência logoterapêutica*. Petrópolis: Vozes, 1992.

LUKAS, E. *O sentido do momento*. München: KöseVerlag, 2002.

LUKAS, E. *Viktor E. Frankl – O sentido da vida*: o pensamento essencial de Viktor E. Frankl.. 3. ed.. Barcelona: Plataforma Editorial, 2012.

LYON, D. E.; YOUNGER, J. B. Purpose in life and depressive symptoms in persons living with HIV disease. *Journal of Nursing Scholarship*, v. 33, n. 2, p. 129-133, 2001.

MACHADO, D. B.; SANTOS, D. N. Suicídio no Brasil, de 2000 a 2012. *Jornal Brasileiro de Psiquiatria*, v. 64, n. 1, p. 45-54, 2015.

MAKOLA, S. The influence of parental death on the measures of meaning and depression in a sample of hivand aids health education volunteers. *Logos & existência*, v. 4, n. 1, p. 75-83, 2015.

MARÍN-LEÓN, L., OLIVEIRA, H. B., & BOTEGA, N. J. Suicide in Brazil, 2004–2010: The importance of small counties. *Revista Panamericana de Salud Publica*, v. 32, n. 5, p. 351-359, 2012.

OLIVEIRA, F. B. Sexual orientation and quality of life of people living with HIV/Aids. *Revista Brasileira de Enfermagem*, v. 70, n. 5, p. 1004-1010, 2017.

ORGANIZAÇÃO MUNDIAL DA SAÚDE (OMS). *Preventing suicide*: a community engagement toolkit. Geneva: World Health Organization. Licence, 2018..

PASSOS, Susane Müller Klug; SOUZA, Luciano Dias de Mattos; SPESSATO. Bárbara Coiro. High prevalence of suicide risk in people living with HIV: who is at higher risk? *AIDS Care*, v. 26, n. 13, p. 79-82, 2014.

PONTES, A. M. et al. Noopsicossomática em pessoas vivendo com HIV/AIDS: evidências de um modelo explicativo. *Revista Psico*, v. 46, p. 129-138, 2015..

SANTOS, A. B. B. A primeira hora: as dificuldades e desafios dos profissionais de psicologia em tratar e compreender pacientes com ideação ou tentativa de suicídio. Tese (Mestrado em Psicologia) – Instituto de Psicologia, Universidade de São Paulo, São Paulo, 2007. 184 p.

SANTOS, W. S. dos et al. A influência de fatores de risco e proteção frente à ideação suicida. *Revista Psicologia, Saúde & Doenças*, v. 17, n. 3, p. 515-526, 2016.

SHERR, L. Suicidal ideation in UK HIV clinicat tenders. *AIDS (London, England)*, v. 22, n. 13, p. 165168, 2018.

SOUSA, M. D. F. de. Variáveis associadas à ideação suicida em pessoas com VIH – Sida. Dissertação de mestrado integrado em Psicologia. Coimbra, 2017.

SUYANTI, Titi Sri; KELIAT, Budi Anna; DAULIMA, Novy Helena Catharina. Effect of logo-therapy, acceptance, commitment therapy, family psychoeducation on self-stigma, and depression on housewives living with HIV/AIDS. *Enfermagem Clinica.*, v. 28 (Supl 1 Part A), p. 98-101, 2018.

UNAIDS *Programa Conjunto das Nações Unidas sobre HIV/AIDS.* Global Report, Organização das Nações Unidas, 2012.

UNAIDS. *Programa Conjunto das Nações Unidas sobre HIV/AIDS.* Global Report, Organização das Nações Unidas, 2018.

WANG, W. et al. Psychosocial health and suicidal ideation among people living with HIV/AIDS: A crosssectional study in Nanjing, China. *PLoS ONE*, v. 13, n. 2, p. 929-940, 2018.

WENZEL, A.; BROWN, G. K.; BECK, A. T. *Terapia Cognitiva – Comportamental para pacientes suicidas.* Porto Alegre: Artmed, 2010.

CAPÍTULO 16

Por que os nossos jovens se matam?

Denise Pereira Alves de Sena
Maria Aparecida Penso

Este capítulo pretende apresentar um levantamento sobre o que tem sido publicado a respeito de suicídio ou tentativas de suicídio de jovens no Brasil e no mundo. Para tanto, foi realizado uma pesquisa bibliográfica dos artigos científicos publicados nos últimos 10 anos (2008-2018), no Portal de Periódicos CAPES, no idioma inglês, com artigos revisados por pares, com as palavras chaves "suicídio" e "jovens". Foi encontrado um total de 207 artigos.

O suicídio é um fenômeno social, mundial, e um problema de saúde pública observado desde a antiguidade ocorrendo ainda na atualidade (Brasil, 2017). A palavra "suicídio" foi criada em 1737 por Desfontaines, com origem no latim – *sui* (si mesmo) e *caederes* (ação de matar) – e aponta para a necessidade de buscar a morte como um refúgio para o sofrimento que se torna insuportável. Sendo uma ação voluntária e intencional parte do ponto de vista que a morte significa o fim de tudo (Assumpção Jr., 2018). Segundo a Organização Mundial da Saúde (2002) o suicídio consiste em um ato intencional para acabar com a própria vida.

A cada 40 segundos uma pessoa comete suicídio no mundo. O comportamento suicida precisa ser analisado em suas diferentes expressões, incluindo ideação suicida, o planejamento e a tentativa concluída. Estima-se que para cada suicídio consumado houveram de 10 a 20 tentativas, o que demonstra a magnitude deste problema de saúde pública (Cantão; Botti, 2016). O Brasil ocupa a oitava posição em números totais de suicídios. O país que apresenta maior número de suicídios é a Índia (258 mil óbitos), seguido da China (120,7 mil), Estados Unidos (43 mil), Rússia (31 mil), Japão (29 mil), Coreia do Sul (17 mil) e Paquistão (13 mil), (OMS, 2014). Entretanto é importante destacar que os registros sobre o suicídio e/ou das tentativas, são negligenciados, o que dificulta a compilação exata das estatísticas (Botega, 2010). Isso pode ser devido à decorrência dos óbitos em hospitais serem registrados, em alguns casos, de forma diferente, podendo não ser relacionados a tentativa de suicídio, atendendo a pedido de familiares do falecido. Além disso, em casos de mortes por causas externas, é comum que seja registrado no atestado de óbito a natureza da lesão que levou à morte, sem fazer referência à circunstância que a originou. Dessa forma, não há um registro fidedigno quanto à causa da morte: homicídio, suicídio ou acidente, por exemplo. De acordo com Angerami (2003, p. 108), "(...) existe um grande número de tentativas de suicídio que são escondidas ou falseadas nos prontuários hospitalares, devido principalmente à omissão social do suicídio". O autor segue afirmando que é praticamente impossível identificar a quantidade exata de tentativas de suicídio que ocorrem cotidianamente, seja pelo fato do paciente apresentar dados falsos de identificação, seja porque se impõe uma causalidade acidental ao comportamento da tentativa de suicídio.

O suicídio, ou as tentativas de autoextermínio, envolvem, ainda, questões de ordem econômica, religiosa e filosófica sendo categorizado como um problema de saúde pública. No Brasil o Ministério da Saúde tem desenvolvido programas de capacitação para profissionais das equipes de saúde mental, além de orientações para a formação de redes de prevenção e controle do suicídio. Todas essas iniciativas estão presentes no Plano Nacional de Prevenção do Suicídio (Brasil, 2017), o qual traça estratégias a serem adotadas por toda a sociedade na prevenção desse ato. Para Quental (2014), ao considerar o suicídio como problema de saúde pública, dá-se maior visibilidade ao mesmo, abrem-se possibilidades para que todos possam contribuir para a sua resolução e enfrentamento. Solonon (2018) destaca que no campo do suicídio, retirar sua invisibilidade, trazendo-o para a área pública, sugere o desenvolvimento de novas perspectivas sob o aspecto do acolhimento, da compreensão, do cuidado e da valorização da vida. No que tange à capacitação acadêmica de profissionais da área da saúde Argerami (2018), que foi um dos precursores no Brasil na atuação junto a pacientes com intenções suicidas, destaca que ainda há muito trabalho a ser feito, os profissionais das áreas da saúde precisam ser treinados e capacitados para acolher e cuidar de forma adequada destes sujeitos para os quais a autodestruição mostra-se como saída.

O suicídio é um ato intencional e voluntário que objetiva cessar a vida do praticante, após certo grau de reflexão (Assumpção, 2018; Solonon, 2018). Pode ser concretizado por meio de atos mais agressivos com uso de armas brancas e de fogo, enforcamento (práticas mais comuns em homens) ou com a ingestão de medicações ou de substâncias letais (práticas mais comuns às mulheres). Existem, ainda, as "formas homeopáticas" de atentar contra a própria vida fazendo uso abusivo de álcool e drogas, praticando esportes ou atividades de lazer que coloquem a vida em risco, deixando de fazer atividades físicas, descuidando da própria alimentação ou assumindo vida sexual promiscua (Ribeiro; Moreira, 2018).A maneira como a sociedade reage ao suicídio varia conforme o período histórico-cultural. Na Roma antiga morrer não importava, era relevante o meio para se morrer, como um ato digno e de bravura. Entre os primeiros cristãos, morrer significava libertar-se deste mundo de dores e sofrimentos, dos pecados, alcançando o paraíso. A história mudou nos séculos V e VI, nos Concílios de Orleans, Braga e Toledo. Estes encontros deliberaram uma mudança de rumos, proibindo qualquer homenagem aos suicidas, e mesmo aqueles que só tentavam e não conseguiam êxito, eram excomungados. Assim, o suicídio tornou-se um crime e um pecado, e suas consequências poderiam agora se estender inclusive aos familiares, que enfrentavam preconceitos e perseguições. O resgate dos bens, a proibição do morto de ser enterrado com as honras fúnebres eram penalidades usuais. Na Índia até a bem pouco tempo, punições mais severas como enterrar a esposa junto ao marido suicida eram praticadas. Já na cultura japonesa, esta atitude pode ser considerada uma forma digna de fugir de contextos que envolvem vergonha e culpa, como o *harakiri*, praticado antigamente entre os guerreiros samurais (Chachamovich, 2009).

A morte é um marcador social do qual nenhum humano será poupado, desenhando-se, inclusive, como a única certeza que temos. Entretanto, a escolha deliberada pela morte, o suicídio, causa grande impacto familiar e social, provocando sofrimento naqueles que convivem e se relacionam com as vítimas. E quando a vítima é um jovem, esse horror aumenta, devido as inúmeras possibilidades de vivência que se encerram no momento da morte. A crescente taxa de suicídio entre os jovens é preocupante, entre os 15 e os 24 anos, já se encontrando em terceiro lugar nas causas da morte, seguido de acidentes e homicídios (Assumpção, 2018; Gonçalves; Freitas; Sequeira, 2011). De acordo com o Ministério da Saúde (2018), o maior índice de suicídio está entre os homens (79%), mas a maior incidência de tentativa de suicídio está entre as mulheres.

A OMS (2018) destacou em seu relatório que o suicídio é um problema mundial de saúde pública: cerca de 800 mil pessoas morrem por suicídio todos os anos, sendo a segunda principal causa de morte entre jovens com idade entre 15 a 24 anos, perdendo apenas para atos de violência. Tal relatório destacou a estreita relação entre suicídio e distúrbios mentais (em particular depressão e alcoolismo). Contudo momentos de crise (financeira, relacional e de saúde) e experiências ligadas a abusos, violências, desastres, experiências de grupos vulneráveis que sofrem discriminação e enfrentamento de conflitos ajudam a aumentar essa triste estatística.

A análise dos dados estatísticos encontrados sobre o crescente número de suicídio entre jovens de 15 a 24 anos, nos últimos dez anos, provoca a reflexão sobre o que pode estar acontecendo com os jovens. Assumpção (2018) destaca que as frágeis relações familiares e, consequentemente, sociais do mundo pós-moderno exige dos jovens uma capacidade para lidar com frustrações e cobranças para as quais eles não foram preparados. Faro e Santos (2018) corroboram com Assumpção além de elencarem fatores ligados a desordens mentais, históricos familiares de suicídio e o *bullying* atualmente evidenciado nas escolas acumulam-se como causas para tal aumento.

O levantamento bibliográfico realizado para a construção deste texto, teve como principal motivação a tentativa de contribuir um pouco mais para o entendimento deste fenômeno, assustador, de desinvestimento na vida por parte dos jovens.

Organizando a pesquisa

A revisão de literatura é uma ferramenta útil para identificar e localizar informações disponíveis em base dados sobre um tema específico. Aqui a base de dados utilizada para a busca dos artigos científicos foi o Portal de Periódicos CAPES, que reúne trabalhos publicados em diferentes bases de dados e diversas áreas do conhecimento. Aqui foi usada a ferramenta de busca avançada, pela qual é possível combinar duas palavras, sendo usados os descritores "suicídio" e "jovens", para artigos revisados por pares, no período de 2008 a 2018, no idioma inglês (que traz também artigos em português e espanhol). Após a realização da busca foi construída uma tabela organizando os dados encontrados, sendo eles: nome do artigo, periódico no qual foi publicado, nome dos autores, ano e resumo. A busca foi realizada em novembro de 2018.

Se fizéssemos uma fotografia dos artigos encontrados teríamos a seguinte imagem: 207 artigos científicos, sendo que 42 deles tem suicídio no título e os demais (165) tem a palavra suicídio e/ou jovem ao longo do texto e por isso entraram na busca, mas, não tratam especificamente sobre o tema central deste capítulo. Dentre os 42 artigos encontrados com a palavra "suicídio" em seus títulos, temos a seguinte divisão por temas: 18 tratam da relação entre suicídio e jovens, um trata do suicídio de indígenas, um sobre violência sexual em mulheres e suicídio, seis tratam da ideação/tentativa de suicídio em homens adultos, quatro falam sobre depressão em adultos e suicídio, dois discutem a relação entre suicídio e alcoolismo, um fala sobre câncer e suicídio, outro estuda a representação social do suicídio, seis deles estudam sobre a relação entre velhice e suicídio, um discorre sobre famílias sobreviventes (famílias que perderam um ente querido por suicídio), e um artigo está repetido.

Portanto, serão objeto deste trabalho os 18 artigos que tratam de suicídio e jovens. Analisando pelos anos que ocorreram as publicações, 2009 e 2016 foram os anos com mais publicações, quatro em cada ano. Segue tabela com o título dos artigos, objetivos, palavras-chaves, ano de publicação e país de publicação:

Título dos Artigos	Objetivo e palavras-chaves	Ano e país de publicação
Prevalencia de depresión e ideación suicida em estudiantes de 8°, 9°, 10° y 11° grado, em ocho colégios oficiales de Manizales	Avaliar o fator de risco de suicídio em jovens com depressão maior. Palavras-chaves: depressão, suicídio, adolescentes, prevalência e estudantes.	2008 Colômbia.
Quais são os recentes achados clínicos sobre a associação entre depressão e suicídio?	Revisar publicações que estabeleçam relação entre depressão e suicídio de jovens. Palavras-chaves: suicídio, depressão, prevenção primária, comportamento impulsivo e psicopatologia.	2009 Canadá e Brasil.
Prevalência de transtornos mentais nas tentativas de suicídio em um hospital de emergência no Rio de Janeiro, Brasil.	Estimar a prevalência de transtornos mentais em 96 casos de tentativas de suicídios atendidos no hospital de emergência. Palavras-chaves: transtornos mentais, tentativas de suicídio, hospitais de emergência.	2009 Brasil.
Prevalência de ideação, plano e tentativa de suicídio: um inquérito de base populacional em Campinas, São Paulo, Brasil.	Estimar a prevalência ao longo da vida de ideação, planos e tentativas de suicídio na população. Palavras-chaves: tentativa de suicídio, suicídio, comportamento autodestrutivo.	2009 Brasil.
Preferência musical e risco de suicídio entre jovens	Conhecer as relações entre preferência musical e risco de suicídio. Palavras-chaves: música, preferências, suicídio e jovens.	2009 Brasil.
Comportamentos suicidários em estudantes do ensino superior: factores de risco e de proteção	Abordar algumas questões relacionadas com os comportamentos suicidários em estudantes do Ensino Superior. Palavras-chaves: estudantes do ensino superior, comportamentos suicidários, indicadores de risco e de proteção.	2011 Brasil e Portugal.

Título dos Artigos	Objetivo e palavras-chaves	Ano e país de publicação
Risco de suicídio em jovens com transtornos de ansiedade: estudo de base populacional	Verificar a relação entre a presença de transtornos de ansiedade e risco de suicídio em jovens. Palavras-chaves: suicídio, ansiedade, distúrbios mentais.	2012 Brasil.
Risco de suicídio e comportamento de risco à saúde em jovens de 18 a 24 anos: um estudo descritivo	Avaliar o risco de suicídio e comportamentos de risco em jovens. Palavras-chaves: suicídio, assunção de riscos e adulto jovem.	2012 Brasil.
Ideações e tentativas de suicido em adolescentes com práticas sexuais hetero e homoeróticas	Conhecer as associações entre orientação sexual e ideações e tentativas de suicídio. Palavras-chaves: homofobia, suicídio, homossexualidade, adolescência, identidade sexual e violência.	2012 Brasil.
O significado do atendimento a jovens que tentaram suicídio para o enfermeiro do pré-hospitalar	Apreender o significado do atendimento a jovens que tentaram suicídio para o enfermeiro do pré-hospitalar e analisar de que forma este significado pode influenciar no atendimento a esses jovens. Palavras-chaves: serviços de atendimento, tentativa de suicídio, jovens e enfermeiro.	2013 Brasil.
Desigualdades na mortalidade por suicídio entre indígenas e não indígenas no estado do Amazonas	Analisar as taxas e algumas características da mortalidade por suicídio entre indígenas e não indígenas, com idades entre 15 e 24 anos, no Amazonas. Palavras-chaves: suicídio, epidemiologia, população indígena, desigualdades em saúde e Brasil.	2013 Brasil.
Violência sexual, transtornos de humor e risco de suicídio: um estudo de base populacional	Analisar a associação entre o abuso sexual, episódios maníacos depressivos e risco de suicídio em jovens adultos. Palavras-chaves: abuso sexual, depressão, depressão bipolar e risco de suicídio.	2015 Brasil.

Título dos Artigos	Objetivo e palavras-chaves	Ano e país de publicação
Riesgo suicida según la tríada cognitiva negativa, ideación, desesperanza Y depresión.	Estabelecer a relação entre ideação suicida, desesperança, tríade cognitiva e depressão, como evidência do modelo cognitivo do risco de suicídio entre jovens. Palavras-chaves: cognição, depressão, estatísticas não paramétricas, suicídio, tentativas de suicídio.	2016 Colômbia.
La prevención del suicidio juvenil: entre la enunciación y la acción	Apresentar estratégias que explicam o suicídio de jovens, suas características e possíveis formas de prevenção. Palavras-chaves: suicídio juvenil, fatores de risco, prevenção e serviços socio sanitários.	2016 Brasil.
Apego e risco de suicídio em adolescentes: estudo de revisão	Analisar artigos que examinaram a relação entre apego e comportamento suicida em adolescentes. Palavras-chaves: suicídio, adolescentes, apego e vínculo parental.	2016 Brasil.
Comportamento suicida entre dependentes químicos	Descrever o perfil de dependentes químicos atendidos em um serviço de saúde mental, a frequência do comportamento suicida entre os participantes e as associações entre essas duas problemáticas em sujeitos jovens com idade entre 15 e 45 anos. Palavras-chaves: suicídio, tentativa de suicídio, transtornos relacionados ao uso de substâncias, fatores de risco, enfermagem psiquiátrica.	2016 Brasil.
Uma abordagem sobre o suicídio de adolescentes e jovens no Brasil.	Analisar o suicídio entre jovens no Brasil a partir da abordagem de Durkheim. Palavras-chaves: Durkheim, suicídio e juventude.	2018 Brasil.

Título dos Artigos	Objetivo e palavras-chaves	Ano e país de publicação
Prevention versus clinical management of suicide attempts in adolescents: what are the costs?	Estimar e comparar o custo da atenção médica da tentativa de suicídio de jovens, com o custo médio de um programa escolar de prevenção do suicídio em adolescentes. Palavras-chaves: suicídio, custo e análise de custo, prevenção, hospitalização, adolescente, política de saúde.	2018 Colômbia.

Para auxiliar na organização e apresentação dos dados encontrados, foi utilizado o programa de computador Iramuteq R *(Interface de R pour analyses Multidimensionnelles de Textes et de Questionneires),* que tem sido usado com esse objetivo em diferentes trabalhos na área de ciências humanas (Camargo et al, 2014; Santos, 2014; Silva, 2014). Suas características principais são a agilidade, a gratuidade e a utilização de código aberto, capaz de realizar análises de textos e tabela de dados, tornando sua apresentação visualmente autoexplicativa (Ratinaud, 2014).

Foram selecionados os resumos dos artigos encontrados para a construção do banco de dados que o programa exige. Os resumos encontrados em inglês e espanhol foram traduzidos para que pudessem atender as condições de "língua culta" (em português) para que o programa pudesse ser utilizado. Criou-se um banco de dados no programa "bloco de notas" e retirou-se dos artigos as palavras "método", "resultados" e "conclusão" evitando a "poluição" das figuras construídas. Aqui optou-se pela utilização das figuras "nuvem de palavras" e "gráfico de similitude" conforme veremos abaixo.

Os resumos foram categorizados conforme a técnica de análise de conteúdo de Bardin (2011), que é definida como um conjunto de técnicas metodológicas em constante aperfeiçoamento, que utiliza procedimentos objetivos e sistemáticos e se aplicam a análise das comunicações. Foram criadas três categorias, sendo elas: depressão, tentativas de suicídio e prevenção do suicídio.

A organização dos 18 artigos em três categorias seguiu a interpretação das autoras e foi corroborada pelo programa conforme imagem a seguir:

Figura 1 – Criando categorias

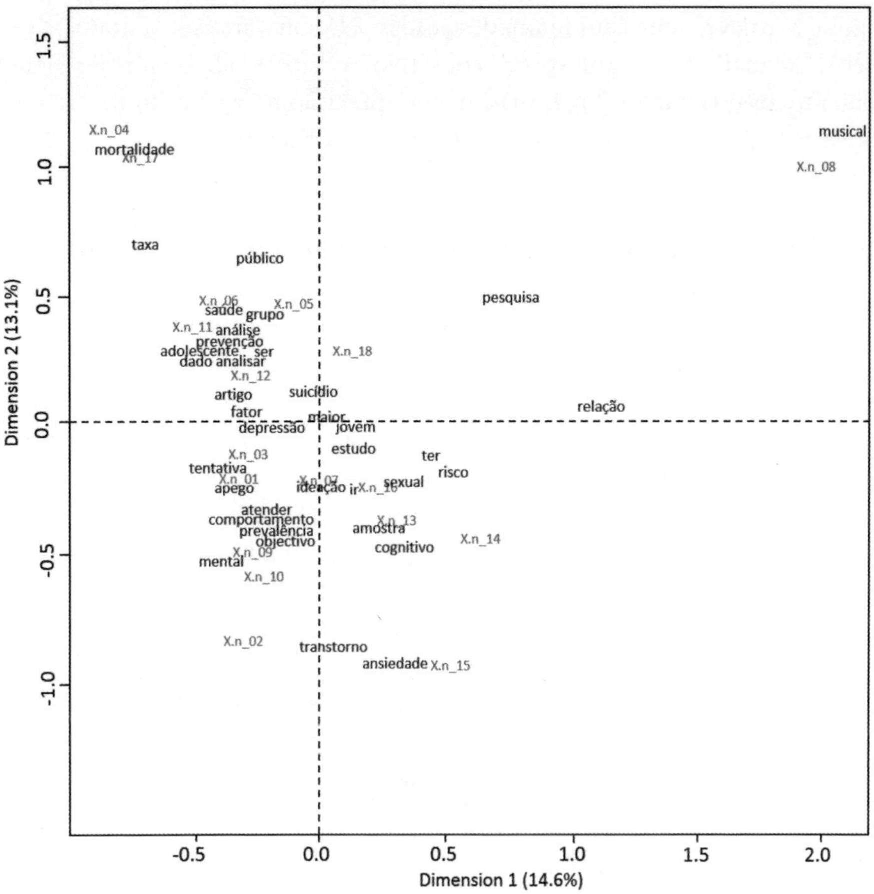

Fonte: Programa Iramuteq

Na imagem acima, criando categorias, fizemos uma sobreposição de dois gráficos que o programa criou, o gráfico no qual ele aproxima as palavras conforme sua aparição e ocorrência, e o que organiza os artigos conforme sua semelhança pelas palavras. Portanto, o programa originalmente criou quatro categorias (número de quadrantes presente na imagem), mas, nós agrupamos os dois artigos do quadrante 2 na categoria "prevenção" devido a sua temática.

No Quadrante 1 temos seis artigos e as seguintes palavras "mortalidade", "público", "taxa", "saúde", "grupo", "análise", "prevenção", "adolescente", "dado", "ser", "analisar", "artigo" e "fator". O Quadrante 2 nos apresenta as palavras: "musical", "pesquisa" e "relação". As palavras que estão posicionadas sobre a linha/eixo são comuns aos quadrantes separados pelo eixo, sendo elas: "suicídio", "maior", "depressão", "jovem", "ideação" e "transtorno". Já no Quadrante 3 temos cinco artigos e as palavras "tentativa", "apego", "atender", "comportamento", "prevalência", "objetivo" e "mental". O último, Quadrante 4, é composto por quatro artigos e as palavras que aqui foram destacadas pelo software são: "estudo", "ter", "risco", "sexual", "ir", "amostra", "cognitivo" e "ansiedade". Um dos artigos ficou entre os quadrantes 2 e 4, mas, na interpretação foi agrupado na categoria depressão. Portanto, cada categoria foi composta por 6 artigos.

O que foi encontrado: reflexões sobre o que a literatura tem dito

A "linha" condutora entre os artigos analisados foi a depressão. Em todos os artigos este adoecimento mental foi citado como um dos responsáveis para a construção do suicídio como saída, entre os jovens. Na nuvem de palavras abaixo, resultado da análise pelo software Iramuteq, é possível visualizar a presença da palavra "depressão" nos resumos.

Figura 2 – Depressão

Fonte: Programa Iramuteq

A intenção em analisar os resumos dos artigos foi a de organizar as informações de maneira didática e ilustrativa para o leitor. Na Figura 2 é possível visualizar a "depressão" como centro e elo entre as palavras de maior aparição como "saúde", "tentativa", "ideação", "transtorno", "episódio", "mortalidade", "suicidário", "desesperança" entre outras. É importante ressaltar que as palavras "suicídio" e "jovens" foram suprimidas do corpus de análise e processamento do Iramuteq, quando da construção desta figura, em virtude de o estudo ter estes dois temas como objeto. Estas duas palavras surgiam no centro da figura, tornando-a tendenciosa. A figura "nuvem de palavras" constrói tal imagem usando a quantidade de vezes que as palavras aparecem no corpus textual.

Já o "gráfico de similitude" utiliza a proximidade com a qual as palavras aparecem no corpus textual. Na Figura 3 – Suicídio, temos a ilustração dos temas que aparecem ligados a palavra "suicídio", segundo análise e processamento do programa.

Figura 3 – Suicídio

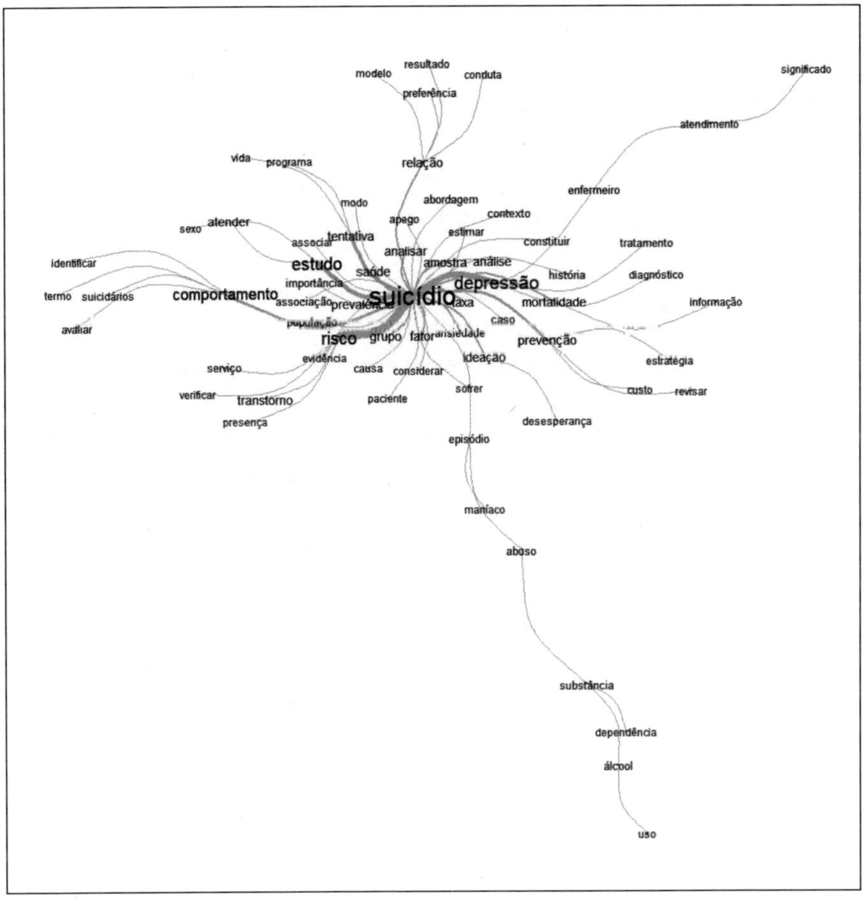

Fonte: Programa Iramuteq

Nesta figura o "suicídio" é o centro "acompanhado" pela palavra depressão. Outra maneira de ilustrar a proximidade "física" entre o suicídio e a depressão.

Para esta análise foi retirada a palavra "jovem", para que pudéssemos visualizar apenas as palavras ligadas ao suicídio. Se seguirmos a "linha" de ligação entre as palavras teremos análises interessantes, como "depressão" seguida por "mortalidade" e "diagnóstico"; "ansiedade", "ideação, "desesperança"; "grupo", "risco", "evidência", "transtorno", "presença"; "comportamento", "suicidário", "avaliar"; "depressão" "prevenção" e "custo", entre outras ligações. Portanto, para o programa, suicídio e depressão são as palavras que mais aparecem no corpus analisado. Representação que combina com os achados demonstrados a seguir.

Categoria: Depressão

Todos os textos, de alguma forma, trazem o tema da depressão para a discussão sobre o suicídio, mas, seis deles norteiam sua estrutura com base neste tema, sendo, inclusive uma das palavras-chaves destes artigos. Em todos a depressão está presente de forma contundente, relacionada à forma como é vivida a construção da subjetividade do ser, enfrentamento de experiências como violência sexual, dificuldades de vincular-se com outras pessoas, abuso de álcool e outras drogas, além do investimento inconsciente em atividades que colocam a vida em risco. A seguir faremos um breve comentário sobre cada texto para que o leitor possa acompanhar nosso raciocínio.

Medina, Pérez e Mejía (2008) investigaram o grau de depressão e ideação suicida em jovens de 9 a 20 anos, com pesquisa descritiva, em escolas de Manizales, na Colômbia, com aplicação de testes psicológicos. Participaram 1.298 estudantes, sendo presente sintomas depressivos em 38%, e 45% apresentou ideação suicida. A maior porcentagem de ideação suicida foi no grupo de 15-17 anos, no sexo feminino. Os autores concluem sugerindo que as escolas criem programas para seus alunos de promoção à saúde que incluam desenvolvimento de habilidades de comunicação, resolução de conflitos e condutas de autocuidado, além de incluir as famílias nestes programas.

Dados semelhantes aos acima citados também foram encontrados na Colômbia, em estudo descritivo realizado por Toro-Tobar, Grajales-Giraldo e Sarmiento-López (2016). O corpus da pesquisa são 90 jovens universitários de 18 a 24 anos, na cidade Bogotá, também por meio de testes psicológicos, em que a "tríade" desesperança, visão negativa de si mesmo e depressão foram encontradas nas ocorrências de ideação suicida no grupo investigado. Os autores identificaram, ainda, uma superestimação dos aspectos negativos da vida nestes jovens e concluem afirmando a importância de identificar o quadro depressivo e tratá-lo imediatamente, especialmente em jovens.

A revisão de literatura realizada por Chachamovick et al (2009) evidenciou a associação entre suicídio e depressão. Os autores demonstraram que características clínicas da depressão como a impulsividade e a agressividade são potencializadoras de atos suicidas em menores de 30 anos. Mostraram que uma meta-análise sobre diagnósticos psiquiátricos e suicídio indicou que 87,3% dos sujeitos apresentavam algum diagnóstico psiquiátrico previamente ao suicídio. Em geral, 43,2% apresentavam transtorno de humor, 25,7% transtorno por uso de substâncias, 16,2% diagnóstico de transtorno de personalidade e 9,2% transtornos psicóticos. Analisando o pico de suicídios alinhados com episódios depressivos, os autores apresentam uma estatística mais assustadora ainda, que demonstra que 74,4% dos suicídios estavam associados ao primeiro episódio de depressão maior, 18,8% relacionavam-se ao segundo episódio e 6,5% associavam-se a mais de dois episódios. Considerando o suicídio um problema de saúde pública, os autores sugerem o treinamento específico para médicos de família, campanhas publicas informativas sobre depressão, parceria com facilitadores nas comunidades como igrejas e escolas, e suportes de autoajuda como grupos de alto risco de suicídio para a comunidade.

Ores et al (2012), por sua vez, realizaram estudo descritivo com 1.560 jovens, de 18 a 24 anos, na cidade de Pelotas, para avaliar o risco de suicídio e comportamentos de risco em jovens. Por meio de entrevistas e testes psicológicos, os pesquisadores identificaram que entre os entrevistados, 135 indivíduos apresentaram risco de suicídio, sendo que 72 tinham sintomas de depressão maior, 40 sintomas de bipolaridade e 23 sintomas de ansiedade. Entre esses que apresentaram risco de suicídio, 9,8% não utilizam cinto de segurança, 8,9% não utilizam capacete ao andar de moto ou bicicleta, 6,3% ultrapassam o sinal vermelho, 6,9% dirigiram bêbados ou andaram de carona com motorista bêbado, 12,6% sofreram acidentes que os obrigou a ir ao hospital, e 18,4% destes ingeriram bebida alcoólica antes de se acidentar.

Em relação a comportamentos violentos e uso de substâncias, entre os 135 participantes que apresentaram maior risco, os pesquisadores obtiveram os seguintes dados: 13,9% entraram em briga com agressão física, 29,2% carregaram arma branca nos últimos 30 dias, 55,6% carregaram arma de fogo nos últimos 30 dias, 15,4% eram dependentes de tabaco, 13,4% faziam uso de álcool, 26% era dependente de maconha, 30,3% dependente de cocaína, 37,5% dependente de crack, 40% fizeram uso abusivo de anfetaminas e 35% usavam sedativos de forma abusiva.

E quanto aos riscos assumidos com relação à vida sexual, 10,5% não usaram preservativo na última relação sexual, 10,3% ingeriram álcool antes da última relação sexual, 7,9% não tinham parceiro fixo e 10% tiveram relação sexual com cinco ou mais pessoas nos últimos 12 meses. Os autores concluem que comportamentos de risco podem ser subestimados pela sociedade, especialmente em relação aos jovens. Acidentes de trânsito, comportamentos agressivos e de alto descuido com a própria saúde, podem ser indicadores de tentativas de suicídio, não avaliadas nas construções de políticas públicas eficientes no combate do suicídio.

No estudo de Mondin et al (2015) foi analisado a associação entre abuso sexual, episódios maníacos depressivos e risco de suicídio em jovens com idade entre 18 a 24 anos, em Pelotas. A amostra foi de 1.560, em que 49 pessoas sofreram algum tipo de violência sexual, 156 viveram algum episódio depressivo e 141 apresentavam risco de suicídio. Houve a constatação pelos autores da forte associação entre histórico de violência sexual, transtornos de humor (sem nenhum tratamento) e tentativas de suicídios. Neste estudo, foi evidenciado que as vítimas de violência sexual têm em três vezes aumentado o risco de depressão, e ainda, que, entre tais vítimas, aquelas que se deprimem tem três vezes mais propensão a cometer o suicídio. Estes autores ressaltam a importância do cuidado e proteção que os pais devem oferecer a seus filhos durante a infância no tocante à violências, inclusive a sexual.

Tavares e Couto (2016) realizaram revisão de literatura quanto à relação entre tipos de apego e suicídio. O resultado foi a evidência da importância do desenvolvimento, na mais tenra idade, do apego entre a criança e o cuidador primário, normalmente a mãe. Os autores trabalham com os conceitos de apego seguro, inseguro evitante e inseguro ambivalente. No levantamento feito por eles, jovens que desenvolveram apegos dos tipos inseguro evitante e ambivalente, com o cuidador primário, tem aumentada a possibilidade de construir vínculos emocionais e amorosos frágeis, em que a dificuldade para vincular-se é presente, afetando seu comportamento e saúde mental. Tais vivências potencializam a aparição da depressão, da ansiedade, de problemas de conduta, de envolvimento com álcool e outras drogas, de dificuldade para construir laços de amizades e amorosos, além de ter intensificado o risco para desenvolver outros transtornos psicopatológicos.

Categoria: Tentativas de suicídio

Categoria composta por seis artigos nos quais o tema "tentativas de suicídio" foi central. O estudo de Santos et al (2009) objetivou estimar a prevalência de transtornos mentais e tentativas de suicídio atendidos em um hospital de emergência no Rio de Janeiro, no período de 2006 a 2007. Foram analisados 96 casos por meio do instrumento *Composite Internacional Development Interview*, sendo a sua maioria composta por mulheres jovens, com idades entre 14 e 24 anos, de baixa escolaridade que ingeriram psicoativos em grande quantidade. Os episódios depressivos estavam presentes em 38,9% da amostra, seguido por dependência de substâncias psicoativas (21,9%), transtorno de estresse pós-traumático (20,8%), dependência de álcool (17,7%) e esquizofrenia (15,6%), ou seja, 71,9% dos achados dialogam com questões ligada a transtornos mentais. O episódio depressivo foi o de maior ocorrência, contudo, comparativamente, ainda é um número menor do que os encontrados em países desenvolvidos como Estados Unidos 53,8% e Alemanha 61,4%. Outro achado importante deste estudo foi a estatística de que 31% dos indivíduos que tentaram suicídio tiveram contato com um profissional da saúde e 23% deste tiveram contato com um profissional de saúde mental na semana da tentativa. Este resultado é apoiado em outras pesquisas que demonstram a importância do profissional da saúde (de qualquer área) ser treinado para identificar, avaliar e prevenir os riscos do suicídio.

Em outro estado brasileiro, Campinas, Botega et al (2009) realizaram pesquisa de campo sobre prevalência de comportamento suicida numa área urbana, com 515 entrevistas realizadas nos domicílios dos entrevistados. A prevalência de ideação suicida ocorreu entre as mulheres, em adultos com idade entre 30 e 44 anos, nos indivíduos que vivem sozinho (solteiros, viúvos, desquitados e separados), entre os espíritas e os participantes de maiores rendas. Do grupo entrevistado 16 pessoas relataram já ter tentado suicídio, sendo que 14 eram do sexo feminino. Sete fizeram mais de uma vez, sendo que 12 fizeram por meio de ingestão de medicamentos. De cada três casos de tentativas de suicídio apenas um foi atendido em um serviço médico, o que reforça o conceito de subestimação dos números relacionados a tentativas e suicídios cometidos na sociedade.

Gonçalves, Freitas e Sequeira (2011) por meio de revisão de literatura, investigaram questões relacionadas com comportamentos suicidários em estudantes de ensino superior. Iniciam o texto enfatizando como esta fase do desenvolvimento é exigente e repleta de questões subjetivas/existenciais por parte dos jovens. Conceituam "comportamento suicidário" como qualquer ação que abrange todo e qualquer ato através do qual um sujeito causa lesão a si próprio, independentemente do grau de intenção letal e conhecimento do verdadeiro motivo desse ato. Portanto, ideação suicida, tentativa de suicídio, pára-suicídio e suicídio consumado são formas distintas de comportamento suicidário. Entre os fatores de risco para jovens eles destacam transtornos psiquiátricos (especialmente a depressão), história de suicídio na família, negligência e maus tratos na infância, expectativas elevadas dos pais em relação aos jovens, excesso de autoridade e rigidez familiar, dificuldades em construir relações de amizade e amorosas e morte de pessoas significativas. Destacam, ainda, que a família, os amigos e professores se configuram como fatores de proteção para jovens universitários no combate ao suicídio.

Um estudo exploratório qualitativo realizado por Alves et al (2013), com nove enfermeiros que atenderam jovens com tentativa de suicídio, da Central de Regulação do Serviço de Atendimento Móvel de Urgência (SAMU) em Teresina/PI, buscou avaliar o impacto desta vivência nos enfermeiros. Os resultados evidenciam o impacto destes atendimentos especialmente por se tratar de pessoas jovens, provocando angústia, sofrimento, medo, tristeza e onipotência, diante do suicídio, do jovem e da família sobrevivente. Eles relatam compreender que o suicídio é um pedido desesperado de ajuda, mas, relatam dificuldade em entender o que pode ser "tão difícil" para um jovem. Tais profissionais identificam que a depressão é presença constante no relato dos familiares e, apesar de lamentar, todos afirmam que conseguem prestar o socorro necessário sem que suas emoções atrapalhem sua conduta.

Em pesquisa exploratória em escolas, com jovens de 12 a 20 anos, residentes no interior do estado de São Paulo, Teixeira-Filho e Rondini (2012) investigaram a associação entre orientação sexual e ideações/tentativas de suicídio, em 2.282 participantes. Os autores partem do princípio de que a heteronormatividade provoca profundo sofrimento nas pessoas não heterossexuais, por questões relacionadas à aceitação individual, familiar e social, o que pode levar a comportamentos de exclusão, desesperança, menos valia e depressão. Dos participantes 484 declararam já terem pensado em suicídio, sendo entre as meninas a maior prevalência do pensamento suicida (74,2%). E 167 declaram já ter tentado suicídio, sendo 136 meninas. Entre os declarantes heterossexuais 20,7% afirmaram ter ou já ter tido pensamento suicida, e entre os homossexuais essa prevalência foi de 38,6%. Os autores concluem afirmando a importância de políticas públicas e sociais voltadas para o acolhimento e orientação de adolescentes, incluindo os homossexuais.

Sobre o comportamento suicida entre os dependentes químicos Cantão e Botti (2016) realizaram estudo exploratório, retrospectivo e descritivo, dos prontuários arquivados na própria unidade, de abordagem quantitativa, no Centro de Atenção Psicossocial III, no estado de Minas Gerais. Foram avaliados 123 prontuários de jovens que tivessem em seu registro diagnósticos entre F10 a F19 segundo CID10 (transtornos mentais e comportamentais devido ao uso de substâncias psicoativas) com o sem comorbidades psiquiátricas. Dos 123 prontuários analisados, 43,9% possuíam registro de comportamento suicida e 46,43% havia presença de comorbidades psiquiátricas, sendo a prevalência do transtorno de humor. Informações complementares como conflitos familiares, datas importantes coincidindo com o comportamento suicida e cujas mães tem história psiquiátrica fizeram parte do levantamento relacionado à temática suicídio.

Categoria: Prevenção

Aqui também tivemos seis artigos nos quais a "prevenção" esteve presente. Os autores Pimentel et al (2009) realizaram estudo, na Universidade Pública de João Pessoa, com 200 jovens universitários, que objetivou confirmar uma tendência mundial na qual há estreita relação entre tentativas de suicídio e preferência musical pelo gênero heavy metal. O estudo relacionou dois inventários: "Escala abreviada de preferência musical" e "Inventário de razões para viver". Os autores sugerem que se realizem mais pesquisas, mas também sugerem que os adultos próximos aos jovens tornem-se atentos quanto aos "sinais autodestrutivos" que as músicas podem incitar naqueles mais fragilizados.

Em termos de prevenção, os autores Rodrigues et al (2012) demonstraram em seu estudo que a ansiedade também é um importante preditor na prevenção ao suicídio. Sua pesquisa foi realizada com 1.621 jovens, com idades entre 18 e 24 anos, residentes em Pelotas. Por meio de testes psicológicos foi possível correlacionar a ansiedade e o risco de comportamento suicida, sendo que 146 dos participantes expuseram essa relação. Nos últimos três meses, 73,2% dos jovens relataram ter consumido álcool em excesso, 31,7% cigarro e 12,8% drogas ilícitas. Dos entrevistados 233 apresentam alguma doença crônica, 223 faziam algum de tratamento psicológico ou psiquiátrico. A presença de histórico de transtorno mental familiar esteve presente em 55,6% dos entrevistados. Na conclusão, os autores chamam a atenção para que a ansiedade seja tratada de forma adequada e deixe de passar despercebido como fator de risco isolado para o comportamento suicida.

Já Souza e Orellana (2013) pesquisaram sobre as características da mortalidade por suicídio entre indígenas e não indígenas no Amazonas. O estudo foi realizado com base nos dados de óbito registrados no Sistema de Informação sobre Mortalidade e os Populacionais no IBGE, no período de 2006-2010. Ocorreram 688 suicídios no Amazonas, dos quais 19% foi de indígenas, o que corresponde a uma taxa 4,4 vezes superior a dos não indígenas. Os autores propõem a criação de políticas públicas especificas capazes de atender a essa demanda "invisível" à qual o indígena é exposto.

Barrón e Krmpotic (2016) propõem estratégias de prevenção do suicídio de jovens com a criação de um programa para registro sistemático de casos de tentativas de suicídio que os profissionais alimentassem com informações relacionadas às formas, diagnósticos, histórico familiar, uso de drogas e álcool, comportamentos de risco e tentativas anteriores. Um sistema que emitisse alerta interinstitucional georreferenciado e que pudesse ser oferecido atendimento multidisciplinar para o jovem e sua família, de maneira a articular os fatores psicossociais e o processo suicida dentro da comunidade. Segundo elas, a prevenção envolve o componente educacional que poderia ser reformulado em termos do bom senso local, para que a rede preventiva funcionasse efetivamente.

Por meio de revisão da literatura, os autores Ribeiro e Moreira (2018) defendem que as políticas de saúde brasileiras devem orientar suas ações no sentido da proteção à saúde de crianças, jovens e adolescentes no que diz respeito ao suicídio. O Estado moderno tem a função de fortalecer a capacidade comunitária bem como alterar fatores estruturais na produção de doenças e desigualdades do adoecer. Ainda para estes autores, o trabalho preventivo deve envolver o setor público associado ao privado na construção de redes de proteção a vida.

Finalmente, o artigo dos autores Monroy, Céspedes e Olmos (2018) foi um estudo que objetivou precificar o que seria mais caro para o governo: o investimento em cuidados médicos e socorro das tentativas de suicídio de jovens ou a criação de um programa escolar de prevenção do suicídio. Os cálculos foram baseados em registros de atendimentos de jovens que tentaram o suicídio e os registros dos adolescentes que participaram de um programa educativo de combate ao suicídio. A conclusão foi que com o custo médio da atenção e cuidados destinados a uma tentativa suicida pode se realizar um programa educativo que atenderá a 16 adolescentes de alto risco suicida (jovens com depressão).

Para finalizar...

As grandes mudanças emocionais, sociais, familiares, físicas, sexuais e relacionais são elencadas pelos artigos como preditores nos casos de suicídio (Cantão; Botti, 2015; Teixeira-Filho; Rondini, 2012). Barrón e Krmpotic (2016) afirmam que quando um jovem comete suicídio na verdade seu maior desejo é o de deixar de sofrer e não morrer em si, o suicídio quer acabar com algo que é intolerável e nessa tentativa termina com sua própria existência, desenhando-se em um desejo impossível. Seguem defendendo que existem dois grupos principais para o suicídio, a predisposição (que incluem famílias instáveis, abandonadoras, rígidas, ausentes, famílias que não se importam, doenças mentais e ambiente educacional inadequado) e os gatilhos, sendo esses últimos sempre sociais.

De modo geral, os artigos debatem temas relacionados às mudanças que ocorrem no ciclo da vida que compreende a idade do "jovem", sendo elas: fim do ensino médio, decisão pela carreira, ingresso na faculdade, início e desenvolvimento da vida social/relacional própria, individuação e diferenciação enquanto sujeito separado da família de origem, definição/escolha da vida sexual, início da vida profissional, entre outros. Portanto, é um momento crucial do desenvolvimento em que o sujeito entrará em contato com os próprios recursos para lidar com frustrações, decepções, conquistas, incertezas e escolhas. Nesses momentos a depressão e ou ansiedade podem desenvolver-se, o uso de álcool e outras drogas podem "ajudar" e fazer pertencer (Medina; Pérez; Mejía, 2008; Botega et al, 2009).

Há necessidade social de falarmos abertamente sobre o suicídio. A OMS (2018) reforça em seu relatório que o tema deve ser abordado pelos meios de comunicação de maneira responsável. A sétima arte vem investindo em películas que tratam sobre o suicido há muito tempo. Entretanto, nos últimos anos, produções como *Thirteen reasons why*,[1] *The Discovery*[2] e *Bird box*[3] provocam a sociedade a falar de forma mais aberta sobre o suicídio.

[1] Filme no qual uma adolescente comete o suicídio deixando 13 fitas nas quais explica a própria solidão e o *bullying* vivenciado por ela;

[2] Em um futuro próximo, a sociedade encontra-se em colapso devido ao alto número de suicídios em decorrência da comprovação de uma vida após a morte comprovada por um cientista;

[3] Filme que retrata um mundo pós-apocalíptico no qual uma mulher precisa fugir das "criaturas" com dois filhos pequenos pois tais "criaturas", ao serem vistas, provocam nas pessoas reações pelas quais estas se exterminam de forma violenta. Há críticos de cinema que defendem a relação entre as "criaturas" e a depressão que assola nossa sociedade e os "olhos vendados" serem representação das "vendas" que a sociedade usa para não enxergar a dor do outro.

Acreditamos na necessidade de esclarecer e educar os jovens, as famílias, as escolas e os profissionais da área da saúde sobre depressão e a difícil vivência da não heterossexualidade entre jovens. Os artigos nos mostraram os números assustadores de mortes em que a depressão esteve presente, e a preocupante estatística de quatro vezes mais suicídio entre os jovens não hétero. Todos precisamos de amparo, mas, os jovens precisam contar com uma sociedade mais capacitada para oferecer uma base familiar e social capaz de construir adultos mais seguros, bem como precisamos desenvolver habilidades relacionais para aceitar e respeitar as "escolhas" individuais dos sujeitos.

Referências

ALVES, R. C. P. et al. O significado do atendimento a jovens que tentaram suicídio para o enfermeiro do pré-hospitalar. *Journal Of Research Fundamental Care on Line*, v. 5, n. 6, 217-223 2013. Disponível em: <http://www.seer.unirio.br/index.php/cuidadofundamental/article/download/3493/pdf_1164> Acesso em: 17 maio 2019.

ANGERAMI, V. A. Suicídio Infantil: O desespero humano na realidade hospitalar. In: Angerami, V. A. (Org.). *A psicologia no hospital*. 2. ed. São Paulo: Pioneira Thomson Learning, 2013.

ANGERAMI, V. A. Atitudes do psicoterapeuta diante dos casos de Suicídio. In: Angerami, V. A. (Org.). *Sobre o suicídio*: psicoterapia diante da autodestruição. Belo Horizonte: Ed.Artesã, 2018.

ASSUMPÇÃO JR., F. B. Suicídio na infância e na adolescência. In: Angerami, V. A. (Org.). *Sobre o suicídio*: psicoterapia diante da autodestruição. Belo Horizonte: Ed. Artesã, 2018.

BARDIN, L. *Análise de Conteúdo*. São Paulo: Edições 70, 2011.

BARRÓN, E. V.; KRMPOTIC, C. S. La prevención del suicídio juvenil: entre la enunciación y la acción. *Revista Katál, Florianópolis*, v. 19, n. 1, 2016.

BOTEGA, N. J. et al. Prevalências de ideação, plano e tentativa de suicídio: um inquérito de base populacional em Campinas, São Paulo, Brasil. Cadernos de Saúde Pública, v. 25, n. 12, p. 2632-2638, 2009.

BOTEGA, N. Comportamento suicida em números. *Debates Psiquiatria Hoje*, v. 2, n. 1, 2010.

BRASIL. *Plano Nacional de Prevenção do Suicídio. Programa Nacional para a Saúde Mental*. 2017. Disponível em: <http://www.portaldasaude.pt/NR/rdonlyres/> Acesso em: 17 maio 2019.

BRASIL. MINISTÉRIO DA SAÚDE. *Prevenção do suicídio: um manual para profissionais da saúde em atenção primária*. 2018. Disponível em: <http://www.portaldasaude/> Acesso em: 17 maio 2019.

CAMARGO, B. V. et al. Representações sociais e adesão ao tratamento antirretroviral. *Liberabit*, v. 20, n. 2, 2014.

CANTÃO, L.; BOTTI, N. C. L. Suicidal behavior among drug addicts. *Revista Brasileira Enfermagem*, v. 69, n. 2, p 366-73, 2016.

CHACHAMOVICH, E. Quais são os recentes achados clínicos sobre a associação entre depressão e suicídio? *Brazilian Journal of Psychia*try, v; 31(Suppl. 1), p. S18-S25, 2009.

COUTO, V.V.D.; TAVARES, M.S.A. Apego e risco de suicídio em adolescentes: estudo de revisão. *Revista da SPAGESP*, v. 17, n. 2, p. 120-136, 2016.

FARO, A.; SANTOS, L. C. S. (2018). Suicídio na adolescência: panorama, cuidados e escuta. In: Angerami, V. A. (Org.). *Sobre o suicídio*: psicoterapia diante da autodestruição. Belo Horizonte: Ed. Artesã, 2018.

GONÇALVES, A., FREITAS, P., SEQUEIRA, C. Comportamentos suicidários em estudantes do ensino superior: factores de risco e de protecção. *Millenium*, v. 40, p. 149-159, 2011.

MEDINA, A. M. E.; PÉREZ, G. R. E.; MEJÍA, Z. D. Prevalencia de depresión e ideación suicida en estudiantes de 8°, 9°, 10° Y 11° grado, en ocho colegios oficiales de manizales. *Revista Hacia la Promoción de la Salud,* v. 13, p. 143-153, 2018.

MONDIN, T. C. Sexual violence, mood disorders and suicide risk: a population-based study. *Ciência & Saúde Coletiva*, v. 21, n. 3, p. 853-860, 2016.

MONROY, M. M. O.; CÉSPEDES, A. M.; OLMOS, I. P. Prevention versus clinical management of suicide attempts in adolescentes: what are the costs? *Revista Ciencia Y Salud.* v. 16, n. 2, p. 188-202, 2018.

ORES, L. C. Risco de suicídio e comportamentos de risco à saúde em jovens de 18 a 24 anos: um estudo descritivo. *Cadernos de Saúde Pública*, v. 28, n. 2, p. 305-312, 2012.

ORGANIZAÇÃO MUNDIAL DA SAÚDE. *Relatório mundial sobre violência e saúde.* Genebra, 2002.

ORGANIZAÇÃO MUNDIAL DA SAÚDE. *Folha informativa sobre suicídio.* Genebra, 2018.

ORTEGÓN MONROY, M. M.; MARTÍNEZ CÉSPEDES, Á.; PÉREZ, O. I. (2018). Prevention versus Clinical Management of Suicide Attempts in Adolescents: What are the Costs? *Rev Cienc Salud*, v. 16, n. 2, p. 188-202.

PIMENTEL, C. E. Preferência musical e risco de suicídio entre jovens. *Jornal Brasileiro de Psiquiatria*, v. 58, n. 1, p. 26-33, 2009.

QUENTAL, I. A. Tentativas de suicídio: construindo dispositivos de prevenção um desafio para o SUS. 2014. Disponível em: <http://www.moreirajr.com.br/revistas.asp?fase =r003&id_materia=4144>. Acesso em: 17 maio 2019.

RATINAUD, P. *Iramuteq*: Interface de R pour ler Analyses Multidimensionnelles de Textes et de Quesionnaires. Toulouse, França: Laboratoire d'Etudes et Recherches Appliquées em Sciences Sociales. Disponível em: <http://www.iramuteq.org/Members/pierre.ratinaud/news/nouvelle-versions-iramuteq-0-7-alpha-2.> Acesso em: 17 maio 2019.

RIBEIRO, J. M.; MOREIRA, M. R. Uma abordagem sobre o suicídio de adolescentes e jovens no Brasil. *Ciência & Saúde Coletiva*, v. 23, n. 9, p. 281-284, 2018.

RODRIGUES, M.E.S. Risco de suicídio em jovens com transtornos de ansiedade: estudo de base populacional. *Psico-USF*, v. 17, n. 1, p. 53-62, 2012.

SANTOS, E. V. *Representações sociais da estética negra: um estudo sobre padres de beleza e relações interétnicas*. Sergipe: Universidade Federal de Sergipe, 2014.

SANTOS, S. A. Prevalência de transtornos mentais nas tentativas de suicídio em um hospital de emergência no Rio de Janeiro, Brasil. *Cadernos de Saúde Pública*, v. 25, n. 9, p. 2064-2074, 2009.

SILVA, J. P. *Representações sociais da hipertensão arterial sistêmica e relação com práticas de controle da doença*. Santa Catarina: Universidade Federal de Santa Catarina, 2014.

SOLOMON, A. *Um crime da solidão*: reflexões sobre o suicídio. São Paulo: Companhia das Letras, 2018.

SOUZA, M. L. P.; ORELLANA, J. D. Y. Desigualdades na mortalidade por suicídio entre indígenas e não indígenas no estado do Amazonas, Brasil. *Jornal Brasileiro de Psiquiatria*, v. 62, n. 4, p. 245-252, 2013.

TEIXEIRA-FILHO, F. S.; RONDINI, C. A. (2012). Ideações e tentativas de suicídio em adolescentes com práticas sexuais hetero e homoeróticas. Saúde e Sociedade, 21(3), 651-667.

TORO-TOBAR, R. A.; GRAJALES-GIRALDO F. L.; SARMIENTO-LÓPEZ J. C. Riesgo suicida según la tríada cognitiva negativa, ideación, desesperanza y depresión. *Aquichan*, v. 16, n. 4, p. 473-486, 2016.

CAPÍTULO 17

Suicídio na adolescência: uma vinheta clínica

Francisco B. Assumpção Jr.

O termo "suicídio" corresponde a um ato intencional que se propõe a cessar as funções vitais de quem o pratica, levando à morte voluntária após um certo grau de reflexão sendo possível encontrar cerca de quinze conceituações de suicídio, destacando múltiplas pesquisas sobre o tema sendo esse termo "suicídio" relativamente recente, correspondendo ao nome que a modernidade dá à morte voluntária, utilizado como neologismo em latim, inicialmente na Inglaterra (1630) (Werlang et al, 2000) embora tenha sido, primeiramente utilizado em língua francesa pelo abade Desfontaines (1734 ou 37) significando "(...) o assassinato ou morte de si mesmo" (Louzã Neto, 1995) e com um significado etimológico específico (*Sui* = si mesmo; *Caedes* = ação de matar).

É comum ainda se observar o uso do termo "autocídio" como sinônimo de suicídio, já tendo, esse termo, passado a constar do léxico (Ferreira, 1986).

Historicamente observam-se epidemias pontuais de comportamentos suicidas em crianças e adolescentes que foram estímulo para um estudo aprofundado das características do comportamento suicida na juventude, com o intuito de desenvolver abordagens preventivas que reduzam a morbidade e a mortalidade. A obra *Os sofrimentos do jovem Werther* (século XVIII) desencadearam uma epidemia atribuída à identificação com o protagonista e imitação (rompimento amoroso) sendo, por isso, o livro banido (Pfeffer, 1996). Entretanto, a ocorrência de suicídio (ou tentativa) sem a associação com algum transtorno mental é raro, embora possa ocorrer (Shaffer; Piacentini, 1994).

Neste momento, por razões diversas, a presente situação apresenta configuração similar embora não se caracterize enquanto uma epidemia,

A pesquisa do fenômeno é difícil uma vez que, com muita frequência, a família esconde o fato, o paciente não fala de sua intenção suicida por repressão sofrida anteriormente e o clínico não dá importância ao tema por desconhecimento ou negação. Mesmo assim, conforme referimos há pouco, temos que considerar que a ocorrência de suicídio (ou tentativa) sem a associação com algum transtorno mental é raro embora possa ocorrer (Sahffer; Piacentini, 1994). Assim, crianças e adolescentes que cometem ou tentam o suicídio apresentam características em comum sendo que um terço dos que atingem seu intento apresenta histórico de tentativas anteriores (Sahffer; Fischer, 1981).

De acordo com o que falamos, os números referentes ao fenômeno começam a ficar preocupantes considerando-se que durante o período entre 2000 e 2008 foram registrados 43 casos de suicídio de crianças menores de 10 anos (0,1% do total de mortes) e de 6.574 adolescentes, entre 10 e 19 anos, uma média de 730 mortes por suicídio/ano. Entre as crianças, 80% dos meninos recorreram ao enforcamento (conforme observamos no caso descrito) e, entre as meninas, notou-se a preferência por métodos como intoxicação medicamentosa, objetos cortantes e afogamento (Souza, 2010). Ressalta-se que, quando dados brasileiros são analisados, deve-se considerar as altas taxas de subnotificação, decorrente de diversos fatores, que vão desde o pedido da família para que a *causa mortis* seja adulterada na certidão de óbito até a existência de cemitérios clandestinos (Lovisi, 2009).

A constatação de taxas amplamente variáveis de incidência de tentativas de suicídio podem refletir a menor procura por atendimento e, inclusive, a provável ausência de um diagnóstico adequado (Macintire; Angle, 1973).

De acordo com estudo epidemiológico de suicídio no Brasil entre 1980 e 2000, é praticamente nulo o conhecimento sobre as taxas de tentativas de suicídio ocorridas no Brasil, o que de fato ocorre em muitos outros países (Mello-Santos, 2005)

Considerando-se que o quadro de emergência psiquiátrica mais comum entre adolescentes é esse comportamento suicida pois, daqueles que recorrem aos serviços de pronto atendimento por motivos psiquiátricos, mais de 75% está acima de 13 anos (predomina o sexo feminino), sendo que 50% envolvidos em tentativa de suicídio ou alterações do comportamento (Schmitt; Tramontina, 2008) é que pensamos que seria interessante a apresentação de um quadro clínico com o raciocínio diagnóstico para que se possam observar algumas características clínicas do fenômeno.

> São considerados FATORES DE RISCO PARA O SUICÍDIO: Tentativa de suicídio anterior, perda recente de figuras significativas, baixo limite de resistência a frustração,morte de pessoas próximas,preocupação exagerada com a morte, tentativa de suicídio em pessoas próximas e acidentes frequentes, dos quais o baixo limite de resistência à frustração é observado em nosso paciente desde tenra idade.

Caso clínico

RTC, masculino, branco, 15 anos de idade, frequenta a 1ª série do curso colegial. Chega à consulta com queixa de alterações de conduta.

A família narra que, desde pequeno, seu comportamento era socialmente diferente daquele das demais crianças de sua idade, parecendo não compreender as e porque, na verdade, estes quadros são comentários sobre o caso clínico que está sendo descrito. Se tiverem outra opção tudo bem.regras de seus brinquedos ou suas atitudes, reagindo com muita raiva quando contrariado ou falando que queria se matar, gostando também de "queimar" pequenos animais para vê-los morrer.

Avaliado por especialistas diferentes, foram aventadas hipóteses diagnósticas de Transtorno de Controle de Impulsos, sendo medicado sem qualquer alteração substancial do quadro.

O quadro piora com a separação dos pais, o paciente indo morar com a genitora, embora, com o recasamento desta e sua posterior gravidez, passa a morar com o pai, que também se recasou.

> Podem ser observados em seu exame psíquico sentimentos depressivos, desesperança, dificuldade de concentração, ideias de auto-eliminação embora sem tentativas de suicídio, embora não se observem alterações de sono/ apetite/ anergia podemos considerar discreta anedonia. Não se verifica uso/ abuso de psicotrópicos ilícitos. Todos esses tópicos são considerados agravantes no risco de suicídio.

Não apresenta nenhum antecedente pessoal significativo no que se refere a doenças físicas ou mentais e tem antecedente familiar de suicídio em um tio materno, sem outros dados significativos no que se refere a quadros psiquiátricos.

Ao exame psiquiátrico, por ocasião da consulta, apresentava-se em bom estado geral, fácies atípica, vestes compostas, vigil, atento estabeleceu bom contato porem evitou explicar o que estava acontecendo. Memória conservada, pensamento com curso normal, conteúdo sem ideação de morte mas com ideias de autorreferência, desvalia e prejuízo *("Na escola, em março, eu não passei em um fórum, por erro meu, e as pessoas passaram a me zoar. Isso porque eu nunca achei que meus colegas eram burros. Meu pai diz que eu preciso ficar lá mas eu não quero. Tenho pensamentos de chegar lá e atirar em tudo e depois me mato...Mas desde pequeno eu tenho ataques de raiva quando me contrariavam.")*. Inteligência conservada, linguagem verbal expressiva, orientado, humor ligeiramente deprimido, ansioso, pragmatismo conservado.

São ainda considerados FATORES CULTURAIS de risco o estresse aculturativo, o gráu de assimilação da cultura dominante, o estresse sócio-econômico - violência doméstica e da comunidade, desintegração familiar, abuso e negligência da criança, a marginalização da cultura e o "environnement" familiar. Nosso paciente apresenta pais separados e dificuldades na assimilação pelo ambiente escolar.

À avaliação psicológica mostrou inteligência normal (QI=113 ao TIG-NV). Utilizando-se o Inventário de Habilidades Sociais para Adolescentes, observa-se repertório abaixo da média em habilidades sociais na maior parte das subescalas necessitando de treinamento dessas habilidades, principalmente nos itens de ajustamento pessoal e profissional, com grande dificuldade na emissão das respostas e ansiedade na emissão das habilidades sociais. Identifica mal sentimentos próprios e do outro não se preocupando com o bem estar desse. Seu autocontrole é baixo, assim como mostra dificuldade em comportamentos de civilidade, assertividade e afetividade.

Estabeleceu-se o DIAGNÓSTICO SINDRÔMICO em eixo I, por ocasião do exame a partir de: humor depressivo, irritabilidade, culpa excessiva ou inapropriada, anedonia, fadiga, falta de energia, cansaço, variação diurna de fadiga, dificuldades de concentração e pensamento, pessimismo e ideação suicida.

Não se observou: falta de reatividade, variação diurna de humor, agitação psicomotora,retardo Psicomotor, insônia/ hipersônia, anorexia/bulimia, baixo peso/perda de peso, ganho de peso, número de atos suicidas,seriedade dos atos suicidas e letalidade médica dos atos suicidas.

Todos esses tópicos devem ser considerados quando pesquisamos quadros depressivos e risco de suicídio.

Foi estabelecida hipótese diagnóstica, conforme os critérios da CID 10ª (1993) a partir de um sistema multi-axial como:

- Eixo I – Depressão (F 32)
- Eixo II – Personalidade Paranóide e emocionalmente instável tipo impulsivo (F 60.0+F 60.30)
- Eixo III – Inteligência normal
- Eixo IV – Sem nenhum quadro somático associado enquanto condições médicas
- Eixo V – Família organizada, pais separados, dois irmãos mais novos, da segunda união materna e um irmão da união paterna. Dificuldades no

relacionamento com o padrasto pelo não respeito aos limites e regras da casa assim como com seu próprio pai.

A evolução desses quadros é variável podendo ocorrer um episódio de depressão e, após muitos anos um episódio de mania; ou vários episódios de depressão seguidos por um único episódio de mania; ou vários episódios consecutivos de depressão e de mania, embora na criança, os poucos estudos mostram uma natureza variável e imprevisível. (Birmaher et al, 2004).

Essa evolução dependerá da interferência no desenvolvimento emocional, social e cognitivo normais que, no paciente em questão, embora o desenvolvimento cognitivo seja normal o emocional e o social, por questões de personalidade, não se mostram fatores de proteção. As dificuldades interpessoais com família, amigos, professores e outros são flagrantes em seu desenvolvimento ocasionando problemas comportamentais e disciplinares, embora não legais. Observaram-se ainda prejuízo acadêmico; hospitalização (um episódio), prejuízo social e emocional para sua família. Não se observou uso de tabaco, álcool, e outras drogas (automedicação) embora tenha estado presente uma tentativa de suicídio mal esclarecida.

Foi medicado com Divalproato de Sódio (1 g/dia) e Escitalopran (20 mgs/dia), iniciando terapia com frequência de duas vezes/semana.

O Escitalopram é um medicamento antidepressivo da classe dos inibidores seletivos de recaptação de serotonina, desenvolvido entre meados de 1997 e 2001. Sua dosagem é de 10-20 mgs/dia, sua meia vida de 27 a 32 horas e seu metabolismo é hepático através das enzimas CYP3A4 e CYP2C19.

O valproato **sódico** ou **ácido** valproico é um **anticonvulsivante** e estabilizador de humor muito usado no tratamento de epilepsia (generalizadas ou focais), convulsões, transtorno bipolar e enxaqueca. Usado no transtorno bipolar, serve para prevenir episódios de mania (euforia) e de depressão. Tem meia vida de 9-16 horas, metabolizado hepáticamente.

Evolução clínica

Retornou três meses após referindo: *"estou mais calmo e menos irritado, brigando menos. A quantidade de escândalos que faço com minha mãe é maior do que o que eu faço com meu pai. Não penso em matar ninguém todos os dias só aqueles indivíduos que zoam comigo. Continuo queimando insetos porque eu tenho nojo mas agora faço menos."*. Segundo informação dos familiares, havia melhorado muito.

Após mais três meses de evolução, retorna referindo que foi aprovado mas que continua a se sentir isolado, dizendo que *"invejo as pessoas que têm amigos ou namoradas"*. Praticamente desapareceu a irritabilidade, parou de queimar os insetos, desapareceu a tristeza, embora continuando a referir raiva falando que seu padrasto o detesta e que manipula a própria mãe, culpabilizando-a pela separação do pai. Em função da inadaptação escolar e da suspeita de *bullying*, opta-se por mudança de escola a seu pedido. Não se encontra mais deprimido clinicamente.

Seu "Environnement" familiar não mostra frequência aumentada de antecedentes depressivos ou patologia associada embora o paciente refira carência parental, principalmente materna e excessiva severidade educativa. Não se observam, entretanto maus-tratos ou abuso físico e sexual.

Passados quatro meses, retorna a consulta clínica com a família referindo tentativa de suicídio com 10 comprimidos de Depakote e 20 de Escitalopran ingeridos após telefonar para a mãe despedindo-se. Levado ao hospital, não se constata presença sérica da medicação com a família e o próprio hospital acreditando em episódio de manipulação.

Um mês após, tranca-se em seu quarto durante um final de semana na casa de seu pai sem que ninguém perceba ou descubra, provocando pânico em todos os familiares, e se justifica dizendo que *"não tem onde morar pois não tem espaço em nenhuma casa"*.

Quatro meses após, continua morando com seu pai, por sua própria escolha, e refere que *"as coisas melhoraram pois está falando menos com todos"*. Apresenta bom desempenho escolar.

O desejo de morte pode variar, mas sofre sempre a influência de pressões e estressores ambientais, o que acentua a importância da necessidade de atenção para a existência de possíveis fatores de risco cognitivos para uma primeira tentativa ou para uma recorrência do comportamento suicida: busca-se assim desesperança (presente no paciente em questão); carência na geração de alternativas para problemáticas e na flexibilidade para enfrentar situações, decorrentes de sua própria inflexibilidade que não lhe permitia visualizar possibilidades viáveis; estilo disfuncional, internalizando eventos negativos, considerando-o estável e global e impulsividade (característica do paciente durante toda a sua existência). (Shaffer; Piacentini, 1994)

Cinco meses após, retorna referindo ter sido aprovado, refere amigos na escola, uma namorada e mostra-se alegre dizendo que *"a vida social está muito boa"*.

Deixou de tomar a medicação por dois meses justificando que o fez porque não vem apresentando mais os ataques de raiva e que entendeu que não é o centro do mundo. Reintroduz-se a medicação e continua-se a psicoterapia.

Um mês após, suicida-se por enforcamento após passar o dia jogando futebol e assistindo TV, tendo se matriculado, juntamente com um amigo, em um curso específico de sua escolha. Durante todo o período descrito, permanece em psicoterapia com frequência de duas vezes por semana.

Apesar de não haver necessariamente um desejo suicida explícito relacionado às mortes de adolescentes, o envolvimento em condutas de risco definem, antes de mais nada, atitudes parassuicidas aliadas a um descaso e uma desvalorização da vida, quer pela concomitância de transtornos do humor (principalmente a depressão e a distimia) não necessariamente diagnosticados, quer pela existência de estressores ambientais associados a uma ausência (objetiva ou subjetiva) de perspectivas de futuro (Souza; Kuczynski, 2012). Cabe lembrar que raramente o jovem suicida busca auxílio ao tentar se suicidar sendo, geralmente trazido por alguém que tem algum tipo de vínculo com ele ou caso tenha se arrependido em meio à tentativa (Press; Khan, 1997).

Referências

BIRMAHER, B. et al. Clinical presentation and course of depression in youth: does onset in childhood differ from onset in adolescence? *J Amer Acad Child and Adolesc Psychiatry*, v. 43, n. 1, p. 63-70, 2004.

FERREIRA, A. B. de H. *Dicionário Aurélio da Língua Portuguesa*. Rio de Janeiro: Nova Fronteira; 1986

LOUZÃ NETO, M. R. et al. *Psiquiatria básica*. Porto Alegre: Artes Médicas, 1995.

LOVISI G. M. et al. Análise epidemiológica do suicídio no Brasil entre 1980 e 2006. Rev Bras Psiquiat., v. 31(Supl. II), p. S86-S93, 2009.

MACINTIRE M. S.; ANGLE C. R. Psych biopsy in self poisoning of children and adolescents. *Am J Dist Children*, v. 126, p. 42-46, 1973.

MELLO-SANTOS, C.; BERTOLOTE, J. M.; WANG, Y. P. Epidemiology of suicide in Brazil (1980-2000): Characterization of age and gender rates of suicide. *Rev Bras Psiquiat.*, v. 27, n. 2, p. 131-134, 2005.

ORGANIZAÇÃO MUNDIAL DA SAÚDE (OMS). *Classificação de Transtornos Mentais e de Comportamento da CID 10a*. Porto Alegre; Artes Médicas; 1993.

PFEFFER, C. R.. Suicidal behavior in children and adolescents: causes and management. In: LEWIS, M. *Child and adolescent psychiatry*: a comprehensive textbook. Baltimore: Williams & Wilkins, 1996.

PRESS, B. R.;, KHAN, S. A.; Management of the suicidal child or adolescent in the emergency department. *Curr Opin Pediatr*, v. 9, n. 3, p. 237-241, 1997.

SHAFFER, D.; PIACENTINI, J. Suicide and attempted suicide. In: RUTTER, M.; TAYLOR, E.; HERSOV, L. (Eds.) *Child and adolescent psychiatry: modern approaches*. 3. ed. Oxford: Blackwell Scientific Publications, 1994.

SHAFFER, D.; FISHER, P. The epidemiology of suicide in children and young adolescents. *J Am Acad Child Psychiatry*, v. 20, p. 545-565, 1981.

SCHMITT, R.; TRAMONTINA, S. Emergências psiquiátricas em crianças e adolescentes In: QUEVEDO, J.; SCHMITT, R.; KAPCZINSKI, F. *Emergências psiquiátricas*. 2. ed. Porto Alegre: Artmed, 2008.

SOUZA, C. M. C. S.; KUCZYNSKI, E. Suicídio na infância e na adolescência. In: ASSUMPÇÃO, J. R.; KUCZYNSKI, E. *Tratado de psiquiatria da infância e da adolescência*. Rio de Janeiro: Atheneu, 2012.

SOUZA F. Suicídio: dimensão do problema e o que fazer. *Debates: Psiquiatria Hoje*, v. 2, n. 5, p. 6-8, 2010.

WERLANG, B. S. G. et al. The increasing burden of *depression*. *Neuropsychiatr*, v. 157, n. 12, p. 1925-32, 2000.

CAPÍTULO 18

O outro no espelho: a autodestruição a partir da destruição dos direitos sociais

Clarisse Goldberg

A noite de domingo avança. Aqui e ali, ainda se vê marcas da agitação do dia. Pessoas, carros, agora menos. Cada um toma seu rumo.

Sem rumo, M. fuma seu último cigarro, apoiado na mureta de um viaduto no Centro de São Paulo. Decidira que seria o último de sua vida, vida à qual ele iria por um fim, após as últimas baforadas. Além dele, no viaduto só havia uma vendedora de balas, recolhendo sua bancada, e um cachorro, também solitário, que parou ao seu lado. M. fez um cafuné – seria seu último – e desejou-lhe melhor sorte que a sua. Não percebeu que a mulher das balas aproximara-se. Com o pretexto de pedir fogo, ela perguntou a M. o que estava acontecendo. Ele aproveitou a chance de repassar sua história uma última vez e contou: viera do interior do Estado, onde morava, atrás do único filho, perdido na Cracolândia. Sua mulher havia se matado de desgosto, ele não conseguiu mais trabalhar, perdeu a casa e, tentando ainda dar algum sentido à vida, veio para a Capital encontrar – e salvar – seu filho. Depois de uma semana de procura, avistou-o, mas ele fugiu. Sem dinheiro, sem onde dormir, com fome, sem ter com quem falar, M. desistiu. A dor da vida esfacelada e a solidão eram mais fortes que tudo e ele não via nenhuma perspectiva. Certa estava sua mulher, que encerrou seu sofrimento. Além do mais, ele não tinha para onde ir, nem a quem recorrer. Não conhecia nenhum serviço público onde pudesse pedir ajuda, além do hospital. Mas ele não estava doente, sua dor era de outra natureza.

"Vá até o acampamento", disse a baleira. Explicou o caminho e se foi.

O acampamento – um agrupamento de barracas e uma tenda que servia de cozinha improvisada – ficava a algumas quadras. Montado há mais de um mês, depois que um prédio ocupado por famílias sem moradia pegou fogo e desabou, começou abrigando os que perderam tudo no desastre. Voluntários apareceram para ajudar, a população solidarizou-se e doações de roupas e alimentos chegaram em grande quantidade. Mulheres, homens, crianças, idosos, famílias inteiras se ajeitavam, primeiro em cima de papelões (barracas, colchões e mantas só chegaram depois, como resultado da ação dos voluntários), com olhar resignado de quem enfrenta mil desafios e, quase sempre, perde – mas, de alguma maneira, resiste. Vendendo balas ou limpando vidros nos faróis, puxando carroça para recolher recicláveis, fazendo faxina quando aparece, "guardando" carros, pedindo um trocado... Na falta de um lugar para dormir, ocupam prédios ociosos pela cidade, em especial no Centro.

Entre as dezenas de barracas e centenas de pessoas, uma micro sociedade era reproduzida, de forma amplificada, com todas as suas facetas, como uma cidade paralela. Das pessoas mais altruístas às que fazem da tentativa de oprimir o outro seu modo de vida, tudo estava lá, como em qualquer outro lugar, mas exposto, escancarado à nossa frente. As necessidades de cada um, também.

A notícia de que havia um lugar onde tinha água, algo para comer, roupas e sapatos para doar, espalhou-se pelo centro, forçando a colocação de grades (tiradas de um evento da Prefeitura) em torno do acampamento. De todos os cantos, pessoas em situação de rua vinham pedir ajuda, alguns sozinhos, tão abandonados quanto M., outros com suas famílias – pelo menos conseguiam leite para as crianças, melhor ali que ao relento, sem comida e tendo que se proteger dos ratos. Da parte dos órgãos públicos, apenas a pressão para que desocupassem a praça. Até o banheiro químico era negado. A qualquer solicitação, a resposta era sempre a mesma: desocupem, temos albergues pra vocês – o que era meia verdade, pois não havia em número suficiente e, pior ainda, em muitos albergues as famílias ficam separadas. Diferente do que se imagina, as pessoas têm que desocupá-los durante o dia. Como e para onde carregar as sacolas com o pouco que se conseguiu de doações, mas que é tudo o que se tem? Mesmo assim, alguns toparam e foram para o albergue (no caso das vítimas do prédio, eles puderam ficar mais tempo); outros, preferiram montar o acampamento e cobrar uma solução do poder público.

A cozinha passou a servir os "de dentro" – uma população que não parava de crescer, junto com a desocupação forçada de outros prédios, o que colocou dezenas de famílias na rua e aumentou a área da grade – e os "de fora", que viviam pelas ruas e vinham na hora das refeições ganhar um prato de comida ou um café com bolachinha. Em noite em que, ainda assim, sobrava, voluntários e acampados saem pela redondeza para distribuir aos que se acomodavam pelas ruas, em cima de papelões, protegidos até a cabeça por mantas. A maioria, sozinhos. Todos agradeciam muito e indicavam onde havia mais desabrigados. O acampamento dependia de doações, e elas chegavam, inclusive em marmitas e panelas de arroz, feijão, macarrão, em lanches, salgados, doces, enviados por restaurantes, confeitarias e lanchonetes solidários, apesar dos órgãos públicos e outros alardearem que não levassem doações, em especial comida e água, para o acampamento, pois seriam vendidas ou feitas sem o devido cuidado. Se sem banheiro não deu certo, quem sabe com fome eles saem?

Apesar de todas as carências e faltas, M. foi acolhido no acampamento e resolveu continuar tentando. Ajudava nas tarefas do dia-a-dia, conseguiu atendimento terapêutico e contato com grupos que fazem trabalhos junto a dependentes químicos para continuar procurando o filho. Todos voluntários. Os órgãos públicos continuavam insistindo em que desocupassem, usando todas as formas de pressão possíveis, da ameaça de retirar as crianças dos pais à proibição a que uma ONG de amparo animal doasse ração, passando pela possível desocupação à força. Os banheiros químicos chegaram, mas por ordem judicial.

Enquanto andamos apressados e inseguros pela cidade, geralmente não percebemos essa outra sociedade que se organiza ao lado, dentro, junto à "nossa". Muitos aprendem a ter medo e preferem evitar olhar para quem está na rua e se ver neles, como possibilidades. Alguns despejam em quem está caído seus ressentimentos, preconceitos e inseguranças. Constrói-se a ideia do Outro como ameaça e, por isso, faz-se necessário que seja colocado "em seu lugar" e, se possível, excluído. Do outro lado, muitos terminam seus dias como M. estava, sozinhos. Alguns aos poucos perdem o foco, depois o objetivo. Ou melhor, vão se transmutando em coisas impensáveis em pleno século XXI: o foco passa a ser a lixeira; o objetivo, não morrer de fome. No meio disso, alguns se desligam do mundo, dos outros, de si mesmos. Há os que voam, num delírio todo seu – às vezes até dançam uma música que ninguém mais escuta. Há os que desabam com o peso da invisibilidade e da impotência, inclusive de viadutos.

O outro que eu posso ser

Desamparo, falta de quem escute, rejeição, necessidades básicas cada vez mais tomando conta do tempo. Fome, sede, falta de higiene, sono intranquilo e tenso. O corpo torna-se uma usina de sentimentos e necessidades não atendidos, muitas vezes metamorfoseados em raiva. Outras vezes, em depressão, insegurança e medo. A necessidade de criar uma possível realidade paralela – ou desistir dela – acaba por tornar-se a única realidade possível.

Um dia, enquanto caminhava pelo Centro, me vi nos olhos deles. A primeira vez foi nos olhos de uma mãe que arrastava seu filho pequeno pelas ruas, tarde da noite, enquanto pedia cigarros. Segui-a até a frente do teatro Municipal, onde ela despiu o filho e o banhou em cima de um bueiro, com água da rua recolhida numa garrafa plástica. Depois, secou-o e deitou-o, nu, para dormir no colchão sujo. À sua maneira, ela fazia o que se "espera" de uma mãe: cuidava de seu filho. A segunda vez, foi nos olhos de um idoso com deficiência física, cujo grande desejo era uma carteira de seu time de futebol do coração, para poder guardar seus documentos. Entre as histórias que contava sobre o neto, ele reiterava a decisão de não voltar para a família. Voltei a "me ver" no olhar do pai do pequeno de três anos que vive nas ruas, enquanto a mãe está presa. Quando o menino feriu o tornozelo, o pai não o levou no posto de saúde, pois o medo de lhe tirarem o filho por falta de documentos era maior que tudo. Mesmo assim, ensinava ao menino como tratar as pessoas com educação.

Vi-me nos olhos deles outras vezes e me imaginei sozinha, na rua, lutando por um pedaço de papelão. Mas eu podia me afastar e deixar essa realidade para trás, ao fechar a porta do lar em que me abrigo.

Muitas vezes, ao voltar aos mesmos lugares, os desabrigados eram outros, apesar das necessidades serem as mesmas. Isso mudaria com o desabamento do prédio. Algumas horas após a tragédia, apresentei-me como voluntária e acompanhei o acampamento durante os três meses em que ele foi mantido.

No início, fiquei mais envolvida com a busca por doações, fossem financeiras, materiais (barracas, colchões, roupas, sapatos, material escolar), alimentares, além de apoios. À medida que fui ganhando a confiança dos acampados, comecei a ouvir suas histórias, inclusive de tentativas de suicídio. M. não foi o único caso a rondar o acampamento. Um voluntário em tratamento por tentativa de suicídio foi para lá buscar apoio; uma moça que passou por um grande trauma assustou o médico com seu olhar vazio ("Ela tem tendência suicida?" perguntou – o que ela confirmaria mais tarde, ao dizer que só continuava viva pelo amor de seu companheiro). Houve até anúncio de falso suicídio, para se "vingar" do ex-namorado.

A primeira vez que vi M. foi no cemitério, no enterro de uma bebê, filha de um casal do prédio. Reencontramo-nos mais tarde, quando ele estava cuidando da entrada no acampamento. Eu aguardava outro desabrigado, a quem fiquei de acompanhar no atendimento psicológico na Praça Roosevelt. A pessoa que eu aguardava não apareceu e M. perguntou se poderia ir no lugar. No caminho, me contou sua história. Dois dias depois, coloquei-o em contato com um frei que acompanha grupos de atendimento a viciados, para que tentasse encontrar seu filho.

O encontro com os desabrigados rompeu minha falsa ideia de segurança. Por mais que eu preencha os estereótipos de adequação social, sinto um medo crescente, na mesma proporção em que encontro pessoas abandonadas pelas ruas. O que as levou até ali?

O outro que poderíamos ser

A Declaração Universal dos Direitos Humanos (ONU, 1948), proclamada pela Assembleia Geral das Nações Unidas em Paris, em 10 de dezembro de 1948, afirma que os Direitos Humanos incluem o direito à vida e à liberdade, à liberdade de opinião e de expressão, o direito ao trabalho e à educação, entre muitos outros.

Todos são titulares destes direitos, sem discriminação. Também a Constituição da República Federativa do Brasil de 1988 afirma, em seu Preâmbulo, que

> Nós, representantes do povo brasileiro, reunidos em Assembleia Nacional Constituinte para instituir um Estado democrático, destinado a assegurar o exercício dos direitos sociais e individuais, a liberdade, a segurança, o bem-estar, o desenvolvimento, a igualdade e a justiça como valores supremos de uma sociedade fraterna, pluralista e sem preconceitos, fundada na harmonia social e comprometida, na ordem interna e internacional, com a solução pacífica das controvérsias, promulgamos, sob a proteção de Deus, a seguinte Constituição da República Federativa do Brasil. (Brasil, 1988)

Em seu Artigo 6º é afirmado que "São direitos sociais a educação, a saúde, o trabalho, o lazer, a segurança, a previdência social, a proteção à maternidade e à infância, a assistência aos desamparados, na forma desta Constituição" (Brasil, 1988).

Na área da saúde, a Constituição de 1988 criou o Sistema Único de Saúde (SUS), regulamentado pelas Leis n.º 8.080/90, a Lei Orgânica da Saúde (Brasil, 1990a) e nº 8.142/90 (Brasil, 1990b), com a finalidade de diminuir a desigualdade na assistência à Saúde da população, tornando obrigatório o atendimento público a qualquer cidadão. Na área do atendimento psicossocial, posteriormente foi desenvolvida a Rede de Atenção Psicossocial (RAPS).

Mas, apesar das garantias conferidas aos cidadãos pela Constituição, para além da camada mais vulnerável da população, num país em crise, no qual investimentos sociais são considerados gastos a serem limitados durante 20 anos – o que impacta na geração de emprego, renda e atendimento em saúde, educação, etc., aumentando o número de jovens e adultos desempregados, pais e mães de família que não conseguem pagar o aluguel, ou dar de comer para os filhos –, temos visto aumentar cada vez mais, independente do tamanho da cidade, o número de cidadãos e cidadãs em situação de rua, assim como discursos e ações de ódio, com a exclusão – muitas vezes física – de quem não se enquadra em um padrão específico. Estes sujeitos encontram-se cada vez mais desprotegidos e sem perspectivas, agredidos por serem quem são: mulheres, negros, homoafetivos, pobres, indígenas.

No país com dados dos quais devemos nos envergonhar –terceiro lugar em assassinato de crianças e adolescentes, sendo vinte e nove por dia em média, com predominância de meninos pretos, pobres e da periferia; campeão em assassinato da população transexual e travesti, com uma morte a cada 48 horas; campeão no assassinato de defensores dos Diretos Humanos –, cada vez mais a noção de "Outro" como não possibilidade e suas consequências, vem ganhando espaço. O efeito pode ser medido pelo número de suicídios que, ao contrário da meta da Organização Mundial da Saúde (OMS), de reduzir em 10% até 2020, vem aumentando.

Não se avizinham sinais de melhora no horizonte com relação ao atendimento a quem precisa. Ao contrário, os movimentos recentes do governo indicam uma guinada de volta à internação, na contramão do projeto inclusivo da rede extra-hospitalar.

Apesar de suas dores, de certa maneira M. teve sorte. Encontrou acolhida e escuta em um lugar onde se imaginava improvável. Alguns meses depois, reencontrei-o numa rua do centro. Ainda não havia encontrado o filho, mas estava vivo e seguia em acompanhamento. Mas como lidar com quem não chega ao consultório, ou ao RAPS, à assistência social, ao Centro de Valorização da Vida (CVV) e seu telefone 188?

Seja como indivíduos, seja como coletividade, para um desenvolvimento adequado (e por adequado entende-se que sirva de suporte para enfrentar os desafios da vida), é importante nos sentirmos reconhecidos e apoiados e tratados com dignidade. Se pensarmos o crescimento individual como uma passagem do pedir ao fazer, além de pessoas e famílias que precisam de apoio (tanto para aprender a fazer, quanto para ter os meios com os quais fazê-lo), existem muitos que nem sabem que têm o direito de pedir. Ao longo da vida, foram aprendendo a não ter direitos.

As causas de suicídio de pessoas em situação de vulnerabilidade são tão amplas quanto as de outros grupos. O que as diferencia é o abandono, a vontade explicitada de negar-lhes a existência, tirá-los de vista – como a pressão para a desocupação do acampamento, alojado em um ponto estratégico, denunciando o descaso dos órgãos públicos com a população mais vulnerável.

A isso, acresce-se a classe média precarizada, que, assim como a camada mais vulnerável, depende cada vez mais de uma sociedade que, à primeira vista, fecha-lhe as portas, seja por medo, seja por ódio. Muitos acabam dependendo da boa vontade de quem passa, ou dos grupos que se dispõem a olhar para eles e buscam fazer algo para tentar mudar essa realidade, seja individualmente ou se organizando em ONGs, em grupos voluntários, de religiosos, de advogados, de médicos, de artistas, entre outros. Existe uma rede espontânea de solidariedade na sociedade, apesar do senso comum dizer que não nos importamos.

Mas nós, seja como cidadãos, seja como profissionais da saúde, nos importamos, sim. Exercitamos nosso olhar e nossa escuta não só nos consultórios, hospitais ou espaços de atendimento no território da pessoa. Estamos vivendo um momento nebuloso, que traz novos desafios e enseja novas soluções. As pessoas continuam nas ruas, os olhares de medo e de apoio também. Ninguém sabe ainda até onde essas dores e a falta de perspectivas nos levarão, mas a sociedade paralela já busca formas de reagir. Se, na segunda metade do século passado, a comunidade se organizou, entre outras formas, através de ONGs, agora se organiza através de Redes de Apoio. E os primeiros pedidos de apoio recebidos em Redes de Psicólogos dizem muito de nosso momento atual: LGBT+, meninos da periferia, imigrantes e ex-presos políticos.

O Outro no espelho nos assusta, principalmente pelo medo de nos tornarmos ele. Cabe a todos nós, enquanto sociedade, redescobrirmos o que existe em comum – ou de humano – em cada um. Aos psicólogos, buscar novos caminhos para essa escuta. Quanto a mim, sigo buscando olhares pelas ruas.

Referências

BRASIL. *Constituição da República Federativa do Brasil de 1988*. 1988. Disponível em: <http://www.planalto.gov.br/ccivil_03/constituicao/constituicao.htm>. Acesso em: 20 maio 2019.

BRASIL. *Lei nº 8.080, de 19 de setembro de 1990. Dispõe sobre as condições para a promoção, proteção e recuperação da saúde, a organização e o funcionamento dos serviços correspondentes e dá outras providências*. 1990a. Disponível em: <http://www.planalto.gov.br/ccivil_03/leis/l8080.htm>. Acesso em: 20 maio 2019.

BRASIL. *Lei nº 8.142, de 28 de dezembro de 1990. Dispõe sobre a participação da comunidade na gestão do Sistema Único de Saúde (SUS) e sobre as transferências intergovernamentais de recursos financeiros na área da saúde e dá outras providências*. 1990b. Disponível em: <http://www.planalto.gov.br/ccivil_03/leis/l8142.htm>. Acesso em: 20 maio 2019.

ORGANIZAÇÃO DA NAÇÕES UNIDAS (ONU). *Declaração Universal dos Direitos Humanos*. 1948. Disponível em: <https://www.ohchr.org/EN/UDHR/Documents/UDHR_Translations/por.pdf>. Acesso em: 20 maio 2019.

Sol sobre a terra

Cristina de Oliveira Vieira

Eis o vale cinzento da terra devastada.
Eis o chão quente e árido.
Onde o descanso nunca aparece
E a solidão nunca se ausenta.

Não há pedra menos dura onde apoiar a cabeça;
E Jacó não sonha mais com escadas e anjos;
Onde o Vento Leste estala como chicote;
Na vastidão desamparada da planície;
Na pele esturricada pelo sol.

Onde há o sol.

Que mata de brilhar com tanta força.
Sem medida, sem limite, sem prudência.

Eis o incêndio nas colinas de pedra.
Eis o disco solar queimando tudo.
Eis o fogo nas florestas de rocha.
Eis a terra coroada de sol.
E o fogo na terra devastada.
E as cinzas da vida abandonada.
E o pó a que todos retornamos.

E imagina-se, então, poder estar em casa...

CAPÍTULO 19

O suicídio sob o viés da teoria do apego e dos esquemas iniciais desadaptativos de Jeffrey Young

Maura Ribeiro Alves
Résia Silva de Morais

O que leva uma pessoa ao suicídio? Qual sua história de vida? Quais fatores estão por trás desse ato? Tais questionamentos fomentam inúmeras pesquisas empíricas e científicas que buscam explicar as motivações desse comportamento tão desolador e prejudicial.

Um possível entendimento da autodestruição trazido pela teoria cognitiva aponta a experiência afetiva da desesperança como catalisadora primordial da tentativa de suicídio e/ou ideação suicida. Evidências empíricas apontam que o indivíduo em condição de desesperança tende a se perceber desmotivado pela vida, vê-la como um fardo e incapaz de traçar qualquer plano para modificar sua existência (Morais; Alves, 2018).

Um outro entendimento para o surgimento do sofrimento psíquico e que pode culminar no suicídio deu-se a partir da década de 90 com o desenvolvimento da teoria dos Esquemas Iniciais Desadaptativos. Este modelo busca entender a construção da personalidade a partir da vinculação de apego construída na infância e adolescência com base na Teoria do Apego, de John Bowlby. Tais vinculações de apego tendem a imprimir os modelos de relacionamento posteriores na vida do indivíduo; ademais, vinculações de apego inseguras associadas a padrões parentais disfuncionais tendem a prejudicar o desenvolvimento sócio-emocional-cognitivo da pessoa e desenvolver padrões de personalidade que as levam ao adoecimento psíquico e a experiências afetivas inundadas de sofrimento e dificuldade de autorregularão. Esses fatores são vistos como preditores à tentativa de suicídio e/ou a autodestruição.

A seguir uma explanação acerca dos modelos teóricos da Teoria do Apego e da Teoria Cognitiva do Esquema.

Desenvolvendo o Apego

O desenvolvimento social, emocional e cognitivo de uma criança é umas das tarefas mais desafiadoras para os cuidadores, pois elas são cerceadas por experiências afetivas de medo, alegria, desamparo, tristeza e amor. O comportamento de cuidar requer sensibilidade, prontidão, presença e atitudes que serão imprescindíveis na construção da personalidade do sujeito. Bowlby (1990, 1989) apresenta um construto determinante na constituição do self e que seu desenvolvimento está atrelado ao comportamento de cuidar: o Apego. Este é entendido como um mecanismo básico dos seres humanos e compartilhado com membros de outras espécies. Trata-se de uma classe de comportamentos fundamentais para a sobrevivência e que permite manter proximidade com outro indivíduo percebido como mais apto para lidar com as demandas do meio (Bowby, 1990). As primeiras relações de apego do indivíduo, estabelecidas na infância imprimirá o estilo de apego que este desenvolverá ao longo de suas vivências sociais (Bowby, 1990).

Na interação bebê-cuidador, o bebê emite determinados comportamentos que são interpretados pelos seus cuidadores e atendidos para lhe trazer conforto, segurança e proteção. Essas interações fortalecem o apego e à medida que o bebê desenvolve-se elas tornam-se mais complexas e contribuem para que a criança perceba-se pertencida e amada pelos seus cuidadores principais, além de encorajada a lidar com os obstáculos que o meio lhe propuser. As interações que promovem essas experiências no bebê contribuem para o desenvolvimento do apego seguro.

Segundo Ainsworth (1978), o apego seguro refere-se ao relacionamento entre cuidador e criança provido de uma base segura. A criança tende a explorar seu ambiente com tranquilidade, entusiasmo e motivação e, quando estressada, mostra confiança em obter cuidado e proteção das figuras de apego, que são responsivos. As crianças seguras incomodam-se na situação de separação de seus cuidadores, embora não se abalem demasiadamente. Assim, a interação entre o cuidador e a criança são de cooperação, com instruções claras, seguras, de monitoração e encorajamento por parte do cuidador (Waters; Cummings, 2000). O apego seguro é entendido então, como um fator que promove um desenvolvimento sócio emocional saudável e uma blindagem ao adoecimento psíquico no sujeito adulto. O indivíduo que vivenciou experiências de apego seguro tende a tornar-se um indivíduo com maior condição de ser seguro, autônomo, confiante, respeitoso, cooperativo e resiliente.

Quando a interação entre cuidadores-criança é demasiadamente ansiogênica, desligada, ambiavalente, abusiva ou altamente dependente, tem-se um terreno fértil para o desenvolvimento do apego inseguro. Ainsworth (1978) discrimina, a partir de inúmeras pesquisas sobre a interação cuidador-bebe/criança, dois tipos de apego inseguro. Um deles é o ansioso/ambivalente, no qual a criança tende a desestabilizar-se diante da ausência do cuidador primário, pois identifica essa ausência como uma ameaça, expressa-se com raiva diante da possibilidade de ausência do cuidador e tem dificuldade para acalmar-se quando do regresso deste e mostra-se constantemente insatisfeito. A criança com esse padrão de apego ora recebeu cuidados de acordo com suas demandas ora não obteve uma resposta de apoio, o que pode ter provocado falta de confiança nos cuidadores.

Outro padrão de apego inseguro denomina-se evitativo, no qual a criança brinca de forma tranquila, interage pouco com os cuidadores, mostra-se pouco inibida com estranhos e engaja-se facilmente com pessoas desconhecidas. São crianças menos propensas a procurar o cuidado e a proteção das figuras de apego quando experimentam estresse e deixam de procurar os cuidadores após terem sido rejeitadas, de alguma maneira, por eles. Apesar de os cuidadores demonstrarem preocupação eles não são recíprocos aos sinais de necessidade quando a criança os manifesta.

Main e Solomon (1986) identificam um terceiro tipo de apego inseguro: o apego desorganizado. Desenvolve-se geralmente em crianças que receberam maus-tratos, abusos e/ou violência de alguma forma. Como consequência, a criança fica confusa e desconfiada, deixando de confiar nas outras pessoas e em sua própria intuição. É comum que essas crianças manifestem comportamento constante de impulsividade, apreensão durante a interação e agressividade.

Os apegos do tipo inseguro são preditores de doenças físicas e psíquicas (Goodwin; Stein, 2004). As características das interações com os cuidadores e o perfil parental podem ser facilmente identificados no discurso de pacientes com ideação suicida ou com histórico de tentativa de suicídio com ou sem êxito. A interação parental baseada no apego inseguro é vista então, como preditora de um desenvolvimento psíquico vulnerável e na escolha de estratégias disfuncionais de regulação emocional e de enfrentamento diante das demandas da vida cotidiana.

O Modelo Cognitivo do Esquema de Jeffrey Young como entendimento da autodestruição

Jeffrey Young (2003) e Young, Klosko e Weishaar (2008) postulam que a personalidade do sujeito dá-se a partir da interação entre três fatores. O temperamento emocional inato é entendido como a base que determinará as tendências de funcionamento do indivíduo e que influencia a quantidade ideal requerida das necessidades emocionais básicas em cada momento crítico do desenvolvimento. As necessidades emocionais básicas são experiências emocionais fundamentais da criança/adolescente com seus cuidadores primários e/ou significativos ao longo dos anos iniciais de vida e que são responsáveis pelo desenvolvimento sócio-emocional do sujeito. Essas necessidades são as seguintes: vínculos seguros, estáveis e de aceitação com outros indivíduos, autonomia, competência e sentido de identidade, liberdade de expressão, necessidades e emoções válidas, espontaneidade e limites realistas e autocontrole. O terceiro fator refere-se às experiências nocivas às quais a criança pode estar sujeita nos anos iniciais de sua vida como mudanças na configuração familiar, permissividade e indulgências excessivas por parte dos cuidadores, adoecimento psíquico e físico das figuras de apego ou da própria criança e demais situações traumáticas.

Esses três fatores são responsáveis pelo desenvolvimento de esquemas os quais, associados aos padrões de apego, aos estilos parentais e ao comportamento de cuidar, imprimem modelos de representação de interação social do sujeito ao longo da vida. Por exemplo, uma criança com padrão de apego ambivalente tem geralmente um modelo parental e familiar que ora atende suas necessidades, ora não. Geralmente seus cuidadores têm um tempo incontinente de dedicação, prontidão, presença e têm dificuldade em equilibrar o atendimento às próprias demandas e às da criança. Nesse ambiente familiar instável, a criança tende a ficar ansiosa e angustiada e sente-se sozinha para lidar com suas demandas diárias. Quando adultas, tendem a interagir com pessoas substancialmente próximas ao modelo familiar e que mantem suas reações de ansiedade e inabilidade social.

Young, Klosko e Weishaar (2008) ainda postulam que, em momentos críticos do desenvolvimento do indivíduo, há a necessidade de cuidados específicos por parte das figuras de apego. Esses momentos são denominados de "domínios esquemáticos" e referem-se a intervalos temporais que vão do nascimento ao começo da adolescência e que constituirão as bases para o desenvolvimento dos esquemas mentais dos diversos papéis sociais e pessoais que o indivíduo exercerá na sua vida diária. O autor propõe cinco domínios que caracterizam as necessidades emocionais básicas e universais: aceitação e pertencimento, senso de autonomia e competência, limites realistas, respeito aos desejos e aspirações e expressão emocional legítima.

Quando as necessidades emocionais básicas não são devidamente atendidas e o indivíduo experiência traumas durante a infância e adolescência, pode vir a desenvolver esquemas iniciais desadaptativos (EIDs). Esses esquemas representam a maneira como o indivíduo percebe a si, o outro e às situações ao seu redor e são necessariamente autoderrotistas e disfuncionais (Wainer et al, 2016).

Young, Klosko e Weishaar (2008) identificaram dezenove EIDs agrupados em cinco categorias de necessidades emocionais não atendidas, denominados de "domínios esquemáticos". O primeiro domínio é nomeado de "desconexão e rejeição" e indivíduos com esses esquemas ativos acreditam que suas necessidades básicas de empatia, estabilidade, segurança, cuidado e proteção não serão atendidas. Geralmente esses indivíduos compartilham um ambiente familiar instável, frio, rejeitador e abusivo. Os EIDs pertencentes ao domínio são: abandono/instabilidade, desconfiança e abuso, privação emocional, defectividade/vergonha e isolamento social/alienação O segundo domínio chama-se "autonomia e desempenho prejudicados" e é caracterizado por indivíduos com dificuldade em perceber a capacidade de viver de forma independente e autônoma. Seu ambiente familiar tendeu a ser de superproteção, desproteção exacerbada, emaranhamento e não estimulante. Os EIDs relacionados são: dependência/incompetência, vulnerabilidade ao dano ou à doença, emaranhamento e fracasso.

O terceiro domínio, denominado "limites prejudicados", caracteriza-se por dificuldades em compreender e respeitar os direitos das outras pessoas e em se comprometer com metas e compromissos. Seu ambiente familiar foi de permissividade, excesso de tolerância, ausência de orientação e superioridade por parte das figuras de apego. Os esquemas pertencentes a esse domínio são: arrogo/grandiosidade e autocontrole/indisciplina insuficientes.

O quarto domínio é chamado de "direcionamento para o outro" e é permeado por preocupação exagerada com as necessidades alheias, em detrimento das suas próprias. O estilo familiar caracteriza-se por indiferença, aceitação condicional, fixação em aceitação social e status. Os EIDs relacionados são: subjugação, autossacrifício e busca de aprovação/busca de reconhecimento.

O quinto domínio é o da "supervigilância e inibição". Nele, os esquemas levam ao controle exagerado de impulsos e sentimentos espontâneos, além de estipular regras rígidas e inflexíveis quanto ao desempenho pessoal. A familiar de origem tende a ser severa, exigente e punitiva. Os EIDs desse domínio são: negativismo/pessimismo, inibição emocional, padrões inflexíveis/postura crítica exagerada e postura punitiva.

A teoria do esquema de Jeffrey Young é considerada de grande valia no entendimento da relação entre experiências deletérias na infância e adolescência e o desenvolvimento de uma personalidade fragilizada e vulnerável ao adoecimento psíquico na idade adulta (Wainer; Piccolotto; Pergher, 2011). Estudos têm apontado a predição dos esquemas disfuncionais iniciais em quadros psicopatológicos de depressão, ansiedade e transtornos de personalidade, além de dificuldades nos relacionamentos interpessoais e conjugais e a propensão ao suicídio.

A seguir, um caso clínico que aborda as conceituações teóricas apresentadas e ilustra a relação entre estilo de apego inseguro, esquemas disfuncionais e tentativa de suicídio.

Caso Duda

Maria Eduarda[1] é uma mulher de 31 anos, empresária, formada em Arquitetura e em Design de Interiores. Duda, como gosta de ser chamada, vem de uma família de classe média, pai vendedor e mãe cabeleireira. Ela é filha do

[1] Maria Eduarda é um caso fictício criado pelas autoras e contribui para uma melhor compreensão das discussões teóricas discorridas no texto.

meio de um total de 3 filhos. Seu irmão mais velho chama-se Carlos Alberto e tem 32 anos, e sua irmã caçula se chama Ana Paula e possui 23 anos. Duda não tem filhos, foi casada com seu colega de faculdade, e tiveram uma linda história de amor, mas logo após o seu adoecimento psíquico o divórcio aconteceu e seus sonhos desmoronaram.

Duda nasceu de uma mãe jovem, em uma família de classe média, que trabalhou e ainda trabalha para a harmonia financeira da casa e o sustento da filha mais nova (Ana Paula), que faz faculdade de medicina em uma rede particular. Sua mãe, nomeada aqui de Vera Lúcia foi mãe aos 24 anos e escolheu os nomes dos três filhos, todos com nomes compostos como o seu. O pai, Tomas, não quis dar nomes, alegava ter péssimo gosto e não queria se responsabilizar com o futuro deles. Este argumento foi bastante usado por Duda durante suas crises de desesperança.

De acordo com Young (2003) e Young, Klosko e Weishaar (2008), os Esquemas Iniciais Desadaptativos (EIDs) são modelos emocionais e cognitivos responsáveis por processos estruturais da personalidade, apresentados através das crenças e sentimentos adotados como verdades sobre si e sobre o mundo.

Neste caso, Vera não estava preparada para a responsabilidade de ser mãe, uma vez que o principal esquema apresentado era o de *Fracasso*. Seus pais eram ausentes e não a encorajaram a ser persistente nas suas competências, já que os fracassos apresentados durante a infância de Vera eram vistos como a única característica da sua personalidade, e não permitiram a edificação de uma crença de superação. Sempre que ela estava diante de alguns desafios, o pensamento de incapacidade tomava conta e para a *Manutenção do Esquema* havia pouco esforço e raros sucessos que confirmavam a crença de incapacidade. Às vezes, para a *Compensação do Esquema*, ela fazia compras para o salão e buscava manter uma ideia de potência e capacidade através do poder de compra. Entretanto, para a *Evitação do Esquema*, repetidamente foge dos desafios diários na ideia de que não valia a pena, uma vez que o desgaste não compensaria.

Tomas foi pai aos 26 anos e também não estava organizado para a paternidade. Sua infância foi marcada por muitas mágoas. Foi criado pela avó e, ainda criança, descobriu que era um filho bastardo, e que seus pais tinham se separado por causa da traição. Além disso, seus irmãos moravam com sua mãe, faziam piadas, mentiam, e, quando seu pai faleceu, a mãe, endividada, consumiu toda a herança deixada. Tomas era extremamente comunicativo, mas não tinha amigos, já que alegava que as pessoas, de alguma maneira, objetivam tirar vantagem das relações de forma intencional. Todo esse *Esquema de desconfiança/abuso* constituído na infância também facilitou o desenvolvimento da vulnerabilidade emocional e dos comportamentos de autoextermínio de Duda (Wainer et al, 2016).

Os pais da paciente namoraram e se casaram em 3 anos. Um ano após o casamento, o primeiro filho, Carlos, nasce como programado e foi o filho que o pai tanto desejou. A mãe sonhava em ter uma menina, mas o pai queria que a diferença entre os filhos fosse de no mínimo 5 anos, pois, segundo Tomas, cada irmão não iria invadir o espaço do outro – mais uma vez, o esquema inicial estruturando suas escolhas. Entretanto, 3 meses após o nascimento do primogênito, Vera ficou grávida, e Tomas sentiu-se *enganado* pela esposa, já que a mãe apresentava um grande desejo de ser mãe logo após a gestação. Ao descobrir que a criança era uma menina, o sentimento de decepção em relação à suposta articulação de Vera para engravidar ativa em Tomas suas piores crenças. Vera não sabia como lidar com a situação, culpava-se por não ter procurado orientações médicas, sentia-se fracassada, e Duda tornou-se um problema para a família.

A casa não estava preparada para um segundo filho e, quando descobriram que era menina, Tomas não aceitou a ideia de colocar Duda no mesmo quarto de Carlos. Então, adaptaram um quarto de bebê no quarto de estudos do pai, que ficou incomodado pela perda de espaço. Duda nasce algumas semanas antes do esperado e exatamente no dia do aniversário de 1 ano de Carlos. Tomas, com a casa cheia de colegas de trabalho e parentes, teve que socorrer a esposa, deixando claro os sentimentos de desprezo e incômodo. A relação conjugal fica estremecida e Duda nasce dentro de um baixo nível de funcionamento conjugal.

Desde a década de 1980, a forma como o casal exerce a parentalidade através do vínculo conjugal vem sendo debatida na literatura. Desde então, muitos estudos concluíram que bons níveis de funcionamento conjugal corroboram com o desenvolvimento saudável dos filhos (Hameister; Barbosa; Wagner, 2015). Portanto, comportamento de parentalidade disfuncional apresentada pelos pais desde do nascimento de Duda, foi um dos fatores de risco para a conduta suicida da paciente. Desde o primeiro ano de vida, Duda tornou-se um incômodo para o pai, um empecilho para o casal e pobre de vínculos afetivos de apego.

A Teoria do Apego, de John Bowlby (1989), partiu de referências da Cibernética e da Psicologia Comparada, além de fundamentos Psicanalíticos, Etológicos e das Ciências Cognitivistas. A teoria reconhece a vinculação parental como fator central no desenvolvimento da personalidade e o rompimento dos laços afetivos estabelecidos na infância apresentam consequências destrutivas no desenvolvimento psíquico do sujeito. Desse modo, a relação estabelecida com esse cuidador primário, através do afeto que vai se desenvolvendo ao longo do tempo, torna-se a base para a construção dos vínculos posteriores (Abreu, 2005). Portanto, uma vez fundamentadas as estruturas de proteção, sobrevivência e estabilidade, esses laços permitem a construção de estruturas emocionais, cognitivas e intelectuais saudáveis. Contudo, pode-se compreender que o comportamento de apego é caracterizado como comportamentos inatos que habilitam o sujeito a procurar, discriminar e o manter, de forma ativa e profunda, o contato com o cuidador e com a pessoas.

Em vista disso, as relações de apego da paciente não foram suficientes para a construção de um esquema saudável. O processo de esquiva existente no esquema de fracasso da mãe afastou Vera de Duda e o pai, por meio do esquema de desconfiança, apresentou comportamentos hostis e abusivos com a filha. Segundo a Teoria do Apego e dos Esquemas Iniciais Desadaptativos, o adoecimento psíquico ocorreu à medida que Duda estabeleceu vínculos afetivos iniciais com os cuidadores de maneira disfuncional, aversiva e impactante no desenvolvimento global. Quando criança, Duda não foi estimulada a buscar o lazer e a felicidade, e sim a estar supervigilante em relação a situações malfazejas. Ela tinha a sensação que estava sempre sobre pressão e com dificuldade de relaxar, na busca de elevados padrões de desempenho com intuído de evitar críticas e desaprovação, resultando em sentimentos de repressão constante e atitude crítica excessiva em relação a si mesmo e aos outros. Afinal, sua infância rígida e perfeccionista estimulou a aquisição do esquema de *Padrões Inflexíveis/Crítica exagerada* transmitindo uma constante sensação de pessimismo e preocupação com o tempo e eficiência.

Vera tornou-se uma mãe exigente, pois não gostaria que a filha fosse um fracasso como ela e decepcionasse o pai, mas os insucessos de Duda rotularam sua personalidade, e Ana Paula passou a ser esperada como a realização das expectativas dos pais. Durante a adolescência, Carlos passa em uma Universidade Federal e muda de cidade com o intuito de fugir das expectativas dos pais, e Duda, segundo estes, não era forte o bastante para morar sozinha.

Aos 17 anos, Duda entrou em uma Universidade Federal de Arquitetura, já que o pai trabalhava na área. Era uma excelente aluna e destacava-se por ser detalhista e ter habilidades no setor. Logo conheceu Paulo, seu primeiro namorado e depois esposo. Um ano após a formatura, sua eficiência e competência conduziu-a a desenvolver grandes projetos, tornando-a uma excelente profissional da área. Após o casamento, Paulo tornou-se sócio do escritório de Arquitetura e Design edificado por Duda. Entretanto, a postura crítica e exagerada e a falta de relacionamento afetivo e de apego possibilitam que esquemas negativos específicos fossem ativados. O casamento começa a apresentar dificuldades de relacionamento, intolerância e raiva, ocasionando dificuldade em perdoar erros e imperfeições. Paulo não deseja ter filhos e a ideia de que algo não está indo bem com o casamento começa a incomodar Duda. Para o reforçamento doentio das crenças desadaptativas de Duda, Paulo pede o divórcio e em virtude de um alto padrão moral e religioso não concorda com a separação e entra em crise.

Paulo imaginava que Duda, por apresentar uma estrutura sólida e crítica, não iria sofrer com a separação, já que não estavam bem há anos. Diante de tudo isso, Duda começa a apresentar comportamentos direcionados aos atos suicidas, atravessando vários tipos de transtornos psiquiátricos. O desespero de envergonhar a família, de perder o marido no qual tanto investiu e o medo de ficar sozinha fazem Duda perder o sentido da vida.

Em suma, a ausência sistemática de estruturas de regulação emocional, que deveriam ser desenvolvidas durante as relações de apego e de interações emocionais seguras, conduziu Duda a comportamentos essencialmente hostis e punitivos. Sua personalidade vulnerável e desesperançosa permitiu o sucesso do ato suicida, antes que o tratamento se iniciasse.

Considerações finais

A proposta do presente texto foi apresentar um entendimento do suicídio em função do desenvolvimento e da constituição da personalidade a partir da Teoria do Apego e da Teoria Cognitiva dos Esquemas Iniciais Desadaptativos. Estudos empíricos e a escuta clínica das autoras têm trazido dados que corroboram as citadas teorias e que permitem fazer uma relação entre o sofrimento psíquico, as dificuldades de regulação emocional e enfrentamento não assertivo de demandas diárias associadas às necessidade emocionais não atendidas na infância e adolescência e experiências primárias traumáticas e fatores temperamentais.

Estratégias de intervenções precoces de cunho psicoeducativas podem contribuir consideravelmente para minimizar os efeitos de comportamentos parentais deletérios e conduzir o desenvolvimento sócio-emocional da criança de maneira mais saudável e protetiva.

Por fim, necessita-se que programas de políticas públicas sejam planejados e adotados com a finalidade de priorizar o desenvolvimento sócio-emocional saudável das crianças alicerçados num trabalho conjunto entre as figuras de apego significativas, profissionais especializados e os principais ambientes em que estas estão inseridas.

Referências

ABREU, C. N. *Teoria do Apego*: fundamentos, pesquisas e implicações clínicas. São Paulo: Casa do Psicólogo, 2005.

AINSWORTH, M. *Patterns of attachment*: a psychological study of the strange situation. Hillsdale: Erlbaum, 1978.

BOWLBY, J. *Apego e perda*. Apego: a natureza do vínculo. Vol. 1. São Paulo: Martins Fontes, 1990.

BOWLBY, J. Uma base segura: aplicações clínicas da teoria do apego. Porto Alegre: Artes Médicas, 1989.

GOODWIN, R. D.; STEIN, M. B. Association between childhood trauma and physical disorders among adults in the United States. *Psychological Medicine*, v. 34, n. 3, p. 509-520, 2004.

HAMEISTER, B. da R.; BARBOSA, P. V.; WAGNER, A. (2015). Conjugalidade e parentalidade: uma revisão sistemática do efeito *spillover*. *Arquivos Brasileiros de Psicologia*, v. 67, n. 2, p. 140-155, 2015.

MAIN, M.; SOLOMON, J. Discovery of a new, insecure disorganized/disoriented attachment pattern. In: BRAZELTON, T. B.; YOGMAN M. W. (Eds.) Affective development in infancy. Norwood: Ablex, 1986. pp. 95-124.

MORAIS, R. S & ALVES, M. R. Terapia Cognitivo-Comportamental e o Suicídio: Possibilidades de Intervenção. ANGERAMI, V. A. (Org.). *Sobre o Suicídio: a psicoterapia diante da autodestruição.* Belo Horizonte: Ed. Artesã, 2018.

WAINER, R.; PICCOLOTTO, N. M.; PERGHER, G. K. (Orgs.). *Novas temáticas em Terapia Cognitiva.* Novo Hamburgo, RS: Synopsis, 2011.

WAINER, R. et al. (Orgs.). *Terapia cognitiva focada em esquemas*: integração em psicoterapia. Porto Alegre: Artmed, 2016.

WATERS, E.; CUMMINGS, E. M. A secure base from which to explore close relationships. *Child Development*, Special Millenium Issue, 2000.

YOUNG, J. E. *Terapia Cognitiva para transtornos da personalidade*: uma abordagem focada no esquema. 3. ed.. Porto Alegre: Artmed, 2003.

YOUNG, J. E., KLOSKO, J. S., & WEISHAAR, M. E. *Terapia do esquema*: guia de técnicas cognitivo-comportamentais inovadoras. Porto Alegre: Artmed, 2008.

CAPÍTULO 20

O sofrimento silencioso por trás do altar. Suicídio – prevenção – posvenção dos líderes religiosos: "cuidando do cuidador"

Ionice Alves Lourenço

> *O cuidar de mim para cuidar dos outros e o tomar conta de minha capacidade de cuidar são fundamentais para quem trabalha com crises humanas. É imprescindível termos alguns cuidados em prol de nossa própria saúde mental.*
> (Botega, 2015, p. 208)

Introdução

Em meus atendimentos clínicos, ao escutar atentamente os meus pacientes, pude começar a me confrontar com diversos relatos de ideações suicidas, o que me levou à compreensão imediata que o manejo para lidar com este tema tão complexo, rodeado por tabus era, por si só, específico, culminando na necessidade de estudar profundamente o suicídio e a sua prevenção.

Biologicamente, a morte é irreversível, mas a morte autoprovocada não o é, o que me fez refletir sobre quantas pessoas sentem-se aniquiladas no luto infindo daqueles que se foram de maneira proposital por estarem em sofrimento imensurável. A partir dessas reflexões, tenho me enveredado por buscar informações acerca do tema, no intuito incessante de dar um significado pessoal à frase de Elizabeth Kubler-Ross (1988), que disse que "a única coisa incontestável em seu trabalho era a importância da vida". Aliado a isso, penso também que ressurgiu em mim a história, que ocorreu há mais de trinta anos, de uma senhorinha linda e de cabelos brancos que perdera a sua filha mais velha quase que em seus braços, e de como é necessário acolher a quem fica, pois, a partir daquele fatídico dia, pude presenciar o seu sofrimento e o sentimento de angústia, pelo qual hoje, somente hoje, entendo que ela sobreviveu, ainda que sufocando as lágrimas e a sua dor dilacerante, que a acompanhou por todo o seu período de sobrevivência. Se, àquela época, eu soubesse parte do que sei hoje, eu a teria acolhido melhor, tentando amenizar um pouco da tristeza que sentia.

Freud, por meio do processo de transferência e contratransferência, talvez conseguisse explicar o meu interesse no estudo do suicídio, especificamente na vida e morte de líderes religiosos, pois, desde muito cedo, fiz indagações sobre onde estaria Deus e sobre quem Ele era. E estes meus questionamentos implícitos suscitaram em mim o desejo de obter as respostas, de modo que acabei por frequentar a Igreja Católica por aproximadamente oito anos, além dos mais de dez anos em que estive presente na Igreja Evangélica.

Foi nestes lugares que encontrei grandes líderes, pessoas especiais que marcaram para sempre a minha existência. Além disso, ainda pude me debruçar em diversos textos na literatura que me fizeram admirar os dirigentes, comandantes de várias outras religiões. Por estes motivos, não poderia ser mais grata por tanta bondade, generosidade e disponibilidade destas pessoas que abdicaram de tantos prazeres mundanos em prol de sua fé.

Finalmente, acredito então poder dizer que, nos meus atendimentos clínicos, ao ouvir sobre a morte autoprovocada, pude confrontar-me com a experiência pessoal de alguém que vivenciou o que talvez seja a pior dor de um ser humano: perder o filho, potencializada pela dor do suicídio. Hoje, tenho claro o quão importante é o ouvir, o acolher, a não condenação do ato, e mais, o amparo que o enlutado precisará todos os dias e o quão importante é a posvenção ao suicídio (Shneidman, 1968 apud Miranda, 2014).

Por conta de minhas inquietudes, acabei por conhecer grandes líderes religiosos e o fato de alguns – ou vários – casos de suicídios virem à tona me fez buscar dados para subsidiar a literatura e a divulgação nas campanhas de prevenção.

O sentido deste texto, além do já exposto, foi baseado nas seguintes vertentes: (i) a representatividade das igrejas cristãs no Brasil; (ii) os recorrentes relatos sobre a morte de alguns pastores evangélicos e padres, noticiados em mídias e que nos trouxe a reflexão sobre a necessidade de prevenção e posvenção ao suicídio dos líderes religiosos e aos que ficam; (iii) apesar do tema ser considerado um "tabu", existe uma grande quantidade de material bibliográfico na literatura, não estritamente sobre o suicídio, mas tive que optar por delimitar alguns temas neste primeiro momento, no entanto, foi possível fazer uma analogia com o que existe atualmente sobre o prazer e o sofrimento de líderes religiosos, a urgência em entender estes cuidadores; e (iv) e a necessidade do homem de se despir da crença de que os líderes religiosos são homens perfeitos e inabaláveis.

O suicídio, segundo explica o Centro de Valorização da Vida (CVV, s/d),

> (...) é um gesto de autodestruição, realização do desejo de morrer ou de dar fim à própria vida. É uma escolha ou ação que tem graves implicações sociais. Pessoas de todas as idades e classes sociais cometem suicídio.

A cada 40 segundos uma pessoa se mata no mundo, totalizando quase um milhão de pessoas todos os anos. Estima-se que de 10 a 20 milhões de pessoas tentam o suicídio a cada ano. De cada suicídio, de seis a dez outras pessoas são diretamente impactadas, sofrendo sérias consequências difíceis de serem reparadas.

E mais, segundo um estudo realizado pela Universidade Estadual de Campinas (UNICAMP), pelo menos 17% dos brasileiros já pensaram seriamente em cometer suicídio em algum momento de suas vidas e, dentre esses, 4,8% chegaram a elaborar um plano para isso. O mesmo informativo explica que, normalmente, o que leva uma pessoa a cometer suicídio é a necessidade de se "(...) aliviar pressões externas como cobranças sociais, culpa, remorso, depressão, ansiedade, medo, fracasso, humilhação etc." (CVV, s/d).

Ora, se de seis a dez pessoas são impactadas por um suicídio, é importante refletir sobre quantas pessoas estaríamos falando quando um líder religioso tira a própria vida.

Cuidando do cuidador: o sofrimento silenciado de padres e pastores

O Artigo 19 da Constituição Federal de 1988, em seu inciso I, dispõe, assegurando a liberdade religiosa, que:

> *É vedado à União, aos Estados, ao Distrito Federal e aos Municípios: I – estabelecer cultos religiosos ou igrejas, subvencioná-los,* embaraçar-lhes o funcionamento ou manter com eles ou seus representantes relações de dependência ou aliança, ressalvada, na forma da lei, a colaboração de interesse público. (Brasil, 1988)

O Brasil é um país laico, mas os números mostram que a sociedade brasileira é fortemente influenciada pela religião: o Censo de 2010 do Instituto Brasileiro de Geografia e Estatística, demonstra que existem mais de 40 grupos religiosos registrados no país. Segundo a pesquisa, a religião católica representa 64,6% da população, enquanto os evangélicos representam 22,2%. Os espíritas compreendem 2%, e os adeptos da umbanda e do candomblé representam 0,3% da população. Cerca de 107 mil pessoas seguem o judaísmo, enquanto 65 mil seguem tradições indígenas, 35 mil seguem o islamismo, além das 5 mil que são adeptas do hinduísmo.[1]

[1] Dados de 2018 do Censo do Instituto Brasileiro de Geografia e Estatística (IBGE). Cf. https://censo2010.ibge.gov.br/

Se a sociedade brasileira é tão apegada às suas crenças, natural que também o seja aos seus líderes religiosos, homens admirados por abdicarem de tantos prazeres mundanos em prol da fé e da propagação da palavra de Deus. Ao tocar neste delicado assunto, é interessante explorar a teoria de Carl Gustav Jung (1875-1961) sobre as diferentes personas que cada indivíduo carrega.

Na obra *Tipos Psicológicos* (1921), Jung define a palavra "persona", termo em latim que faz referência às máscaras usadas pelos atores do teatro grego, como uma máscara social com a qual o indivíduo encara o mundo. Já no livro *Os arquétipos e o inconsciente coletivo* (1969), o autor explicita que uma máscara trabalha de acordo com os propósitos daqueles que as usam, mas também considerando as exigências e as opiniões daqueles que os cercam (Senna; Fialho, 2016).

Exemplificando, a persona de líder religioso é apenas uma das máscaras que um indivíduo pode usar, pois, além desta, ele carrega a persona de filho, de amigo, de estudante, entre diversas outras e principalmente de um ser "humano". No entanto, os seguidores da fé e admiradores de seus líderes religiosos não os veem como mais um indivíduo entre milhões, estes homens estão submetidos, diariamente, a uma ideia de endeusamento que os exige perfeição, o que pode acarretar esgotamento físico e psicológico.

Segundo demonstrado pelo Instituto Francis August Schaeffer de Desenvolvimento da Liderança da Igreja, em estudos datados de 1989 a 2000, 71% dos pastores se dizem esgotados e lutam constantemente contra a depressão, 80% dos pastores sentem-se desqualificados e desencorajados em seu papel de pastor e 50% deixariam o ministério se tivessem outra maneira de se manter financeiramente (Krejcir, 2007). Além da depressão e do esgotamento físico e emocional, os líderes religiosos alegam baixos salários e isolamento por falta de amigos (Quaresma, 2016).

A depressão acompanha a humanidade ao longo de toda a sua história e os estudos acerca do suicídio reforçam a teoria de que grande parte das pessoas que cometem suicídio possuem comportamento depressivo, embora nem toda pessoa depressiva irá cometer o ato.

De acordo com a Classificação de Transtornos Mentais e de Comportamento (CID-10), pessoas com comportamento depressivo, apresentam alguns sofrimentos como humor deprimido, grande cansaço mesmo em atividades leves, auto estima reduzida e ideias de culpa. Perda de interesse e prazer em atividades que anteriormente eram supervalorizadas. Atualmente elas podem ser classificadas como leve, moderada e grave, estas classificações são feitas por um médico especializado e a diferenciação ocorre através de uma análise clínica avaliando a frequência, intensidade e prejuízo a vida diária (OMS, 1997).

Os atuais critérios para o diagnóstico também são encontrados no DSM – V, o Manual Diagnóstico e Estatístico dos Transtornos Mentais que foi lançado em 2013 (American Psychiatric Association, 2013).

Tais critérios estabelecidos são de suma importância para diferenciação de problemas rotineiros de tristeza que podem ser confundidos com o comportamento depressivo. Alguns estudos ressaltam ainda, a alteração química no cérebro da pessoa deprimida, principalmente com relação aos neurotransmissores.

Muitas vezes, para os líderes religiosos que são cuidadores todo esse processo acontece em silêncio, pois são pessoas que pensam, em primeiro lugar, em suas ovelhas, como explica Lobo (2018, s/p):

> Se ele está ferido, mas enxerga outra pessoa ferida precisando de ajuda, ele é capaz de ignorar por um momento a dor da sua própria ferida para ajudar na cura da outra pessoa. Estou me referindo às questões emocionais, espirituais, sociais e até econômicas. Essa capacidade de abdicação e iniciativa é uma das características mais marcantes da liderança, especialmente da vocação ministerial. Muitos desses líderes sofrem em silêncio por acreditar que não devem acrescentar sofrimento na vida de pessoas que ele mesmo cuida. Então, ao invés de compartilhar suas dificuldades pessoais, ele guarda para si, preferindo manter uma aparência de força e fé inabaláveis em benefício de outras pessoas. Mas é muito preocupante, porque termina fazendo com que o sofrimento pessoal não seja tratado, gerando um acúmulo de angústia e outros problemas que podem acarretar em doenças como a depressão.

Somado a todos os fatos já narrados anteriormente, é importante salientar, também, a grande exigência que os líderes espirituais sofrem por parte das instituições religiosas, que se tornaram verdadeiras empresas da fé, que cobram de seus padres e pastores resultados e "(...) que passaram a englobar princípios de cultura e liderança, métodos de recrutamento, metodologias de ação e estratégias de expansão até mesmo internacional, aspectos de marketing e outros que se mostram necessários" para que possam se tornar competitivas (Oliveira; Sares, 2010, p.1).

Complementarmente, em um estudo realizado em 2006 por Ana Magnólia Mendes e Rogério da Silva, denominado *Prazer e sofrimento no trabalho dos líderes religiosos numa organização protestante neopentecostal e noutra tradicional*, o sentimento de prazer está intrinsecamente ligado ao reconhecimento do trabalho, sentimento de orgulho pelos resultados, realização e senso de pertencimento. Já o sofrimento está em sua essência relacionado aos desgastes físicos e emocionais, que trazem pressão por resultados com cargas excessivas de trabalho e ainda lidam com diversas situações relacionadas à comunidade que está inserido (Mendes; Silva, 2006).

Além de viver uma realidade que não admite erros, por estar cercada dos olhares e das mais altas expectativas dos fiéis, os líderes religiosos ainda são pressionados para que apresentem resultados numéricos que saltem aos olhos, que transformem as suas instituições religiosas nas mais reconhecidas no mercado da fé. As altas pressões pessoais e profissionais a que estão submetidos, então, podem ser as responsáveis pelo alto nível de esgotamento físico e emocional alegado pelos líderes religiosos.

No campo profissional, podemos ainda enfatizar a não tão conhecida Síndrome de Burnout, que é "(...) um estado físico, emocional e mental de exaustão extrema, resultado do acúmulo excessivo em situações de trabalho que são emocionalmente exigentes e/ou estressantes, que demandam muita competitividade ou responsabilidade" (Ministério da Saúde, 2019a, s/p). Essa síndrome também recebe o nome de Síndrome do Esgotamento Profissional e tem como principal causa o excesso de trabalho, e se mostra comum em profissionais que atuam diariamente sob pressão e com responsabilidades constantes.

Alguns dos sintomas da Síndrome de Burnout são nervosismo, sofrimentos psicológicos e cansaço excessivo, além de sentimentos de fracasso e insegurança e de derrota e desesperança (Ministério da Saúde, 2019a, s/p).

Formas de se prevenir e até de se tratar a Síndrome de Burnout são rotinas de lazer e relação com amigos e familiares (Ministério da Saúde, 2019a, s/p), simples atividades que foram alvo de reclamação por parte dos líderes religiosos, que, como explicado anteriormente, não as conseguem incluir em suas rotinas por conta da vida nas instituições religiosas.

A rotina dos líderes religiosos é tomada por pressões e cobranças que envolvem tanto suas vidas pessoais quanto as profissionais, o que pode causar os sentimentos de esgotamento, de desesperança e sintomas depressivos. O suicídio, então, de forma errônea começa a aparecer uma opção, uma maneira de se desvencilhar de toda a dor que se carrega.

O suicídio, segundo explica José Manoel Bertolote, adotando a definição da Organização Mundial da Saúde (OMS), "(...) é o ato deliberado, intencional, de causar a morte a si mesmo" (Bertolote, 2002, p. 21), e o aumento do número de suicídios de líderes espirituais soou como um alarme que mostrou a necessidade de se estudar e de se divulgar as maneiras de prevenção e posvenção ao suicídio nas instituições religiosas.

Quanto à prevenção, o primeiro ponto a ser debatido é a fé, pois muitos se perguntam como homens tão iluminados, conhecedores e propagadores das palavras de Deus podem sofrer com problemas tão mundanos, como ansiedade e depressão.

Ao tratar desse tema é importante voltar ao tópico de que, apesar de serem homens da fé, os líderes espirituais são humanos, que podem ser acometidos por doenças e que, como esclarece Ênio Pinto em seu livro *Padres em Psicoterapia*, não são detentores de superpoderes e que precisam de ajuda externa quando suas forças se forem. Na mesma obra, o autor afirma que a fé, às vezes, não é suficiente, e se é necessário buscar ajuda (Bernardo, 2017) atitude muitas vezes não tomada pelos líderes religiosos, que procuram sempre curar suas ovelhas e acreditam não ser correto levar mais problemas às vidas delas.

O CVV (s/d) explica que:

> No momento em que se tem ideias suicidas, a pessoa combina dois ou mais sentimentos ou ideias conflituosas. É um estado interior chamado de ambivalência. Ela busca atenção por se sentir esquecida ou ignorada e tem a sensação de estar só – uma solidão sentida como um isolamento insuportável. Muita gente tem um desejo de revide ou imposição do mesmo sentimento negativo aos outros, querendo que sintam o mesmo que ela. Outras pessoas sentem vontade de desaparecer, fugir ou ir para um lugar ou situação melhor. Quase sempre, sentem uma necessidade de alcançar paz, descanso ou um final imediato aos tormentos que não terminam.

A ciência, com o passar dos anos, tem demonstrado que a fé influencia positivamente em nossas vidas, mas a rotina de exigências que sobrecai nos ombros dos líderes espirituais parece ser intensa o suficiente para que nem mesmo a fé consiga suportá-la. Como explica o psicólogo William Pereira, em sua obra *Sofrimento Psíquico dos Presbíteros*, independente do papel que se ocupa na sociedade, ninguém está livre de passar pelas fases da vida, incluindo o sofrimento, a solidão e até mesmo a depressão, e que, em muitas vezes, se é necessário reconhecer que se precisa de ajuda de um especialista. William ainda acrescenta acerca da cobrança que cerca a vida dos líderes religiosos, afirmando que "O grau de exigência da Igreja é muito grande. Espera-se que o padre seja, no mínimo, modelo de virtude e santidade (...) qualquer deslize, por menor que seja, vira alvo de crítica e de julgamento. Por medo, culpa ou vergonha, muitos preferem se matar a pedir ajuda" (Bernardo, 2017), o que corrobora a pesquisa feita pela Isma Brasil (2008), organização de pesquisa e tratamento do estresse, que apontou que a vida sacerdotal é uma das profissões mais estressantes.

A coordenadora da pesquisa e psicóloga Ana Maria Rossi afirmou que "(...) um dos fatores mais estressantes da vida religiosa é a falta de privacidade. Não interessa se estão tristes, cansados ou doentes, padres tem que estar à disposição dos fiéis 24 horas por dia, sete dias por semana" (Bernardo, 2017).

Essas informações provocam uma importante reflexão do quão humanos todos são, mesmo sendo criados a imagem e semelhança de Deus. Ao longo da existência, os homens carregam crenças e pensamentos disfuncionais que afetam a vida cotidiana, criando um estigma com relação ao tratamento psicoterápico e até psiquiátrico, que os impede de buscar auxílio por medo de serem taxados de "loucos" e desequilibrados. Imaginem, então, qual a importância desse estigma nas mentes daqueles que carregam o peso de serem considerados puros, inabaláveis e perfeitos.

Outro ponto importante a ser debatido no tópico da fé, diz respeito ao apoio que os membros das instituições religiosas podem dar aos seus líderes. Como já explicitado, é natural que os membros das instituições religiosas esqueçam da essência humana de seus líderes, visualizando-os como seres inabaláveis e perfeitos.

Os membros das igrejas podem ajudar a prevenir aos seus líderes direcionando um olhar mais humano, não julgando-o e condenando-o por pequenos fracassos que são cometidos diariamente por qualquer cidadão e ignorados pelo resto da sociedade por serem considerados de pequeno potencial ofensivo. E mais que isso, é importante se mostrar presente, se mostrar amigo, se mostrar disponível para conversas e diálogos, se mostrar confiável, para que o seu líder possa ver em você e em sua comunidade um ponto de apoio, um motivo a mais para seguir.

Uma maneira de se ajudar no combate ao suicídio, é notar a existência dos chamados "sinais de alerta", que, embora importantes, não devem ser considerados isoladamente e nem tomados como um rol taxativo, pois cada indivíduo tem a sua maneira de expressar a sua dor. Alguns desses sinais são: (i) o aparecimento ou agravamento de problemas de conduta ou de manifestações verbais durante pelo menos duas semanas; (ii) preocupação com a sua própria morte ou falta de esperança; (iii) expressão de ideias ou de intenções suicidas e (iv) isolamento (Ministério da Saúde, 2019b).

É essencial salientar que as pessoas sob risco de suicídio costumam falar sobre suicídio e morte de maneira mais corriqueira, além de se confessarem desesperançosas, com baixa autoestima e com visão negativa sobre a sua vida e futuro (Ministério da Saúde, 2019b).

Contudo, como os líderes espirituais tendem a guardar para si alguns dos sinais de alerta que serviriam como auxílio à prevenção ao suicídio, é importante que as comunidades das instituições religiosas permaneçam sempre abertas e empáticas aos seus líderes, independentemente dos sinais demonstrados por eles ou não.

Outra medida preventiva é a educação: é preciso fazer com que esse tema deixe de ser um tabu e iniciar a divulgação das informações ligadas ao tema, pois já foi comprovado empiricamente que a prevenção de determinadas doenças se tornou bem-sucedida quando as pessoas passaram a conhecer melhor as questões que as envolviam (CVV, s/d). Falar é preciso.

Todavia, algumas vezes, apesar de amarmos e admirarmos imensamente determinada pessoa, não estamos preparados para notar – ou até mesmo para aceitar – que elas não estão bem, que estão precisando de ajuda, e o suicídio acaba por se consolidar. É neste momento que precisamos conversar sobre as campanhas de prevenção e posvenção ao suicídio.

Miranda (2014, p .62) explica com maestria o surgimento e o significado do termo:

> Em 1968, Shneidman cunhou o termo posvenção que seria uma combinação de prevenção com intervenção, para designar as atividades desenvolvidas com o sobrevivente de suicídio, a fim de facilitar a recuperação após o suicídio, bem como evitar efeitos adversos, como o comportamento suicida. Assim, a intervenção após o suicídio visa amenizar as sequelas psicológicas decorrentes da perda por suicídio. Essa

intervenção por ser realizada com sobreviventes de suicídio, também, funciona como prevenção de futuros suicídios, do desenvolvimento de transtornos mentais, do luto complicado. Ou ainda, pode colaborar para reduzir o trauma na vida das pessoas enlutadas, a fim de que elas tenham uma vida mais produtiva e menos estressante que não conseguiriam sem uma intervenção.

Ainda utilizando Miranda (2014) como referência, a autora explica que alguns tipos de intervenção são o apoio, o aprendizado, o aconselhamento e a educação. O apoio e o aprendizado são direcionados a profissionais que perderam algum paciente, recebendo apoio dos colegas profissionais, além de buscar um aprendizado com essa morte. Quanto aos familiares e pessoas próximas daquele que atentou contra a própria vida, estes podem receber o apoio e o aconselhamento, a fim de que, principalmente, se impeça a instalação do sentimento de culpa, de raiva e de responsabilização pelo suicídio daquele que amava, além dos possíveis pensamentos suicidas que podem vir a surgir. Já a educação diz respeito à divulgação da informação que facilitaria a identificação das doenças mentais ou a conversa sobre o estigma social que envolve o suicídio.

A mesma autora ainda complementa:

> Outras características do trabalho em intervenção após o suicídio são contempladas por Wenz citado por Fremouw et al (1990). Entre elas: estimular que o paciente fale sobre seus sentimentos, medos, ansiedades, solidão, oferecer suporte espiritual, ajudar que o enlutado entenda o processo e o tempo que leva para aceitar o choque e o trauma do evento. Além de oferecer grupos de apoio, o monitoramento de condições psicológicas e médicas são estratégias fundamentais. (Miranda, 2014)

O suicídio é o resultado de um tormento que se tornou insustentável para aquele que atentou contra a própria vida e os fatos tem demonstrado que, cada vez mais, tem crescido o número de líderes religiosos que não conseguem lidar com tanta expectativa, cobranças pessoais e profissionais, além da noção de endeusamento a qual estão submetidos.

Segundo dados da Confederação Nacional dos Bispos do Brasil (CNBB), sabe-se que a grande maioria dos líderes religiosos são do sexo masculino, embora haja muitas mulheres pastoras e relatos de suicídios em mulheres líderes religiosas, mas se faz importante enfatizar as estatísticas de que os homens se matam de três a quatro vezes mais que as mulheres. Enquanto eles representam 79% das pessoas que tiraram a própria vida, elas representam 21%.[2]

[2] Dados de 2017 do *website* Agência Brasil. Cf. http://agenciabrasil.ebc.com.br/geral/noticia/2017-09/cerca-de-11-mil-pessoas-tiram-propria-vida-todos-os-anos-no-brasil

Estes mesmos números causaram a reflexão sobre a necessidade de cuidarmos dos nossos cuidadores espirituais, sobre precisarmos lançar sobre estes um olhar mais humano e empático, a fim de que eles encontrem um ponto de apoio e de fortalecimento. É preciso entender que muitos acontecimentos das nossas vidas podem gerar comportamentos que precisamos de ajuda, que se trabalhe aquilo que está atrapalhando sua existência em algum aspecto e a ajuda profissional é de suma importância.

O respeito da religião à pessoa desses líderes nada tem a ver com indução religiosa, política, moral ou filosófica de seu médico ou terapeuta, estamos enfatizando o respeito e valores da pessoa atendida. Isto se torna imprescindível neste trabalho que enfoca o "cuidar do cuidador", que traz em seus anseios suas convicções ideológicas e princípios religiosos.

> (...) deve haver na alma uma possibilidade de relação [com Deus], isto é, forçosamente ela deve ter em si algo que corresponda ao ser de Deus, pois de outra forma jamais se estabeleceria uma conexão entre ambos. Esta correspondência, formulada psicologicamente, é o arquétipo da imagem de Deus. (JUNG, 1990, p.23)

Ainda vimos como o esgotamento físico e emocional pode decorrer das cobranças as quais os líderes religiosos estão diariamente submetidos, pois as Igrejas se parecem, cada vez mais, com empresas não-religiosas, que exigem resultados numéricos e bom desempenho de seus "funcionários". Neste tópico, ainda conversamos sobre a Síndrome de Burnout, caracterizada por um esgotamento decorrente das rotinas estressantes a qual muitos profissionais estão sujeitados e a depressão que aparece fortemente nos números apresentados em pesquisas realizadas.

Após relatarmos sobre a necessidade da prevenção do suicídio deste ser único e especial, gostaríamos de chamar a atenção para aqueles que são impactados com esta morte, fazendo uma analogia sobre a relação entre a quantidade de padres e pastores versus a de fieis, pois este, segundo o Censo Anual de 2010 do Centro de Estatística e Investigações Sociais (CERIS), o número de paróquias aumentou vertiginosamente do ano de 1994 para o de 2010. Ainda de acordo com a pesquisa, quanto aos padres, "(...) em 2000 havia pouco mais de 169 milhões de habitantes e para cada sacerdote eram 10.123,97 habitantes. Dez anos depois havia aproximadamente 190 milhões de habitantes e cada padre teria o número de 8.624,97 habitantes".[3]

Não podemos silenciar.

Os números de suicídios de padres e pastores precisam ser uma constante preocupação, os estudos mostram que as igrejas se assemelham às organizações, mas os suicídios têm ocorrido nas igrejas e nos templos. E estamos falando de um ser único, e de um número substancialmente maior de pessoas impactadas nesta morte consolidada.

[3] Dados de 2012 disponibilizados pela Confederação Nacional dos Bispos do Brasil (CNBB). Cf.http://www.cnbb.org.br/ibge-divulga-dados-ceris-mostra-qigreja-vivaq/

Há ainda muito que se explicar e se estudar sobre a temática, mas o que sabemos é que é preciso cuidar deste cuidador e de criar estratégias específicas para que este líder busque ajuda profissional, para que estratégias de prevenção sejam inseridas nesta população e para que a preparação de profissionais habilitados para atender esta demanda.

O psicoterapeuta existencial, Valdemar Augusto Angerami, em seu livro chamado *Solidão* (2017), nos convida a uma reflexão: "Somos ligados uns aos outros como filetes de água, conjuntamente formando um grande rio"; portanto, buscar ajuda não significa um ato de fraqueza, mas um cuidado com seu próprio bem-estar.

Sempre vi em cada sofrimento, uma possibilidade de alento, seja lá na casa de Deus, onde o coração faz morada, ou na própria estrada que o homem trilha sozinho, para alguns sem expectativas e para tantos com muitas perspectivas.

Vi que os sofrimentos são intensos nesta jornada, mas é a nossa estrada, ninguém passa por esta vida sem a dor e o sofrimento, e com sorte ou sem sorte todo mundo vai passar pela morte, eu quero viver cada pedaço do meu caminho, eu não quero trilhar sozinho e se eu quero ajudar, eu preciso me amar, e se eu preciso me amar, necessito me cuidar, eu preciso falar, eu preciso gritar, eu preciso de ajuda, dai-me tua mão, que eu estendo a minha.

Vamos juntos nesta caminhada!!

Referências

ANGERAMI, Valdemar Augusto. *Solidão*: a ausência do outro. Editora Artesa, Belo Horizonte 2017.

AMERICAN PSYCHIATRIC ASSOCIATION. *Diagnostic and Statistical Manual of Mental disorders – DSM-5.* Washington: American Psychiatric Association Publishing, 2013.

BERNARDO, André. *Depressão no altar:* quando padres e sacerdotes precisam de ajuda. BBC Brasil. Rio de Janeiro, 2017. Disponível em: <https://www.bbc.com/portuguese/brasil-39740596>. Acesso em: 20 maio 2019.

BERTOLOTE, José Manoel. *O suicídio e sua prevenção.* São Paulo: Editora Unesp, 2002.

BOTEGA, Neury José; *Crise Suicida.* Porto Alegre. Editora Artmed, 2015.

BRASIL. *Constituição da República Federativa do Brasil de 1988.* 1988. Disponível em: <http://www.planalto.gov.br/ccivil_03/constituicao/constituicao.htm>. Acesso em: 20 maio 2019.

CENTRO DE VALORIZAÇÃO DA VIDA (CVV). *Falando abertamente sobre suicídio.* s/d. Disponível em: <https://www.cvv.org.br/wp-content/uploads/2017/05/falando_abertamente_sobre_suicidio.pdf>. Acesso em: 20 maio 2019.

KREJCIR, Richard. *Statistics on pastors.* Francis A. Schaeffer Institute of Church Leadership Development, 2007. Disponível em: <http://www.intothyword.org/apps/articles/default.asp?articleid=36562&columnid=3958>. Acesso em: 20 maio 2019.

KUBLER-ROSS, Elizabeth. *A roda da vida:* memórias do viver e do morrer. 2. ed. Rio de Janeiro: Editora Sextante, 1998.

LOBO, Marisa. *Pastores também choram:* o que o suicídio entre líderes religiosos está dizendo à Igreja? Gospel Mais, 2018. Disponível em: <https://colunas.gospelmais.com.br/pastores-choram-suicidio-lideres-dizendo-igreja_32828.html>. Acesso em: 20 maio 2019.

MENDES, Ana Magnólia Bezerra; SILVA, Rogério Rodrigues da. *Prazer e sofrimento no trabalho dos líderes religiosos numa organização protestante neopentecostal e noutra tradicional.* Brasília, 2006.

MINISTÉRIO DA SAÚDE. *Síndrome de Burnout:* causas, sintomas, tratamentos, diagnósticos e prevenção. 2019a. Disponível em: <http://portalms.saude.gov.br/saude-de-a-z/saude-mental/sindrome-de-burnout>. Acesso em: 20 maio 2019.

MINISTÉRIO DA SAÚDE. *Prevenção do suicídio*: sinais para saber e agir. 2019b. Disponível em: <http://portalms.saude.gov.br/saude-de-a-z/suicidio>. Acesso em: 20 maio 2019.

MIRANDA, Tatiane Gouveia de. *Autópsia psicológica:* compreendendo casos de suicídio e o impacto da perda. Dissertação (Mestrado em Psicologia) – Universidade de Brasilia, Brasília, 2014.

OLIVEIRA, Cleber Roberval Salvador; SARES, Maria Izabel Ferezin. *Empresas da fé*: aspectos de administração em organizações religiosas. 2010. Dissertação (Mestrado em Administração) – UNIFAE, São Paulo, 2010.

ORGANIZAÇÃO MUNDIAL DE SAÚDE (OMS). *Classificação Estatística Internacional de Doenças e Problemas Relacionados à Saúde* (CID-10). São Paulo: Universidade de São Paulo, 1997.

PEREIRA, Willian Cesar Castilho. *Sofrimento Psíquico dos Presbíteros: dor institucional. Petrópolis/RJ.* Editora Vozes, 2012.

QUARESMA, Marcos. *Suicídio de pastores e líderes*: uma reflexão necessária. Servindo aos pastores e líderes, 2016. Disponível em: <http://sepal.org.br/blog-sepal/suicidio-de-pastores-e-lideres-uma-reflexao-necessaria/>. Acesso em: 20 maio 2019.

SENNA, Carlos Eduardo; FIALHO, Francisco Antônio. *Personas:* a teoria junguiana dos tipos psicológicos e sua utilidade para o design. 2016. Disponível em: <https://www.researchgate.net/publication/314979621_personas_a_teoria_junguiana_dos_tipos_psicologicos_e_sua_utilidade_para_o_design>. Acesso em: 20 maio 2019.

YUNG, Carl Gustav. *Psicologia e Alquimia.* Petrópolis/RJ: Editora Vozes, 1990, p. 23

YUNG, Carl Gustav. *Tipos Psicológicos.* Rio de Janeiro: Editora Zahar, 1981.

CAPÍTULO 21

Conversa em torno do suicídio, absurdo, desespero e fé. Interlocução com Schopenhauer, Camus, Sartre e Kierkegaard.

Luiz José Veríssimo

Introdução

Neste escrito, pretendemos dar prosseguimento aos nossos estudos na seara do pensamento existencial. O tema que nos guiará formalmente será o suicídio. Tentaremos operar uma aproximação do problema do suicídio a partir da sua tematização por alguns filósofos. Puxaremos um fio de interpretação que envolve Schopenhauer, Camus, Sartre, Kierkegaard.

Enquanto elaborávamos o trabalho, surgiu-nos o termo "conversa" para designar o nosso título e alguns itens. Conversa implica interlocutores. Apesar de não ser um diálogo com perguntas e respostas, tese, réplica e tréplica, decidimos acatar a inspiração para usar a palavra conversa. A nossa leitura de diversos autores não deixou de ser uma genuína conversa, pois respondíamos a eles em pensamento todo o tempo: aprendendo, concordando, discordando, perguntando, surpreendendo-nos, achando-nos sem respostas, ou, eventualmente, sem conseguir pensar nada, apenas sentindo; nesse movimento, descortinamos alguma compreensão. Finalmente, se estamos burilando, pensando, escrevendo, não estamos apenas redigindo para nós, mas, *para alguém*. Trata-se de uma espécie de carta para alguém desconhecido, mas, ao mesmo tempo, íntimo. Imaginamos sempre a presença do leitor. Presença silenciosa e, paradoxalmente, audível. Como em nossas aulas, a dialogicidade, esse *entre* eu e tu, é o que faz correr nas veias o sangue da vida.

Em alguns momentos do nosso texto, confrontamos o pensamento de um autor com o outro. Também, aqui, cabe manter o termo "conversa", que se vê em alguns dos nossos itens. Apesar de os autores não estarem cara a cara fisicamente, é como se testemunhássemos um diálogo entre eles, entre ideias, entre problemas, em torno não só do fenômeno do suicídio, mas, também, da ampliação desse tema existencial com outros, como o absurdo.

Pensar o problema do suicídio convidou-nos, ou talvez seja mais apropriado dizer, convocou-nos, a pensar também inúmeros temas da ceara existencial, como a solidão, a angústia, o sentido da vida, a morte, o desespero, a fé, etc. Escutamos no senso comum que a vida é um bem precioso, quiçá o mais precioso que podemos ter, que a vida é um poderoso impulso, para não poucos, sagrada. Donde o projeto e o ato de tentar acabar com a própria vida seja algo que soe absurdo, ou mesmo perturbador, pois pode suscitar em quem continua a viver o ficar cara a cara com o sentimento de desamparo. Afinal, para quê a vida, se, no fim das contas, todos vamos morrer, essa é a única certeza? Há quem, por um sem-número de motivos, não suporte o laço umbilical que nos seduz a prosseguir vivendo até que a morte venha, de fato, nos colher. E decide, ela mesma, buscar a morte, ou, ao menos, flertar perigosamente com esse desejo.

O trabalho com a psicologia clínica encontra o tema do suicídio mais cedo ou mais tarde, para além da literatura a seu respeito. O psicólogo deseja compreender algo acerca da existência, Aqui, não está colocada apenas a existência do cliente, e sim a compreensão da própria existência do psicoterapeuta ao lidar com quem lhe procura para um atendimento. Se a sua formação presta contas a uma racionalidade tecno-científica, por outro lado, o seu trabalho envolve "arte", segundo um sentido originário do grego *tékhne* (que não separava o campo da técnica da obra de arte), uma tarefa que desvela o que aparece e se mostra em seu ser. O que se mostra pode se fazê-lo de muitas formas, inclusive, ao se ocultar[1], deixando rastros, ou, no próprio esconder-se, mostrar-se em seu ser como má-fé, autoengano, desespero, inautenticidade, etc.

Enfrentando o jogo de lidar com a existência, e seu enovelamento com o psíquico, o afeto, o desejo, a liberdade, a angústia, o absurdo, a dor, o trágico, o êxtase, a vida e a morte, o psicólogo que leva a sua pedra ao cume do monte da compreensão, sabendo que ela irá cair novamente, ou seja, terá que recomeçar uma compreensão a cada novo encontro, deverá acatar com cuidado o desafio de trabalhar com quem traz o suicídio como tema psicoterápico. Para isso, acreditamos que precisará mais do que boa vontade ou técnicas. Precisará aprender a escutar o que a existência, através de cada pessoa, tem a lhe dizer, a lhe ensinar, a lhe fazer calar-se em seu afã de explicar o mundo de imediato. Assim, o psicólogo aceita o aceno do absurdo, e pode ajudar a pessoa atendida a desentranhar o desespero de estar no ressentimento contra o eterno ou no ressentimento contra o finito, sem lograr solução à vista. O trabalho com tal desespero (que se pode reconhecer no

[1] Heidegger, ao pensar o caráter originário da arte, refere-se ao jogo desvelamento – velamento do ser com vários termos, entre eles "clareira" e "ocultação" (velamento): "O ente só pode ser *oculto* no espaço do jogo do clareado. Todo o ente que vem ao nosso encontro e que nos acompanha mantém esta estranha oposição da presença, na medida em que ao mesmo tempo se retém sempre numa ocultação. A clareira em que este ente assoma é em si simultaneamente ocultação" (HEIDEGGER, 1992, p. 42).

suicídio, assim como na existência cotidiana) implica a perspectiva da angústia como síntese entre ser e não-ser, finito e infinito, dor e esperança. Quando aceitamos a angústia, não precisamos barganhar nem com a vida, nem com a morte.

Conversa com Schopenhauer

Schopenhauer não pensa o suicídio como uma negação do desejo de viver: ao contrário, é, justamente, pelo *desejo de viver* que uma pessoa procura acabar com a sua própria vida. Ela quer acabar seja com o sofrimento, seja com a angústia, seja com o desespero, seja com uma tristeza insuportável; especialmente, a pessoa quer acabar com a sua *dor*. Ora, existir é existir com dor, na dor, pois, a cada desejo saciado, seguem-se pilhas de outros desejos, num circuito sem fim, enquanto durar em nós o apelo da vontade. Cada vontade é resultante de uma necessidade, e conduz, mesmo se satisfeita (temporariamente) à outra necessidade, num elo de causas e efeitos que têm a sua gênese na nossa própria natureza. Por natureza, somos constituídos como vontade, vale dizer, somos uma sucessão insaciável de desejos de satisfação de necessidades, que, por sua vez, encontram-se inscritos numa Vontade (uma estrutura ontológica que subjaz a toda vontade supostamente individual).

O filósofo encara a vontade como um pêndulo que oscila entre a falta, a carência e o aborrecimento (numa palavra bem usual nos tempos atuais, o tédio). De um lado, observamos, sem dificuldade, o desejo para satisfazer as nossas necessidades. Elas são de toda ordem: necessidades práticas do dia a dia, sexuais, afetivas, a manutenção ou a recuperação da saúde, a preocupação com pessoas amadas e o apego a elas, a busca de reconhecimento, de realização profissional, o anelo aos prazeres, a busca de felicidade, etc. Por outro lado, uma vez que consigamos uma razoável satisfação das nossas necessidades (de algumas delas, pelo menos), segue-se um fastio, um vazio pela ausência da ânsia pelo objeto do desejo. Não durará muito, e tornaremos a experimentar a falta, a carência, na medida em que a satisfação é fugaz e o prazer, efêmero.

> Portanto, a vida oscila, como um pêndulo, da direita para a esquerda, do sofrimento para o aborrecimento: estes são os dois elementos de que ela é feita, em suma. Daí resulta este fato muito significativo pela sua própria estranheza: tendo os homens colocado todas as dores, todos os sofrimentos no inferno, para encherem o céu não encontraram mais do que o aborrecimento. (Schopenhauer, 2001, p. 327)

Façamos um acompanhamento do tema do suicídio em Schopenhauer, a partir de sua obra mais importante, segundo o próprio autor (Schopenhauer, 2016), *O mundo como vontade e representação*. Recapitulando, para o filósofo, engana-se quem acredita que o suicídio tenha a sua justificativa em um não querer mais viver. Na verdade, o suicídio põe a nu nada menos que a própria Vontade, essa pulsão original que nos permeia e que nos faz seres desejantes. Sob a máscara da ideia e do querer aniquilar a própria vida, acha-se um desejo de viver, um autêntico desejo de viver, uma frustração por não se estar conseguindo obter da existência o que se acalenta como querer-viver. "Aquele que se mata quereria viver; está apenas descontente com as condições em que a vida lhe coube" (Schopenhauer, 2001, p. 417).

A argumentação do filósofo revela-nos um autêntico paradoxo. A vontade de viver está implicada também em atos e ideações suicidas. É por vontade de viver que tememos a morte, mas, é pela mesma vontade de viver que, pasmem, podemos desejá-la. Essa avidez de viver pode se manifestar como evitação desesperada da dor e do sofrimento. Nesse ponto, não podemos omitir que Schopenhauer sustenta a firme convicção de que a vida é sofrimento. "Mas mais frequentemente desviamo-nos, como de um remédio amargo, desta verdade de que sofrer é a própria essência da vida" (Schopenhauer, 2001, p. 334).

Parece indiscutível que o sofrimento faz parte da existência. No entanto, é discutível se a vida pode ser definida em termos absolutos como sofrimento, ligado ontologicamente à Vontade, que é, por natureza, insaciável. Estamos aqui, diante de uma autêntica metafísica do sofrimento.

Conversa com Camus

Camus inicia a sua obra com uma proposição arrojada e bem conhecida. "Só existe um problema filosoficamente sério: o suicídio" (Camus, 2018, p. 17). A seguir, ele considera: "julgar se a vida vale ou não a pena ser vivida é responder à pergunta fundamental da filosofia" (Camus, 2018, p. 17).

Como podemos responder algo acerca do problema do suicídio? Como podemos responder por uma pessoa que aniquilou a sua própria vida? Para começar, não estamos mais com ela. Ela nada nos poderá revelar, foi-se. Essa pode ser uma de nossas dores, e faz ressaltar a nossa angústia.

Quem pode, afinal, julgar se a vida vale ou não a pena ser vivida? Deus? Você, eu, ela, ele? Camus? Schopenhauer? Os filósofos? Os teólogos? Os psicanalistas? Os psicólogos? Os espiritualistas? Os artistas? Depende de cada pessoa? Podemos levantar estruturas universais no fenômeno do suicídio? Quem, afinal, detém essa resposta? Aquele que se foi? Se a gente nunca se matar, podemos conhecer a gênese do fenômeno? E se nos matarmos, haverá consciência após a morte? O que há na sequência da morte? Aquele que se mata, acredita na morte ou desacredita da vida? Não estamos falando da mesma coisa necessariamente. Acreditar na morte pode abrigar um sentido de apostar num sentido para a morte. Desacreditar da vida pode ser a escolha feita por alguém que estima que ela se esgotou.

Um silêncio assustador, tão assustador quanto a morte para alguns, parece nos cercar. Mesmo assim, queremos ir em frente.

Conversa entre Camus e Schopenhauer

Camus entende o suicídio, em certo sentido, como uma confissão. Em que sentido, exatamente? Matar-se é "confessar que fomos superados pela vida ou que não a entendemos" (Camus, 2018, p. 19). Seguindo trilhas abertas por Schopenhauer a respeito do suicídio, poderíamos imaginar o suicídio como uma confissão de um desejo de superar a vida. Sentindo-se derrotada pela vida, a pessoa pode partir para tentar matar-se, negar a vida de forma a tentar colapsar o seu corpo. Assim, ao invés da confissão de que fomos superados pela vida, de que ela é um vasto oceano em que a nossa vontade individual e arbitrária não passa de um pequeno barco que navega nele, o suicídio deixa à mostra a confissão de que tentamos desesperadamente superar a dor e o sofrimento, abolindo-os através da morte. Dessa forma, queremos superar o que a vida nos trouxe, ou seu reverso, o que a vida teria se recusado a nos ofertar, que, para nós, parece momentânea ou cronicamente insuportável. A vontade de viver que no fundo anima a ideação ou o ato suicida é a de superar a vida, impondo a própria morte à vida, como se quisesse vingar-se dela. Para Schopenhauer, essa vontade fugaz não altera o curso da vida, a própria Vontade, esse desejo de ser, esse "esforço contínuo, sem alvo, sem repouso" que constitui a natureza, e se intensifica nos seres vivos, "como uma sede inextinguível" (Schopenhauer, 2001, p. 327). No caso do ser humano, a dor e o sofrimento são experimentados ainda mais dramaticamente, pois, somos conscientes de nossa vontade de viver.

Para Camus, morrer por vontade própria envolve a suspensão ou mesmo a ausência de qualquer sentido profundo que justifique a existência, assim como a convicção da inutilidade do sofrimento (Camus, 2018, p. 20). Se pensarmos o sofrimento sob inspiração schopenhaueriana, permitimo-nos afirmar que a utilidade, e mesmo um propósito para o sofrimento, é uma questão ociosa, portanto, inútil. Em última análise, o suicida não perde o sentido da vida, simplesmente porque não há sentido último a perder, nem para a vida, nem para o sofrimento. O que talvez alguns não queiram abrir mão é da crença de que existe um sentido da vida e do sofrimento, cuja chave se perdeu. Quando se aponta um propósito para o sofrimento não se entende que o sofrimento é o fundo da vida (Schopenhauer, 2001), nada há além dele, o sofrimento não aponta uma meta redentora. Podemos tentar apontar a causa do sofrimento socorrendo-nos na interpretação de Schopenhauer por Ribeiro (2006, p. 5): "o sofrimento ocorre quando a vontade é travada por qualquer obstáculo que apareça entre ela e o seu "alvo" ". Mas, apontar uma finalidade última para o sofrimento é, para Schopenhauer, nada encontrar.

Nossos passos que se esforçam para seguir a argumentação de Schopenhauer se apoiam no próprio pensador, quando diz: "a ausência de qualquer finalidade e de qualquer limite é, com efeito, essencial à vontade em si, que é um esforço sem fim (Schopenhauer, 2001, p. 173).

A existência e a tonalidade do absurdo

Escutadas as ponderações de Schopenhauer, não por isso descartaremos o problema do sentido da existência. Podemos imaginar que, entre as inúmeras motivações para o suicídio, encontra-se a falta de sentido para a existência. Falemos dessa falta como carecimento de um sentido orientador da existência, que faça com que a vida valha a pena ser vivida, ou de um sentido que seja fundamental para a nossa resiliência, vale dizer, para a possibilidade de superação das dores, frustrações e dos sofrimentos que a vida nos provoca.

Um sentido iluminador para existência alguns encontram no amor, outros na espiritualidade, outros na justiça, outros na justiça social, outros no conhecimento, outros na sensualidade, outros na arte, outros na natureza, assim por diante. A ausência da chama que mantém e sustenta um sentido fundamental para a existência é o que caracteriza, a nosso ver, o absurdo, componente não circunstancial, mas essencial, da existência. Existir, é, em certo sentido, um absurdo. Por que amar, se já nos frustramos e frustramos o outro tantas vezes, se aprendemos (quando aprendemos), a duras penas, o quanto somos finitos e limitados? Por que acreditar que existe vida além da morte, salvação para o sofrimento, a culpa, a iniquidade? Por que investir na vida, se a morte nos espreita a cada esquina e nos espera pacientemente a cada sopro? Para uma razão arguta, não tardam a se manifestar os tentáculos da angústia e as tentações para uma adesão niilista no modo de encarar a existência.

Camus não negaria a possibilidade de uma realidade transcendente. No entanto, não aposta na certeza de que possamos ultrapassar a umbral da finitude. "Não sei se esse mundo tem um sentido que o ultrapassa. Mas sei que não conheço esse sentido e que por ora me é impossível conhecê-lo (Camus, 2018, p. 65). Se não temos a certeza de um sentido transcendente *a priori* para o nosso viver, restam-nos a nossa facticidade, as condições concretas de nosso existir e a nossa relação com o mundo enquanto circunscritos à finitude, ou seja, à condição humana. "O que significa para mim significação fora da minha condição? Eu só posso compreender em termos humanos. O que eu toco, o que me resiste, eis o que compreendo" (Camus, 2018, p. 65).

É nesse cenário que nos deparamos com o absurdo. Não há esse ou aquele sentido dado de antemão. Não há valores num céu inteligível ou nas profundezas da alma para nos assegurar uma via segura para que se aposte no desejo de viver.

Essa semana, vimos na TV e lemos no jornal. Uma pessoa vai à delegacia para providenciar o registro da perda de um documento. Ao chegar, depara-se com um policial com demandas psiquiátricas que abruptamente pega a arma de um colega (após a soltura rápida da sua algema para que ele assinasse um papel). Esse homem perturbado sai atirando. Um dos tiros pega na pessoa que foi providenciar o registro do documento. Por sinal, ela podia ter feito o procedimento pela internet. Vitimada pelo fatídico acaso, a pessoa cai morta. Absurdo. Nada tão expressivo do absurdo quanto a música de Chico Buarque, *Construção*, de 1971. Num dia de trabalho, como tantos outros, um trabalhador anônimo despenca da construção, numa morte anônima. Absurdo. Um famoso médium em todo o país, até no exterior (a ele são atribuídas várias curas), é preso e acusado de assédio sexual de mulheres e adolescentes. Absurdo.

Logo, logo, surgirão explicações – e nós próprios arrumaremos explicações sociológicas, jornalísticas, antropológicas, psicológicas para tais ocorrências. No entanto, permanece o diapasão do absurdo, reclamando qual o sentido disso tudo. Em que e em quem podemos confiar? Perante os desmandos entre os homens, as assimetrias sociais, os intermináveis sofismas dos jogos políticos, as aporias apontadas por Freud (1930/2010) quanto ao mal-estar na cultura, qual o espaço para referendar a esperança? Tanto as utopias sociais, a fé de foro íntimo, quanto as problemáticas sociais, somadas às ambientais, tudo parece ter o seu lugar cativo no banquete do absurdo, visto que não se resolvem de imediato, não basta apenas ter boa-vontade para lidar com elas.

Racionalmente, Camus (2018, p. 35) conclui que este mundo é, de fato, absurdo: "este mundo não é razoável em si mesmo, eis tudo o que se pode dizer". Na verdade, o absurdo não repousa, exatamente, nem no ser humano, nem no mundo, mas na sua presença comum. Aliás, o laço que une o ser humano ao mundo é, justamente, o absurdo (Camus, 2018). "Trata-se de viver nesse estado do absurdo. Sei qual é o seu fundamento, o espírito e o mundo apoiados um no outro sem poderem se abraçar" (Camus, 2018, p. 54).

O absurdo é encontrado em nosso cotidiano. Se uma situação "se resolveu" de um determinado jeito, poderia, não raro, ter tido outros encaminhamentos. Por exemplo, alguém que se atrasa um minuto, perde o voo e o avião cai, matando os seus ocupantes. Por que sua vida parece ter sido poupada? E as pessoas que estavam nesse avião que caiu, por que suas vidas foram ceifadas? Absurdo. Seja o acaso ou desígnio divino, seja qual for a explicação que dermos, a nossa razão faz piruetas para se convencer de que nada é absurdo.

A existência não é uma ordenação rígida de causas e efeitos. Nem tudo na existência faz sentido, ao menos, de imediato. Além disso, a existência é mercada pela *contingência* (Sartre, 2001). Por que agimos desse modo e não de outro? Não temos todas as opções a nosso dispor. As possibilidades com as quais nos deparamos na existência são finitas, mas ainda assim, são possibilidades. Se, por um lado, escolhemos a partir do que somos e somos uma história de escolhas, que Sartre denomina "projeto original" (Sartre, 2001), por outro lado, a existência tem uma acentuação importante no que diz respeito ao aberto às possibilidades. Esse aspecto essencial é, precisamente, o absurdo da existência. Nesse sentido, o suicídio é absurdo. Não por ser uma escolha fatídica, autodestrutiva, irracional para alguns, aterrorizante, para outros, sedutora, romântica para certas pessoas, mas, sim, por ser uma escolha[2]: assim como escolho viver, posso escolher aniquilar minha vida.

Costuma ser conhecida, ao menos entre os apreciadores dos autores da existência, a tonalidade afetiva da Náusea. Ela é, precisamente, a percepção do absurdo que é imanente à existência. Há uma cena do romance de Sartre, *A Náusea*, em que o personagem Roquetin encontra-se num parque, contemplando a paisagem local. O aparecer dos objetos, seres e pessoas diante dele, a relação da consciência com a sua aparição, ele não consegue justificar. Eles estão ali, em seu absurdo, porque, não são percebidos pelo personagem como objetos científicos ou metafísicos, cujas explicações a ciência e a teologia são fartas em procurar.

> (...) o mundo das explicações e das razões não é o da existência. Um círculo não é absurdo, é perfeitamente explicável pela rotação de um segmento de reta em torno de uma de suas extremidades. Mas também um círculo não existe. A raiz, ao contrário, existia na medida em que eu não podia explicá-la. (Sartre, 2006, p. 162-163)

Havia um preto na raiz de uma das árvores. Essa cor não era a dos livros de ciência. Nem a cor das árvores e plantas, nem os cheiros, os sentimentos, por onde sua consciência transitava naquele momento. Estavam todos ali, parque, pessoas passando, natureza, o personagem sem um fundamento último que os explicasse em definitivo, e que pudesse com certeza cartesiana predizer que estariam ali, daquele jeito, pois, tratava-se da existência do personagem naquele parque naquele momento de sua vida.

Para Camus (2018), o absurdo não reside nas possibilidades, senão na própria existência, no que "está dado". Interpretar essa locução não nos parece tarefa das mais fáceis. Mas, tentemos. Isso nos traz de pronto, a pergunta: aceitamos a vida como ela é? Essa pergunta não é tão óbvia quanto parece, a princípio. Não se trata de uma pergunta pragmática, de resolução imediata. Trata-se, antes de mais nada, de uma interrogação fundamental para cada um de nós. Você aceita a existência com todos os seus matizes, encargos, alegrias, tristezas, decepções, prazeres, obstáculos, desafios? Você abraça a existência a partir do modo com que ela se apresenta ou somente a partir de como você *gostaria que ela fosse*? E, da mesma,

[2] "(...) o suicídio, com efeito, é escolha e afirmação – afirmação de ser" (SARTRE, 2001, p. 590).

forma, dirigindo a pergunta a nós próprios: você se aceita como é, ou você se deseja apenas como *você gostaria de ser*?

O absurdo consiste, para Camus, em justamente, esgotar-se na existência. Insistir para que a existência seja a exata medida de nossos valores, de nosso desejo, de nossas expectativas sobre ela, é recusar um ato heroico: viver com alegria, revolta, tristeza, com o que a existência mostra, traz, desencobre. Esgotar-se é viver, sem desejar que a vida seja segundo tal e qual valor moral, estético ou religioso, ou seja, esgotar-se na existência é viver a partir desse mistério que é o existir, ou seja, desse autêntico absurdo.

> O homem absurdo vislumbra assim um universo ardente e gélido, transparente e limitado, no qual nada é possível mas tudo está dado (...). Pode então decidir aceitar a vida em semelhante universo e dele extrair suas forças, sua recusa à esperança e o testemunho obstinado de uma vida sem consolo.
>
> Mas o que significa a vida em semelhante universo? Por ora, apenas a indiferença pelo futuro e a paixão de esgotar tudo o que é dado. A crença no sentido da vida sempre supõe uma escala de valores, uma escolha, nossas preferências. A crença no absurdo, segundo nossas definições, ensina o contrário. (Camus, 2018, p. 73)

Quem é o homem absurdo? Camus apresenta algumas expressões que dão contornos ao absurdo: sentimento de absurdo, estado de absurdo, homem absurdo. O homem absurdo diz *sim* ao absurdo. Isso não significa que ele queira viver de forma transloucada, caótica, delirante, que seus atos são, necessariamente, gratuitos e inconsequentes. Isso significa que ele aceita o absurdo. Porém, não apenas aceita, como *revolta-se* também. O homem absurdo diz *sim* à existência, deseja-a, deseja esgotar-se nela. É passivo e ativo, entende que a existência é impossibilidade, contradição, assim como imprevisibilidade, surpresa, logro e descoberta. Não alimenta esperanças, porque não espera salvação fora da existência, seja em outro mundo – perfeito e platônico, seja a redenção proposta pela religião ou pela própria filosofia, via moral ou via tradição metafísica. Fora da existência, não há salvação. Mas, na existência, também não há salvação. Somos como o herói do mito grego Sísifo, carregando as nossas pedras monte acima, que voltam a cair. As situações existenciais se precipitam no vale da vida, e se acatamos o absurdo, vamos buscá-las, sem saber se, ao menos, chegaremos ao cume.

Absurdo é a atmosfera que regula o divórcio entre o homem e a sua vida, vale dizer, "o divórcio entre o espírito que deseja e o mundo que decepciona, minha nostalgia de unidade, o universo disperso e a contradição que os enlaça" (Camus, 2018, p. 63). O imorredouro desejo e a dura e esmagadora realidade cotidiana, aquilo com o que nos deparamos, e que recusamos acatar passivamente e nos rebelamos, sonhamos, deliramos, ardemos em febre de poder ser, de liberdade e realização. O espírito deseja, o mundo não é obrigado a acatar as nossas demandas de esperança, felicidade, bem-estar, harmonia, as nossas ideologias e utopias, as nossas demandas narcísicas, as nossas idiossincrasias, as nossas paixões, a nossa possessividade, a nossa raiva. Mesmo com toda nossa racionalidade, continuamos desejantes, enquanto o mundo resiste à nossa fantasia. Podemos até arriscar dizer que o absurdo é o que separa, mas, igualmente, o que me unifica ao mundo.

Minha nostalgia de unidade vem desde de a relação com a mãe, dizem os psicólogos, desde o Paraíso, dizem os teólogos, desde o nosso desejo de sinergia com a natureza, dizem os românticos. No entanto, o universo é múltiplo, sua compreensão, sua lógica nos escapa, brinca com a ciência e com as filosofias que arrolamos parar explicar o inexplicável, a existência, esse absurdo.

O amor e o sentimento do absurdo

Uma das vivências mais pujantes do absurdo revela-se no campo do amor e da paixão. Nessa seara, encontramos estampada a imagem-símbolo por excelência do absurdo, o herói Sísifo carregando a sua pedra até o cimo do monte, donde ela cairá; e, segundo o mito, fará isso eternamente. Ele leva a sua pedra, sem desistir.

Na experiência amorosa, num momento de inocência, o cenário é de um entusiasmo juvenil. A existência parece mais palatável. O cume do monte parece ser a miragem da simples busca da felicidade. Com o passar dos dias, dos anos, o que parecia uma estrada convidativa, vai se revelando problemático, afinal, relação é também conflito, diferença, tensão, envolve alteridade, envolve a aprendizagem que o nosso desejo não reina sozinho. Soma-se a esse quadro o sentimento de separação, isolamento, decepção, e por que não, solidão. Acompanha esse cardápio a perda da ingenuidade, a frustração consigo e com o outro, a constatação de que a relação não é aquela que idealizamos. Quando o casal não consegue lidar com o absurdo *sisifiano*, por assim dizer, tudo vai se tornando como um fardo, exatamente como uma pedra, que, em alguns relacionamentos amorosos, parece só crescer.

Eis a situação simbólica do sentimento do absurdo, cada amante carrega a sua pedra. Quando se pensa que os problemas do casal foram equacionados, eles reaparecem, a pedra rola, e rola novamente, num ciclo que não parece ter fim. Não se resolve uma relação, não se resolve o amor. Porque o amor não é um problema, muito menos, uma solução. Há quem busque no amor a solução mágica para a sua vida. Esses são os mais suscetíveis à empreitada de Sísifo. O amor não é problema nem solução dada à sua natureza. O amor é absurdo.

Na via amorosa, tudo se faz, se desfaz, se refaz, se escreve, se esquece, num imbróglio como as espumas do mar após o rebentar das ondas. Tal como no poema de Vinícius de Moraes (2017, p. 63), que vale a pena, nesse momento, recordar:

De repente da calma fez-se o vento
Que dos olhos desfez a última chama
E da paixão fez-se o pressentimento
E do momento imóvel fez-se o drama.

De repente, não mais que de repente
Fez-se de triste o que se fez amante
E de sozinho o que se fez contente.

Fez-se do amigo próximo o distante
Fez-se da vida uma aventura errante
De repente, não mais que de repente.

O sentimento do absurdo na vivência amorosa, quantos de nós não experimentamos? A pessoa amada e o mundo parecem teimar em não se enquadrar em nossas aspirações. Essa tensão nos lembra a referência de Camus ao divórcio entre nós e o mundo. Há uma solidão fundamental, que parece nos separar do mundo: "Solidão. Solidão, nada mais é que um vagar na incerteza do insólito da existência humana" (Angerami, 2017, p. 22). Ao mesmo tempo, o amor acende a consciência, ainda que irrefletida do nosso enlaçamento apaixonado pelo mundo, mesmo que tentemos negar, com todas as nossas forças a sede pelo mundo. Na ceara íntima, nosso mundo é *o outro*. Nosso desejo de união se mistura com um soneto de separação perfazendo todos os nossos enredos, como um fantasma onipresente, como uma pedra, que fazemos subir, querendo chegar ao cume com ela. E ela rola, e, novamente, rola, e continuamos a ascensão e o seu desfecho sempre inacabado. Eis o desejo que não quer amar e acaba amando, que quer amar e acaba rejeitando, que não quer se enredar e trama a sua própria perdição. Absurdo.

Diz Camus (2018, p. 44): "É absurdo significa; "é impossível", mas também: "é contraditório". E nós ainda acrescentamos, sobretudo no amor, o absurdo é possível por ser impossível, é impossível por deixar de lado o razoável. Apenas racionalmente o fazemos não-absurdo, ou melhor, tentamos lograr o absurdo com a astúcia das defesas mentais, ponderadas, medidas. Lá no fundo, em algum lugar da alma, jaz o absurdo, o desejo, por si mesmo, um genuíno absurdo, sem fim nem princípio.

Absurdo e comportamentos repetitivos

O levar a pedra nos remeteu à referência aos comportamentos repetitivos, automáticos, passivos, reprodutivos (tais como compulsões, sintomas psicológicos, situações inacabadas apontadas pela Gestalt-Terapia, etc.). Um absurdo que é experimentado como norma, fado, culpa, autopunição, penitência. E por que absurdo? Por que, ao menos aparentemente, esses comportamentos não levam à parte alguma, são como um padecer inútil, e, seguindo a representação de Camus, essas repetições levam a pessoa a se tornar "o trabalhador inútil dos infernos" (Camus, 2018, p. 137).

Aliás, eles têm uma finalidade sim: chegar ao topo carregando a sua pedra. Chegar ao topo pode abrigar inúmeros sentidos: apaziguar um conflito íntimo, mitigar um sofrimento, dissimular a angústia, negar assumir atos, autoavaliação, sentimentos e desejos, evitar situações desconfortáveis ou desafiadoras. Dissimulação, evitação, atenuação de sentimentos, camuflagem de desejos, negação de escolhas são pratos preferidos da má-fé.

Apesar da tentativa de evitação de problemas, o que se vive são, justamente, dificuldades emocionais e psicológicas a fartar. No entanto, pasmem, nota-se o absurdo quando se percebe a persistência em empenhar-se para carregar a sua pedra ou cruz, se quiserem, até atingir um lugar imaginário que se acredita que é preciso chegar, custe o que custar. O para quê de tal empreitada é engolfado na repetição, que se reforça indefinidamente, tal como a pedra que rola após chegar ao topo.

Há quem tente se convencer de que "quando chegar aonde imagino, tudo será diferente". E não é, pois a pedra continua rolando e a pessoa continua tentando obstinadamente persistir em carregá-la, mesmo que o custo psíquico seja alto. Subida insana, patente absurdo. Há um acostumar-se a esse sofrimento, vira uma espécie de rito; às vezes, inicialmente, se tenta sair, depois, por mais que se padeça, chega-se ao ponto de não conseguir viver sem ele. Eis mais uma manifestação do absurdo.

As inúmeras formas de repetição são um dos comportamentos mais recorrentes numa psicoterapia, capazes de fazer alguns psicoterapeutas pensarem em arrancar os cabelos, o que também é absurdo, pois, provavelmente, até certa idade crescerão de novo. A propósito da repetição, certa vez, escrevemos:

> É tédio e angustia. Na clínica pode ser sentida como um *retorno eterno* a que nos vemos arremetidos, onde parece que nada vai mudar, nada anda para frente: eu não me resolvo, a minha vida não se resolve. Resta uma fé difusa e desvitalizada, resta tentar me convencer, desesperadamente de que a vida vale a pena. (Veríssimo, 2018, p. 116)

A repetição seria de fato um trabalho inútil? Ela aparenta sê-lo. Mas, outro absurdo, é na repetição que também se abre uma janela de transformação, e não apenas na reflexão. Primeiro, a repetição anuncia as nossas dificuldades, bloqueios, limites. Segundo, a cada repetição, podemos, de fato, reproduzir formas de agir, desejar e pensar, e, portanto, reforçar o comportamento engessado. Por outro lado, por mais absurdo que isso pareça, podemos inventar uma saída, ou ver o mesmo cenário de outra forma, ou seja, encarar o problema que estamos vivenciando de uma outra maneira, ter uma outra compreensão. Isso é bastante difícil, geralmente feito com a interlocução com um outro, que não precisa ser, necessariamente, um psicoterapeuta ou psicanalista. Uma pessoa amiga, uma pessoa que nos ame e se preocupe conosco pode apontar nossas formas de ser, num momento em que estamos no rito repetitivo. A dialogicidade consistirá em abrirmo-nos para o que a pessoa está nos sinalizando. A autoconsciência é uma outra forma de lidar com os comportamentos repetitivos. Para isso, é mister abrir-se para a angústia existencial, como frisa Erthal, ao comentar o processo psicoterápico: "A terapia ajuda o cliente a aceitar os riscos e responsabilidades de suas decisões e, acima de tudo, aceitar a liberdade de ser capaz de usar suas próprias possibilidades de existir" (Erthal, 2013, p. 213).

Interessante que, para Camus, o momento que importa ao filósofo é a descida de Sísifo do monte de onde a pedra rolou. Esse momento é como uma respiração, repete-se com tanta frequência quanto o seu desamparo, essa é a hora da sua consciência. "Em cada um desses instantes, quando ele abandona os cumes e mergulha pouco a pouco nas guaridas dos deuses, Sísifo é superior ao seu destino. É mais forte que sua rocha" (Camus, 2018, p. 139). Camus conclui que a tragicidade do mito se define na medida em que o herói é consciente. A consciência é "a presença constante do homem diante de si mesmo" (Camus, 2018, p. 68).

O suicídio não resolve ao absurdo

Contemos um pouco mais acerca de Sísifo. Ele é um condenado por Zeus a carregar para sempre uma pedra até o monte, donde ela rolará, por não ter aceitado a sua morte. Ele conseguiu não só enlaçar a morte (Tânatos) como também a enganou (Brandão, 1991). Por tal descomedimento, foi severamente punido por Zeus, que o condenou a realizar uma tarefa absurda. Parece que Camus se encanta por Sísifo ter se rebelado contra a ordem divina. Sísifo é, portanto, o herói condenado ao absurdo, o herói do absurdo. Aliás, o que ele tentou fazer, lograr a própria morte, nada mais é do que um absurdo. Sísifo é um herói que recusa a morte, mas ela lhe advém.

Se seguirmos a lógica de Camus, talvez possamos concluir que o suicídio deseja a morte porque acredita que ela resolve o absurdo. Essa perspectiva nada mais é do que mais um absurdo, dentro do absurdo que é a existência. O suicídio não resolve o absurdo, *porque o nega*. O homem absurdo não deixa de ser absurdo em relação ao próprio Sísifo, pois, não manipula a própria morte, admite que ela é absurda, tanto quanto a vida. Esse é o heroísmo silencioso de todos os dias.

O homem absurdo desenhado por Camus não carrega a pedra porque tem esperança de salvação. Nem porque está desamparado e, por isso, permanece numa ritualística niilista. O homem *aceita* heroicamente o absurdo, mas, paradoxal e absurdamente, não se rende a ele, pelo contrário grita e se revolta, mostra a face da dor.

A revolta, que é a consciência, agora em palavras precisas de Camus, é "o confronto perpétuo do homem com sua própria escuridão. Ela é uma exigência de uma transparência impossível e questiona o mundo a cada segundo" (Camus, 2018, p. 68).

O problema, portanto, se inverte. Podemos estar naturalmente inclinados a projetar o problema se a vida vale a pena ser vivida. E se a resposta for negativa, o suicídio encontra seu repouso e a sua justificativa. No entanto, a existência não se dá e não se define nesses termos. Para Camus, a existência, é simplesmente, absurda. Ou seja, o que ela é conduz a uma resposta permeada por um furo incontornável. Prosseguiremos perquirindo o seu sentido, e ele se mostrará evasivo. Por isso, mesmo sabendo absurdo o destino do ser humano, não se deixará de viver esse destino "sem fazer de tudo para manter diante de si essa questão iluminada pela consciência" (Camus, 2918, p. 67). À pergunta sobre a existência e o seu sentido seguirá uma resposta não definitiva, seguida por uma nova pergunta, e uma nova resposta da mesma forma absurda, e, assim, sucessivamente, tal como o esforço de Sísifo com a sua pedra. Inútil. Absurdo. Revoltante. Mas, essa revolta dá valor à vida (Camus, 2018, p. 69). Por mais absurdo que pareça, não deixaremos de pertencer a tal saga, pois, "(...) viver é fazer que o absurdo viva" (Camus, 2018, p.68).

Conversa em torno do desespero

Como entendemos o desespero? Ele pode ser definido de muitas formas. O experimentamos como frustração, como a perda de um objeto precioso, reversão de expectativas, dificuldade de comunicação, sensação de inutilidade, de incapacidade para enfrentar uma tarefa ou desafio. Além das várias formas de frustração, podemos tomar o desespero também como ansiedade, fatalidade, achar que estamos encurralados, numa situação sem saída. Soa desesperador perder algo que julgamos precioso, imaginem, então, o desespero de perder alguém que é o alimento da nossa autoestima, do gozo pela vida e é a alma da nossa paixão.

Angerami (2018) contribui para a compreensão do fenômeno do suicídio com uma observação oportuna que traz o desespero para a luz do cenário existencial. Costumamos adjetivar o suicídio como um ato de covardia, ou até mesmo de coragem. Essa moralização do suicídio não nos leva a lugar algum. "Não se trata nem de covardia, nem de coragem, mas sim, de um ato de desespero" (Angerami, 2018, p. 24).

Brincando um pouco com as palavras, permitimo-nos imaginar desespero como des-espero, não espero, ou seja, desesperança. A propósito, no livro *O mito de Sísifo*, de Camus (2018), desfralda-se um pensamento em que a esperança não tem lugar. Seguindo o fio dessa lógica, podemos concluir que o propósito da esperança é retirar a absurdidade do absurdo, o que, segundo a argumentação aqui desfraldada, não faz sentido, pois, o absurdo é ontológico.

O prefixo des- é indicativo de negação, separação, disjunção, oposição. O desespero não espera mais nada. Passemos para a terceira pessoa do plural, para ficar mais próxima a comunicação. Em desespero, parece que não esperamos mais nada. A esperança é asfixiada. A esperança é como um oxigênio, faz-nos prosseguir, mesmo em tempos difíceis e com dor. Contam-nos que a esperança é o que restou após a abertura da caixa de Pandora. Como se sabe, dela saíram todos os males e dores que assolam os homens nesse mundo. Só ficou a esperança, na borda (Hesíodo, 1991). Imagem interessante, a borda. Nela, nada está seguro. A borda é o limite. Limite entre a seguridade e o perigo.

Agora, chegou a vez de perguntar. Será que, em desespero, não esperamos mais nada? É possível. Mas, também, é igualmente possível, que desesperemos por esperarmos demais (da vida, de alguém, de nós próprios), além da conta, e nisso, escorregamos da borda direto para a goela da caixa de Pandora.

Conversa com Kierkegaard

Apresentamos algumas faces do que chamamos de desespero. Mas, o desespero não se funda num evento pontual, presente, passado ou futuro. Não é por ter perdido, ou pela iminência da perder algo ou alguém precioso que entramos em desespero. O desespero, para Kierkegaard é, essencialmente, desespero de si mesmo. Protasio subscreve uma passagem notável de *O desespero humano*, ao assinalar que "o homem pode desesperar-se de uma coisa, mas, na continuidade descobrirá que desespera de si próprio, de sua própria situação" (Protasio, 2018, p. 248).

Desesperamo-nos pela síntese irrealizada entre nós e os campos da existência ressaltados por Kierkegaard, a saber, o finito e o infinito, o possível e o necessário, o temporal e o eterno. Podemos admitir outras sínteses importantes, como "a tensão entre o que o homem *pode ser* e o que ele efetivamente realiza e entre o que o homem realiza e o sentido ou necessidade de sua realização" (Protasio, 2018, p. 248). O desespero é um problema que concerne à relação do eu consigo próprio. Ou seja, não é um problema nosso com alguma coisa ou alguém exterior, mas um problema nosso mesmo, que pode envolver pessoas e objetos, mas que se radica na autorrelação que somos. Apesar de o desespero residir na relação do eu consigo, em que ele não consegue realizar uma síntese entre os diversos âmbitos fundamentais da existência, há que notar que Kierkegaard, através da sua personificação em Anti-Climacus, adverte-nos que a existência não se restringe a um problema egótico, por assim dizer. Pois, afirma Anti-Climacus, quem fundou a autorrelação que é o eu foi Deus.

Vejamos a relação do eu com dois modos existenciais, o finito e o infinito. O finito concerne aos limites da existência. Somos finitos. Não somos tudo que gostaríamos de ser, não podemos ter tudo que desejamos, nem sempre podemos estar com todas as pessoas que amamos, elas vão morrer, assim como nós. Ao mesmo tempo em que os limites batem, a todo momento, na nossa porta (lembrando-nos do quanto somos finitos), Kierkegaard acentua, contrariamente ao que percebem filósofos como Sartre e o próprio Camus, que não nos esgotamos na finitude. Como dito, Camus não parece afirmar a morte de Deus, nem, por outro lado, afirma uma transcendência da existência finita. Por isso, para ele não há sentido em se apostar na esperança, ou seja, não há por que crer que um futuro possa salvar a humanidade da pedra que cada um carrega até o topo dos seus sonhos. A única existência concreta é o nosso cotidiano, onde conta o absurdo, como já explicado. Com o sentimento do absurdo desponta um heroísmo que consiste em se viver sem negar as condições existentes, nem aceitá-las passivamente.

Para Kierkegaard, a transcendência é concreta, tanto quanto a imanência. Não há por que separar uma da outra. Na verdade, transcendência e imanência ainda soam como categorias metafísicas. Para o filósofo dinamarquês, importa considerar o finito e o infinito, *a nossa relação* com o finito e o infinito. O infinito é o campo das possibilidades, da liberdade, e, por que não dizer, da angústia. O salto da fé consiste num salto para o nada, para a possibilidade, para um devir indeterminado, por isso, infinito. Se não houvesse a possibilidade, não haveria angústia, nem desespero, nem culpa. No desespero, ficamos calculando e sopesando entre conformar-se, revoltar-se pelas escolhas feitas, gritando ou em silêncio, padecendo pelo arrependimento pelo que não dissemos, não fizemos, ou pelo que dissemos e fizemos.

Não devemos negligenciar mais uma dicção sobre o infinito. O infinito concerne, para Kierkegaard, à nossa relação com Deus. O *cavaleiro da fé*, figura forte de seu texto, anuncia: "*Eu creio, sem reserva, que obterei o que amo em virtude do absurdo, em virtude da minha fé de que tudo é possível a Deus*"[3] (Kierkegaard, 1979b, p. 136). Tal convicção não quer afirmar que temos todas as possibilidades aos nossos pés, sob nosso controle e domínio, que o devir está sob o nosso arbítrio. A articulação que Kierkegaard opera entre possibilidade e absurdo concerne ao campo das possibilidades como o que não é calculável, prognosticável, deduzível, o que não visa resultados utilitários, datados e imediatos. O infinito trata de uma escolha ao que é próprio de cada um: uma escolha distinta da multidão, ou seja, distinta de um *todo mundo* indiferenciado e impessoal, que surge como "o que todo mundo faz", "o que todo mundo quer", "o que todo mundo pensa". No autologro se insiste na crença que se está exercendo escolhas "subjetivas", mas, elas nada mais são do que escolher o escolhido: cada um delega a responsabilidade pelo que se faz, deseja, escolhe para a rede onde se refugia: rede social, rede ideológica, rede midiática, rede moral, rede da instituição religiosa, rede das normas científicas, rede familiar, etc.

[3] Em itálico pelo próprio autor.

O ser humano em sua totalidade é uma síntese. Uma síntese "de infinito e de finito, de temporal e de eterno, de liberdade e de necessidade" (Kierkegaard, 1979a, p. 195). O desespero é justamente não conseguir equacionar essa síntese.

Racionalmente, sei que tudo que está diante de mim não durará para sempre. Eu mesmo, com todo o meu apreço religioso, só saberei mesmo o que vai me acontecer na "hora H", ou seja, na hora da minha morte. As pessoas que amo, tenho como certo que irão partir dessa vida, irão morrer, eu mesmo posso ir antes delas. Desespero. Mesmo sabendo que, como se diz, o que é bom dura pouco, desespero. Com as promessas não cumpridas, expectativas malogradas, projetos adiados indefinidamente, desespero. E, ao mesmo tempo, quero confiar, acreditar, apostar em sonhos e utopias edificantes, quero amar, mesmo cheio de esparadrapos e cônscio das várias limitações com as quais tento lidar, desespero. Amo e rejeito, quero e não quero, acredito duvidando, duvido acreditando. Não consigo fazer uma síntese. Ora sinto-me esperançoso e otimista, ora tento ser uma pessoa bem concreta e realista. No final, não fico satisfeito nem com a primeira, nem com a segunda opção. Desespero.

A pessoa não é apenas relação consigo, mas, um voltar-se para a relação consigo. Em outras palavras, o ser humano é espírito, isto é, relação com a relação que ele estabelece com as condições fundamentais da existência: o finito e o infinito, o possível e o necessário, o temporal e o eterno. Essa relação, quando reflexiva, permite que a pessoa salte para suas possibilidades, efetive a síntese que implica a tonalidade afetiva da angústia. Ela, na verdade, nunca resolve definitivamente a síntese, e sim, a aceita, a vivencia com toda seriedade. Considerando seriamente a interioridade, não nega cada parte de seu ser, cada instância fundamental da sua existência.

Desespero humano, suicídio e fé

O suicídio é um tema de gigantesca complexidade, com infindáveis causas, aspectos – sociais, históricos, culturais, filosóficos, afetivos, pessoais, psicológicos, assim por diante. Aqui, em nosso modesto recorte, estamos passeando um pouco por alguns autores da filosofia, na esperança de que possam inspirar algumas luzes para uma compreensão, ainda que não esgotável, do fenômeno.

Nesse sentido, permitimo-nos pensar o suicídio a partir da relação desse fenômeno com o desespero apontado por Kierkegaard. Achamos referências explícitas ao suicídio em sua obra sobre o desespero (Kierkegaard, 1979a). Note-se que Kierkegaard não assina diretamente a obra, atribuindo-a ao pseudônimo Anti-Climacus.

O desespero do eu cresce na medida do aumento da consciência de si mesmo. A consciência de que *eu sou* o problema é concomitante à intensidade do desespero. O mesmo processo pode ser admitido quanto à consciência de matar-se por estar desesperado: "quanto mais lucidamente nos conhecemos (consciência do eu) ao suicidar-nos, mais intenso é o nosso desespero, em comparação com o daquele que se suicide num estado de alma indeciso e obscuro" (Kierkegaard, 1979a, p. 220).

Kierkegaard aponta uma modalidade de desespero que é o *não querer ser si próprio* ou *desespero-fraqueza*. Esse é o desespero sentido como uma causa exterior que faz a pessoa sofrer, como, por exemplo, perdas de toda ordem, desde financeiras à perda de pessoas amadas. O problema pode ser sentido como perda daquilo que o eu avidamente desejava manter na busca de sentir-se desejado, valorizado, seguro, satisfeito. Com a perda do objeto amado, o eu cai numa espécie de vazio e num agudo desamparo.

Esse tipo de vivência está muito ligada à amplitude estética da existência. Nela, vivemos voltados para a exterioridade, imersos nos comportamentos, tarefas e normas padronizados socialmente, entretidos com a busca desesperada (mas não percebida como tal) de satisfação imediata, sedução, poder, esteticismo. Em tal condição alguém pode reforçar a autoestima, mas, de modo inconsequente: a autoadmiração passa a ser a nota diretora do desejo. No modo estético, a pessoa "cega para consigo própria [...] aceita o seu eu como um enigma rebelde a qualquer introspecção" (Kierkegaard, 1979a, p. 218). Há quem acredite, segundo essa orientação, que está "se dando bem" na vida; pode, inclusive, realizar feitos extraordinários com pleno reconhecimento social e midiático, mas, na verdade, ao carecer do mergulho em si mesmo, "toda a existência deste gênero, realize o que realizar de extraordinário, explique o que explicar, até o próprio universo, por muito interessante que, como esteta, goze a vida: mesmo assim ela será desespero" (Kierkegaard, 1979a, p. 218).

Um tal modo de desespero é frequente e consiste numa passividade. "Nesse caso, o desesperar é simplesmente sofrer; suporta-se passivamente uma opressão que vem de fora, e de modo nenhum o desespero vem de dentro como se fosse uma ação" (Kierkegaard, 1979a, p. 221). Há quem ensaie um movimento de introversão, de alguma reflexão que suspenda, por alguns instantes o fascínio pela exterioridade, ou, ao menos, acene para um encontrar-se que o resgate da sua desorientação na exterioridade. Mas, assim que se experimenta em sua interioridade, assim que se depara consigo, isso se torna incômodo e a pessoa regressa ao ponto em que se encontrava, ou seja, às referências familiares dos valores celebrados e valorizados socialmente. Pode também voltar à repetição de comportamentos que, pelo autoengano, tentem escapar da angústia de vislumbrar as suas possibilidades próprias.

A forma de vivenciar o tempo no estético kierkegaardiano, em geral, é o imediato. O prazer é demandante. Não se quer esperar, não sabe esperar, "é porque é demasiado sensual para ter a ousadia, a paciência de ser espírito" (Kierkegaard,

1979a, p. 216), isto é, não se cultiva um tempo para efetuar a síntese entre presente e o futuro, entre o que é de ocasião e o eterno, entre o finito e o infinito. Sobretudo, a pessoa se desespera por perder o que estimava equivocadamente como eterno, o que esperava que pudesse lhe garantir a sua busca da felicidade.

Ela se desespera, pois engana-se quanto ao que seja o eterno. O eterno não é o imediato, não é o que dá e passa, não é descartável, consumível, como quer sugerir a propaganda, à toda hora, numa sociedade líquida como a nossa (Bauman, 2001). Para Kierkegaard, através de Anti-Climacus, o eterno concerne à fé. A fé é fé em Deus. No entanto, podemos pensar a fé de forma a admitir que ela concerne ao salto da pessoa para as suas possibilidades próprias, ao invés de querer seguir com a multidão, alienar-se de si na adoção de comportamentos massificados. Por isso, a atmosfera da fé é a angústia: ela é regulada pela possibilidade e não pela fatalidade ou pela normatividade. No fundo, mesmo na inocência do estético, a angústia já se fazia presente, ainda que não despertada. "Mas, no fundo a angústia está presente, assim como o desespero, e quando se suspende o encantamento das ilusões dos sentidos, desde que a existência vacila, o desespero, que espiava, surge" (Kierkegaard, 1979a, p. 217).

Portanto, ao julgar perder o que desejava e o tomava como eterno, aquele que desespera por não querer ser si mesmo, não percebe que já o tinha perdido, ou, antes, nunca o tinha visto em seu horizonte.

Feitas algumas anotações sobre o desespero de não ser si mesmo, façamos algumas considerações sobre *o desespero de querer ser si mesmo*. Essa condição é sofrida não mais de modo passivo, pois é um desespero consciente e assumido. Querer ser si mesmo é percebido como sentir-se responsável pelo seu próprio problema, pelo aguilhão em seu espírito. Trata-se da consciência de que o meu problema radica-se em mim e não na exterioridade.

Não há ponto de fuga. Sou eu comigo mesmo, eu com minhas contrações de dor, com minhas contradições, memórias. Para Kierkegaard, esse é o *desespero-desafio*, cuja demanda é querer desesperadamente ser si mesmo. Nesse desespero, pode-se assumir uma postura taciturna, fechada, tornar-se hermético, na expressão de Kierkegaard (1979a, p. 235). Aquele que se encastela no hermetismo pode ser aquele que

> (...) se cansa do burburinho da multidão, da indiferença dela para com o singular, está enfastiado com a mesmice dos comportamentos normativamente adotados, fatigou-se de tanto barulho, de tamanha dispersão. (...) Ele quer estar consigo mesmo, quer a sua própria companhia. (Veríssimo, 2016, p. 25)

Para alguns, o desespero de querer ser si mesmo pode se tornar insustentável. Posso me descobrir como uma fraude, e, por extensão, minha vida como uma fraude. De engano e engano cheguei até aqui. Tudo parece ilusório e sem cor, e perigosamente, sem sentido algum. Nesses momentos, podemos nos sentir tentados a flertar com a morte.

Para Anti-Climacus (Kierkegaard), falta, aqui, a genuína perspectiva do eterno. Nesse caso, o eu pode sucumbir por estar desiludido com a vida e consigo próprio. Mas, na verdade, o eu encontra-se inflamado pelo desespero de ser si mesmo, no sentido de que o eu sofre porque ainda se posiciona como o centro da existência. No desespero de não ser si mesmo ele não queria se conhecer, apenas gozar os bens exteriores, desfrutar da companhia das pessoas amadas o máximo que pudesse. Agora, no desejo desesperado de ser si mesmo, o eu não corre mais sofregamente para a multidão e nem se desespera por se apegar a alguém. Mas, encontra-se, igualmente, desesperado. Entre o não-eu e o eu, optou, desta feita, por querer ser si próprio. Mas, isso é o espírito, ou seja, a totalidade humana?

Para Anti-Climacus, o eu não é centro da existência. Antes de escutarmos Freud (1916-17/1976), cerca de 67 anos depois, afirmar que o eu não é o amo da sua própria casa, eis o que nos diz Kierkegaard nas letras de Anti-Climacus.

> O eu é senhor em sua casa, como é costume dizer-se, absolutamente senhor, e isso é o desespero, mas é-o ao mesmo tempo aquilo que toma como satisfação e prazer. Mas um segundo exame convence-nos sem dificuldade de que este príncipe absoluto é um rei sem reino, que, no fundo, sobre nada governa. (Kierkegaard, 1979a, p. 233)

Mas, aqui, o engano desse eu não se deve ao inconsciente, como propõe Freud, ao constatar que o eu não é o amo em sua própria casa. Trata-se, indica Kierkegaard, do isolamento do eu em torno de si mesmo, recusando-se a contemplar a perspectiva do eterno, quer isso dizer, recusando-se a estabelecer uma relação com ele. No âmbito da literalidade do texto, o desespero de querer ser si mesmo é querer ser sem se relacionar com quem, na verdade, pôs a relação do eu consigo próprio, Deus. Desse modo, se o eu não reconhece nenhum poder acima dele "carece interiormente de seriedade", ou melhor, "é seriedade fraudulenta" (Kierkegaard, 1979a, p. 232).

Podemos deixar em suspenso a admissão ou não de Deus como uma realidade concreta em nossas vidas. Nesse momento, importa chamar a atenção para a nossa relação com o eterno. Essa relação não apaga o temporal, não anula a sensualidade e a paixão que nos atravessam no curso da nossa vida, não nos convida a um isolamento como solução para a sedução de alienar-se nas demandas da multidão. O chamado salto da fé implica a realização das sínteses que expressam a nossa própria existência: o temporal e o eterno, o finito e o infinito, o possível e o necessário, o corpo e a alma, o estético e o ético. O desespero oscila, experimenta ou um ou outro âmbito da existência, não consegue realizar uma síntese. A síntese, é a relação reflexiva que o eu estabelece com a relação dele com os âmbitos fundamentais da existência. Por isso, para Kierkegaard, o eu não é simplesmente autorrelação, mas *espírito*: relação consigo mesmo sob o horizonte das várias sínteses aqui elencadas. A nossa existência nos convida a realizar permanentemente essas sínteses. Esse movimento para a síntese não é uma solução definitiva para a existência. A síntese, o âmbito da fé, consiste em aceitar (nem passivamente, nem presunçosa e egoticamente) a angústia de estarmos nas nossas possibilidades.

A aprendizagem na escola da angústia (Kierkegaard, 2010) implica viver com seriedade, sem querer passar a conversa na angústia, ou seja, sem querer enganar-se: não se pode esperar nada da existência se não se suporta a si mesmo. Nesse momento, não custa lembrar que a autorrelação, a relação do eu consigo mesmo, pode cair num vazio de sentido, caso ele não consiga realizar s diversas sínteses que demanda a tarefa do existir com seriedade. A nossa vida comporta todos os matizes, absurdos, sublimes, trágicos, envolve o defrontar-se contínuo da nossa liberdade com a não-liberdade (a órbita da necessidade e da causalidade), convida-nos à elaboração contínua das várias sínteses no tabuleiro da existência.

Parece ausente do horizonte de algumas pessoas que pensam em tirar a sua própria vida justamente a chancela da relação com o eterno. O querer voluntariamente, ou mesmo impulsivamente, morrer é, em nome de um suposto acordo com a eternidade (selada na ideia de provocar a própria morte), recusar o eterno, ou seja, tentar passar a conversa nas possibilidades, predeterminando-as. Sem pretender reduzir os problemas aqui levantados a uma expressão menor, permitimo-nos concluir, sob a inspiração de Kierkegaard, que a relação com o eterno em nosso horizonte é a perspectiva da fé. Ora, a fé na morte é o reverso da fé na vida. Como fé na morte, não pensamos em apostar no suicídio, ao revés, queremos dizer: não tomar de assalto a morte por antecipação, nem fugindo desesperadamente dela, nem a buscando desesperadamente. Não é preciso buscá-la antes da sua hora para se estar na morte, esse mistério abissal cujo contorno com a vida, nada mais é do que mais uma síntese que o nosso eu encontra-se permanentemente desafiado a realizar. Nesse momento, cabe a referência a um personagem de Kierkegaard, Johannes de Silentio, ao observar: "Não é permitido a ninguém fazer acreditar aos outros que a fé tem pouca importância ou é coisa fácil, quando é, pelo contrário, a maior e a mais penosa de todas as coisas" (Kierkegaard, 1979b, p. 139).

Referências

ANGERAMI, Valdemar Augusto. *Solidão*: a ausência do outro. Belo Horizonte: Artesã, 2017.

ANGERAMI, Valdemar Augusto. Atitudes do psicoterapeuta diante de casos de suicídio. In: *Sobre o suicídio*: a psicoterapia diante da autodestruição. Belo Horizonte, Artesã, 2018.

BAUMAN, Zygmunt. *Modernidade líquida*. Tradução de Plínio Dentzien. Rio de Janeiro: Zahar, 2001.

BRANDÃO, Junito de Souza. *Dicionário Mítico-Etimológico da Mitologia Grega Vol. II. J-Z*. Petrópolis: Vozes, 1991.

CAMUS, Albert. *O mito de Sísifo*. Tradução de Ari Roitman e Paulina Watch. 12. ed. Rio de Janeiro: Record, 2018.

ERTHAL, Tereza Cristina Saldanha. *Trilogia da existência*: teoria e prática na Psicoterapia Vivencial. Curitiba: Appris, 2013.

FREUD, Sigmund. Conferencias de introducción al psicoanálisis (Parte III). 18ª conferencia. La fijación al trauma, lo inconciente. In *Obras Completas Sigmund Freud*. (Vol. 16). Buenos Aires: Amorrortu, 1976. (Trabalho original publicado em 1916-17)

FREUD, Sigmund. O mal-estar na civilização. In O mal-estar na civilização, novas conferência introdutórias à psicanálise e outros textos [1930-1936]. In *Obras Completas Sigmund Freud*. (Vol. 18). Trad. de Paulo César de Souza. São Paulo: Companhia das Letras, 2010. (Trabalho original publicado em 1930)

HEIDEGGER, Martin. *A origem da obra de arte*. Tradução de Maria da Conceição Costa. Lisboa: Perspectiva, 1992.

HESÍODO. *Os trabalhos e os dias*. Tradução, introdução e comentários de Mary de Camargo N. Lafer. São Paulo: Iluminuras, 1991.

KIERKEGAARD, Søren Aabye. *O desespero humano*. Tradução de Adolfo Casais Monteiro. São Paulo: Abril Cultural, 1979a.

KIERKEGAARD, Søren Aabye. *Temor e tremor*. Tradução de Maria José Marinho. São Paulo: Abril Cultural, 1979b.

KIERKEGAARD, Søren Aabye. *O conceito de angústia*. Tradução de Álvaro Luiz Montenegro Valls. 2. ed. Petrópolis: Vozes; São Paulo: Editora Universitária São Francisco, 2010.

MORAIS, Vinícius de. *Todo amor*. São Paulo: Companhia Das Letras, 2017.

PROTASIO, Myriam Moreira. Camus e Kierkegaard: do absurdo ao desespero. In: FEIJOO, Ana Maria Lopez Calvo de. (Org.). *Suicídio. Entre o morrer e o viver. Desmoralizando o suicídio na contemporaneidade*. Rio de Janeiro: IFEN, 2018.

RIBEIRO, Karla Pinhel. O sofrimento na filosofia de Schopenhauer. *Academia. edu*. 2016. Disponível em: <https://www.academia.edu/4738819/O_sofrimento_na_filosofia_de_Schopenhauer>. Acesso em 15 de dezembro de 2018.

SARTRE, Jean-Paul. *O ser e o nada*: ensaio de ontologia fenomenológica. Tradução de Paulo Perdigão. Petrópolis: Vozes, 2001.

SARTRE, Jean-Paul. *A Náusea*. Trad. de Rita Braga. Rio de Janeiro: Martins Fontes, 2006.

SCHOPENHAUER, Arthur. *O mundo como vontade e representação*. Tradução de M. F. Sá Correia. Rio de Janeiro: Contraponto, 2001.

SCHOPENHAUER, Arthur. *Seis ensaios de Parerga e Paralipomena, pequenos escritos filosóficos*. Tradução de Rosana Jardim Candeloro. Porto Alegre: Zouk, 2016.

VERÍSSIMO, Luiz José. Considerações sobre as obras do amor a partir da leitura de Kierkegaard. Ítaca. *Revista dos Alunos de Pós-Graduação em Filosofia IFCS-UFRJ*. Rio de Janeiro, n 30, p. 19-39, 2016.

VERÍSSIMO, Luiz José. Niilismo, superação e criação. Um estudo envolvendo Nietzsche e Jung. In: MONTEIRO, Dulcinéa da Mata R. *Assim falaram Nietzsche e Jung*. Curitiba: Juruá, 2018.

CAPÍTULO 22

Quando existir pesa mais que deixar de existir...

Adriano Furtado Holanda

Há uma bela e trágica poesia de Álvaro de Campos, que muitos reconhecem por uma pequena passagem clássica, muito divulgada por Rubem Alves (1999)[1]:

> (...) Talvez seja pior para outros existires que matares-te...
> Talvez peses mais durando, que deixando de durar...
> (PESSOA, 1985, p. 97)

E Hannah Arendt, por ocasião do falecimento de Karl Jaspers, declara, em 1969: "É preciso aprender a frequentar os mortos" (ARENDT; JASPERS, 2006, p. 7). Creio que essas duas passagens nos servem de excelente introdução a um tema tão complexo, polimórfico, sensível, inapreensível e misterioso, como o da morte voluntária, o suicídio. Pois assim o é, quando estamos diante de tal fenômeno. O suicídio, tal qual a loucura, revela-se como fato misterioso do nosso próprio existir. Vida e morte, duas polaridades que costumeiramente buscamos isolar, e que sequer subsistem uma sem a outra. Só falamos do morrer pelo viver, e só sabemos do viver, pela expectativa da morte; afinal, já se constitui jargão a célebre asserção heideggeriana: somos ser-para-a-morte. A finitude é a experiência dessa ambiguidade, do ser e do não-ser, do morrer e do viver. Duas certezas que nos acompanham cotidianamente,

Tanto Álvaro de Campos quanto Hannah Arendt falam do delicado que é o simples olhar para o fenômeno do morrer e de suprimir a própria vida. Sim, ambos falam de um não mais existir, do deixar essa existência concreta e objetiva que nos acostumamos a ter como nossa realidade. E o curioso é, que costumamos

[1] No verso citado, ao contrário do seu original português, fala-se em "morrer" e não em "se matar".

considerar como certeza indubitável – à moda cartesiana – o fato da morte, e nos esquecemos que este "fato", remete a outro, igualmente indubitável, que é o fato do viver.

Mas quando o existir se torna insuportável ou mesmo descartável, como lidar com isto? Eis, talvez aí, um ponto a ser pensado: e quando o suicídio se torna a "liberdade última" (Arendt; Jaspers, 2006, p. 7) (ou extrema)?

É comum, ao se pensar nesta experiência, que os olhares cruzem suas direções na questão do "sentido". E, invariavelmente, atribui-se à sua ausência o motivo da supressão da vida. Talvez seja necessário pensarmos em outra direção como, por exemplo, em qual o "sentido" de se suprimir a própria vida? Parece algo incoerente, improvável; afinal, o sentido estaria no viver e não no morrer. Mesmo que reconheçamos diversos atos de vida-em-direção-à-morte dignos de "sentido": há esportes de risco, há comportamentos de risco, há mesmo sacrifícios e imolações a serem realizados[2].

O tema do suicídio é, certamente, polimórfico, complexo, e demanda um conjunto de olhares e aproximações diversos; mas, mesmo assim, é invariavelmente objeto de ações normativas. O que nos leva a questionar se isto seria suficiente como uma atitude compreensiva.

Esse tema não nos é alheio – está presente tanto na vida cotidiana, quanto nos noticiários – como igualmente não era alheio aos filósofos. Houve grupos de pensadores que propuseram desde a "proibição legal do suicídio" (algo tão absurdo quanto a própria vida, descrita por Camus), a sanções religiosas ou mesmo a aversão social. Enquanto outros grupos buscaram pensar justificativas para tal ato.

> Dentro de cada um destes dois grupos variou a intensidade da oposição ou aquiescência à ideia do suicídio (...). Variou também o tipo de argumentos apresentados. Mas, em geral, há uma linha bem marcada entre filósofos hostis e filósofos favoráveis à ideia de suicídio. (Mora, 2004, p. 2789).

Isto nos leva a vislumbrar o tema como "humano, demasiado humano" (como diria Nietszche). Sócrates, por exemplo, aceitava de modo sereno a morte; já Aristóteles denuncia o suicida como um covarde, que vai contra a lei da vida, agindo injustamente, não apenas contra si, mas igualmente contra a *pólis*[3]. Santo

[2] É absolutamente relevante notar que a palavra "sentido", é polissêmica (FREITAS et al, 2012); embora aparente possuir referências claramente dadas. A palavra varia de acordo com disciplinas às quais aparece associada, podendo adquirir a notação de "direção" (como na física) ou de significação (como nas ciências da linguagem). Essa multiplicidade acaba por gerar confusões conceituais; por exemplo, no contexto da Psicologia, pode adquirir uma conotação de "sensação" (mais próxima da fisiologia) ou de "significado", como representação ou simbolização, numa perspectiva mais racionalista. Uma aproximação a essa polissemia é extremamente benéfica para o tema.

[3] Talvez tenhamos aqui uma justificativa filosófica para ações como prevenção, no contexto da saúde; ou mesmo no contexto social, naquilo que se toma como da ordem do "coletivo", do "comunitário".

Agostinho é um pouco mais incisivo: o suicida é um homicida e, portanto, um pecador imperdoável. Ideias semelhantes – não mais pela ótica religiosa, mas estritamente morais – persistem em pensadores modernos, como Kant, por exemplo, que se opõem ao suicídio por este vir a ser uma ofensa à dignidade da pessoa; ou seja, enquanto pessoa, cabe-lhe preservar a vida. Mas há filósofos que consideram o ato justificável, em certas condições, como entre os epicuristas e os estóicos. Schopenhauer, mesmo se opondo ao suicídio, chega a afirmar que este

> (...) não é a negação da vontade de viver, mas afirmação desta vontade. Negar a vontade de viver é afastar-se dos gozos da vida, e não de suas dores. O suicida, em contrapartida, quer a vida; o que ocorre é que não lhe satisfazem as condições em que ela se lhe dá. (Mora, 2004, p. 2792)

E Nietzsche enfatiza a liberdade de morrer em *Assim falou Zaratustra*.

A ideia, pois, da conservação da vida e da própria vida (igualmente presente tanto em concepções biológicas, quanto influentes em concepções psicológicas modernas), parece ser a tônica que acompanha esse tema. E que gera, por um lado, ações normativas (ou, em muitos casos, ações de controle), como temos na prevenção ou na intervenção; e por outro, gera polêmica, se se questiona essas mesmas ações[4].

Vamos partir da premissa que o ato de suprimir a própria vida, é um ato "humano" e, como tal – acompanhando o poeta Terêncio, quando diz: "Sou humano, e nada do que é humano, me é alheio" – é imprescindível ser pensado como um ato de sentidos e de significados. Partimos da ideia que o suicídio, ao contrário do que muitos acatam, não é um ato decorrente simplesmente de uma "falta" de sentido, visto que a percepção da falta ou mesmo a sua carência também é um sentido mobilizador[5]; e que este ato não deve ser pensado na alienação da autonomia do sujeito do ato. Em outras palavras, é possível se pensar que, para justificar o ato de suprimir a própria vida, há simplesmente que reconhecê-lo como passível de compreensão por si próprio.

[4] Há, aqui, uma questão importante visto que, dependendo do olhar que se tem sobre determinado fenômeno, justificam-se ou não determinadas ações, dentre elas, alguns que formalizam até mesmo profissões. Percebam que, em geral, a formalização das profissões é dada a partir da *praxis*, a partir de situações concretas, que demandam construções *a posteriori*, justificadas por estas demandas. Basta se perceber, para tal, quando profissões comuns na contemporaneidade, passaram a ser naturalizadas como tais, ou seja, quando passaram a ser "necessárias", a ponto de se tornarem um fato concreto na atualidade. Na Antiguidade não existiam *fazeres* profissionais atuais, tais como a Psicologia, o Serviço Social ou a Terapia Ocupacional, por exemplo; bem como não existiam uma Enfermagem ou uma Engenharia Elétrica. No caso das primeiras – caracterizadas comumente como do campo das ciências "sociais" ou "humanas" – a questão de seu objeto é bem mais sensível do que as demais, sejam estas da "saúde" ou das "exatas". Enfim, trata-se de uma questão epistemológica necessária, mas normalmente relegada ao terreno filosófico, alheio à "prática" (HOLANDA, 2019).

[5] Os escritos de Viktor Frankl são pródigos nesta direção; afinal, o autor constrói sua abordagem logoterapêutica em torno da questão do sentido.

A dor que fica e o ser que vai

Se a fantasia reproduz a realidade, tomo a liberdade de recorrer àquela, para tocar em tema tão delicado: o luto familiar. Numa bela e tocante passagem do filme *O Senhor dos Anéis – As Duas Torres*[6], após despertar de uma inconsciência provocada, o rei Théoden, de Rohan, tem de enterrar seu filho Théodred, e diz a Gandalf, o mago: "Nenhum pai deveria ter de enterrar seu filho". Além de ser uma das passagens mais emocionantes do filme, ela expressa – de maneira dura e ao mesmo tempo singela – uma questão de grande complexidade em relação à morte: não se espera que certa linearidade seja quebrada. Pais falecem antes que seus filhos. Quando isto se inverte, sob qualquer circunstância, se quebra uma métrica.

O suicídio afeta, diretamente, um conjunto extenso de pessoas, entre familiares, amigos e pessoas próximas, "(...) entre cinco e dez pessoas (...), que vivenciam sofrimento significativo por muitos anos e até mesmo pelo resto da vida" (Borges; Freitas; Faleiros, 2016, p. 108). Essas pessoas são consideradas "sobreviventes"; e um dos grandes lutos refere-se exatamente às mães, e pais, de filhos que tiraram suas vidas. "Existir enquanto a morte não vem" (Cremasco, 2016). Esta frase espelha a agonia que decorre dessa "quebra": é suposto que a morte, eterna certeza do nosso existir, venha sob certas condições, sendo uma delas – temporal – a que hierarquiza os acontecimentos; primeiro os mais velhos. E a inversão induz a questão: o que aconteceu? (para justificar o acontecimento?). Ademais, é suposto que esta certeza, escamoteada em nossos afazeres domésticos, somente venha à baila como um "acaso", como uma fatalidade, que interrompe abruptamente o curso normal da vida: a morte, mesmo certa, não é esperada ou desejada para o jantar. E quando ela vem, aos poucos, em decorrência de um processo como a velhice ou uma doença, nós nos preparamos mais facilmente para acolhê-la. Isto difere de um ato "súbito", como um acidente – situação na qual costumamos "culpar" o outro – ou uma morte voluntária (que costumamos autoatribuir a culpa ou a responsabilidade).

Mesmo sabendo que a morte voluntária acompanha o desenvolvimento da civilização (Kurcgant; Wang, 2004), o tema ainda hoje é revestido de contradições; ainda é um "assunto tabu" (Borges; Freitas; Faleiros, 2016, p. 118)[7]. E, na mesma direção da "quebra" da métrica, há que se reconhecer que a perda e a dor decorrente desta são indescritíveis para aqueles que as vivem (Borges; Freitas; Faleiros, 2016). E, aliado a esta dor, há ainda a dúvida: "Não consigo entender o porquê" (Borges; Freitas; Faleiros, 2016, p. 121), como diz uma

[6] Filme de 2000, dirigido por Peter Jackson, e segundo filme baseado na trilogia de J.R.R.Tolkien, *O Senhor dos Anéis*, escrita originalmente entre 1937 e 1949, e reconhecidamente uma das mais importantes do gênero fantástico da literatura.

[7] Fala de uma mãe sobrevivente, citada por Borges, Freitas e Faleiros (2016).

mãe sobrevivente. O "porquê" – a razão, a justificativa, o racional – ocupa aqui o lugar de um alívio, o lugar de um vazio. É-nos simplesmente difícil aceitar o fato pelo próprio fato, ou pelo próprio ato.

Da perda, brota uma série de ambiguidades, muitas vezes associadas a culpa, a impotência, a sentimentos de responsabilidade, e até mesmo ao silêncio e ao enfrentamento. Mas da pergunta sobre o "porquê", ainda resiste o fato de que explicações – atuais ou circunstanciais, objetivas ou mesmo subjetivas – ajudam a aliviar sentimentos decorrentes dessas perdas (Borges; Freitas; Faleiros, 2016). Ainda assim, todos os envolvidos (tanto familiares quanto profissionais) reconhecem que o fenômeno da morte voluntária é complexo demais para que olhares singulares sejam suficientes.

Sendo assim, por quais razões ainda tendemos a um olhar uniforme para este evento? Porque não conseguimos particularizar cada ocorrência, contextualizando-a de tal modo que esta possa vir a ser acolhida até mesmo em sua fatalidade?

A tragédia não é uma fatalidade passível de ser evitada; pode ser entendida como a própria vida, e – como assinala Jaspers – pode ser abraçada como transcendência. Como era comum entre os helênicos, o espetáculo trágico seria a "ontologia visível", seria aquilo que serviria para "impressionar", para pressionar, desde dentro, o público. E, mesmo que o trágico não possa vir a ser um fim em si mesmo, a tragédia *presentifica* o sentido mesmo do existir. Gadamer (1997) relembra-nos que a tragédia nos fala de uma divisão ontológica: de um sofrer e de um "deixar-se sofrer", que permite uma reconciliação. E isto se observa perfeitamente no luto.

Portanto, o evento trágico, mesmo que sempre acompanhado de dor e de perda, não é algo que seja possível evitar. Vive-se, apenas. Como pensar a morte voluntária nessa transitoriedade, e nessa polissemia?

Existência, tragédia e o dilema da Psicologia

Pensar a existência, é pensar a multiplicidade dos modos de existir. E o próprio ato de "pensar" o existir vem carregado dessa plurivocidade, na diversidade dos olhares e das considerações. A tradição da Modernidade caminha de mãos dadas com a ideia de uniformidade, de homogeneidade, de um sentido "total", que abarcaria todas as possibilidades numa leitura coerente e universal. Essa é a premissa do saber científico, que se propõe a desvelar a singularidade nesta suposta uniformidade. Ao mesmo tempo, é da Modernidade que brota a ideia de singularidade, de individualidade e de privacidade[8].

[8] Por "Modernidade", entendemos a construção histórica que coincide com a guinada dada a partir do Renascimento, como gênese de uma ideia que conflui e se consolida com uma série de fatores – como filosóficos, desde o projeto cartesiano; a econômicos e sociais, até o que se compreende atualmente

Nesta ambivalência – entre uniformidade e generalidade, de um lado; e singularidade e autonomia, de outro – localiza-se o sujeito humano, e seus modos de "pensar" sua própria realidade, construindo saberes, operações, fatos, estratégias, ações e, mesmo, profissões. Esta ambivalência constrói os próprios conceitos sobre os quais se apoiam ações como saúde, educação e sociedade. Mas quando esta ambivalência acolhe ou quando exclui? A função do filosofar não é estabelecer normas ou regras fixas – esta função é da ciência –, pois "(...) o filósofo reconhece-se pela posse *inseparável* do gosto da evidência e do sentido da ambiguidade" (Merleau-Ponty, 1986, p. 10). Enquanto que, na ciência, cabe-nos reconhecer, organizar, estabelecer relações causais, objetivas – que servem de substrato para ações comuns no campo da saúde, como prevenção e promoção, por exemplo – e que acabam criando um grande dilema, que é a "(...) separação crescente da vida em relação ao saber" (Dilthey, 1874/2002, p. 74). A Psicologia é uma "ciência". E como tal, se arvora como tarefa, um certo "cuidado" que é operativo, impositivo, objetivo.

O suicídio – como a loucura – escondem o mistério do próprio existir. Se esta tese for verdadeira, faríamos coro a Foucault (1954/1984, p. 85), quando ele assinala que "(...) nunca a psicologia poderá dizer a verdade sobre a loucura, já que é esta que detém a verdade da psicologia (...)". A ambiguidade da ciência reside no fato que, no mais das vezes, um "olhar" sobre um ato, se acomoda de tal modo numa normatividade, que cessa de ver o existir, para se centrar na generalidade.

O suicídio é um mistério, é uma ambiguidade, que não escapa das múltiplas ambiguidades do próprio olhar. De quem é o "sofrer" do suicídio? Do agente ou ator, ou do(s) ente(s) que sobrevive(m)? E quando se deve (ou não deve) "respeitar" esse sofrimento? A compreensão desse ato se dá pelo próprio ato, ou pela ausência, na permanência? Quando um ato é "suicida" e quando este ato é "sacrifício"? Não são perguntas retóricas; nem são digressões ao fato. São perspectivas necessárias para se tentar compreender o próprio fato.

Como vimos, mesmo os pensadores divergem quanto ao tema (Mora, 2004). Numa passagem, na qual se dialoga com Gabriel Marcel sobre o tema da intersubjetividade, Zilles traz à tona o tema do suicídio e do sacrifício:

> No plano da intersubjetividade, compreende-se o sacrifício total. Mesmo quando alguém vai livremente para a morte, seu ato não é um suicídio, pois metafisicamente existe uma diferença entre "sacrificar uma vida" e

como globalização – delimitando um conjunto de representações que dirigem boa parte (senão a quase totalidade) de nossas ações concretas e reflexivas no mundo, consolidando nossa "era da razão". Mesmo que consideremos a crítica contemporânea de autores como Bauman (1999, 2000), por exemplo, para quem a ideia de uma "modernidade sólida" cessa de existir em favor de uma "modernidade líquida", ainda somos dirigidos pela primeira, que estabelece um conjunto relativamente estável de valores e representações, constituindo assim nossa vida social, política e cultural. Sobre o "projeto" de Modernidade, a literatura é demasiado vasta, mas remetemos o leitor a autores que podemos considerar como clássicos (DURANT, 1967; HOBSBAWN, 1977; ARIÈS; CHARTIER, 1991; BROOK, 2012).

> matar-se. Quem doa sua vida, dá tudo por algo a que atribui um valor superior. Coloca sua vida à disposição; leva a disponibilidade até o limite; sacrifica-se a um ser ou a uma coisa; põe seu ser acima de sua vida; faz isso só porque há esperança, pois, sem esperança, não há sacrifício. A esperança está sempre ligada ao ser. O suicídio é, essencialmente, rejeição, negação; o sacrifício, ao contrário, afirmação. (Zilles, 1988, p. 70)

Dilema dos olhares existenciais. Inegável que, aqui, nesta passagem, encontramos tanto a diferença (relativa aos atos), quanto a presença fortemente marcada da construção cristã. O soldado que pega em armas e se projeta no *front*, em meio à impossibilidade da sobrevivência, se sacrifica por seu ideal; mas o sujeito que escolhe abreviar sua vida, "parece" estar desistindo de algum ideal.

Em ambos os atos, presenciamos uma similaridade: são atos de liberdade. Mas esta liberdade é diversamente acolhida em cada ato; é condicionada a contextos igualmente diversos. E se nos revela o quanto ainda somos devedores de um olhar determinado, fortemente influenciado pelo pensamento cristão, que abdica de reconhecer a possibilidade de se tirar a própria vida como um ato autêntico (embora esta prerrogativa moral não seja apenas cristã).

Se nosso existir se dá na expectativa da morte, não seria esta o limite do próprio viver? E quando a vida se torna o limite? E quando durar pesa mais que não durar? Em casos de eutanásia, não é incomum pensarmos nesta abreviação, tanto como um ato de coragem, como de compaixão. E mesmo nestas situações, a normativa moral permanece presente.

Karl Jaspers – em carta a Hannah Arendt, de 1966 – discorre sobre o "modo cômodo para o suicida" (Arendt; Jaspers, 2006, p. 263-266), no que refere aos nazistas e à sempre presente possibilidade de tirar a própria vida, em casos particulares (como foram os de Himmler ou Goering, e de tantos oficiais nazistas, que carregavam uma ou várias pílulas de cianureto consigo). Mesmo Napoleão teria pensado em suicídio, após sua derrota em 1813, e carregava consigo um opiáceo para tal possibilidade. Nesta mesma carta, Jaspers[9] relembra que seu irmão Enno se suicidou em 1931, e que sua mãe teria reconhecido tal ato como livre. E escreve:

> O "mundo livre" não é livre se ele interdita o suicídio. Ele é democrático, não aristocrático, em favor da maioria dos suicidas justificados psiquicamente (a maior parte dos suicidas são geralmente gratos por terem sido salvos), mas ele condena a minoria daqueles que desejam escolher livremente sua morte. Como isto era diferente na Antiguidade! (Arendt; Jaspers, 2006, p. 265)

Ato livre ou conduzido? Quando se esperar que "prevenir" possa coincidir com "controlar"? Se o ato for livre, quando um Estado ou profissão ou mesmo

[9] Nesta mesma carta, ainda lembra o caso do suicídio de uma irmã de Max Weber.

um ente familiar podem (ou devem) se interpor a este? E se o fizerem, não estarão destituindo de validade o próprio ser do ente que escolhe o ato?

Ainda em torno das reflexões de Jaspers, quando que a associação de tal ou qual "transtorno psíquico" serve de justificativa para o ato suicida, ou mesmo para uma intervenção sobre o mesmo? Não deixa de ser curioso o quanto esta questão "atravessa" e acompanha o tema, mas permanece um tanto quanto à margem, pois é óbvio – dado que determinada profissão ou profissional se colocam no lugar de intervenientes – que, se é justificativa, não cabe questionamento, caberia apenas a ação[10]. Em outras palavras, esta associação justifica não apenas o "ato" em si, mas toda e qualquer ação que possa vir a se interpor a este ato.

A pergunta, que permanece, é: ao se proceder de tal maneira, a quem se "respeita"? À vida vivida pelo sujeito do ato ou a uma "vida" ideal que circula para além das autonomias?

À guisa de expectativa de compreensão

Há um "desespero do suicídio" (Angerami, 2017). Sim, há a possibilidade que esse desespero – tema tão caro a Kierkegaard – possa vir a ser um motivador para se tirar a vida. Sim, é possível que a solidão e a ausência possam ser vistas como fatos que conduzam a comportamentos de retirar a própria vida.

Mas, e se viver for mesmo um fardo? Se o peso do existir for maior do que o de não mais existir, nesta forma? Se a vida for um horror – e quem presenciou o horror das guerras certamente terá uma perspectiva bastante distinta daquele que não teve esta experiência –, porque se apegar a ela? A história da humanidade não é um conto de fadas: provavelmente muitos dos leitores já terão reproduzido uma asserção corrente em redes sociais que diz: "quanto mais conheço os homens, mais admiro meus animais"[11]. E não há nada de absurdo nesta.

No que tange ao suicídio, no que refere à morte voluntária, talvez seja necessário refletirmos sobre alguns dados. Primeiro: há uma realidade; não se trata de apostar numa fantasia ou numa ilusão; numa ruminação ou numa elaboração. O dado empírico é crucial: há uma realidade, e esta pode não ser idílica ou positiva. Segundo: ao se propor a "salvar" alguém, a quem se salva? Qual o sentido desse salvacionismo? Salva-se a si (da dor, da ausência, da falta...) ou ao outro? Hão de dizer que aquele que opta por este caminho estaria obnubilado ou cego

[10] Percebamos que todas as epidemiologias trazem fortemente essa questão. "A existência de um transtorno mental encontra-se presente na maioria dos casos" [de suicídio], chegando a 90%, segundo alguns estudos (BAHLS; BOTEGA, 2007; BERTOLOTE; FLEISCHMANN, 2002; BOTEGA, 2014; CALIXTO FILHO; ZERBINI, 2016; LIMA, 2017).

[11] Frase comumente atribuída a Alexandre Herculano, escritor e historiador português do século XIX.

de suas possibilidades; mas não se afirmará, do mesmo modo, que ao se dizer isto, diz-se também de um lugar de poder, de dominação, de saber sobre o outro, que não escolhe, mas simplesmente acolhe o olhar alheio[12]. Terceiro: não se é livre, se não se pode escolher o caminho a se seguir. A morte não é, em si, um ato de liberdade, mas pode ser um ato de libertação.

É possível, assim, reconhecer que há situações distintas, e que, em alguns casos, o ato de suprimir a própria vida não seja uma renúncia, mas uma afirmação. Quando a vida se torna um fardo ou uma impossibilidade, a morte pode ser uma resposta; quando a vida não é mais caminho, a morte pode ser o ato final de preservação da dignidade.

"Só existe um problema filosófico realmente sério: é o suicídio. Julgar se a vida vale ou não vale a pena ser vivida é responder à questão fundamental da filosofia. O resto, (...). São jogos" (CAMUS, 1942/1989, p. 23). Esta é a fórmula com qual Camus inicia seu texto *O Mito de Sísifo*. Presumimos que vivemos uma "vida boa" e, para Camus, a humanidade moderna coloca a questão do valor da vida como um "problema" genuíno" (YOUNG, 2012), a que chama de "absurdo". E o motivo, o objeto, do próprio ensaio de Camus é esta relação entre absurdo e o suicídio, ou "(...) a medida exata em que o suicídio é uma solução para o absurdo" (CAMUS, 1942/1989, p. 26).

> Eu nunca vi ninguém morrer pelo argumento ontológico (...). Em compensação, vejo que muitas pessoas morrem por achar que a vida não vale a pena ser vivida. Vejo outras que paradoxalmente se fazem matar pelas ideias ou as ilusões que lhes proporcionam uma razão de viver (o que se chama uma razão de viver é, ao mesmo tempo, uma excelente razão de morrer). (CAMUS, 1942/1989, p. 23-24)

E continua: "Julgo, portanto, que o sentido da vida é a questão mais decisiva de todas" (CAMUS, 1942/1989, p. 24); e que o suicídio sempre foi julgado pela ótica social, mas que a questão central, para Camus, é exatamente a relação entre indivíduo e suicídio, pois este é: "Um gesto como este se prepara no silêncio do coração, da mesma forma que uma grande obra" (CAMUS, 1942/1989, p. 24). Há, pois, que se compreender o que se passa no íntimo de cada um, pois pensar a vida é já "começar a ser minado". Aqui, termos como "sentido", "indivíduo" ou "intimidade" ganham contornos de *objetalidade* que nosso pensar naturalista incorpora sem que nos demos conta disto, e que nos coloca na anterioridade

[12] Há certa identidade em modos de se pensar o "cuidar" em contextos como este, criando mitos do cuidado que se confundem com aspectos messiânicos ou metafísicos (religiosos) de uma suprarrealidade idílica, muitas vezes incompatível com a realidade empírica, caracterizando-se, assim, como uma autêntica interposição sobre o outro, destituindo-o de liberdade, de valor e de sentido de existir por si. Em outras palavras, escolhe-se, pelo outro, retirando-lhe seu lugar próprio (lugar este que é sua história, sua cultura, seu solo). Donde redunda a pergunta: qual o limite desse agir?

e comodidade de um "pensar" previamente dado, que não é propriamente o "pensar" que nos conduz a ser minados (Camus). Ganha uma tonalidade indicativa, facilmente absorvida como um modo de agir pragmático: algo como "basta encontrar seu sentido" que tudo o mais será transmutado e nenhum outro pensar mórbido dominará seu ser...

Compreender o íntimo de cada um vai além das *objetalidades* postas por um pensar reificado. É na intimidade, na *interioridade* – naquilo que a tradição filosófica impõe como "espiritual", como da ordem da pessoa humana – e que, para nós, carrega o traço do "recolhimento" ou da "consciência de si mesmo" (Mora, 2004), que podemos encontrar a conexão do sujeito com o *seu mundo próprio*; visto que, esta intimidade não é simplesmente subjetividade, mas intersubjetividade, num entrelaçamento inapreensível sem esta conexão viva, como diria Dilthey. O "sentido", pois, não está no mundo objetivo e, como tal, não é passível de ser encontrado como uma tábua de salvação; o sentido é vivido na absurdidade de cada ser vivente. O próprio Heidegger, em *Ser e Tempo*, afirma que estar seguro no mundo, que "habitar", é impossível. "Em *Ser e Tempo*, a insegurança radical, *Um-heimlichkeit*, não estar à vontade, é uma característica essencial de todo *Dasein*" (Young, 2012, p. 473).

É na angústia do viver que se encontra a compreensão para o morrer. E eis que surge mais uma vez um conceito facilmente absorvido pelas *objetalidades* do mundo contemporâneo. Pois só como tal que nos curvamos ao apaziguamento de nossos sentimentos ou emoções, humores ou desejos, pela "liquidez" da vida, pelos acobertamentos que a todo momento a ciência moderna nos oferece[13]. Mas é nessa intimidade que podemos encontrar a "confissão". "Matar-se é de certo modo, como no melodrama, confessar. Confessar que se foi ultrapassado pela vida ou que não se tem como compreendê-la (...). É somente confessar que isso 'não vale a pena'. Naturalmente, nunca é fácil viver" (Camus, 1942/1989, p. 25). Se o homem se sente um estrangeiro em sua própria vida, é plausível querer evadir-se dela. "Esse divórcio entre o homem e sua vida, entre o ator e seu cenário, é que é propriamente o sentimento de absurdidade. Como já passou pela cabeça de todos os homens sãos o seu próprio suicídio, se poderá reconhecer, sem outras explicações, que há uma ligação direta entre este sentimento e a atração pelo nada" (Camus, 1942/1989, p. 26).

[13] Curiosamente, sob duas formas primordiais: o excesso e o esquecimento, ambos entrelaçados e mutuamente consequentes. O excesso – seja nos modos usuais de *com-viver* – como na exacerbação do trabalho, na acumulação, na competição, no frenesi do experienciar, no produtivismo, na hiperexposição ou na aceleração – gerando o que Byung-Chul Han denomina como a "sociedade do cansaço" (HAN, 2017); e o esquecimento do próprio ato de pensar o viver ou viver a singularidade do momento. Decorre de ambas as fontes, "respostas" tais como medicalização, perfis variados de "vida saudável", virtualização da vida, tudo isso comprometido com mitologias diversas associadas à "felicidade".

Justo querer pensar que tal ideia mórbida não passa por nossas cabeças. Acontece que negar também é pensar. Sim, pode-se supor certa "naturalidade" nesse particular, e reconhecer que a presença da morte se dá por aproximações diversas, inclusive naquilo que costumeira e hodiernamente chamamos de "ideação" – e que ganha um caráter de morbidade pelo simples fato de sua presença, como se a presença da morte pudesse ser simplesmente colocada numa gaveta qualquer da nossa experiência –, e que toma formas variadas, como previsibilidades, prevenções, antecipações ou medos[14]. Pensar sobre o morrer ou mesmo desejar o próprio morrer é mais comum e presente do que tendemos a aceitar. E ainda, acontece, que se morre de diferentes modos: "Morre-se, pela esperança; esperança de uma outra vida, de uma nova vida; até mesmo há aqueles que se suicidam "(...) convencidos do sentido da vida. Tais contradições são constantes" (Camus, 1942/1989, p. 25)[15].

Somos seres de contradições, somos função de nossa "condição humana" como diria Arendt ou de nossa "situação", como diria Sartre. E nessas contradições, o viver ou o morrer podem vir a ser, inclusive, opções; livres opções.

Voltamos a Álvaro de Campos, e encontramos o morrer-se como ousadia:

> Se te queres matar, porque não te queres matar?
> Ah, aproveita! que eu, que tanto amo a morte e a vida,
> Se ousasse matar-me, também me mataria...
> Ah, se ousares, ousa!
> (...)
> De que te serve o teu mundo interior que desconheces?
> Talvez, matando-te, o conheças finalmente...
> Talvez, acabando, comeces...
> (...)
> Fazes falta? Ó sombra fútil chamada gente!
> Ninguém faz falta; não fazes falta a ninguém...
> Sem ti correrá tudo sem ti.
> (Pessoa, 1985, p. 97)

Somos finitos e finitude. Eventualmente há que se respeitar, como autêntica, a resposta pelo morrer...

[14] Antecipo minha morte quando faço um seguro-saúde ou um seguro de vida; o medo que experimento em situações de risco, ou atos preventivos que supostamente estendem minha vida, tudo isso são exemplos da presentificação do morrer, constantemente conosco, mas sem uma valência necessariamente negativa, sem o peso da "morbidade".

[15] Não podemos esquecer os modos ritualísticos de morrer ou suicidar-se, como temos no Seppuku (da tradição samurai), que ganha contornos modernos nos Kamikaze japoneses da Segunda Guerra, por exemplo.

Referências

ALVES, R. *O Retorno e Terno*. Campinas: Papirus, 1999.

ANGERAMI, V. A. *Solidão. A Ausência do Outro*. Belo Horizonte: Artesã, 2017.

ARENDT, H.; JASPERS, K. *La philosophie n'est pas tout à fait innocente*. Paris: Payot, 2006.

ARIÈS, P.; CHARTIER, R. (Orgs). *História da Vida Privada 3*. Da Renascença ao Século das Luzes. São Paulo: Companhia das Letras, 1991.

BAHLS, S-C.; BOTEGA, N. J. Epidemiologia das tentativas de suicídio e dos suicídios. In: MELLO, M. F. de; MELLO, A, de A, F, de; KOHN, R. (Orgs). *Epidemiologia da saúde mental no Brasil*. Porto Alegre: Artmed, 2007. p. 151-172.

BAUMAN, Z. *Modernidade e Ambivalência*. Rio de Janeiro: Zahar Editor, 1999.

BAUMAN, Z. *Modernidade Líquida*. Rio de Janeiro: Zahar Editor, 2000.

BERTOLOTE, J. M.; FLEISCHMANN, A. Suicide and psychiatric diagnosis: A worldwide perspective. *World Psychiatry, v. 1*, p. 181-185, 2002.

BORGES, M. G. P.; FREITAS, M. H.; FALEIROS, V. P. Sentido do suicídio: uma escuta de mães que perderam seus filhos. In: FREITAS, M. H. de; SANTOS, L. da S. (Orgs). *Fenomenologia e Psicologia*. Curitiba: Juruá, 2016. p. 105-137.

BOTEGA, N. J. Comportamento suicida: epidemiologia. *Psicologia USP*, v. 25, n. 3, p. 231-236, 2014.

CALIXTO FILHO, M.; ZERBINI, T. Epidemiologia do suicídio no Brasil entre os anos de 2000 e 2010. *Saúde, Ética & Justiça*, *21*(2), 45-51, 2016.

CAMUS, A. *O Mito de Sísifo*. Rio de Janeiro: Guanabara, 1989 (Trabalho original publicado em 1942).

CREMASCO, M. V. F. Existir enquanto a morte não vem: Aquilo que o sofrimento ensina. In: CARDOSO, M. J. D.; HOLANDA, A. F. (Orgs). *Psicanálise e Fenomenologia*: estudos e pesquisas clínicas. Curitiba: Juruá, 2016. p. 99-116.

DILTHEY, W. *Psicologia e compreensão*, Lisboa: Edições 70, 2002. (Trabalho original publicado em 1894).

DURANT, W. *Começa a Idade da Razão* (História da Civilização, Vol. VII). Rio de Janeiro: Editora Record, 1967.

FREITAS, M. H. et al. Os sentidos do sentido: uma leitura fenomenológica. *Revista da Abordagem Gestáltica*, v. 18, n. 2, p. 144-154, 2012.. Disponível em: <http://pepsic.bvsalud.org/scielo.php?script=sci_abstract&pid=S1809=68672012000200004-&lng=pt&nrm=iso&tlng-pt>. Acesso em: 25 maio 2019.

FOUCAULT, M. *Doença mental e Psicologia*. Rio de Janeiro: Tempo Brasileiro, 1984. (Trabalho original publicado em 1954).

GADAMER, H. G. *Verdade e Método. Volume I.* Petrópolis: Vozes, 1997.

HAN, B-C. *Sociedade do cansaço.* Petrópolis: Vozes, 2017.

HOBSBAWN, E. J. *A Era das Revoluções. Europa 1789-1848*, Rio de Janeiro: Paz e Terra, 1977.

HOLANDA, A. F. "O Que é a Psicologia?". Dilemas Epistemológicos e Repercussões Contemporâneas". *Revista de Psicologia* (UFC), v. 10, n. 1, p. 8-20, 2019. Disponível em: <http://www.periodicos.ufc.br/psicologiaufc/article/view/33638/95913>. Acesso em: 25 maio 2019.

KURCGANT, D.; WANG, Y. P.Aspectos históricos do suicídio no Ocidente. In: MELEIRO, A. M. A. S.; TENG, C. T, YANG, Y. P. Yang (Orgs). *Suicídio*: estudos fundamentais São Paulo: Segmento, 2004, p. 37-70.

LIMA, C. M. *Cenário Epidemiológico do Suicídio no Brasil.* Brasília: Ministério da Saúde, 2017. Disponível em: <http://legis.senado.leg.br/sdleg-getter/documento/download/66128d2a-5fde-4061-8f2e-a705861940d9>. Acesso em: 25 maio 2019.

MERLEAU-PONTY, M. *Elogio da Filosofia.* Lisboa: Guimarães Editores, 1986.

MORA, J. F. *Dicionário de Filosofia.* São Paulo: Loyola, 2004.

PESSOA, F. *Poemas.* Rio de Janeiro: Nova Fronteira, 1985.

YOUNG, J. Uma vida que merece ser vivida. In: DREYFUS, H. L.; WRATHALL, M. A. (Orgs). *Fenomenologia e Existencialismo.* São Paulo: Loyola, 2012. p. 465-475.

ZILLES, U. *Gabriel Marcel e o Existencialismo.* Porto Alegre: Acadêmica/PUC, 1988.

CAPÍTULO 23

Estreitamento das possibilidades de ser: reflexões sartrianas sobre o suicídio

Fabíola Langaro
Gabriela Rodrigues
Daniela Ribeiro Schneider

Esta vida é uma estranha hospedaria,
De onde se parte quase sempre às tontas,
Pois nunca as nossas malas estão prontas,
E a nossa conta nunca está em dia.
(QUINTANA, 1951, p. 46)

Introdução

O suicídio tornou-se um grave problema de saúde pública, sendo um fenômeno de alto impacto social (BRASIL, 2006, 2016, 2017; WHO, 2014). Há um aumento significativo a cada ano nas taxas de tentativas de suicídio e suicídio consumado, sendo este último a segunda maior causa de óbitos entre jovens de 15 a 29 anos no mundo. Segundo a epidemiologia mundial, estima se mais de 800 mil mortes por suicídio anualmente, porém esse número pode ir além devido à grande probabilidade de muitos casos não serem notificados. Há diversos fatores que prejudicam o levantamento real de ocorrências, como: o estigma acerca do assunto, dificuldades no procedimento de registro por envolver diversas autoridades, óbitos registrados erroneamente como acidente ou outra causa de morte, a falta de sistemas de registros confiáveis em alguns países, dentre outros (WHO, 2014). Estima-se, ainda, que a cada suicídio consumado ocorrem 20 outros casos de tentativa de suicídio.

No Brasil, o registro de lesões autoprovocadas é realizado no Sistema de Informação de Agravos de Notificação (SINAN) e tornou-se obrigatório para os serviços de saúde públicos e privados. Os casos devem ser notificados no prazo de 24 horas após a ocorrência e os cuidados devem ser imediatos, assegurando o acompanhamento de emergência necessário e o atendimento na Rede de Atenção Psicossocial do Sistema Único de Saúde (Brasil, 2016, 2017). Lesões autoprovocadas consistem em autoagressões, automutilações e tentativas de suicídio, sem resultar em óbito. Conforme Boletim Epidemiológico divulgado pelo Ministério da Saúde em 2017, entre os anos de 2011 e 2016 foram registrados no Sinan mais de 176 mil casos de lesão autoprovocada. Desse total, foram mais de 48 mil casos de tentativa de suicídio e mais de 55 mil casos de óbitos por suicídio (Brasil, 2017)

Em relação aos óbitos por suicídio, o boletim divulgou alguns dados registrados no Sistema de Informação sobre Mortalidade (SIM), no período de 2011 a 2015. Dentre eles, o risco de suicídio chegou a 9,1/100 mil hab. no sexo masculino e a 2,5/100 mil hab. no sexo feminino. A taxa de mortalidade por suicídio com maior valor em relação à faixa etária foi de 70 anos e mais de idade em homens (17,1/100 mil hab.) e de 50 a 59 anos de idade em mulheres (3,8/100 mil hab.). Em relação ao estado civil, houve maior incidência de óbitos entre solteiros(as), viúvos(as) e divorciados(as) para os dois sexos (60,3% em homens e 60,7% em mulheres). Os estados com maior número de óbitos por suicídio registrados foram Rio Grande do Sul, Santa Catarina e Mato Grosso do Sul. Por fim, destaca-se o aumento de óbitos por suicídio em indígenas, superando em duas vezes a ocorrência na população branca, com alta proporção em adolescentes indígenas de 10 a 19 anos (Brasil, 2017). Importante considerar o alto índice de dados faltantes em algumas variáveis, o que dificulta a precisão do levantamento e ressalta a relevância do preenchimento adequado e padronizado das notificações.

Conforme definição da Organização Mundial da Saúde (WHO, 2002), o suicídio é um ato intencional de alguém que tem como objetivo encerrar a vida. Por sua vez, quando o suicídio não é consumado ou se caracteriza como ato intencional de autoagressão, mas sem resultar em morte, esta ação passa a ser considerada como tentativa de suicídio. A intenção de morrer é, portanto, elemento-chave em ambas as definições. Considera-se que tanto a tentativa de suicídio quanto o ato suicida são motivados por ideações, ou seja, pensamentos que levam o indivíduo a cogitar e planejar sua própria morte (Cardoso et al, 2012).

O suicídio é um fenômeno complexo e multideterminado pela história de vida e por fatores de ordem antropológica, psicológica, biológica e social. Dentre os fatores de risco de maior incidência estão as tentativas prévias de suicídio, os transtornos mentais e comorbidades, o fácil acesso aos meios de cometê-lo, o isolamento social, o histórico familiar de agressão ou abuso e o uso abusivo de álcool e outras drogas (Abreu et al, 2010).

Os dados epidemiológicos descrevem fatores gerais, universais, sobre este paradoxal fenômeno. São dados importantes, porém, em uma perspectiva crítica são considerados reducionistas, por terem uma visão a-histórica e associal sobre o fenômeno suicídio. Importante considerar as múltiplas determinações do fenômeno para a compreensão e o enfrentamento do suicídio, ultrapassando as características biológicas, psicopatológicas, tomadas em uma perspectiva individual (Brasil, 2017) ou simplesmente descritivos da prevalência de casos, sem buscar compreender seus determinantes. Como afirmam Yamanari e Freitas (2019, p. 88), a compreensão do fenômeno suicídio está primeiramente ligada às compreensões "(...) 'congeladas' que o perfilam, como aquelas que atribuem sua causa aos antecedentes familiares, à psicopatologia preexistente, à imitação, ao contágio". Dessa forma, as análises quantitativas sobre o suicídio são importantes pelo poder impactante dos dados na inteligibilidade do fenômeno na realidade atual, mas deixam obscura a complexidade da relação dialética ali implicada.

Por isso, faz-se necessário ampliar essa visão. Em um ponto de vista sartriano, a adoção de um método dialético implica a compreensão da vivência subjetiva envolvida por seus determinantes objetivos: materiais, sociais, culturais (Sartre, 2002). Sendo assim, ao adotar aqui o método progressivo-regressivo como abordagem que guiará as elaborações a serem desenvolvidas, vamos seguir dois pontos de vista complementares sobre a questão do suicídio: uma primeira perspectiva é a de refletir sobre os determinantes sociais do suicídio, em um movimento progressivo, ao discutir aspectos socioculturais que o envolvem, buscando entender os dados epidemiológicos naquilo que eles representam enquanto retrato da contemporaneidade. Por outro lado, é buscar compreender o fenômeno a partir do ponto de vista de quem o vivencia de forma tão intensa, com tanto sofrimento, que acaba por levá-lo ao ato extremo. Ou melhor, num movimento regressivo, tornar o ato suicida inteligível "por dentro" do próprio fenômeno, como diria Jaspers (2000), pois este olhar, exigido pela psicopatologia fenomenológica, redimensiona a experiência e traz não somente uma descrição do ponto de vista de um terceiro distanciado, mas uma compreensão "na perspectiva da primeira pessoa, que diz respeito à experiência pré-reflexiva dos próprios estados mentais e corporais" das pessoas em sofrimento (Serpa Jr. et al, 2007, p. 213). Nesse movimento dialético, ao ir e vir entre o sujeito e a época, entre as vivências subjetivas e as pressões sociais, buscar-se-á discutir o conceito de "neurose objetiva", utilizado por Sartre em *O idiota da família* (2013), ao desvelar o sujeito como um universal/singular.

A psicopatologia como expressão do seu tempo: a neurose objetiva

A psicopatologia existencialista discute, dentro da lógica dialética, a relação de certas respostas patológicas como condição do enfrentamento que sujeitos circunscritos em seu território e em seu tempo devem realizar frente aos determinantes econômicos, sociais e culturais de um dado momento histórico. Sendo assim, são certos quadros psicopatológicos que predominam em determinada época (Schneider, 2017). Por exemplo, o predomínio da histeria no final do século XIX, produto da atmosfera moralizadora e da repressão sexual deste período histórico; o estresse pós-traumático, para contextos de violência urbana e insegurança nos grandes centros, na contemporaneidade (Cardinalli, 2016); o *burnout*, a depressão e o suicídio no contexto das transformações do mundo do trabalho e das exigências de produtividade cada vez mais intensas (Castro, 2012). Sendo assim, as condições epocais se dizem através das psicopatologias.

Sartre (2015), na análise da trajetória biográfica de Flaubert, discute a saída histérica que o escritor encontra para lidar com as pressões familiares, que por sua vez reproduzem as pressões do contexto político e social francês relacionadas à decadência da aristocracia e à ascensão da burguesia, assim como, à consolidação de um novo modo de produção. A perspectiva do existencialista baseia-se no princípio de que todo "(...) homem é um universal singular: ao mesmo tempo em que ele é totalizado pela sua época, ele a retotaliza reproduzindo-se nela como singularidade" (Castro, 2011, p. 4). A neurose de Flaubert é, assim, a saída inventada por um adolescente em uma condição de forte pressão familiar, que reproduz as pressões culturais daquele momento, fazendo-o entrar no jogo do "perde-ganha", como denomina Sartre (2015). Em situação de extremo desespero, a crise histérica o liberta, por um lado, do jugo familiar ao tornar-se um "doente dos nervos" e, ao diminuir a pressão sobre si ganha, com isso, o direito de se aventurar na literatura e de tornar-se um escritor. Mas, "a que preço?" pergunta-se o existencialista, pois os transtornos que sofre são incontestáveis e invasivos. Flaubert está impressionado com a força de suas emoções, vive o medo da loucura e da morte. Esta experiência, que para Flaubert ganhou contornos histéricos, se assemelha às experiências de centenas de pessoas, que ao jogar o seu ganha-perde, acabam por somente vislumbrar como única saída a sua autoaniquilação.

Porém, na sequência do argumento dialético, Sartre (2015) questiona se a complacência neurótica, vivida nas profundezas da experiência singular, não contém em si as estruturas da objetividade de uma época histórica. Argumenta que é preciso, portanto, inverter a pergunta em relação à Flaubert: a arte não afirmaria um dos seus momentos históricos, exatamente aquilo que conviria à segunda metade do século XIX, através da neurose desse escritor e a de outros grandes autores de sua geração?

O existencialista chega, assim, ao conceito de "neurose objetiva", ou seja, a neurose do espírito objetivo.

> O Espírito Objetivo é a própria cultura, mas na estrita medida em que ela se faz *prático-inerte*. Isso vale para todos os aspectos: tanto para o modo de produção, definido por essa matéria trabalhada, o instrumento, quanto para as relações entre os homens quando estabelecidas em *instituições* e vivenciadas institucionalmente. (Sartre, 2015, p. 47)

Ou seja, o espírito objetivo representa a racionalidade de uma época, com seus valores preponderantes, seus imperativos, que se voltam sobre os sujeitos em suas vivências cotidianas, definindo contornos para seu campo de possibilidade de ser e sua estrutura de escolha, delineando modos de vivenciar as situações (Sartre, 2015). Sendo assim, "(...) a neurose objetiva remonta às subjetividades que vivem em uma conjuntura. A neurose objetiva é a neurose subjetiva, como uma ultrapassagem por sua vez ultrapassada pelas totalizações particulares" (Castro, 2011, p. 11).

Nessa direção, será que poderíamos postular sobre a condição de um "suicídio objetivo"? Ou seja, seria possível pensar na situação suicida como a expressão viva, ainda que mórbida, de uma determinada época ou conjuntura histórica?

O caminho da interpretação dos dados epidemiológicos do suicídio pode nos ajudar a refletir sobre essa questão do "suicídio objetivo"! Muitos autores têm investigado sobre o significado de sua prevalência em determinadas regiões do país e do mundo, ou a relação com variáveis econômicas e sociais. O primeiro a fazer esta discussão de modo mais sistemático foi Durkheim (2000), em 1897, quando analisou dados franceses sobre mortes voluntárias. O sociólogo argumenta que o suicídio deve ser visto como um fenômeno social, que obedece a padrões ou regularidades, o que possibilita investigar os fatores que lhe são determinantes (Silva et al, 2018). Muitos autores atuais buscam compreender, a partir de seu método, o suicídio em sua prevalência nos contextos contemporâneos, analisando seus significados (Rodrigues, 2009; Gonçalves; Gonçalves; Oliveira Júnior, 2011; Calixto Filho; Zerbini, 2016; Almeida, 2018; Silva et al., 2018).

Durkheim (2000) realizou comparações entre taxas de suicídio com as de loucura, neurastenia e alcoolismo e encontrou uma falta de correlação entre essas taxas, reforçando seu argumento sociológico de que o suicídio é um fenômeno de determinação social e não psíquica. Inclusive construiu argumentos sólidos mostrando como o suicídio não é hereditário, nem tampouco delimitado por questões raciais.

O sociólogo argumenta que este fenômeno está diretamente relacionado ao grau de integração e regulação dos indivíduos em sociedade. Dessa forma, "(...) o enfraquecimento dos vínculos tradicionais (visíveis no âmbito da família, da sociedade política, da religião) era um indicador de individuação excessiva, de perda de coesão, levando ao aumento das mortes voluntárias" (Silva et al., 2018, p. 567). O sociólogo discute ainda que períodos de crises econômicas e financeiras interferem no aumento das taxas de suicídio, pois tais contextos de perturbação da ordem coletiva atuam sobre os indivíduos e suas paixões, deixando-as sem freio (Silva et al., 2018). Dessa forma, não é de graça que no Brasil tenha crescido vertiginosamente as taxas de suicídio entre duas populações: os indígenas e os idosos, pois estes dois grupos têm enfrentado constantes restrições contextuais. Os indígenas, com a sede do capitalismo sobre a possessão de suas terras férteis e a aniquilação de sua cultura específica. Já os idosos, com as restrições de sua saúde física e da qualidade de vida, a solidão e isolamento, a perda de seu papel social e de sua autonomia, entre outros aspectos (Garcia-Haro; Garcia-Pascual; Gonzalez-Gonzalez, 2018).

Por outro lado, Durkheim (2000) analisa as formas de contágio, em que o suicídio se transmite de indivíduo para indivíduo. Analisa a aglomeração dos casos no espaço, mediado por interações de vizinhança nas regiões, tendo como base o fenômeno da imitação. Sendo assim, as condições socioeconômicas de certos contextos territoriais em interação com o fenômeno do contágio interferem no aumento das taxas de mortalidade autoinflingida (Silva et al., 2018). Pode-se refletir sobre este fenômeno do contágio no suicídio como fenômeno efetivamente confirmado em sua importância na constituição do fenômeno em pauta, ao utilizar algumas reflexões sartrianas sobre a neurose objetiva, quando o autor se questiona sobre Flaubert: "Como a loucura de uma única pessoa pode tornar-se loucura coletiva e, melhor ainda, razão estética de sua época?" (Sartre, 2015, p. 32). Argumenta, então que a singularização do universal produz uma universalização do singular. O contágio seria exatamente o mecanismo para esta universalização do singular no caso do suicídio.

Estamos aqui, na interlocução com Durkheim, fazendo uma análise progressiva do suicídio, chegando aos aspectos de ordem universal do fenômeno. Mas, neste ponto, é preciso não perder o movimento de ir e vir, retornando à análise regressiva. Pois, ainda que a neurose seja objetiva, ela é vivida na mais intensa experiência subjetiva. Assim, por mais que o suicídio seja expressão da condição social, ele é vivido na radicalidade da experiência pré-reflexiva do sofrimento psíquico.

Sendo assim, usaremos o argumento sartriano ao defender a necessidade da fundamentação dialética, quando este autor afirma em seu livro *Questão de método*, "(...) que Kierkegaard tem razão contra Hegel, tanto quanto Hegel tem razão contra Kierkegaard" (Sartre, 2002, p. 24). Assim, usando esta mesma paródia em uma reflexão sobre o suicídio, poderíamos afirmar que Durkheim tem razão contra os saberes psi, que restringem o fenômeno a uma subjetividade autossustentada e vazia, ao trazer a rede de mediações mais ampla, territorial e, assim, sua determinação social. Mas estes saberes, por sua vez, têm razão contra Durkheim, pois "a dor, a necessidade, a paixão, o sofrimento dos homens são realidades brutas que não podem ser superadas ou modificadas pelo Saber", nem somente condicionadas pelo social (Sartre, 2002, p. 24).

O sofrimento como expressão do enredamento da personalidade

Para adotar a perspectiva da experiência subjetiva do sofrimento psíquico condicionada pelos seus entornos é preciso ter a compreensão dialética do psicopatológico, que por sua vez, requer compreender o psíquico dentro da mesma lógica, na medida em que o sofrimento implica o enredamento de uma personalidade na totalização do ser do sujeito, que se encontra sempre incrustado em contextos psicossociais específicos. A personalização é compreendida, assim, enquanto processo de totalização, destotalização e retotalização constante, conforme Sartre destaca em várias obras, em especial em sua biografia de Flaubert, na qual define como se dá esse processo, ao abordar a dimensão singular/universal da história de vida do escritor (Sartre, 2013).

A personalização é definida como um processo de superação e conservação, no seio de um projeto totalizador, daquilo que o mundo fez – e continuará sempre a fazer – da trajetória de uma pessoa enquanto sujeito do seu ser (Sartre, 2013). A personalidade é resultante, assim, de uma apropriação subjetiva dos processos de mediações materiais e sociais. É no meio dos objetos e dos outros, entrelaçado nos fios da materialidade e do conjunto sociológico, que o sujeito vai definindo seu ser, sua personalidade (Schneider, 2011). Deve, assim, apropriar-se das condições que dispõe em sua situação existencial e fazer escolhas que delineiam seu projeto originário. Portanto, o ser da pessoa não é totalmente sofrido, nem totalmente construído, ou seja, somos "(...) metade vítima e metade cúmplice como qualquer um", conforme afirmou Beauvoir (1980) ao falar da condição da mulher, demarcando a dialética entre o objetivo e o subjetivo.

Portanto, a personalidade é o resultado do conjunto de ações, emoções, pensamentos, por meio dos quais "tentamos continuar a assimilar o inassimilável, isto é, essencialmente, nossa infância" (Sartre, 2013, p. 656). Isto porque, a estrutura das famílias, dos grupos primários a que o sujeito pertence, fornece o substrato de suas experiências, sendo interiorizados pela criança em atitudes e reexteriorizados em práticas, pelas quais ela "se faz ser aquilo que fizeram dela". Dessa forma, o que encontramos na infância são atitudes, ações, emoções que sempre têm sua origem em uma "determinação interiorizada", passando por um processo de totalização do ser da criança, no seio de suas relações fundamentais (Sartre, 2013; Schneider, 2011; Castro, 2011).

Por isso mesmo, Sartre buscou, por meio das biografias que elaborou sobre escritores conhecidos: Baudelaire, Genet, Flaubert, mostrar a importância da perspectiva psicanalítica, naquilo que ela contribuiu para a elucidação da condição da infância, através dos processos subjetivos que ocorrem mediados pela família, delineando o projeto de ser do sujeito. Ao mesmo tempo, para não se deixar cair em uma armadilha psicanalítica que poderia aprisioná-lo em uma lógica subjetivista, o existencialista trouxe a contribuição do marxismo, com a análise das determinantes sócio-históricas do sujeito. Dessa forma, realizou uma síntese dessas duas disciplinas ao incorporar o método progressivo-regressivo, por meio do qual explica o individual a partir do contexto da época e a época a partir das experiências concretas dos sujeitos e grupos, o que o leva a esclarecer como a infância interioriza o mundo social (Sartre, 2002; Schneider, 2006).

O sujeito dialetiza-se nessa relação entre o contexto material, epocal e sociológico, mediado pelos grupos em que se encontra e a produção de sua condição de sujeito, ao desenvolver uma dinâmica psíquica que viabiliza seu ser. Porém, a depender do conjunto de forças presentes neste contexto, e das mediações que encontra em sua trajetória, essa dinâmica pode complicar-se, absolutizando-se na certeza da impossibilidade de ser, e daí aparecer o sofrimento psíquico grave, as psicopatologias (Schneider, 2011), assim como a ideação suicida, suas tentativas e atos de autoaniquilação.

A psicopatologia é sempre um sofrimento vivido intensamente pelo sujeito enquanto ser-em-situação. Em circunstâncias opressoras, a necessidade e escassez é a condição que impera, produzindo relações sociais viciadas, ou a exploração e o assédio moral nas experiências do mundo do trabalho, ou, ainda, famílias serializadas, por não conseguirem estabelecer laços reais entre seus membros: essas são condições de possibilidade para o sujeito entrar em dificuldades para resolver o "teorema" de seu ser enquanto ser-no-mundo (Castro, 2012; Schneider, 2017). Tais condições limitam o campo de possibilidades de ser futuro e põem em xeque o projeto originário do sujeito, impondo trajetórias marcadas por vivências de inviabilização, solidão e estigmas, o que está na base dos processos de sofrimento psíquico grave e no estreitamento das possibilidades de ser que levam à ideação e ao ato suicida (Schneider, 2017).

Como afirmam Garcia-Haro, Garcia-Pascual e Gonzalez-Gonzalez (2018), se observarmos diretamente as trajetórias de vidas, as cenas e as cartas de despedida das pessoas que tentam se suicidar, ao pôr foco na estrutura dramática do eu-mundo, encontraremos, ao fundo, um conjunto de problemas da vida cotidiana, relacionados com as questões históricas e culturais. Sendo assim, todo suicídio é sempre reativo a uma crise, atual ou passada, da vida biográfica cotidiana.

O suicídio na ótica do existencialismo

Para Sartre (1997), o que mantém as pessoas vivas existencialmente é a capacidade de se lançar para o futuro, de se projetar. Neste sentido, o projeto original de um sujeito é sempre um projeto de "vida". Para o existencialista, "(...) o homem define-se pelo seu projeto. Este ser material supera perpetuamente a condição que lhe é dada; revela e determina sua situação, transcendendo-a para objetivar-se, pelo trabalho, pela ação ou pelo gesto" (Sartre, 1978, p. 177).

Viver é, então, superar aquilo que está dado, a facticidade da vida, a materialidade que nos rodeia, a sociabilidade onde nos encontramos, rumo ao futuro, um projeto que unifica a existência do sujeito. É uma luta de superação do presente por meio de ações que só ganham sentido a partir do futuro que buscam concretizar (Alvarenga, 2015).

Em termos ontológicos, a morte não pode ser o fundamento desse projeto, nem uma possibilidade para o ser. Ela ocorre enquanto facticidade, sendo o que retira do ser as possibilidades. "Assim, a morte jamais é aquilo que dá à vida seu sentido: pelo contrário, é aquilo que, por princípio, suprime da vida toda significação" (Sartre, 1997, p. 661). Nesse sentido a perspectiva sartriana toma distância da filosofia existencial de Heidegger, que compreende o ser-para-a-morte como o definidor da autenticidade do *Dasein*.

Tendo em vista que o homem é apenas em sua existência e torna-se aquilo que fizer de si mesmo, a morte aparece não como uma possibilidade, mas como a "(...) nadificação de todas as minhas possibilidades, nadificação essa que já não mais faz parte de minhas possibilidades" (Sartre, 1997, p. 658). A morte é, assim, definida como "(...) uma nadificação sempre possível de meus possíveis e que está fora de meus possíveis" (Sartre, 1997, p. 658). Com ela, há o fim da dialetização, no qual triunfa o ponto de vista do outro sobre o ponto de vista que sou sobre mim mesmo. "Morrer é ser condenado a não existir a não ser pelo outro" (Sartre, 1997, p. 666).

Na dimensão ontológica do ser humano, a morte é, portanto, um absurdo por ser a negação da existência e de todos os projetos. "Antes de tudo, devemos sublinhar o caráter absurdo da morte" (Sartre, 1997, p. 654). Isso porque, segundo Sartre (1997), o futuro, ao mesmo tempo em que aparece no horizonte para anunciar ao sujeito o que ele é a partir do que ainda será, também caracteriza o sujeito em sua possibilidade de não ser este futuro, visto que "(...) o Futuro não é, o Futuro se possibiliza (*possibilise*). Futuro é a contínua possibilidade (*possibilisation*) dos Possíveis como sentido do Para-si presente" (Sartre, 1997, p. 183). Deste modo, "(...) é por que o Para-Si é o ser que exige sempre um depois, que não há lugar algum para a morte no ser que é Para-si" (Sartre, 1997, p. 662).

Também Simone de Beauvoir (1984, p. 106) destaca o caráter absurdo que a morte tem para o sujeito: "não há morte natural: nada do que acontece ao homem é jamais natural, pois sua presença questiona o mundo. Todos os homens são mortais: mas para cada homem sua morte é um acidente e, mesmo que ele a conheça e a consinta, uma violência indevida". Para o existencialismo, portanto, a morte será considerada como um evento que retira do sujeito a liberdade constitutiva de seu ser. Ela será a negação das possibilidades na realização de um projeto de ser que caracteriza o vir-a-ser sujeito (Sartre, 1978).

Porém, se por um conjunto de circunstâncias, a vida lançar o sujeito a uma experiência de "estreitamento de possibilidades", em que o futuro lhe pareça obscuro, seja por falta de possíveis no horizonte, seja por reflexões cúmplices[1]

[1] O regular da realidade humana é haver constante relação entre o antropológico (dimensão da liberdade) e o psicológico (dimensão da experimentação psicofísica de ser); ou seja, o regular é o cogito ser dialetizado, o sujeito ter flexibilidade para enfrentar as contradições da sua vida de relações.

da realidade vivenciada, a morte autoprovocada pode se apresentar como uma "saída", ou seja, como uma forma de lidar com a inviabilização do projeto de ser.

Neste sentido, o suicídio torna-se uma possibilidade de escolha – mas uma escolha aqui pensada a partir da compreensão sartriana deste conceito, ou seja, enquanto ação do sujeito no mundo, dentro de uma dada situação. Para Sartre (1997), escolher é eleger-se em um campo de possibilidades. No entanto, escolha não é sinônimo de vontade, ou seja, o sujeito não faz o que bem entende, pois está inserido em uma estrutura de escolha, que define os contornos do seu ser (Schneider, 2006).

O suicídio é, portanto, uma possibilidade marcadamente humana e, assim passível de ser escolhida por qualquer indivíduo, sendo uma recusa da vida (Sartre, 1997). Tendo em vista que o ser é sempre estar numa estrutura de escolha, então deixar de escolher é não ser. A escolha pelo suicídio é, portanto, o ápice da rejeição das escolhas, aquela que elimina todas as outras escolhas possíveis, sendo uma renúncia radical da liberdade que caracteriza o ser do sujeito. Nas palavras de Castro e Ehrlich, (2016, p. 165), "(...) o acontecimento que aniquila todas as esperas, que extingue qualquer porvir, que elimina todo e qualquer vínculo com o futuro é precisamente a morte".

Dito isso, o que faz com que alguém "escolha pelo suicídio"? Por que o sujeito chega a escolher provocar sua própria morte? O que faz com que opte por encerrar suas possibilidades de escolha? Sartre (1997) nos alerta que o fenômeno do suicídio só poderá ser compreendido enquanto evento singular e que ganha sentido à luz de um projeto de ser, ou seja, tem configuração na dinâmica dada pelo projeto de ser original de um sujeito. Além disso, precisamos pensar que o suicídio é um ato ainda em vida e, como todos os atos, precisam de um depois para que seja significado – será preciso que alguém retome esta ação para que ela ganhe sentido. Ou seja, "(...) ao ser um ato de minha vida, em efeito, requer por sua vez uma significação que somente o porvir poderia conferir-lhe, mas, como é o último ato de minha vida, se nega a si mesmo esse porvir" (Sartre, 1997, p. 563). Assim, para Sartre (1997, p. 662) "(...) o suicídio é uma absurdidade que faz minha vida soçobrar no absurdo".

A possibilidade de escolher o suicídio faz lembrar assim que "viver não é necessário, mas sim um ato contínuo de escolha" (Schneider, 2006, p. 57). Desse modo, "(...) em todas as condutas que escolho só cabe a mim mantê-las, mesmo a decisão de viver só cabe a mim mantê-la a cada momento" (Alvarenga, 2015, p. 43). Assim, a escolha pela morte pode advir do fato de a vida exigir que um sentido

No entanto, ocorre com frequência haver uma cisão entre o antropológico e o psicológico, sendo que a pessoa fica prisioneira do seu cogito, que se torna, assim, absolutizado (BERTOLINO 2003). O sujeito fica, assim, prisioneiro do recurso à psicologização de si mesmo; retido em sua dinâmica psicológica (SCHNEIDER, 2006).

seja dado a ela constantemente. Lançados no mundo, nascemos sem um sentido ou propósito definido. Esta é a condição de contingência ou gratuidade do ser. Desse modo, somos angústia (Sartre, 1997), visto que nos deparamos constantemente com o vazio de determinação, com a impossibilidade de nos fixarmos em uma identidade que garanta uma constância ao ser.

Para Campos e Alt (2015, p. 141):

> a angústia aparece justamente na captação temporal, o que nos impede de sermos determinados. Nossas ações passadas, por exemplo, não determinam as presentes, nem as futuras, porque não estão lá atrás de nós como forças que nos obrigam a tomar determinadas atitudes; mas nosso passado está em questão como aquilo que deve ser reescolhido para que nossa ação presente tenha força de um motivo. Do mesmo modo, quando nos comprometemos com uma ação futura, nada nos garante que permaneceremos fiéis às decisões, pois estaremos sempre em questão, tendo que nos reescolher. A angústia aparece, assim, nesta captação do nada que impede que o passado nos determine ou do nada que nos separa do futuro e nos torna "menos confiáveis" aos nossos próprios olhos.

Deparar-se com a responsabilidade em construir e continuamente reafirmar um sentido para a vida exige posicionamento constante. Mas, além disso, exige que a própria realidade, a situação em que o sujeito se encontra, o ampare e dê condições para lidar com as exigências que a vida faz. São necessárias mediações e ferramentas que possibilitem ao sujeito ultrapassar os desafios da vida e as inconstâncias de ser sujeito em um mundo de urgências, instabilidades e imprecisões. Assim, ninguém escolhe o suicídio como "escolha primeira", ou seja, como uma escolha que faça parte de seu projeto original, mas sim como uma alternativa frente ao estreitamento de um campo de possibilidades, em que o sujeito pode avaliar que não há outra saída para uma situação de impasse vivenciada na sua realidade concreta.

Conforme descrevem Sampaio e Boemer (2000), o suicídio pode ocorrer quando o ser, em sua situacionalidade, vê como única possibilidade o não-poder-ser e, assim, busca como alternativa o não ser-mais-ser-aí, o que poria fim à angústia diante de uma existência de sofrimento. O não ser-mais-aí por meio do suicídio é vislumbrado, portanto, como tentativa de pôr fim a uma situação existencial para a qual não vê outras possibilidades e o suicídio emerge, então, uma como alternativa de renúncia à vida vazia em seu vir-a-ser.

A experiência suicida pode ser entendida, portanto, como um aniquilamento existencial, que consiste na fuga do isolamento social e do sofrimento que o sujeito vivencia pela insegurança na realização do seu projeto de ser ou da inviabilização do seu desejo de ser, absolutizando-se numa experiência de estreitamento das possibilidades existenciais, ou seja, do fracasso do seu projeto de ser

(Rocha; Boris; Moreira, 2012; Angerami, 1990; Dutra, 2012). A perda dos laços de reciprocidade na rede de relações significativas e do sentido existencial pode levar o indivíduo ao sofrimento psíquico grave, chegando ao ponto de não ver mais sentido na própria existência (Castro, 2012).

A mulher que desafiou suas condições de possibilidades: um estudo de caso do suicídio-objetivo

Beatriz[2], uma mulher indígena de quase quarenta anos, estudante de uma universidade pública, solteira, mãe de 3 filhas, foi indicada por uma amiga psicóloga à psicoterapia por apresentar sintomas de depressão e ansiedade importantes, com presença de desmotivação, desesperança, alterações do sono, dificuldades de concentração, apreensão, precipitação de pensamentos e dificuldades para organizar sua vida diária, tendo tido prejuízos no desempenho acadêmico. Beatriz tinha rede de apoio restrita e situação econômica vulnerável – sua família morava no norte do país, não podia oferecer-lhe apoio financeiro e seu sustento advinha exclusivamente de bolsa universitária.

A entrada na universidade era um sonho para Beatriz. Mais do que isso, era a esperança da superação de uma situação de escassez em que ela e sua família viviam. Ela era, até então, a única que havia conseguido ingressar num curso superior. Ainda que com algumas dificuldades iniciais, esforçou-se para aprender e alcançar o nível de estudo formal de seus colegas, que em sua maioria havia tido uma educação focada na preparação para o vestibular.

Porém, em torno de três anos antes do início da psicoterapia, quando ainda no início da graduação, Beatriz sofreu violência doméstica de seu companheiro por um período de aproximadamente um ano até que pudesse dele se separar, bem como, na universidade, ingressou em movimentos sociais, onde esteve exposta a outras violências, de cunho ideológico, advindas de pessoas que não concordavam com sua posição ética e política. Por fim, após as repetidas agressões sofridas pelo companheiro e pela exposição a que estava sujeita no movimento social do qual fazia parte, passou a ter dificuldades em acompanhar seus colegas de turma nas atividades e avaliações. Nesse momento, conta que não teve compreensão e qualquer apoio dos docentes do curso, nem da coordenação ou direção da universidade, ainda que tivesse procurado por eles.

Envolvida em sofrimento pelas violências sofridas, longe da família e sem apoio, Beatriz passou a não conseguir mais frequentar as aulas e não pôde mais cumprir com as atividades que garantiam sua bolsa de estudos, tendo inclusive

[2] Nome fictício.

atrasado o curso em alguns semestres. Sua situação, então, piorou, quando não tinha mais dinheiro para comprar o mínimo necessário à sua subsistência e à de suas filhas. Nesse momento, contava apenas com uma pensão mínima do pai de uma de suas filhas e passou a contar com a ajuda de pessoas que se solidarizavam com sua situação e lhe provinham alimentos ou refeições.

Experimentava, assim, uma profunda solidão: não encontrava mediações que pudessem auxiliá-la a concretizar seu projeto de ser – como mãe que cuida e atende às necessidades das filhas; como companheira de um homem que construísse com ela uma relação amorosa de reciprocidade; e como estudante engajada e que desejava, mais do que boas notas, graduar-se para sair da escassez e que, durante e após a universidade, lutava para fazer o mesmo por outras pessoas e também por sua família de origem.

Além disso, havia marcas profundas relacionadas às violências sofridas, que colocavam em dúvida a possibilidade de ser-com-os-outros em relações de tecimento e mediação. Beatriz via-se, portanto, impossibilitada de ser o que com tanto esforço buscava concretizar: alguém tecida em meio aos outros, alguém que viabiliza não somente seu projeto de estar no mundo de modo comprometido social e politicamente, mas que viabiliza também o projeto de uma família que se apoia, de uma universidade e de uma sociedade mais igualitária. A partir destas vivências, passou a ver seu futuro inviabilizado. Questionava-se se seria possível alcançar seu projeto e não encontrava meios objetivos de manter-se lutando para realizá-lo.

Imersa em sofrimento, passou a pensar no suicídio como possibilidade ou, ainda, como a alternativa em face da inviabilização de seu futuro desejado, visto que a superação das condições existenciais em que vivia lhe pareciam improváveis. Em solidão, não via alternativas e não obtinha auxílio para alterar o rumo que sua situação tomava, passando a apresentar intensa ideação suicida. Conforme destacam Castro e Ehrlich (2016, p. 167), o suicídio é:

> (...) uma saída encontrada no desespero que busca precisamente solucionar o impasse com relação ao porvir. Portanto, trata-se de um ato significativo que aniquila a própria possibilidade de superação, aniquilando a transcendência mesma. Se minhas relações no mundo são tais que a intuição do futuro não me revela nada além da profunda solidão, sofrimento e fracasso, o suicídio pode ser a saída encontrada em meio a tal desespero. Porém, não se trata de um projeto de ser, posto que é a aniquilação de toda e qualquer possibilidade de ser.

Em psicoterapia, algumas estratégias começaram a ser traçadas. Inicialmente, foi realizada a escuta e o acolhimento a Beatriz, auxiliando-a a também compreender como se daria o processo de psicoterapia, investindo no vínculo para que pudesse experimentar-se saindo da solidão absoluta. Além disso, explicitou-se como seria o acompanhamento, as possibilidades existentes para o trabalho, buscando realizar um contrato para que Beatriz "desse crédito" à psicoterapia, convidando-a a trilhar em conjunto com a psicoterapeuta um caminho para a saída do sofrimento, "dando uma chance" ao processo, mas também à vida e suas possibilidades. Assim, estabeleceu-se um contrato de que não tentaria suicídio sem antes fazer "este último investimento"[3].

Beatriz também foi encaminhada para uma avaliação psiquiátrica, a fim de verificar sobre possibilidades de intervenção sobre seus sintomas de ansiedade e depressão, como insônia, dificuldades de concentração, choro frequente. Esta medida possibilitou, de modo mais imediato e em conjunto com a sessões de psicoterapia, que retomasse seus estudos, reorganizasse sua rotina de cuidados com a casa e com suas filhas, e buscasse novamente diálogo com seus professores e com a universidade, avaliando formas de reaver sua bolsa de estudos.

Ao longo das sessões, na medida em que a psicoterapeuta verificava as ocorrências que haviam criado as condições de possibilidade para que a experiência de complicação psicológica tivesse se dado, as intervenções visavam que Beatriz também pudesse se apropriar de sua trajetória, compreendesse que o sofrimento advém de vivências concretas e das relações estabelecidas com o mundo e com os outros e que, portanto, não que provinham de "seu interior" ou de um "desequilíbrio mental". Na verdade, os sintomas que caracterizam o quadro de depressão e ansiedade eram reações psicofísicas, formas de estar em um mundo de exigências, de solidão, de situações de violência pelas quais havia passado e também de falta de condições concretas e mediações para que continuasse realizando seu projeto de ser.

Diante do corte vivenciado no futuro que buscava realizar, da experimentação do estreitamento do seu campo de possibilidades, aos poucos, a vida havia perdido o sentido que tinha até então. A psicoterapia, neste caso, objetivou auxiliar na ampliação do campo de possibilidades e na mediação para que, em conjunto com a psicoterapeuta, Beatriz pudesse construir novas formas de enfrentar sua condição, elaborando as situações vivenciadas no passado, mas principalmente construindo novos caminhos para a retomada de seu projeto de ser.

Também foram verificadas as possibilidades de acesso à rede de apoio de Beatriz, que era de fato restrita. Nesse sentido, Beatriz buscou compartilhar sobre sua situação com alguns conhecidos e colegas da universidade, eventualmente encontrando algum amparo. Por outro lado, a psicoterapeuta redigiu um relatório sobre sua avaliação e acompanhamento em psicoterapia, para que Beatriz encaminhasse

[3] Ressalta-se aqui que esta intervenção somente foi possível após avaliação da psicoterapeuta de que não havia risco iminente de suicídio, tendo em vista que o que havia eram pensamentos sobre o ato e não planos para o mesmo. Em casos de alto risco, em que há plano definido para o suicídio e a pessoa refere que tem intenção de fazê-lo prontamente, entre as condutas a serem tomadas estão não deixar a pessoa sozinha, contatar sua família ou rede de apoio e encaminhá-la para serviços de emergência (BRASIL, 2006).

à universidade, visando restabelecer a bolsa de estudos. Também se colocou à disposição caso fosse necessário ir até a instituição para mediar o diálogo com a coordenadora do curso ou mesmo outros profissionais que pudessem realizar os encaminhamentos para viabilizar o restabelecimento de possível ajuda monetária, o que acabou não sendo necessário.

Portanto, as intervenções estiveram endereçadas a aspectos objetivos e subjetivos na situação de Beatriz: sua condição material, suas relações e mediações; ao mesmo tempo, para o modo como estava se apropriando do que vinha lhe acontecendo e a forma como esta apropriação a lançava para o futuro. Aos poucos, foi conseguindo retomar os estudos, organizar sua rotina, conversar novamente com professores que puderam, em alguma medida, compreender sua situação e dar-lhe outras oportunidades de atividades e bolsa de estudos. Atualmente, ainda vive uma situação instável financeiramente, mas encontrou uma nova amizade que lhe oferece também suporte material e emocional.

Por fim, Beatriz pôde compreender que, mesmo que sua trajetória acadêmica não tenha se desenrolado do modo como gostaria e que demore mais tempo para finalizar a graduação, visto que, a partir das situações de violência e escassez vivenciadas, passou a não ter mais condições para cumprir com suas funções acadêmicas, seu futuro como profissional ainda é possível. Mais do que isso, visualizando novamente ser possível tornar-se a profissional que deseja ser, passou a ver-se também como aquela que pode ainda ser a primeira da família a se graduar, continua a ser esta que orgulha sua família e que poderá oferecer condições materiais para seus pais na velhice e também para as filhas.

Ainda, Beatriz reforçou sua busca por engajamento na luta por direitos de pessoas que vivenciam situações semelhantes à sua. Porém, agora é também capaz de avaliar melhor os momentos em que entrará em embates ideológicos – e no modo como o fará, para que não se exponha a novos episódios de agressão e violência. Deste modo, fortaleceu suas estratégias de enfrentamento diante de conflitos, de oposição de ideias, sabendo também proteger-se de encontros que podem fragilizar, realizando diálogos com semelhantes e buscando mediações positivas para o seu ser.

Portanto, a saída da angústia insuportável, que até então fazia com que não visse possibilidades de viabilizar seu ser, foi possível na medida em que aspectos objetivos foram alterados (conseguindo nova bolsa de estudos, tendo amparo de uma amiga, tendo auxílio da medicação para melhora dos sintomas), assim como aspectos subjetivos, visto que Beatriz compreendeu o caminho que a havia levado ao sofrimento e, pela mediação da psicoterapia, passou a construir outras ferramentas para lidar com sua realidade, bem como elaborar novas estratégias de ação que poderiam ampliar seu campo de possibilidades.

Desse modo, conforme descrevem Campos e Alt (2015), longe de ser uma espera passiva, o tempo da angústia pode ser rico de sentidos e permitir a visão da existência como campo de possibilidades em aberto. Sustentar a vivência da angústia pode então "(...) gerar a abertura para um momento de realização da liberdade enquanto indeterminação de si diante de uma situação vivida" (Campos; Alt, 2015, p. 144).

Considerações finais

A trajetória de Beatriz nos mostra o enredamento do sujeito entre as condições de opressão sociais e culturais cotidianas, tais como enfrentamento das situações de necessidade e escassez, violência física e moral e o delineamento de seu projeto de ser na luta solitária da superação desse "destino social". Beatriz estabeleceu uma constante luta, pagando-a cotidianamente com seu suor e suas dores existenciais. Poucas foram as mediações que lhe estenderam a mão para continuar em seu caminho, mas ela seguiu adiante. Quando conquistou a condição de primeira universitária da família, com todo o valor social que esta condição pôde representar, as pressões desta instituição pareceram lhe dizer que ela não pertencia mesmo àquele lugar, que seu lugar era mesmo o de sua origem social, no reino da escassez e da exclusão psicossocial e, assim, a constatação inviabilizadora de que sua luta foi em vão, pois naquele ambicionado ambiente, também encontrou os mesmos preconceitos, os assédios e a solidão de outros espaços. Assim, ocorreu o estreitamento das possibilidades de ser e o suicídio apareceu como uma saída desesperada. Foi preciso, por meio da psicoterapia, reconstruir laços, retomar a esperança, para que novos horizontes se reabrissem. Desta forma, como discutem Garcia-Haro, Garcia-Pascual e Gonzalez-Gonzalez (2018), por mais paradoxal que seja, a maioria dos suicidas não querem morrer, mas sim, viver melhor, mas na falta de possibilidades, não encontram outra saída para seu teorema do que pôr fim ao sofrimento tão intenso.

A história de Beatriz é também um retrato do que chamamos acima de "suicídio objetivo" enquanto uma situação singular, mas que é, ao mesmo tempo, uma expressão de um tempo histórico, marcado ainda por explorações, preconceitos, assédios e exclusões, que delineiam contextos de opressão social, de estreitamento de possibilidades de ser para os sujeitos concretos, sendo a base de muitos suicídios. Mas é preciso que este contexto contraditório – ao mesmo tempo desejado e inviabilizador – seja vivido na intensidade das emoções por um sujeito concreto, com seus "tremores e temores", seu projeto de ser inviabilizado e a experiência da mais profunda solidão, para que ele ganhe sentido social. Temos então, a dialética trágica, com os dois lados que confluem na paradoxal intenção suicida, que nada mais é do que o apelo último por uma saída de ser dentro dessa abissal condição concreta vivida, é o grito por uma nova possibilidade de vida tida como impossível.

É, assim, o fio da vida, que estava ao fundo do profundo sofrimento de Beatriz, que teve que ser resgatado no processo psicoterapêutico. Mas foi preciso mediar elaborações reflexivas para que ela se desse conta de que o sofrimento e os comportamentos de inviabilização de seu ser-no-mundo, por mais individuais que fossem, por mais profundamente sofridos em uma experiência incomunicável ao outro, eram a condição de enfrentamento de condições sociais, culturais e materiais que a transcendiam e que ela precisava enfrentar, assim como o fez ao longo de toda sua trajetória. Portanto, o seu sofrimento não era somente seu, pois era uma expressão do sujeito como um universal/singular. Era preciso mediar a reconstrução de vínculos reais que fossem pouco a pouco retecendo redes sociológicas nas quais ela pudesse experimentar-se acolhida, nas quais se reconhecesse como sujeito do seu ser e, com isso, tivesse condições de retomar o fôlego da luta e o desejo de ser que lhe haviam sido sugado pelo opressivo contexto vivido.

Por fim, destaca-se que estudos mostram que entre os fatores de proteção para o suicídio estão os relacionamentos interpessoais significativos, como a família, amigos e ambientes saudáveis de trabalho (Pereira et al, 2018), indicando que a coesão social é a condição ambiental protetora máxima (Durkheim, 2000). Sendo assim, para além de uma atuação clínica, que numa perspectiva regressiva focaliza o sujeito e seus grupos de pertença ao potencializar o fio de vida e de esperança que ainda resta para a pessoa em sofrimento, pode-se construir estratégias de intervenção que busquem atuar sobre a dimensão progressiva, ao construir ações que atuem sobre os determinantes sociais em saúde. Tais estratégias de intervenção se sustentariam na lógica da prevenção de riscos e danos e na promoção de saúde, ao enfocar o fortalecimento de vínculos e laços sociais, bem como a diminuição de preconceitos e estigmas em ambientes acadêmicos, de trabalho, em hospitais e nas famílias, fortalecendo espaços de lazer, cultura e interação social.

Nessa mesma perspectiva, o existencialismo também permite compreender que a saída para situações de sofrimento inclui a ampliação do campo de possibilidades do sujeito, que envolvem não somente os aspectos subjetivos, mas o espaço mesmo de sua existência concreta. Desse modo, o engajamento para que as estatísticas de suicídio se alterem, com a prevenção dessas ocorrências, pode – e deve – ser coletivo, relacionado aos diversos setores da sociedade e também a uma mudança de racionalidade sobre o modo de compreender este fenômeno – de modo não mais reducionista e somente descritivo, mas em seu caráter universal/singular.

Referências

ABREU, K. et al. Comportamento suicida: fatores de risco e intervenções preventivas. *Revista Eletrônica de Enfermagem*, v. 12, n. 1, 2010.

ALMEIDA, Felipe O Suicídio: Contribuições de Émile Durkheim e Karl Marx para a compreensão desse fenômeno na contemporaneidade. *Aurora*, Marília, v. 11, n. 1, p. 119-138, 2018.

ALVARENGA, Aracelly Galvino. *O suicídio como radicalização do ato de não mais escolher*: um estudo a partir do entrelaçamento entre filosofia e literatura em Sartre. Dissertação (Mestrado em Psicologia) – Universidade Federal de São João del-Rei, São João del-Rei, Minas Gerais, 2015.

ANGERAMI. V. A. *Solidão*: a ausência do outro. São Paulo: Pioneira, 1990.

BEAUVOIR, Simone. *O Segundo Sexo*: fatos e mitos. Rio de Janeiro: Nova Fronteira, 1980.

BEAUVOIR, Simone. *Uma morte muito suave*. Rio de Janeiro: Nova Fronteira, 1984.

BERTOLINO, Pedro. *Subsídios das aulas de formação semestre 2003/2 no NUCA*. (Núcleo Castor – Estudos e Atividades em Existencialismo). Florianópolis, 2003 (Texto de circulação restrita).

BRASIL. *Prevenção do suicídio*: manual dirigido a profissionais das equipes de saúde mental. Brasília: Ministério da Saúde, 2006. Disponível em: <http://bvsms.saude.gov.br/bvs/publicacoes/manual_editoracao.pdf>. Acesso em: 19 maio 2019.

BRASIL. Ministério da Saúde. *Viva*: Instrutivo Notificação de violência interpessoal e autoprovocada. 2. ed. Brasília: Ministério da Saúde. Disponível em: <http://bvsms.saude.gov.br/bvs/publicacoes/viva_instrutivo_violencia_interpessoal_autoprovocada_2ed.pdf>. Acesso em: 19 maio 2019.

BRASIL. Ministério da Saúde. *Boletim Epidemiológico de Tentativas e Óbitos por Suicídio no Brasil*. Brasília: Ministério da Saúde, 2017. Disponível em: <http://portalarquivos2.saude.gov.br/images/pdf/2017/setembro/21/2017-025-Perfil-epidemiologico-das-tentativas-e-obitos-por-suicidio-no-Brasil-e-a-rede-de-atencao-a-saude.pdf>. Acesso em: 19 maio 2019.

CALIXTO FILHO, M.; ZERBINI, T. Epidemiologia do suicídio no Brasil entre os anos de 2000 e 2010. *Saúde, Ética & Justiça*, v. 21, n. 2, p. 45-51, 2016.

CAMPOS, Caroline Mendes; ALT, Fernanda. Tempo de Angústia: reflexões sobre o imediatismo contemporâneo na clínica de inspiração sartriana. In: ALVIN, Mônica Botelho; CASTRO, Fernando Gastal de. (Orgs.). *Clínica de situações contemporâneas:* fenomenologia e interdisciplinaridade. Curitiba: Juruá, 2015.

CARDINALLI, Ida E. *Transtorno do estresse pós-traumático*: uma compreensão fenomenológico-existencial da violência urbana. 1. ed. São Paulo: Editora Escuta. 2016.

CARDOSO, Hugo Ferrari et al. Suicídio no Brasil e América Latina: revisão bibliométrica na base de dados Redalycs. *Diaphora*, v. 12, n. 2, p. 42-8, 2012.

CASTRO, Fabio Caprio Leite. Dialética e hermenêutica no Idiota da Família de Sartre. *Rev. Intuitio*, v. 4, n. 1, 3-14, 2011.

CASTRO, Fernando Gastal. *O fracasso do projeto de ser: burnout*, existência e paradoxos do trabalho. Rio de janeiro: Garamond, 2012..

CASTRO, Fernando Gastal; EHRLICH, Irene Fabrícia. *Introdução à psicanálise existencial:* existencialismo, fenomenologia e Projeto de ser. Curitiba: Juruá, 2016.

DUTRA, Elza. Suicídio de universitários: o vazio existencial de jovens na contemporaneidade. *Estudos e Pesquisas em Psicologia*, v. 12, n. 3, p. 924-937, 2012.

DURKHEIM, E. *O suicídio, estudo de Sociologia*. São Paulo: Martins Fontes, 2000.

GARCIA-HARO, Juan; GARCIA-PASCUAL, Henar, Â.; GONZALEZ-GONZALEZ, Marta. Un enfoque contextual-fenomenológico sobre el suicidio. *Rev. Asoc. Esp. Neuropsiq,* v. 38, n. 134, p. 381-400, 2018.

GONÇALVES, Ludmilla R. C.; GONÇALVES, Eduardo; OLIVEIRA JÚNIOR, Lourival Batista de. Determinantes espaciais e socioeconômicos do suicídio no Brasil: uma abordagem regional. *Nova Economia,* v. 21, n. 1, p. 281-316, 2011.

JASPERS, Karl. *Psicopatologia Geral*. São Paulo: Atheneu, 2000.

PEREIRA, Anderson Siqueira et al. Fatores de risco e proteção para tentativa de suicídio na adultez emergente. *Ciência & Saúde Coletiva*, v. 23, n. 11, p. 3767-3777, 2018.

QUINTANA, Mário. *Espelho Mágico*. Porto Alegre: Editora do Globo, 1951.

ROCHA, Marcio Arthoni Souto da; BORIS, Georges Daniel Janja Bloc; MOREIRA, Virginia. A experiência suicida numa perspectiva humanista fenomenológica. *Revista da Abordagem Gestáltica*, v. 18, n. 1, p. 69-78, 2012.

RODRIGUES, Marta M. Assumpção. Suicídio e sociedade: um estudo comparativo de Durkheim e Marx. *Revista Latinoamericana de Psicopatologia Fundamental,* v. 12, n. 4, p. 698-713, 2009.

SAMPAIO, M .A.; BOEMER, M. R. Suicídio – um ensaio em busca de um des-velamento do tema. *Rev Esc Enf. USP*, v. 34, n. 4, p. 325-31, 2000.

SARTRE, Jean-Paul. *O existencialismo é um humanismo*. São Paulo: Abril Cultural, 1978. (Coleção Os Pensadores).

SARTRE, Jean-Paul. *O Ser e o Nada*. Petrópolis: Vozes, 1997.

SARTRE, Jean-Paul. *Crítica* da razão dialética. Rio de Janeiro: DP&A, 2002.

SARTRE, Jean-Paul. *O Idiota da Família*: Gustave Flaubert, de 1821 a 1857. Vol. 1. Porto Alegre: L&PM Editora, 2013.

SARTRE, Jean-Paul. *O Idiota da Família*: Gustave Flaubert, de 1821 a 1857. Vol. 3. Porto Alegre: L&PM Editora, 2015.

SERPA JR, Octavio Domont de et al. A inclusão da subjetividade no ensino da Psicopatologia. *Interface – Comunicação, Saúde, Educação,* v. 11, n. 22, p. 207-222, 2007.

SILVA, Bráulio Figueiredo Alves da et al. O suicídio no Brasil contemporâneo. *Sociedade e Estado*, v. 33, n. 2, p. 565-579, 2018.

SCHNEIDER, Daniela Ribeiro. Liberdade e dinâmica psicológica em Sartre. *Natureza Humana*, v. 8, n. 2, p. 283-314, 2006.

SCHNEIDER, Daniela Ribeiro. *Sartre e a Psicologia Clínica*. Florianópolis: EDUFSC, 2011.

SCHNEIDER, Daniela Ribeiro Existe uma psicopatologia existencialista?! In: ANGERAMI, V. A. *Psicoterapia fenomenológico-existencial*. Belo Horizonte: Artesã Editora, 2017.

YAMANARI, A. H. I.; FREITAS, S. M. P. A relação do uso de psicoativos e o suicídio com o trabalho: reflexões segundo o existencialismo de Sartre. In: ANGERAMI, V. A. *A psicologia da saúde na prática*: teoria e prática. Belo Horizonte: Artesã, 2019.

WORLD HEALTH ORGANIZATION (WHO). *Saúde mental*: nova concepção, nova esperança. Lisboa: OMS, 2002. Disponível em:: <https://www.who.int/whr/2001/en/whr01_djmessage_po.pdf>. Acesso em: 19 maio 2019.

WORLD HEALTH ORGANIZATION (WHO). *Preventing suicide*: a global imperative. Genebra. 2014. Disponível em: <http://www.who.int/mental_health/suicide-prevention/world_report_2014/en/>. Acesso em: 19 maio 2019.

CAPÍTULO 24

Suicídio versus encontro interpessoal: luzes e sombras no processo psicoterápico

Miguel Mahfoud

O presente texto quer enfocar o atendimento psicoterápico que envolva a questão do suicídio: possibilidades e desafios abertos pelo encontro interpessoal. "Encontro" no contexto clínico é tema radical e tão simples que chega a ser de difícil abordagem pela Psicologia. Também por isso, buscamos na Filosofia um horizonte mais amplo, reflexivo, sobre encontro, visando clareza da tarefa específica do psicólogo (Stein, 2005; Ales Bello, 2015). Buscamos também, pela arte, aproximar a reflexão teórica à experiência pessoal: de fato, a arte pode ajudar a nos localizarmos na experiência pessoal em um horizonte de sentido compartilhado no mundo da vida, possibilitando nova tomada de consciência do vivido para além dos elementos acidentais particulares (Mahfoud, 2019a; Angerami, 2017).

> Essa psicologia e as filosofias contemporâneas têm a característica comum de nos apresentar, não o espírito e o mundo, cada consciência e as outras, como faziam as filosofias clássicas, porém a consciência lançada no mundo, submetida ao exame das outras, e, através delas, conhecendo-se a si própria. Uma boa parte da filosofia fenomenológica ou existencial consiste na admiração dessa inerência do eu ao mundo e ao próximo, em nos descrever este paradoxo e essa desordem, em fazer *ver* o elo entre o indivíduo e o universo, entre o indivíduo e os semelhantes, ao invés de *explicar,* como faziam os clássicos, por meio de apelos ao espírito absoluto. Pois o cinema está particularmente apto a tornar manifesta a união do espírito com o corpo, do espírito com o mundo, e a expressão de um, dentro do outro. Eis porque não é surpreendente que o crítico possa, a propósito de uma fita, evocar a filosofia. (...) A filosofia contemporânea não se constitui no encadeamento de conceitos e, sim, no descrever a fusão da consciência com o universo, seu compromisso dentro de um corpo, sua coexistência com as outras; e este assunto é cinematográfico por excelência. (Merleau-Ponty, 1983, p. 116-117)

Assim, tomaremos aqui contribuições filosóficas de Romano Guardini (2000, 2002; Brandão, 2006) sobre o que vem a ser "encontro" e suas consequências para a elaboração da experiência pelos sujeitos, especialmente no que toque a tomada de consciência de si mesmos e do mundo; e examinaremos o filme *Luzes da Ribalta*, de Charles Chaplin (s/d) como reflexão para tematizar o "encontro" na relação de ajuda psicológica em casos que envolva suicídio.

Luzes da Ribalta presta-se a leituras diversas: a perenidade da arte na cultura, as nuances das relações afetivas, o drama existencial no envelhecimento, as dificuldades da consciência de si diante da invisibilidade social depois da fama etc., mas aqui é tomado pela perspectiva do encontro na relação de ajuda diante da questão do suicídio.

O filme começa com um senhor voltando para casa, bêbado: ao entrar na pensão, Calvero sente cheiro de gás e se dá conta de que alguém está tentando se matar. Num impulso, arromba a porta, retira do quarto uma moça já desacordada: Terry. Quer fazer algo a respeito: chama o médico. Na condição habitual no mundo da vida cotidiana de Calvero, como naquela de cada um de nós, a distração é mantida pelo embotamento: a dramaticidade do viver humano é desfocada pelo álcool, "(...) percentual desejado de irracional" (Brandys, 1957, p. 308 apud Giussani, 2009, p. 102; Mahfoud, 2012); no entanto, algum "acontecimento" tem a potência de nos solicitar, ainda que não o tenhamos desejado: despertados para a situação, buscamos responder a ela de algum modo. Calvero busca colaborar e, ao mesmo tempo, de certo modo, se livrar: chama logo um médico para que assuma e resolva o problema que irrompeu em seu horizonte de vida. Assim, quando o médico prescreve: "*Cuide dela com este remédio e estes tipos de alimento*", Calvero surpreende-se, como que a dizer: "*Como assim? Estou dando uma mãozinha, não tenho muito a ver com isso, nem mesmo quero ter a ver com isso*".

E o encontro interpessoal se dá justamente nesse paradoxo: enquanto estamos na posição "eu não tenho a ver com isso" surge uma solicitação quase à revelia, e passamos a nos dar conta de que algo requer cuidado. Antes de ser encontro de sintonia de perspectivas ou temperamentos, antes de ser um gosto de apreciar conjuntamente algo da vida pessoal ou humana em geral, o encontro se dá como "acontecimento" a solicitar de nós alguma tomada de posição antes não vislumbrada, resultando no acontecimento da subjetividade mesma. (Romano, 2008, 2012; Martins, 2007).

Eis a importância do encontro como acontecimento: traz à consciência e à relação interpessoal algo de surpreendente. É surpreendente por não se referir ao planejado e estabelecido – vemo-nos envolvidos numa situação e fazendo parte de um contexto sem nem mesmo tê-lo pensado – e nosso eu vem a ser solicitado no momento presente. E nos maravilha, porque o acontecimento do encontro corresponde a necessidades humanas fundamentais (Giussani, 1993, 2002; Mahfoud, 2019b).

> Assim, experimento o sentimento vivo do caráter de espontaneidade, dom e iniciativa que me diz respeito, que é próprio da realidade e que me

> leva a tomar posição frente ao que se apresenta a mim, encontrando-o e acolhendo-o. Além disso, o homem é capaz de fazer uma experiência que pode ser qualificada como experiência ou consciência viva da existência enquanto tal. Nela, o "todo", o "inteiro", o "essencial", se apresenta, em particular, através de um símbolo, de uma obra de arte autêntica, da experiência de um profundo amor espiritual – e por isso, também na experiência imediata da existência em geral. O puro e simples estar-aqui-e-agora da existência, com a sua obviedade, está como suspenso, e se abre com uma profundidade vinda de longe. O que parecia óbvio torna-se novo e nos maravilha. (Guardini, 2002, p. 205-206)

A posição de Calvero é a de deixar-se provocar por um acontecimento, passando, assim, do embotamento habitual para a resposta pessoal à solicitação advertida no presente. E o filme nos apresenta uma figura de contraponto a ele, espécie de sua antítese: Trata-se da dona da pensão reagindo à situação com todos os pareceres já estruturados e, por isso, com pré-conceitos, defendendo-se de eventuais incômodos que o outro ou a situação problemática pode vir a lhe trazer; mantém-se distante, para garantir a posição de sempre. Nesse caso, a posição de "não tenho e não quero ter nada a ver com isso" se mantém. Diante da pessoa abalada pelo sofrimento envolvido na tentativa de suicídio e suas sequelas, a dona da pensão logo lança seus juízos formulados fora daquele contexto específico, sobrepondo-os à situação presente, evidenciando preconceitos: "*Ela não é nada boa. Está doente desde que chegou*"; "É tranquila demais: água muito parada acaba cheirando mal". Nessa posição, a situação não lhe solicita; a pessoa mantém-se nos planejamentos habituais e evita o que está se dando no presente: "*Ela não voltará para o quarto dela. (...) Mande-a embora, rápido*", tentando se matar cria problemas... Calvero busca, de alguma maneira, responder à solicitação advertida, enquanto a dona da pensão reafirma seus preconceitos; Calvero se vê envolvido enquanto a dona da pensão defende seus interesses habituais diante dos fatos que não lhe solicitam, permanecendo isolada, alheia ao outro.

Quando Calvero assume cuidar de Terry, o primeiro movimento é tentar eliminar o problema identificando a causa da tentativa de suicídio:

> Calvero: *Diga-me: O que a levou a esta situação?*
> Terry: *A doença, sobretudo.*
> Calvero: *Então, vamos curá-la.*

Calvero continua a interrogar. É problema de trabalho? Talvez tenha ficado grávida... Nesse caso poderia tomar um remédio e resolver rapidamente...

No entanto, a resposta é bem interessante:

> Calvero: *Agiu só por causa da doença?*
> Terry: *Isso e... a futilidade do mundo. Vejo-a nas flores, ouço-a na música... A vida não tem sentido nem razão.*

Terry decidiu se matar por ter adoecido e, sendo bailarina, não poderia mais dançar; buscou suicídio por causa da futilidade da vida, em tudo. Não se trata propriamente da causa factual (doença), mas da condição existencial evidenciada pela situação.

Calvero busca ajudar tentando retirá-la da posição existencial em que está, por meio de uma narrativa que a motivasse:

Terry: *Você deveria ter me deixado morrer.*

Calvero: *Por que tanta pressa? Você está com dores? É a única coisa que conta; o resto é fantasia. Tantos anos para formar a consciência humana e você quer apagar tudo? Apagar o milagre da existência? Você é a coisa mais importante de todo o Universo. As estrelas, o que fazem? Nada, a não ser girar em torno de seu eixo. E o Sol está a quinhentos milhões de quilômetros de altitude – e daí? Ele só gasta seus próprios recursos naturais. Será que o Sol pensa, tem consciência? Ele não; você sim...*

Calvero nota que todas essas considerações – ainda que verdadeiras –simplesmente permanecem uma afirmação padrão e nada de pessoal se move: de fato, enquanto ele argumenta, Terry cai no sono. É Inútil.

Ele vai tentando fazer algo que resulte em mudança numa direção mais positiva, que leve a movê-la: suas intervenções são desproporcionais à gravidade da situação assim como vivenciada por Terry, mas mesmo assim, na sinceridade de sua ação para o estabelecimento da relação de ajuda, algo novo surge entre eles. De fato,

> (...) o encontro constitui um elemento importante no contexto global do comportamento, da ação e da criatividade do homem; e completando-a, acompanha a atividade de trabalho planificada, organizada e aperfeiçoada por meio de um empenho tenaz e da vontade de superar os obstáculos. O encontro é dado, o trabalho é decidido e realizado. (...) Sozinho, o trabalho seria privado de fecundidade; tudo se tornaria habitual, usado, "velho". A existência seria comprimida em um esquema. Alegria e temor seriam perdidos. (Guardini, 2002, p. 209)

Em um sonho, Calvero se vê como domador de grandes animais – elefantes –, e em seguida se apresentava com diminutas pulgas amestradas. Estaria diante de uma grande audiência que o aplaudia; em seguida percebe, frustrado, o auditório vazio e o doloroso silêncio. Essas imagens podem se referir também à vivência dramática de tentar realizar algo de grande incidência, pelo que se espera reconhecimento, e admitir não ter como se garantir resultados desejados.

Revela-se naquele sonho outra questão também muito importante: Calvero percebe ter-se ligado afetivamente a Terry. Ao dar crédito à solicitação vinda da circunstância, dá-se o acontecimento do encontro interpessoal; e ao aceitar o convite à abertura pessoal que o encontro comporta, podemos ter acesso à vida da outra pessoa a partir de questões pontuais, circunscritas específicas, pelas quais nos voltamos para o horizonte mais amplo da vida mesma acontecendo, a vida no seu conjunto, na sua totalidade. Ao nos dispormos a ficar diante da pessoa que está colocando em questão o próprio viver – tendendo a justificar o suicídio frente a sua vivência dramática das circunstâncias – podemos nos colocar diante do problema da existência humana; e nesse horizonte amplo, a *afeição* compõe o processo de abertura pessoal ao outro no presente vívido (ainda que a afeição possa também ser vivenciada como apego, fixação em um ponto, estreitamento de horizonte, ao invés da dinâmica livre, própria da original abertura) (Giussani, 2009; Mahfoud, 2012).

Ainda no sonho de Calvero, Terry se interroga: "*Afinal, por que vale a pena viver?*". No encontro, devido à afeição reavivada, a pessoa já não faz aquela radical pergunta numa atitude de fechamento – quando a pergunta é quase retórica por já conter embutida a reafirmação do absurdo de existir –, mas interroga-se diante de alguém significativo, vivendo a pergunta como espera de respostas. Nesse sentido, no encontro, a afeição instaura um processo dinâmico, importante para potencializar a capacidade de elaboração da experiência por parte de quem tem urgência de resposta como questão de vida ou morte (Mahfoud, 2012, 2016, 2018, 2019b).

Devido a afeição avivada no encontro, Calvero passa a posicionar-se de modo diverso na relação de ajuda com Terry, com tomadas de posição não mais padronizadas ou como tentativas de resolver problemas ou colher informações, não mais estruturadas no pré-conceito, mas com perguntas efetivas, com abertura à pessoa mesma ali presente: "*O que você faz?*", que equivale a "*E você, quem é?*".

Nessa tomada de posição viva no vivo encontro, as sintonias entre os dois são colhidas com surpresa ao invés de serem costuradas artificialmente. Diante da resposta de Terry "*Sou bailarina*", Calvero surpreende-se: ele também é artista (músico e comediante). No encontro, ele vai além da sintonia afetiva e descobre a sintonia de horizonte, de sensibilidade frente a vida. E a dinâmica da elaboração da experiência tende a se tornar mais forte e viva. De fato, com essa surpresa e sintonia nova, com interesse renovado pela pessoa do outro, Calvero agora se volta à pessoalidade de Terry: "*Qual é o seu nome?*". Antes disso já captava uma solicitação que a situação lhe fazia, já havia a percepção de um apego afetivo, já tinha um interesse pela pessoa dela, mas com o maravilhamento pelo acontecimento do encontro abre-se uma nova atenção à pessoa do outro. Essa atenção e disponibilidade não podem ser artificialmente construídas: vêm do encontro e abrem um interesse qualitativamente novo, mais aberto à complexidade da experiência presente e mais dinâmico (Mahfoud, 2012; Luczinski; Ancona-Lopez, 2010).

A vivência afetiva já se insinuava presente, já fazia parte da disponibilidade à relação de ajuda, mas é radicalmente diferente quando a afeição e o interesse são provocados pelo encontro: indo em direção ao outro porque me interessa, localizo o outro no horizonte já estabelecido, mas quando o encontro surpreende, ele mesmo me sugere novas questões e perspectivas, volto-me ao outro na abertura que eu mesmo não poderia produzir, vivendo um interesse novo, onde a pergunta "Afinal, quem é você?" abandona a formalidade e se torna fator de aprofundamento da própria experiência até repousar no âmago pessoal de quem interroga. De fato, a pergunta "Afinal, quem é você?" volta, fecundada pelo maravilhamento do acontecimento do encontro e pelo interesse renovado pela pessoa mesma: Calvero e Terry já tinham passado o dia juntos, já tinham falado de coisas importantes, ele já havia notado o brotar de uma afeição e de um desejo, mas as perguntas "Quem sou eu?" e "Quem é você?" são reintroduzidas pelo reconhecimento das sintonias de perspectivas no horizonte da experiência humana, com sua surpresa própria (poderiam não existir mas existem) (Mahfoud, 2017a, 2017b).

Nessa nova relação interpessoal possibilitada pelo acontecimento do encontro, as mesmas perguntas ganham sentido mais profundo e mobilizador de elaboração da experiência. De fato, Calvero volta a perguntar "*Mas por que você quis se matar?*": A mesma pergunta não tem mais a perspectiva de resolver problemas ou modificar o outro, nem a perspectiva de conversar por gosto de estar junto da pessoa por quem se tem um apego afetivo; agora pulsa o interesse pela pessoa mesma. "Mas por que você quis se matar?": a mesma pergunta ganha valência radicalmente nova, redimensionada pelo encontro.

Como todos nós estamos intensamente inseridos na civilização da técnica e tendemos a tomar as questões da subjetividade também como construção engenhosa (Arendt, 2010), o acontecimento do encontro permite que na relação de ajuda ultrapassemos a mera "atividade do trabalho" – com seu objetivo de criar um *habitat* para o ser humano por meio de um mundo artificial e seus artefatos – passando para a "atividade da ação" – aquela que

> (...) visa a atender a condição humana da Pluralidade, o fato originário dos homens viverem em conjunto, e a condição inerente a essa, que é a Singularidade, o fato de cada homem ser um indivíduo exclusivo e irrepetível. A Ação visa a permitir esse viver em conjunto. (Critelli, 2008, p. 478)

Ao visitar Terry, que estava aos cuidados de Calvero, o médico relata a ele a especificidade do caso e a possibilidade de êxito na recuperação da saúde e superação das sequelas da tentativa de suicídio: Não se trata de retirar causas externas, é um problema psíquico, "ela precisa de sua própria ajuda", e será preciso que ela queira ajudar a si mesma. Ao que Calvero prontamente responde: "*Farei o possível!*". Eis a contradição em que nós – psicólogos profissionais da relação de ajuda – nos encontramos: o processo é do outro, e nós nos colocamos na perspectiva de fazer tudo o que for possível.

Na verdade, trata-se de um paradoxo: no encontro, diante do processo do outro reconheço-me solicitado a responder, reconheço que a *presença* do outro me solicita, reconheço que de alguma forma eu tenho a ver com o outro e nessa minha tomada de posição também eu me torno *presença* para o outro, de modo que uma provocação própria da presença humana mobiliza a elaboração da experiência do outro e eventualmente suscite também seu desejo de cuidar-se, dê uma chance para si mesmo. A própria tensão de estar voltado para o outro forma um campo relacional, torna-se silenciosa provocação a que o outro considere sua própria experiência e suas exigências propriamente humanas – não devido a minha articulação, mas pelo *encontro de presenças*. Trata-se, sim de paradoxo: não podemos montar a situação mas naquele contexto relacional o processo de abertura e dinamização da elaboração da experiência se dão com a participação de nossa presença (assim como nosso descompromisso ou artificialidade dispersariam as energias pessoais de elaboração da experiência).

Como acenado, Calvero já havia percebido que a atitude de apresentar argumentos – ainda que verdadeiros e consistentes – facilmente cai no vazio. Em outra ocasião, ele chega a afirmar: "*As flores amor-perfeito crescem assim; e ao murchar ficam assim. Dar sentido às coisas são outras palavras para o mesmo final. Assim, uma rosa é uma rosa é uma rosa*".[1]

Atribuir sentido não muda coisa alguma, reafirma o mesmo, terminando no nada. Incutir sentido em uma vivência de vazio ou *non sense*, não gera movimento pessoal. Então, passa a tentar entender o sentido do sintoma: depois de Terry relatar toda a própria história, a pedido de Calvero, enfocando a relação com a mãe e com a irmã, ele busca ainda saber quando as dores na perna iniciaram, em que situação as sentiu pela primeira vez; daí, chega a apontar o sentimento de culpa frente ao fato de sua irmã ter se sacrificado prostituindo-se para que ela pudesse ter condições de estudar e fazer *ballet*, culpa pela qual ela não vem se permitindo continuar a ser bailarina através da doença que abala a firmeza de suas pernas, chegando a não se permitir nem mesmo viver. Identificada a estrutura e gênese do caso, afirma um sentido construído – mas o movimento pessoal de Terry ainda não surge. Calvero insiste: ela tem de lutar!

> Calvero: *Viver, nem que seja por hábito.*
> Terry: *Um hábito sem esperança.*
> Calvero: *Se não tem esperança, viva para o presente.*
> Terry: *Quando não há saúde...*
> Calvero: *Há seis meses, deram-me por morto, mas lutei. Tem de fazer o mesmo.*
> Terry: *Cansei de lutar.*
> Calvero: *Porque luta contra si própria. Não tem qualquer sentido!*

Cansou de lutar: Lutar para quê? No silêncio daquele momento intenso e dramático, quando ambos ficam diante da grande questão que se refere à totali-

[1] Chaplin se refere ao famoso poema de Gertrud Stein intitulado *Sacred Emily*, que inicia justamente com este verso "Uma rosa é uma rosa é uma rosa", frequentemente interpretado como "as coisas são o que são", ou também como alusão a um princípio de autorreferência.

dade da vida e existência humanas, dá-se novo encontro, numa outra e profunda dimensão. "Lutar para quê?" é questão presente a ele também que tenta ajudar. "Estou tentando ajudar para quê?": é questão de fundo que já não pode ficar intocada, não pode ficar sem exame de possíveis respostas, ou aquele momento, aquela ação e aquele trabalho não têm razão de ser, assim como não haveria razão para Terry reagir ao seu mal-estar, nem razão de fazer coisa alguma. Nesse momento lúcido, tenso e dramático, Calvero e Terry estão sob o mesmo chão. Ao considerar a experiência nessa dimensão, estamos todos no mesmo patamar, e juntos (Henry, 2014; Wondraeck, 2012).

A possibilidade do acontecimento do encontro é decisiva para todos. É no encontro que compartilhamos de modo vital as interrogações e exigências radicais; é no encontro que compartilhamos o drama da existência a partir da própria vivência única e irrepetível que vai se tornando mais clara. Sem liberdade para enfrentar tais perguntas fundamentais – para as quais não se tem respostas prontas – não temos condições de ajudar o outro a viver seu sofrimento, de ajudá-lo a lutar na sua condição limitada e dramática: não teria porquê.

"*Lutamos, todos, para viver. Faz parte da cruzada humana, escrita na água*", afirma Calvero. Estamos todos em luta, sempre, ainda que o esqueçamos continuamente. Sem percepção de tal fragilidade – entre necessidade de luta pela vida e esquecimento de sua própria condição, que é também condição existencial compartilhada –, seríamos presa da dinâmica das buscas impotentes. E lutar por quê? Na provocação própria da condição existencial dramática vivida no acontecimento do encontro, nosso dinamismo pessoal e nossas exigências constitutivas possibilitam elaboração de sentido autêntico, dinâmico, aberto a contínuas reelaborações, tendendo a maior complexidade e liberdade. Aí sim, temos condições de fazer companhia profunda à pessoa enquanto está desistindo de viver a ponto de ajudá-la a elaborar as descobertas de por quê lutar (Giussani, 2009; Mahfoud, 2012, 2018). Assim, aquelas pessoas, mais do que estarem uma ao lado da outra, são "(...) constituintes de uma totalidade originária, uma relação viva na qual a pessoa torna algo possível, encoraja o outro, chama-o à existência" (Guardini, 2002, p. 207-208).

"Todo encontro autêntico suscita um sentimento de indignidade pessoal e de gratidão, no mínimo de maravilha pelo modo singular e inesperado como tomou forma" (Guardini, 2002, p. 208). Sentimento de gratidão e, ao mesmo tempo, de não ser digno de viver tudo aquilo, no sentido de não ser mérito próprio e de recebermos mais do que conseguimos realizar. Essas vivências próprias da experiência de encontro evidenciam que está se dando a abertura original da pessoa frente ao acontecimento, sendo correspondente às exigências humanas constitutivas. Indicam também o reconhecimento de uma alteridade, no sentido de estar se dando algo no mundo-da-vida do qual participo pessoalmente mas não o produzo. Indica também que o acontecimento do encontro corresponde às minhas exigências profundas de ser eu mesmo. Em suma, cada um de nós tem radical necessidade desse acontecimento e quando ele se dá reconhecemos logo a realização pessoal e também que não é mérito próprio, pois todo desejo e projeto é impotente para produzi-lo.

Esse caráter de alteridade do acontecimento se evidencia no emergir da dinâmica pessoal autêntica. É imprevista, embora desejada e esperada. Enquanto eu afirmar não estar interessado por nada – com o tédio e a rudeza que caracterizam essa experiência –, teria o caminho aberto para recusar a presença de alguém, deixar cair oportunidades, negar a própria vida; mas no acontecimento do encontro, a presença de alguém torna-se significativa, afirmando – por si só – que a realidade é mais complexa e que minhas exigências constitutivas de realização têm seu lugar no mundo-da-vida e na minha própria experiência de interioridade. Com alguém a meu lado nessa perspectiva, tenho condições de não me reduzir às minhas próprias reações e aos dados de minha história; ao mesmo tempo que incluo o outro como significativo naquilo que tem sentido pessoal.

A gratuidade do acontecimento do encontro provoca liberdade frente a si mesmo. Nessa liberdade posso incluir o imprevisto como importante, posso viver minha espera constitutiva, posso acolher o outro não como instrumento para mim mas como abertura à experiência. Nessa liberdade promovida pelo acontecimento do encontro posso me aproximar da liberdade de ser eu mesmo com o outro, justamente por estar com o outro; posso ter a liberdade de ser eu mesmo, sem o fechamento da autoafirmação. Grata surpresa: liberdade de não ter o mérito do acontecimento do encontro.

Quando Terry se abre à própria experiência e vive com gratidão a presença de Calvero, saindo da tendência de ler tudo com negatividade, retoma sua liberdade de ser e, assim, liberdade de viver o que lhe é significativo. A presença dele é que a estimula pessoalmente – não as frases prontas, motivacionais ou explicativas. Na relação com ele Terry descobre poder ficar de pé mais do que imaginava, poder arriscar dar alguns passos de dança novamente, voltando-se, passo a passo, para as experiências mais significativas de sentido pessoal. Com surpresa, passa num concurso, avança com autonomia, com consciência crescente do próprio processo de elaboração.

Quanto mais o processo avança, mais ela adentra o centro da cena, mais ela se localiza nas "luzes da ribalta" enquanto ele vai ficando cada vez mais na sombra dos bastidores, presente na retaguarda. Essa é também a condição própria do processo psicoterápico. Que no acontecimento do encontro revele-se que estamos no mesmo patamar existencial, enquanto seres humanos, não quer dizer indiferenciação de modalidades de presença ou mesmo de função ou papel. O *setting* psicoterápico – mesmo o constituído pelo encontro – não é espaço de mútua troca de experiências no sentido de ambos falarem sobre a própria perspectiva; ali as luzes estão lançadas na experiência do outro e isso não significa uma retirada de presença no campo por parte do profissional, mas trata-se de uma maneira própria de estar presente, de ser presença na penumbra dos bastidores enquanto vivamente voltado para a experiência sob as luzes da ribalta.

Tendo Terry se tornado a primeira bailarina da grande cidade, Calvero está sempre presente nos bastidores. Certa vez, enquanto ela se lança em relacionamentos profissionais e pessoais ao sair do teatro no momento de intervalo, ele ali permanece, à sombra e só, apreensivo sobre o que estaria por vir: quanto a seu próprio percurso e também sobre as vivas expectativas de realização pessoal por parte dela. Aquela apreensão e tensão é vivência de amor, amor nesse horizonte amplo de vida, amor que também é dor, amor que conta com a separação porque o outro realiza seu próprio percurso. Amor esse que compõe vivamente a presença do profissional à pessoa que se lança no próprio caminho de vida. Assim, mesmo a separação não é corte de relação.

Calvero, vendo Terry trilhar seu próprio caminho com liberdade e sentido, em certo momento decide encerrar o processo de relação de ajuda, justamente visando maior liberdade dela. Mesmo assim, a presença dele permanece como significativa para ela: tempos depois, Terry encontra Calvero pela cidade e lhe confidencia permanecer ligada a ele, andava muitas vezes à sua procura pela cidade. Ao que Calvero comenta que a vê um pouco mais crescida. Ela aponta o sofrimento que isso comporta e o temor que algo da vinculação entre eles tenha desaparecido. "*Não desapareceu: só mudou. (...) Faria tudo para que se sinta feliz*", assegura Calvero. "É isso que dói: sei que você o faria", reconhece Terry. E Calvero assegura: "*Foi tudo pelo melhor*", "a verdade é tudo o que quero, é o que me resta": o que lhe interessa é a experiência autêntica no processo acontecendo. A retaguarda pode ser também modalidade de afirmar o processo que segue adiante, o processo em ato e a experiência vivida.

De alguma maneira um carrega o outro consigo no seu próprio processo, também como luta, dor e amor. O encontro inaugura uma possibilidade de vivência em que o outro faz parte de si, vivência essa que pode ter continuidade mesmo à distância.

Em outra ocasião, Terry está vivendo a tensão do momento de entrar em cena, esperando que se dê um acontecimento naquele momento de expressão artística, consciente do risco, dirige-se a Calvero na retaguarda pedindo que rezasse por ela. Por um lado ele reafirma o lançar-se confiante da liberdade, respondendo que "a quem se ajuda, Deus ajuda", por outro lado, ele se põe a rezar, muito discretamente, solitário, num cantinho escuro dos bastidores, ainda que não soubesse bem a quem se dirigir: "Quem seja ou o que seja, ajude-a até ao fim", expressando o desejo profundo de seu coração.

O vivo desejo de que o caminho do outro seja de realização pessoal (do qual participamos sem determiná-lo) pode permanecer aceso mesmo quando já não estamos juntos. Rezar por ela, é também amor, consciente do mistério do acontecimento do encontro e da vida mesma. Aquele desejo de que a vida do outro possa se tornar plena de sentido pessoal e intensamente realizadora (dentro das lutas e desafios próprios de cada momento e circunstância) é também um modo de se manter em companhia, ainda que à distância.

Em outro momento, a situação se inverte: Terry encontra ocasião para que Calvero esteja no centro da cena, sob as luzes da ribalta, e agora é ela quem nos segredos dos bastidores, reza expressando seu desejo de bem e sua consciência de que a realização pessoal dele depende do acontecimento que está bem além de qualquer trabalho ou ação que ela possa realizar: "*Oh, meu Deus! Que não dê nada errado*". Também nesse caso, o desejo que aconteça algo maior a constituir o encontro interpessoal, compõe a relação, e possibilita estarmos juntos mesmo não estando ao lado a lado.

Em certo sentido, todo o nosso desejo não tem poder de determinar acontecimentos na vida do outro, por outro lado, possibilita que os eventos inesperados e adversos não apaguem a presença que somos para ele.

Naquela mesma ocasião, Calvero se fere enquanto atua: mesmo com dores, mantém sua presença em cena, tomando posição no mundo e para o mundo. Agora é Calvero quem não consegue andar ou se apresentar, e sua realização pessoal está em contemplar Terry atuando com tudo de si, com liberdade de se lançar e vivenciar, realizando-se e, assim, enriquecendo o mundo com sua presença. Calvero vem a falecer – realizado – nas sombras dos bastidores, tendo nos olhos a presença de Terry dançando à luz da ribalta; morre diante da vida-acontecimento, diante da arte-profissão acontecendo como vida, morre afirmando a vida acontecendo.

Todos os diversos sentidos que ele foi afirmando ao longo do percurso estavam ali condensados naquela cena: não podendo fazer coisa alguma para que o outro se realize ou mesmo lute por sua própria vida, pode ser presença para o outro ao contemplar o acontecimento do encontro e da vida mesma. Assim, contribui para a liberdade do outro, frente aos dramas e limites inevitáveis, bem como frente ao acolhimento do acontecimento do eu e do mundo.

Ali, consciente da possibilidade da morte e limitado por ela, assim como consciente do acontecimento do encontro e de suas potencialidades, ao contemplar Terry lançando-se em seu próprio caminho superando a tendência de negar a própria vida, vislumbra também a própria frágil e real participação naquele acontecimento. Verificando ali o sentido de todo o próprio percurso de vida, Calvero exclama: "*O coração e o espírito: que enigma!*". "No encontro não se mostra apenas o essencial e único, mas o mistério também. (...) Então, tudo se torna mistério. E o homem responde ao mistério; surpreendendo-se, agradecendo, percebendo algo como um abalo e uma perturbação." (Guardini, 2002, p. 209).

De fato, no fim das contas, na tensão entre "suicídio *versus* encontro interpessoal" o que está em questão é se cada um de nós coloca algo de novo no mundo através de sua própria pessoa, numa relação, num processo. Partir da surpresa do acontecimento do encontro, a nos permitir estar diante da pessoa (espírito e coração), leva-nos à admiração simples e radical: "Que enigma" é a pessoa, a pessoa do outro, a minha própria pessoa! Que mistério é a vida acontecendo! Nessa abertura, favorecemos que os encontros aconteçam, e que permaneçam. "Que enigma!".

Referências

ALES BELLO, A. *Pessoa e comunidade*: comentários: psicologia e ciências do espírito de Edith Stein. Edição e notas de M. Mahfoud. Tradução de M. Mahfoud e J. T. Garcia. Belo Horizonte, Brasil: Artesã, 2015.

ANGERAMI, V. A. *Cinema e subjetivação*: uma análise sensível de percepção e emoção. Belo Horizonte: Artesã, 2017.

ARENDT, H. *A condição humana*. 11. ed., rev. Tradução de A. Correia. Rio de Janeiro: Forense Universitária, 2010.

BRANDÃO, S. R. A pessoa em Romano Guardini: um desafio à autonomia e desamparo do homem contemporâneo. *Memorandum* (Belo Horizonte), n. 10, p. 147-156, abril-set., 2006. Disponível em: <https://seer.ufmg.br/index.php/memorandum/article/view/6740/4313>. Acesso em: 25 jan 2019.

BRANDYS, K. Obrona Grenady. In: *Czerwona czapeczka*. Warsaw: Panstwowy Institut Wydawniczy, 1957.

CHAPLIN, C. *Luzes da ribalta (Limelight)*. [Filme-vídeo]. Produção e direção de Charles Chaplin. [Reino Unido, 1952]. 1 DVD, 131 min. preto e branco. son., Vintage Films, s/d.

CRITELLI, D. Consumo e obediência: a desarticulação da liberdade. *Psicologia USP* (São Paulo), v. 19, n. 4, p. 477-486, out.-dez., 2008.

GIUSSANI, L. In cammino. In: GIUSSANI, L. *Un avvenimento di vita, cioè una storia: itinerário di quindici anni concepiti e vissuti*. Roma: Il Sabato, 1993, p. 475-502.

GIUSSANI, L. Conscientes de sí. In: GIUSSANI, L. *La autoconciencia del cosmos*. Tradução de I. Almería e C. Giussani. Madrid: Encuentro, 2002, p. 96-115.

GIUSSANI, L. *O senso religioso*. Tradução de P. A. E. Oliveira. Brasília: Universa, 2009.

GUARDINI, R. *Mondo e persona*: saggio di antropologia cristiana. Tradução de G. Colombi. Brescia: Morecelliana, 2000.

GUARDINI, R. O encontro. In: COGO, L. & CHAVES, C. (Orgs). *Curso de extensão em educação infantil*. Tradução de J. P. Peres. Belo Horizonte: AVSI, 2002, p. 204-212.

HENRY, M. Sofrimento e vida. In: ANTUNEZ, A. A.; MARTINS, F.; FERREIRA, M. V. (Orgs). *Fenomenologia da vida de Michel Henry*: interlocuções entre filosofia e psicologia. São Paulo: Escuta, 2014, p. 33-45.

LUCZINSKI, G. F.; ANCONA-LOPEZ, M. A psicologia fenomenológica e a filosofia de Buber: o encontro na clínica. *Estudos de Psicologia* (Campinas), v. 27, n. 1, p. 75-82, jan.-março, 2010.

MAHFOUD, M. *Experiência elementar em psicologia*: aprendendo a reconhecer. Brasília: Universa; Belo Horizonte: Artesã, 2012.

MAHFOUD, M. A estruturação da experiência segundo Luigi Giussani. *Estudos de Psicologia* (Campinas), v. 33, n. 3, p. 395-401, jul.-set., 2016.

MAHFOUD, M. Autoconsciência no relacionamento com uma presença: "teu nome nascia do que fitavas". In: MAHFOUD, M. (Org.) *Quem sou eu?*: um tema para a psicologia. Belo Horizonte: Artesã, 2017a, p. 69-109.

MAHFOUD, M. Quem sou eu? Acontecimento pessoal na busca de completude. In: MAHFOUD, M. (Org.) *Quem sou eu?*: um tema para a psicologia. Belo Horizonte: Artesã, 2017b, p. 37-67.

MAHFOUD, M. Vale a pena viver? A pergunta radical requer resposta pessoal. In: ANGERAMI, V. A. (Org.). *Sobre o suicídio*: a psicoterapia diante da autodestruição. Belo Horizonte: Artesã, 2018, p. 423-433.

MAHFOUD, M. *Arte e educação em perspectiva husserliana*. 2019a. (No prelo).

MAHFOUD, M. Gesto fenomenológico diante do acontecimento da subjetividade. In: FEIJOO, A. M. L. C.; LESSA, M. B. M. F. (Orgs). *Gesto fenomenológico*: corpo, afeto e discurso na clínica. Rio de Janeiro: IFEN, 2019b, p. 53-76.

MAHFOUD, M.; MASSIMI, M. A pessoa como sujeito da experiência: contribuições da fenomenologia. *Memorandum* (Belo Horizonte), n. 14, p. 52-61, abril-set., 2008. Disponível em: <https://seer.ufmg.br/index.php/memorandum/article/view/9982/7717>. Acesso em 25 jan 2019.

MARTINS, J. G. Experiência e subjectividade em Claude Romano. In: CANTISTA, M. J. (Org.). *Desenvolvimentos da fenomenologia na contemporaneidade*. Porto: Campo das Letras, 2007. p. 167-213.

MERLEAU-PONTY, M. O cinema e a nova psicologia. In: XAVIER, I. (Org.). *A experiência do cinema*. Rio de Janeiro: Graal, 1983. p. 103-117.

ROMANO, C. *Lo posible y el acontecimiento*. Tradução de A. Fornari, P. Mena e E. Muñoz. Santiago de Chile: Universidad Alberto Hurtado, 2008.

ROMANO, C. *El acontecimiento y el mundo*. Tradução de F. Rampérez. Salamanca: Sígueme, 2012.

STEIN, E. Contribuiciones a la fundamentación filosófica de la psicología y de las ciencias del espíritu. In: STEIN, E. *Obras completas: v.II: Escritos filosóficos (etapa fenomenológica: 1915-1920)*. Tradução de F. Javier Sancho. Burgos: Monte Carmelo, 2005. p. 207-520.

WONDRACEK, K. H. K. Jornada de um afeto em busca de seus fios. In: WONDRACEK, K. H. K, HOCH, L. C. & HEIMANN, T. (Orgs). *Sombras da alma*: tramas e tempos da depressão. São Leopoldo: Sinodal, 2012. p. 93-104.

CAPÍTULO 25

Trajetória de suicídios

Valdemar Augusto Angerami

A maior dádiva do universo é tua vida.
E a Lua Nova contemplativa no firmamento...
(Sabedoria cigana)

Introdução

Carro rompendo a neblina na subida da serra para encontrar a noite estrelada mais linda dos sonhos. Pensamento imerso na dramaticidade dos casos atendidos nessa noite, e por assim dizer ao longo da vida. O carro transita pela subida da serra comigo ouvindo o poema sinfônico *La Mer*, de Claude Debussy, certamente um dos mais lindos poemas sinfônicos da história da música. Nele, Debussy, um vértice da minha Santíssima Trindade Musical – os outros, Mozart e Rachmaninov – descreve o som do mar do amanhecer até o crepúsculo, simplesmente maravilhoso, obra que nos leva a ter orgulho das criações efetivadas pelo ser humano. Indescritível! Algo para decantar nossa alma e nos fazer crer que ainda existe esperança, a despeito de tantos sofrimentos que estão açoitando tantas pessoas das mais diferentes formas e nos mais variados segmentos sociais.

Nos últimos anos, meus pacientes de consultório são, em sua maioria, absolutamente envolvidos com suicídio, seja por tentativas de suicídio recentes, seja ainda por suicídio de parentes próximos. Anteriormente, havia um equilíbrio maior, e junto aos casos com essa dramaticidade atendia também casos que não apresentavam o suicídio em seu escopo principal. E me ocorre sistematizar uma reflexão sobre minha trajetória junto a esses casos de suicídio e de tentativas de suicídio, e assim, de alguma maneira, responder a tantos que me perguntam sobre esse percurso. Tantas vidas enfeixadas em sofrimento e dor que se torna difícil uma definição conceitual para tanto desespero encontrado ao longo do caminho. Vidas esfaceladas diante da desesperança, e de tal modo despedaçadas que acolher essas lágrimas é dádiva a ser partilhada para que um desdobramento de ação se torne real e possa atingir a um sem número de pessoas.

A ideia de partilhar minha trajetória tantas vezes solicitada é algo bastante inusitado, pois na medida em que existe toda uma aura mítica em torno de mim, mostrar passos dessa caminhada talvez quebre essa idealização feita no imaginário das pessoas, e jamais na realidade desse percurso. Percurso na maioria das vezes crivado em sofrimento e dor tantas as perdas e lutos dessas sendas.

Vamos caminhar por pedregulhos arenosos em que a planta dos pés muitas vezes sangra, tamanha a aspereza desses chãos. Caminhos adversos que a nossa própria percepção não consegue balizar como verdadeiros após a superação de suas barreiras e dificuldades. Certamente muitos dos obstáculos que superamos nessa jornada receberiam a denominação de intransponíveis em possíveis questionamentos aprioristicos. No entanto, diante deles, e em meio aos seus inúmeros desdobramentos, momentos de superação se somaram e fizeram com que pudéssemos sobrepujar tantos obstáculos quanto se nos foi colocado de modo soberano e sem qualquer titubeio.

Meu carro transita pela serra praticamente sozinho, em que pese a densa neblina do caminho, afinal, são décadas fazendo esse percurso quase que diariamente, com predominância nas noites, o que, apesar da baixa visibilidade, faz com que o percurso seja feito de modo seguro e sem sobressaltos. E, nessa noite, as ideias desse trabalho fervilham em pensamentos disformes e sem qualquer concatenação. A música de Debussy traz a grandiosidade humana a emoldurar essa concepção, decisão revestida de inquietação pelo tanto a ser partilhado nas conquistas desses caminhos.

Na infância, o primeiro suicídio...

Deixai vir a mim as criançinhas...

Criança de tenra idade quando surge o primeiro contato com o suicídio, e ainda suicídio infantil: um amiguinho de dez anos de idade que pôs fim à própria vida. Mistério a envolver a pequena cidade interiorana da qual éramos parte. Ninguém sabia explicar o acontecido e, desde *doença da cabeça* (sic) até *possessão demoníaca* (sic), tudo era evocado para tentar explicar essa tragédia que nos deixou traumatizados e desolados por toda a eternidade. Naquele momento não pensava sequer o que significava suicídio e nem mesmo essas explicações tão estranhas que os adultos usavam para tentar explicar o que havia acontecido com o meu amiguinho. De real havia o fim dos sonhos, dos passeios e brincadeiras que ponteavam a meninice.

E como tanta coisa que nos ocorre na infância, também nesse caso surgia o pensamento mágico de que na vida adulta compreenderia o que de fato havia acontecido. Nesse momento também não havia sequer a possibilidade de imaginar que enveredaria pelos caminhos da saúde na vida adulta. Mal havia começado a tartamudear as primeiras palavras de modo que meu horizonte de vida não conseguia alcançar algo tão distante da minha realidade perceptiva.

Aquele ato era revestido de tamanha absurdidade, que mais do que conhecer de modo abrupto o significado da morte e de sua irreversibilidade, tinha ainda o aprendizado do mistério a rondar a própria condição humana. Questões que na realidade se iniciaram desde então, e na verdade, até hoje, mesmo depois de tantos anos envoltos com a temática do suicídio, não encontro resposta e sequer alívio. Ao menos hoje sei com absoluta certeza que ninguém, absolutamente ninguém, sabe nada sobre suicídio. Temos uma infinidade de teorias explicando tudo, e se arvorando na condição de um conhecimento simplesmente inexistente. Perde-se o parâmetro de que teoria é o conjunto de hipóteses formuladas na tentativa de compreensão de um fenômeno ou ocorrência. Basta não crer nos enunciados e axiomas de uma determinada teoria que ela nada explica. Simples assim...

Sei sobre o desespero humano, e disso sei bastante, e a partir disso possa acolher tantas pessoas desesperadas em vias da autodestruição.

E mesmo dentro de toda a absurdidade representada pelo suicídio em si, a autodestruição infantil é algo que sequer pode ser nominado. É algo absurdamente insólito para que se possa locupletar em digressões teóricas e filosóficas sobre seu significado. O meu amiguinho ao colocar fim à vida com as próprias mãos, mais do que mostrar com seu gesto essa absurdez, mostrou também o tanto que estamos totalmente à deriva dos fatos quando se coloca em discussão o sentido da vida, e o tanto que a vida se mostra tênue diante do desespero.

É como se o desespero humano estivesse a mostrar nos casos de suicídio infantil que não existem vidas a serem poupadas diante dessa draga de destruição. Algo a mostrar que a delicadeza e ingenuidade infantil existem apenas e tão somente nos maravilhosos desenhos da *Walt Disney Studios*, desenhos que nos fazem crer em um mundo encantado de sonhos e magia. A realidade infantil, no entanto, mostra faceta do desespero humano que assustam até aos mais experientes profissionais da área da saúde. Em texto anterior (Angerami, 2013), descrevemos a dramaticidade dos casos de tentativa de suicídio infantil até mesmo para os profissionais da saúde que, diante da incredulidade de sua ocorrência, muitas vezes, insistem em definir como acidente e não como ato de tentativa de suicídio. E até mesmo naqueles casos em que o ato é fatal, ainda assim, existe propensão para uma postura que tenta escamotear e negar essa condição de destrutividade. Afinal, ainda existe para muitas pessoas a incrustação no imaginário de que a infância é um período em que o desespero humano não encontra guarida. Isso em que pese o drama que acomete tantas crianças sob as mais diferentes formas de violência contra a dignidade humana. Na realidade quando negamos que a criança também sofre em níveis muitas vezes insuportáveis, estamos também negando possibilidade de compreensão e ajuda a esse sofrimento.

E a minha infância, envolta na leitura maravilhosa de contos de fadas, obras de Monteiro Lobato dentre outros, foi crivada por um caso de suicídio a estabelecer contraponto entre a realidade onírica das leituras que me eram fascinantes, e a dramaticidade da vida a gritar sobre o desespero humano. E certamente quando, na adolescência, iniciei a leitura dos livros de Dostoievysk, Tolstói, George Sand, dentre outros, verdadeiramente, já estava forjado para compreender a realidade do desespero humano por já possuir vivência para tal.

Hoje sei do desespero humano açoitando crianças nas mais diferentes formas de inserção. Seja em nosso trabalho junto a pessoas em situação de rua, principalmente, na Cracolândia em que assistimos crianças jogadas na sarjeta totalmente drogadas em que pese à tenra idade, e que muitas vezes sequer possuem vida legal. Crianças que nasceram, vivem e morrerão na Cracolândia. Temos também o drama de outras tantas crianças que são usadas como *mulas* do tráfico de drogas, crianças vítimas de todo uma situação de abando do manto protetor do Estado; outras tantas crianças que estão na rua esmolando ao invés de estarem em salas de aula; crianças vítimas de desagregação familiar, em que mesmo não havendo situações de desatinos socioeconômicos vivem situações de penúria e de total arraso emocional.

Crianças, enfim, crianças... E o desespero humano açoitando impiedosamente sem que seja possível estancar tal sofrimento, pois o que temos de fato é uma das facetas humanas mais cruéis se fazendo presente de modo irrebatível. Crianças sem direito a iogurtes, algodão doce, parques de diversões, escola, e tantos folguedos inerentes à infância e negados, muitas vezes, pela crueza da própria vida. E de minha parte tenho claro que a cada criança que vejo em situação de rua, ou tendo sua vida ceifada pelo suicídio, enfim situações extremadas de desespero humano, existe o fracasso de uma sociedade delirante que não é sequer capaz de prover dignidade aos seus seres mais desprotegidos. Apenas espero não ver o dia em que o suicídio infantil seja considerado normal, e não mais a excrescência extrema da nossa falta de cuidados com seres indefesos e que são acometidos de modo tão cruel pelo desespero humano.

Simples assim...

Dados do Mapa da Violência, do Ministério da Saúde do Brasil, revelam que o suicídio infantil existe e está crescendo. De 2002 a 2012 houve um crescimento de 40% da taxa de suicídio entre crianças e pré-adolescentes com idade entre 10 e 14 anos. Na faixa etária de 15 a 19 anos, o aumento foi de 33,5%[1]. E ainda temos

[1] Dados apresentados em 2014 pelo portal IG Saúde. Cf. https://saude.ig.com.br/minhasaude/2014-09-10/em-dez-anos-suicidio-de-criancas-e-pre-adolescentes-cresceu-40-no-brasil.html

o agravante que embora esses dados estejam defasados, nada nos leva a crer que possa ter diminuído de modo significativo essa estatística macabra.

Conheci o suicídio infantil da forma mais cruel que se pode conceber, aquela em que você participa do enredo ainda que tangencialmente. Uma dor crivada em inconformismo e na total falta de asserção sobre os fatos em si.

E não tenho o menor constrangimento em assumir que após esses anos envolvidos com tentativa de suicídio, e acolhimento aos enlutados de suicídio, o fato de existirem crianças dragadas nessa dramaticidade me deixa totalmente arrasado, e sem a menor condição emocional para qualquer tipo de ação. Crianças, simples crianças com o desespero ceifando suas vidas impiedosamente.

No Japão, por outro lado, o suicídio de crianças e adolescentes atingiu o maior patamar em três décadas, de acordo com autoridades de saúde japonesas. Entre abril de 2016 e março de 2017, 250 estudantes da escola primária até o Ensino Médio tiraram suas vidas. É o maior número registrado desde 1986 – e cinco vezes maior que o registrado um ano antes[2].

O recorde de suicídios de crianças e adolescentes vai em sentido contrário dos dados do conjunto da população japonesa – todas as faixas etárias. Nos últimos 15 anos, o país asiático conseguiu reduzir a taxa de suicídios geral em um terço – de 34,5 mil casos em 2003 para 21 mil em 2017. Segundo a Organização Mundial da Saúde a queda ocorreu devido a uma série de medidas preventivas[3].

Já entre os jovens, o suicídio permanece como a principal causa de morte. O maior número de suicídios é de adolescentes do Ensino Médio[4]. Dados que simplesmente desmoronam com qualquer tentativa de explicação e balizamento que não seja a total incompreensão e incredulidade diante de tudo.

E, por mais que estejamos aptos e instrumentalizados para atuar com as pessoas em situação de desespero, a questão envolvendo crianças desmorona com toda e qualquer racionalidade que envolve teorias e explanações sobre a temática. Somos frágeis por mais que se possa arvorar conhecimentos e domínios de técnicas diversas. O suicídio e principalmente o suicídio infantil escancara nossa impotência e limitação de modo completamente irrebatível.

Crianças, simples criaturas indefesas e que estão envoltos na desesperança de uma vida encarquilhada em dor e sofrimento. E a mostrar com sua fragilidade que somos ainda mais frágeis, isso apesar dos anos vergando sobre nossos ombros e o corolário de titularidade acadêmica. Fragilidade exposta e que não permite sequer qualquer contraponto que não o total desânimo diante de fatos tão cruéis e dolorosos.

2 Dados apresentados em 2018 pela BBC *News* Brasil. Cf. https://www.bbc.com/portuguese/geral-46117074

3 Idem.

4 Idem.

Da trajetória profissional...

O início...

> *O tempo caminha segundo por segundo; o maior dos livros foi escrito letra por letra; o maior dos rios é um conjunto de files de água...*
>
> (Angerami, 2017)

Quase no final da década dos anos 70 do século passado comecei a atuar, ainda acadêmico de psicologia, em uma entidade, o Círculo Santa Verônica, ligado a OAF – Organização do Auxílio Fraterno –, e que atendia pessoas vítimas de tentativa de suicídio no Pronto Socorro do Instituto Central do Hospital das Clínicas da Faculdade de Medicina da Universidade de São Paulo (FMUSP). A entidade citada deixou suas atividades no hospital, mas permaneci juntamente com outros profissionais que faziam parte do trabalho. E durante anos minha atividade profissional foi o trabalho junto às pessoas vítimas de tentativa de suicídio.

Nesse momento também me deparei com um dos maiores enigmas no caminho da tentativa de suicídio que era ouvir de inúmeros pacientes que eles não desejam morrer. Isso era algo totalmente insólito, pois ao mesmo em que diziam textualmente que não desejavam morrer estavam hospitalizados em decorrência de uma tentativa de suicídio. Uma frustrada tentativa de colocar fim à própria vida. Sequencialmente, foi possível perceber depois de inúmeros atendimentos aos mais diferentes tipos de pacientes que se busca colocar fim à dor que estrangulava suas almas, e como não conseguiam ver outra possibilidade que não à própria morte recorriam à tentativa de autodestruição. No entanto, já no hospital e adquirindo consciência dos fatos podiam perceber que o alvo principal não era a morte e sim o fim do sofrimento que carcomia suas almas. Pessoas desesperadas que buscavam o suicídio como alívio para suas dores mais agudas e dolorosas.

Outra coisa que também foi se evidenciando aos poucos e isso em que pese meus primeiros trabalhos acadêmicos publicados falarem em *causas do suicídio*, sequencialmente foi se configurando que o suicídio não tem jamais uma causa específica. O suicídio é a configuração da falta de sentido vivenciada por uma determinada pessoa e seu esgotamento de esperança no enfrentamento do sofrimento que açoita sua alma. Assim como um casal que se separa não tem uma causa específica para justificar a separação, e sim o total esgarçamento do relacionamento que provoca desgaste e atritos nas mínimas coisas tornando a convivência simplesmente insuportável.

E junto com essas pessoas desesperadas, tínhamos também as vítimas da tortura propiciada pela ditadura militar que assolava o país, e que davam entrada no hospital como sendo casos de tentativas de suicídio, e na realidade, eram pessoas vítimas pela barbárie da tortura imposta aos divergentes pelos tentáculos dessa ditadura.

Era um trabalho que em decorrência dessas atrocidades apresentava em seu bojo um forte envolvimento político social. Vivíamos o auge da ditadura militar que ceifava vidas impiedosamente, e nossa atividade nos levou a uma projeção ímpar tanto na seara da psicologia e dos direitos humanos. Afinal, junto com as tentativas de suicídio, havia também os casos que davam entrada no hospitalar como sendo tentativas de suicídio, e que na realidade eram pessoas que tinham sofrido na própria pele as barbáries da tortura física imposta pelos órgãos de repressão à serviço da ditadura militar.

E, ao vir a público apresentar os resultados do nosso trabalho, mostrávamos que por trás desses possíveis casos de tentativas de suicídio se escamoteavam casos de tortura. Um paciente dava entrada no hospital, por exemplo, como sendo vítima de tentativa de suicídio através de queda de grande altura. O primeiro indício a chamar-nos a atenção era que esses pacientes eram trazidos por veículos estranhos à rotina hospitalar, geralmente ambulâncias. E ao nos aproximarmos desse paciente constatávamos que não se tratava de quedas, e sim de casos bárbaros de espancamentos em que o paciente foi submetido a sessões de tortura até o limite de sua condição física. Outro caso que foi bastante significativo desse período foi o de um paciente hospitalizado devido à ingestão de pregos. No entanto, diante da nossa abordagem foi constatado que ele teve a língua agredida por pregos, e na tentativa de defesa engoliu os pregos.

Colocamos em trabalho anterior (Angerami, 2011) que, ao efetivarmos tais denúncias, mais do que a exibição de trabalhos de produção acadêmica, estávamos também denunciando uma das facetas da barbárie militar que assolou o país durante longos vintes anos. Os nossos trabalhos passaram a ser referência acadêmica de tantos que buscavam subsídios para o enfrentamento do regime militar. Houve um episódio bastante significativo do imbricamento de nossa atividade clínica com o enfrentamento da ditadura militar: foi a reunião anual da Sociedade Brasileira Para o Progresso da Ciência ocorrido em São Paulo nos prédios da USP. O nosso trabalho envolvendo suicídio e tortura não pôde ser apresentado, pois, quando do lançamento dos Anais do evento, houve uma imediata mobilização do exército, que cercou os prédios da universidade e impediu a reunião em que se efetivaria a apresentação desses trabalhos (Angerami, 2011). Os atendimentos junto às pessoas vítimas da tentativa de suicídio nos fizeram trilhar por caminhos diversos em confluência com a psicologia. Assim, passamos a fazer parte do Movimento de Luta Anti Manicomial e Comissão Justiça e Paz de São Paulo. E a produção de trabalhos envolvendo a temática do suicídio passou a fazer parte da minha cotidianidade, e sem ter sequer a dimensão das consequências dessas publicações, e nem mesmo dessa atividade. A partir da atividade desse grupo o suicídio passou a ser também pertinência de intervenção do psicólogo. Esse detalhamento foi registrado, inclusive, pelo Conselho Regional de Psicologia (CRP) no final da década de 90 do século em entrevista em seu jornal, e que serve de referência aos estudiosos da área[5].

Esta atividade também me fez enveredar pelos caminhos de publicações em psicologia hospitalar, campo em que, assim como o suicídio, também somos pioneiros e com as publicações em livros e artigos mais referendados na área[6].

E mesmo minhas atividades acadêmicas foram direcionadas para a criação de cursos envolvendo a prática do psicólogo no hospital. Frise-se que o primeiro curso de especialização em psicologia hospitalar foi realizado no Instituto Sedes Sapientiae de São Paulo, tendo a mim como coordenador (Angerami, 2014). E também os primeiros cursos trazendo a temática do suicídio para o universo acadêmico igualmente tiveram a mim como coordenador (Angerami, 2014).

E na realidade, quando adentrei a esse trabalho era apenas um jovem sonhador entusiasta da própria profissão e que estava fascinado em poder ajudar tantas pessoas combalidas pelo desespero. Não era possível, sequer minimamente, conceber a dimensão que essa atividade tomaria e nem a maneira como me lançaria para horizontes tão promissores. Não havia condições para evocar que essa prática de atendimento hospitalar aos pacientes vítimas de tentativa de suicídio se tornaria referência teórica e prática para cantos onde nem mesmo a imaginação poderia alcançar. Éramos apenas jovens sonhadores que não concebiam outra coisa que não dar o melhor de si em prol dos pacientes. Não se tinha a pretensão de publicação desse trabalho, e nem mesmo a dimensão de que algo inovador e revolucionário estava sendo criado. Apenas algum tempo depois, e apenas após as primeiras publicações, e diante da ebulição que provocaram, é que começamos a dimensionar a extensão do que efetivamente estava sendo realizado. Sem consciência dos fatos estávamos erigindo as pilastras de uma nova concepção da psicologia e de seus tentáculos na área da saúde.

Atuação junto à Companhia do Metropolitano de São Paulo – Metrô

Na gestão de prefeita Luiza Erundina, era parte da equipe de Assessoria de Saúde Mental chefiada pelo Dr. Nacile Daud Jr. na Secretaria Municipal de Saúde. Atuava como consultor para o Serviço de Atendimento aos Casos de Urgência e Suicídio. Aqui, vamos nos ater apenas ao nosso de trabalho junto ao Metrô, pelo fato de envolver diretamente a questão de suicídio em seu bojo.

A Companhia do Metropolitano de São Paulo, através do Departamento de Controle Centralizado, procurou pela Secretaria Municipal de Saúde para

[5] Entrevista concedida ao website do Conselho Regional de Psicologia – seção SP. Cf.: http://www.crpsp.org.br/portal/comunicacao/jornal_crp/110/frames/fr_entrevista.aspx

[6] Ao final deste capítulo há a indicação destas obras de referência.

efetivar a implantação de um Serviço de Atendimento aos Casos de Suicídio, face ao grande número de usuários do Metrô que tentam o suicídio no interior de suas estações. Esses casos apresentavam situação inusitada que envolvia funcionários, usuários e todos quanto direta ou indiretamente participavam através da presença física da tentativa de suicídio (Angerami, 2014). Depois de criteriosa avaliação das variáveis presentes nessa realidade, foi efetivado um trabalho de acompanhamento dessas vítimas que envolvia, além da pronta e imediata remoção desse paciente para liberação da via férrea[7], como o imediato encaminhamento à rede hospitalar em ambulâncias do próprio Metrô.

Essa atividade foi muito promissora desde o início e estabeleceu uma nova forma de abordagem às vítimas de tentativas de suicídio que tinham seus atos nas dependências do Metrô. Em trabalho anterior, refletimos sobre o fato de as pessoas procurarem por locais públicos para tentarem se matar, locais em que o *outro* que se fez ausente em sua vida está presente (Angerami, 2017). E certamente esse é outro de nossos trabalhos cujo modelo teórico de intervenção igualmente foi propagado pelos mais diversos cantos desse país.

Atendimento aos casos de tentativas de suicídio nos Prontos Socorros da cidade de São Paulo

Ainda na gestão da prefeita Luiza Erundina, ocorreu a implantação de um serviço de atendimento aos casos de suicídio nos prontos socorros da cidade de São Paulo. E assim como nossa experiência anterior no Pronto Socorro do Instituto Central do Hospital das Clínicas da FMUSP, descrito anteriormente implantamos atendimento aos casos de tentativas de suicídio que davam entrada nos hospitais da rede municipal de saúde da cidade de São Paulo. E devido justamente à nossa experiência anterior houve uma preocupação muito grande em sensibilizar os profissionais da saúde envolvidos nessa atividade no sentido de acolhimento à essa pessoa vítima de tentativa de suicídio de maneira decididamente mais humana, e sem o escárnio que cercava esses atendimentos principalmente às adolescentes. Assim, jugos morais, éticos, e até mesmo religiosos encontrados nos profissionais da saúde merecem uma abordagem de sensibilização para uma nova compreensão do ato da tentativa de suicídio. E isso, por si, é condição indispensável para a estruturação de um serviço que atendesse a esse tipo de problemática. Trabalho

[7] À guisa de simples observação basta imaginar o transtorno que seria a via férrea interditada cerca de quinze minutos no período das 18:00. Indiscutivelmente, haveria tamanho aglomerado com a inevitável geração de tumultos e outros atos imprevisíveis. Assim, a necessidade da imediata desobstrução da pista pode parecer algo desumano à primeira vista, no entanto, revela uma preocupação de evitar-se uma cadeia imensurável de acidentes dos mais diversos matizes.

igualmente de grande envergadura e que nos faz crer em uma nova perspectiva da psicologia face aos seus desdobramentos.

Missão Belém, Casa de Oração do Povo de Rua e Casa da Esperança

A Missão Belém, Casa de Oração do Povo de Rua, trabalha com pessoas em situação de rua. A Casa da Esperança atende pessoas desesperadas que acorrem aos seus plantões. E igualmente com ênfase ao desesperado que também se encontra em situação de precariedade de moradia, ou em situação de rua. E delas me aproximei pelos meus trabalhos anteriores com pessoas em situação de rua e principalmente devido ao meu trabalho na Cracolândia (Angerami, 2017) junto às vítimas dessa realidade. E de modo bastante intenso passei a fazer parte de suas atividades, principalmente nas noites de natal[8], quando existe toda uma forma de abordar o desesperado dessa noite, a noite mais violenta do ano em termos de suicídio. Entidades que já atuam com pessoas em situação de rua, por ocasião do natal, preparam várias atividades que incidem sobre esse acolhimento ao desesperado desse período tão sofrido para quem está sendo açoitado pela vida.

Prática clínica

Em trabalho anterior (Angerami, 2018) sistematizamos, a partir da nossa prática junto ao desesperado e ao desesperançado, um conjunto de atitudes para intervir nesses casos. Esse conjunto de atitudes tornou-se um protocolo bastante utilizado para os psicoterapeutas que se arvoram em enveredar pelos caminhos do atendimento junto ao desesperado e ao desesperançado. Algo que verdadeiramente foi muito além do que concebíamos inicialmente em suas possíveis repercussões. De modo geral, nos últimos tempos, o que mais ocorre é um número muito grande pessoas me procurando para detalhamentos sobre os procedimentos descritos nesse trabalho.

Considerações complementares

Esse trabalho não está apenas incompleto, ele é apenas caricato de tudo que foi vivido ao longo destes trinta e poucos anos junto às vítimas de tentativas de suicídio. Tantas emoções vividas, tantas lágrimas enxugadas que a sensação é que tudo o que foi descrito sequer tangencia a realidade vivida. E não poderia ser

[8] Meu trabalho junto ao desesperado da noite de natal está descrito no capítulo 1 deste livro.

diferente, principalmente se considerarmos que esse trabalho descreve apenas e tão somente a trajetória percorrida nesses anos. Detalhamentos dos atendimentos, e mesmo as agruras das implantações dos trabalhos nas diversas entidades citadas, estão em outros trabalhos, e isso foi pontuado e referendado.

E, como aprendizes diante das novidades trazidas a cada ensinamento, assim também estamos diante dos casos de suicídio. Cada novo caso surgido um novo universo se espraia em nossa frente e nos leva à dimensão do tanto que estamos distantes de uma real compreensão do que verdadeiramente significa o ato de suicídio. E a imagem que uso à exaustão é de que, diante do suicídio, somos como marinheiros que embora vivam no mar sabem que jamais entenderão seus mistérios. Talvez isso soe estranho diante dos tantos livros e publicações sobre suicídio que empreitamos, mas, igualmente ao marinheiro que constrói suas embarcações e sabe as mudanças das marés na confluência com o luamento, temos como intervir diante dos casos de desespero. Casos em que a desesperança e o desalento com a vida mostram que tudo está se esvaindo, que tudo aos poucos pede sentido e cor. Daí, sabemos que diante do nevoeiro a condução da embarcação precisa ser lenta e cuidadosa. Fragilidades diante de vidas frágeis; esperança de que os desesperançados poderão ser acolhidos em nossa tentativa de intervenção.

Sonhamos sonhos de amor diante do desespero do suicídio. Pretensão e absurdidade que se entrelaçam e nos fazem ser esperança de outros tantos sonhadores que acreditam que, em algum momento, teremos o suicídio controlado, tanto como outras atrocidades que acometem o ser humano. Vidas esmaecidas diante do sofrimento e que buscam esperança e luz diante da dor que esmigalha suas almas.

Ao nos debruçarmos sobre as implicações do suicídio na condição humana deparamos inicialmente com a condição de destrutividade da própria sociedade, seja ela de qualquer matiz, socialista, capitalista, comunista com qualquer outra formatação que se queira arrolar. A autodestruição paira soberana sobre possíveis situações de crise social que se queira aferir. Afirmar que situações de crise levam ao aumento da autodestruição soa completamente distante da fria realidade dos fatos, ou seja, diante da constatação de que temos quase hum milhão de pessoas se matando anualmente, qualquer inferência teórica é desprovida no mínimo de razão, e mesmo de desrazão.

O suicídio assolapa a tudo e todos que tentem compreendê-lo, afinal, o que precisa ficar sempre evidenciado é que apenas tartamudeamos os caminhos em busca de alguma forma de esclarecimento sobre seus meandros. Mas, e isso é sempre muito importante enfatizar, se todos os nossos esforços nessa luta conseguirem resgatar uma única vida, apenas e tão somente uma única vida tudo será plenamente validado. E mesmo que se queira contrapor o que significa uma vida diante de números tão avassaladores, basta considerarmos que essa única vida seja alguém próximo a nós que a validação será plenamente considerada verdadeira. Um filho, esposo, amigo, parente ou quem quer que seja que nos tenha proximidade e que tenha seu desespero resgatado pelos nossos trabalhos certamente justifica toda essa luta insana.

Tantos anos diante das lágrimas e dores de nossos pacientes; tantas publicações; tantos caminhos percorridos. E a constatação de que sempre estamos iniciando algo, pois se existe uma asserção verdadeira é a de que jamais serão conclusivas as afirmações que tentam compreender a condição humana em seus infindáveis mistérios. E quando se arrola a temática do suicídio, então, a coisa fica ainda mais complexa. Tal como os meandros que envolvem a temática da morte, igualmente o suicídio, de imbricamento inexorável com a morte, se mostra totalmente obnubilado à consciência humana.

A religião e a busca do sagrado são necessidades ontológicas do ser humano em sua vã tentativa de encontrar sentido e razão para sua vida. As explicações sobre a morte, a existência de Deus, a vida pós-morte, enfim, questões que nunca se encerram e perseguem o ser humano desde os primórdios da humanidade. Da mesma maneira, tentar compreender os detalhamentos do suicídio é algo totalmente insano.

Hoje se criou até mesmo cursos em nível de pós-graduação de suicidiologia, e que na verdade desfiam teorias e as diversas pesquisar feitas sobre a temática. Pesquisas que quantificam as vítimas a partir do gênero, raça, cor, nacionalidade etc. Os alunos que fazem tais cursos se formam, então, em especialistas de suicídio, algo ainda mais insano diante da maneira como o suicídio continua a dragar suas vítimas impiedosamente com números cada vez mais, simplesmente astronômicos. Mas assim como as religiões insistem na explicação da vida e até mesmo da vida pós-morte em que pese a própria vida mostrar outros constitutivos, os especialistas em suicidiologia estão a bradar seus possíveis conhecimentos e teorias acreditando que sabem algo e que ensinam esse mistério para seus alunos e seguidores. Nunca é demais repetir que teoria é um conjunto de hipóteses formuladas na tentativa de compreensão de um fenômeno ou ocorrência, ou seja, basta se discordar de seus enunciados e axiomas que ela nada nos explica. Insanidade total, insanidade que beira à absurdidade, afinal estamos próximos ao dantesco número de quase um milhão de suicidas por ano ao longo do planeta. Somente no Brasil temos a média de 12 mil vítimas por ano, pessoas que executam com suas próprias mãos o fim de suas vidas.

No entanto, e friso isso quantas vezes forem necessárias, se apenas uma vida for resgatada com todo esse arsenal de acolhimento e reflexão sobre suicídio, tudo valeu. Nossos esforços, então, não terão sido em vão. Uma única vida justifica nossa trajetória, pois uma morte é sempre uma perda irreparável. Falamos em números, algo que não traz a presença humana para nossas reflexões. Mas quando falamos de uma vida, daí sim, estamos falando de um coração vibrando em ânsia, de uma alma quedada em dor e sofrimento.

Vamos continuar por esses caminhos por mais árduos e espinhosos, afinal fomos lançados sem alcançarmos sequer a dimensão disso tudo, e apesar de tantas dificuldades vamos rompendo paradigmas e, cada vez mais, lançando sementes para a construção de novos construtos de reflexão e mesmo de intervenção junto ao desesperançado.

Como mencionei anteriormente, o primeiro caso de suicídio que surgiu em minha vida ocorreu ainda na infância, e desde sempre é algo cuja compreensão se parece com o horizonte que se vê ao longe no mar, algo que nunca se alcança, apenas se distancia quando nos aproximamos de algum ponto de referência, uma pequena ilha, por exemplo. O horizonte está lá diante do nosso olhar, mas não para ser compreendido em seus mistérios e tampouco ser apreendido que não apenas e tão somente pela ilusão visual. Da mesma forma o suicídio e a tentativa de suicídio com seus gráficos de ocorrência separando meios utilizados, gênero, idade, profissão e tantos outros itens arrolados das mais diferentes maneiras e configurações. Pesquisas quantitativas que apresentam tratamento estatístico exemplar a conferir a aura de credibilidade exigida pelo universo acadêmico e de pesquisa.

Uma simples revisão bibliográfica sobre os artigos, dissertações e teses acadêmicas envolvendo a temática de suicídio irá indicar que todo esse material de pesquisa em nada contribui para minimamente estancar o sofrimento das almas ensanguentadas que clamam por alívio ao seu desespero e dor. A dimensão filosófica que determina que o verdadeiro sábio pouco ou nada saber sobre a vida se torna real e verdadeira diante do suicídio. Assumir que estamos diante de um grande e insofismável mistério, talvez seja o início para de fato compreendermos a necessidade de se conferir uma humildade aos nossos escritos e posicionamentos diante do suicídio.

Chegamos... Um capítulo a levar uma reflexão simples e incômoda, a necessidade de assumirmos nossas próprias limitações e assim caminhar buscando um conjunto de profissionais e abordagens que possam nos dar novos rumos nesse emaranhado dos caminhos do suicídio.

Obras de referência

Psicologia Hospitalar

ANGERAMI, V. A. (Org.). *Psicologia hospitalar*: a atuação do psicólogo no contexto hospitalar. São Paulo: Traço Editora, 1984.

ANGERAMI, V. A. (Org.). A psicologia no hospital. São Paulo: Cengage Learning, 2004.

ANGERAMI, V. A. *O doente, a psicologia e o hospital*. São Paulo: Cengage Learning, 20014.

ANGERAMI, V. A. *Temas em psicologia hospitalar.* São Paulo: Cengage Learning, 20014.

ANGERAMI, V. A. (Org.). *Psicologia Hospitalar.* teoria *e prática.* São Paulo: Cengage Learning, 20014.

ANGERAMI, V. A. (Org.). *E a psicologia entrou no hospital.* Belo Horizonte: Artesã Editora, 2017.

ANGERAMI, V. A.; GASPAR, K. C. (Orgs.). *Psicologia e câncer.* São Paulo: Pearson Learning, 2013.

ANGERAMI, V. A.; GASPAR, K. C. (Orgs.). *O câncer diante da psicologia.* São Paulo: Pearson Learning, 2015.

Suicídio

ANGERAMI, V. A. *A ética diante dos casos de suicídio.* In: ANGERAMI, V. A. (Org.). *A ética na saúde.* São Paulo: Editora Pioneira, 1997.

ANGERAMI, V. A. *Histórias Psi. A ótica existencial em psicoterapia.* São Paulo: Editora Pioneira, 1998.

ANGERAMI, V. A. *Breve reflexão sobre a psicoterapia diante dos casos de suicídio* in *Existencialismo e Psicoterapia.* São Paulo: Traço Editora, 1984.

ANGERAMI, V. A. *Solidão e suicídio.* In: ANGERAMI, V. A. *Solidão*: a ausência do outro. Belo Horizonte: Artesã Editora, 2017.

ANGERAMI, V. A. *Suicídio. Uma alternativa à vida. Fragmentos de psicoterapia existencial.* Belo Horizontes: Artesã Editora, 2017.

ANGERAMI, V. A. (Org.). *Sobre o suicídio. A psicoterapia diante da autodestruição.* Belo Horizonte: Artesã Editora, 2018.

ANGERAMI, V. A. Suicídio. *Temas existenciais in Psicoterapia existencial. Noções Básicas.* Belo Horizonte: 2018.

ANGERAMI, V. A. *A arte da psicoterapia* In: ANGERAMI, V. A. (Org.). *As várias faces da psicoterapia fenomenológico existencial.* São Paulo: Cengage Learning, 2005.

Referências

ANGERAMI, V. A. Suicídio infantil. O escarro maior de uma sociedade delirante. In: ANGERAMI, V. A. (Org.). *O atendimento infantil na ótica fenomenológico existencial.* São Paulo: Cengage Learning, 2013.

ANGERAMI, V. A. Psicologia hospitalar. O pioneirismo e suas pioneiras. In: ANGERAMI, V. A. *O doente, a psicologia e o hospital.* São Paulo: Cengage Learning, 2014;

ANGERAMI, V. A. Implantação do serviço de atendimento aos casos de urgência e suicídio na cidade de São Paulo. In: ANGERAMI, V. A. *O doente, a psicologia e o hospital.* São Paulo: Cengage Learning, 2014.

ANGERAMI, V. A. *Desespero e flagelo humano. Parêmias da Cracolândia.* Belo Horizonte: Artesã Editora, 2017.

ANGERAMI, V. A. As atitudes do psicoterapeuta diante dos casos de suicídio. In: ANGERAMI, V. A. (Org.). *Sobre o suicídio. A psicoterapia diante da autodestruição.* Belo Horizonte: Artesã Editora, 2018.

ANGERAMI, V. A. Na noite sonhamos. In: ANGERAMI, V. A. (Org.). *Psicoterapia e brasilidade.* São Paulo, Cortez Editora, 2011;

Os autores

ORGANIZADOR

Valdemar Augusto Angerami

Psicoterapeuta existencial. Professor do Programa de Pós-Graduação em Psicologia da Saúde na PUC-SP e do Programa de Pós-Graduação em Psicologia da Saúde na UFRN. Professor convidado no Programa de Psicologia e Oncologia da Unicamp. Autor com o maior número de livros em Psicologia no Brasil publicados e adotados nas principais Universidades brasileiras, além de Universidades do México, Canadá, Espanha, Portugal e países da América Latina.

AUTORES

Adriano Furtado Holanda

Psicólogo, Mestre em Psicologia Clínica pela Universidade de Brasília e Doutor em Psicologia pela PUC-Campinas. Professor do Departamento de Psicologia, das Pós-Graduações em Psicologia e em Educação da Universidade Federal do Paraná. Coordenador do Laboratório de Fenomenologia e Subjetividade (LabFeno) da UFPR. Editor Chefe da "Phenomenological Studies - Revista da Abordagem Gestáltica" e Editor Associado da revista "Interação em Psicologia" (UFPR). Coordenador do Grupo de Trabalho "Fenomenologia, Saúde e Processos Psicológicos" na Associação Nacional de Pesquisa e Pós-Graduação em Psicologia (ANPPEP).

Alisson de Meneses Pontes

Psicólogo, doutorando em Psicologia Clínica na UNICAMP. Mestre em Ciências das Religiões pela Universidade Federal da Paraíba (UFPB). Especializando em Logoterapia e Análise Existencial pela UNILIFE-FIP. Presidente da UNILIFE Sistema de Ensino e Presidente da Associação Brasileira de

Logoterapia e Análise Existencial (ABLAE). Atualmente, atua como professor da UFPB e como coordenador da especialização em Logoterapia e Análise Existencial em vários estados do Nordeste. Tem experiência na área de Psicologia, atuando principalmente nos seguintes temas: Sentido da vida com ênfase na Logoterapia e Análise Existencial de Viktor Frankl, Pessoas vivendo com HIV/AIDS, Bem-estar subjetivo e existencial, Psicologia da religião, Terapia Familiar Sistêmica e Equoterapia. É pesquisador integrante do grupo *Nous: Espiritualidade & Sentido* (UFPB).

Anderson Santiago da Silva

Graduado em Psicologia pela Faculdade Guararapes de Jaboatão dos Guararapes (PE). Especialista em Psicologia Junguiana com Enfoque na Clínica pela UNIREDENTOR, tem desenvolvido estudos com ênfase em Psicologia Analítica, pesquisas sobre espiritualidade/religiosidade na prática clínica e sobre comportamento suicida e saúde mental. Atua como psicólogo clínico e palestrante.

André Faro

Doutor em Psicologia pela Universidade Federal da Bahia, Pós-Doutor em Saúde Pública pelo Johns Hopkins University e Docente no Programa de Pós-Graduação em Psicologia da Universidade Federal do Sergipe.

Bruno Gonçalves

Psicoterapeuta clínico e Psicólogo com atuação no Centro de Atenção Psicossocial (CAPS) de Porto Feliz. Graduação em Psicologia pela Faculdade Anhanguera de Jundiaí. Formação em Psicoterapia Fenomenológico Existencial: Centro de Psicoterapia Existencial. Especialização em Docência no Ensino Superior pela PUC-RS.

Camila Martins Vieira

Psicóloga, membro da equipe multiprofissional do Ambulatório de Atenção Integral do IMIP. Docente, coordenadora de tutores do primeiro período do curso de Psicologiada Faculdade Pernambucana de Saúde. Bacharel em Psicologia pela Universidade Católica de Pernambuco (UNICAP). Arteterapeuta pela Clínica POMAR (SP). Especialista em Teoria e Prática Junguiana pela Universidade Veiga de Almeida. Mestre em Saúde Materno Infantil pelo Instituto de Medicina Integral Prof. Fernando Figueira (IMIP) e Doutoranda em Saúde Integral no IMIP.

Carolina Mendes Campos

Mestre e Doutora em Psicologia pela PUC-Rio, psicóloga clínica na abordagem sartriana.

Clarisse Goldberg

Psicóloga, atuou como psicóloga em escola e creche de periferia, além de presídio em seu estado natal, Rio Grande do Sul. Atualmente, faz acompanhamento psicológico de pessoas vulneráveis e em situação de rua na cidade de São Paulo.

Conceição Maria de Oliveira

Doutora em Saúde Pública pelo Instituto Aggeu Magalhães / Fiocruz. Chefe do Setor de Informação em Saúde da Vigilância / Unidade de Vigilância Epidemiológica / Diretoria Executiva de Vigilância à Saúde / Secretaria de Saúde do Recife. Professora do Centro Universitário Mauricio de Nassau, em Recife (PE).

Daniela Ribeiro Schneider

Professora Titular do Departamento de Psicologia da Universidade Federal de Santa Catarina. Possui Graduação em Psicologia pela UFSC, Mestrado em Educação pela UFSC, Doutorado em Psicologia Clínica pela PUC-SP, Pós-Doutorado em Prevenção pela Universidad de Valencia (España) e Pós-Doutorado em Saúde Coletiva na University of Miami. Autor de vários livros e artigos publicados sobre Sartre, Psicologia Existencialista, Prevenção aos problemas relacionados ao uso de drogas, Promoção de Saúde e Clínica Ampliada.

Denise Sena

Psicóloga clínica, psicanalista, mestre e doutoranda em Psicologia.

Fabíola Langaro

Possui Graduação em Psicologia pela Universidade do Vale do Itajaí (2008), Mestrado em Psicologia pela Universidade Federal de Santa Catarina (2011), Especialização em Psicologia da Saúde e Hospitalar pelas Faculdades Pequeno Príncipe (2014), Títulos de Especialista em Psicologia Hospitalar e Especialista em Psicologia Clínica pelo Conselho Regional de Psicologia e Especialista em Psicologia Existencialista Sartreana pela Unisul (2016). Atualmente é Doutoranda em Psicologia da Saúde pela Universidade Federal de Santa Catarina.

Fausto Rocha Fernandes

Graduação em Psicologia pelo Centro Universitário do Triângulo (Unitri). Especialização Latu Sensu em Docência no Ensino Superior pela Universidade Cidade de SP (Unicid). Pós-Graduado em Psicologia do Trânsito pela Universidade Católica de Brasília (DF). Formação em Gestalt-Terapia e Psicoterapia Fenomenológica pela Alethéia – Centro em Desenvolvimento em Psicologia (MG). Docente na ILES/ULBRA, Fucamp e FATRA. Coordenador e Professor da Especialização Lato Sensu: Psicologia Clínica Humanista,

Fenomenológica Existencial e Aconselhamento Centrado na Pessoa (ACP). Diretor Executivo do Simpósio Uberlandense de Psicologia e da Fernandes Eventos em Psicologia (FEP).

Gabriela Rodrigues

Possui graduação em Psicologia pela Universidade Federal de Santa Catarina (UFSC) e especialização em Psicologia Existencialista Sartreana pela Universidade do Sul de Santa Catarina (UNISUL). Tem experiência na área de Psicologia Clínica, com ênfase em Psicologia Existencialista. Atualmente é mestranda em Psicologia no Programa de Pós-Graduação da Universidade Federal de Santa Catarina (PPGP/UFSC) na área de Saúde e Desenvolvimento Psicológico. Integra o Núcleo de Pesquisas em Clínica da Atenção Psicossocial (PSICLIN).

Francisco Assumpção Jr.

Professor livre docente pela Faculdade de Medicina da Universidade de São Paulo, professor associado do Instituto de Psicologia da Universidade de São Paulo, membro das Academias Paulista de Medicina (cad. 103) e Psicologia (cad. 17).

Girliani Silva de Sousa

Enfermeira. Doutora em Neuropsiquiatria. Professora Adjunta do Departamento de Enfermagem Aplicada da Escola de Enfermagem da Universidade Federal de Minas Gerais.

Henrique Landim Santos

Graduado em Relações Internacionais pela Estácio de Sá/FIR e Apoio Técnico da Vigilância de violências interpessoais e autoprovocadas da Secretaria de Saúde do Recife.

Ionice Alves Lourenço

Psicóloga. Neuropsicóloga pela FMHC/USP. Terapeuta Cognitivo Comportamental pelo Centro de Especialização em Terapia Cognitivo Comportamental (CETCC). Pós Graduada em Gestão pela USP. Fundadora do Espaço Terapêutico Viva Bem.

José Medeiros Filho

Bacharel e Licenciado em Psicologia. Especialista em Psicologia Organizacional e Clínica Comportamental Adolescente e Adulto pelo Institutos Paraibanos de Educação (IPÊ). Possui formação em Dinâmica de Grupo e em Análise Bioenergética pelo pelo Libertas Comunidades de Recife (PE). É Hipnoterapeuta com vários cursos internacionais, como o da OMNI Hypnosis Training Center, em Hipnoterapia, HypnoSport e HypnoPerform, e da Hypnos Portugal em Ansiedade e Obesidade. Pelo Instituto Milton Erickson Brasil Sul fez os cursos Uma Terapia para Ontem, Hoje e Amanhã e Hipnoterapia para Dor Crônica e Aguda, além de dezenas de cursos nacionais. É Psicólogo da Companhia de Água e Esgotos da Paraíba (CAGEPA) e também atua como Psicólogo Clínico e Hipnoterapeuta na cidade de João Pessoa (PB). Atualmente é Secretário da Sociedade Paraibana de Hipnose e Sofrologia.

Luana C. Silva-Santos

Psicóloga Clínica, Mestre em Psicologia Social pela Universidade Federal de Sergipe (UFS) e Especialista em Gestão em Saúde pela Universidade Federal do Recôncavo da Bahia.

Luiz José Veríssimo

Psicólogo clínico pela PUC-RJ, Graduado, Mestre, Doutor e Pós-Doutor em Filosofia pela UERJ. Professor Adjunto e supervisor clínico em Psicoterapia Existencial na Universidade Veiga de Almeida (UVA). Leciona nos cursos de Pós-Graduação da UNIPAR (Psicologia Fenomenológico-Existencial) e da PUC-RJ (Psicologia Junguiana, Arte e Imaginário).

Maria Aparecida Penso

Psicóloga, Psicodramatista, Terapeuta de casais e famílias. Mestre e Doutora em Psicologia pela Universidade Católica de Brasília. Professora Adjunta do Programa de Pós Graduação Stricto Sensu em Psicologia da Universidade Católica de Brasília.

Maria Cleonice Bento Almeida

Graduada em Psicologia pelas Faculdades Integradas Pitágoras (FIPMOC). Graduada em Artes Visuais pela Universidade Estadual de Montes Claros (UNIMONTES). Especialista em Psicologia Organizacional pela Universidade Santo Amaro (UNISA), em Psicopedagogia Clínica e Institucional e em Políticas Públicas pelo Instituto Superior de Educação Ibituruna (ISEIB). Membro do Núcleo de Investigação em Psicanálise e Saúde Mental (NIPS) Montes Claros (MG).

Maria Suzane da Silva Barbosa

Bacharel em Nutrição, especialista em Nutrição em Nefrologia pelo Programa de Residência Multiprofissional Integrada em Saúde (PRMIS) do Hospital das Clínicas da UFPE. Mestre em Nutrição em Saúde Pública pela Universidade Federal de Pernambuco (UFPE).

Maura Ribeiro Alves

Formou-se em Psicologia pela Universidade Federal de Uberlândia. Mestre em Psicologia da Saúde/Processos Cognitivos (UFU). Especialista em Terapia Cognitivo-Comportamental (UFU). Especialista em Neuropsicologia (CFP). Tem experiência em atendimento psicoterapêutico e avaliação neuropsicológica, docência e pesquisa nas seguintes áreas: Terapia Cognitivo-Comportamental, Terapia Cognitiva do Esquema, Processos Cognitivos, Avaliação Neuropsicológica e Psicologia da Saúde (Hospitalar). Professora de Psicologia em Instituições de Ensino Superior. Supervisora de atendimento clínico em Terapia Cognitivo-Comportamental e Neuropsicologia. Professora de Pós-graduação em Terapia Cognitivo-Comportamental e Neuropsicologia. Professora do curso de formação em Terapia do Esquema.

Miguel Mahfoud

Doutor em Psicologia Social pelo Instituto de Psicologia da Universidade de São Paulo, com Pós-Doutorado na Pontifícia Universidade Lateranense em Roma. Professor Associado do Departamento de Psicologia da Universidade Federal de Minas Gerais (1996-2016). É membro do GT Psicologia & Fenomenologia da Associação Nacional de Pesquisa e Pós-Graduação em Psicologia (ANPEPP) e membro do conselho consultivo da Sociedade de Estudos e Pesquisa Qualitativos (SE&PQ).

Moisés Abdon Coppe

Teólogo. Doutor em Ciências da Religião. Professor na Graduação e Pós-Graduação da Faculdade Metodista Granbery de Juiz de Fora (MG). Membro da Diretoria de Koinonia – Presença Ecumênica e Serviços.

Résia Silva de Morais

Psicóloga, Mestre em Psicologia com ênfase em Processos Cognitivos e Doutoranda em Ciências com ênfase em Inteligência Artificial, todos pela Universidade Federal de Uberlândia - UFU. Professora de ensino Superior e Especialista em Psicologia Hospitalar, Terapia Cognitivo-comportamental, Terapia Sistêmica de Família e Casal e Psicopedagoga. É Palestrante de diversos contextos tais como Disfunções Sexuais, Sofrimento Psíquico e a sexualidade, Família e casal, Suicídio e a Ideação suicida Técnicas de Intervenções da TCC, Transtornos de Personalidade e Psicopatologia. Colunista da Revista _Cult há 10 anos, discutindo mensalmente com a sociedade questões psíquicas e de comportamento. É uma das autoras do livro "Sobre o Suicídio - a psicoterapia diante da autodestruição".

Silvana Carneiro Maciel

Psicóloga. Mestre e Doutora em Psicologia Social pela Universidade Federal da Paraíba (UFPB). Professora do Departamento de Psicologia e da Pós-graduação em Psicologia Social da UFPB. Membro da Linha de Pesquisa: Psicologia Social da Saúde. Supervisora em Psicologia Clínica e Hospitalar na Abordagem da Psicoterapia Breve de Base Analítica. Coordenadora do Grupo de Pesquisa em Saúde Mental e Dependência Química da UFPB.

Sueli Guerreiro

Psicóloga. Formação em Psicoterapia Fenomenológico Existencial pelo Centro de Psicoterapia Existencial. Professora no módulo de Temas Existenciais no Curso de Formação em Psicoterapia Existencial do Centro de Psicoterapia Existencial. Atuação com pessoas em situação de ruas há mais de dez anos com predominância em drogadição.

Este livro foi composto com tipografia Bembo
e impresso em papel Lux Cream LD 70g. na Gráfica Del Rey.